中国教师与学生史研究
——当代教育史研究新进展

赵国权 杨捷 / 主编

中国社会科学出版社

图书在版编目（CIP）数据

中国教师与学生史研究：当代教育史研究新进展／赵国权，杨捷主编．—北京：中国社会科学出版社，2021.11

ISBN 978-7-5203-9244-0

Ⅰ.①中⋯　Ⅱ.①赵⋯②杨⋯　Ⅲ.①教育史—研究—中国—现代　Ⅳ.①G529.7

中国版本图书馆 CIP 数据核字（2021）第 204248 号

出 版 人	赵剑英
责任编辑	赵　丽
责任校对	王佳玉
责任印制	王　超

出　　版	中国社会科学出版社
社　　址	北京鼓楼西大街甲 158 号
邮　　编	100720
网　　址	http://www.csspw.cn
发 行 部	010-84083685
门 市 部	010-84029450
经　　销	新华书店及其他书店
印　　刷	北京明恒达印务有限公司
装　　订	廊坊市广阳区广增装订厂
版　　次	2021 年 11 月第 1 版
印　　次	2021 年 11 月第 1 次印刷
开　　本	710×1000　1/16
印　　张	22.75
插　　页	2
字　　数	362 千字
定　　价	119.00 元

凡购买中国社会科学出版社图书，如有质量问题请与本社营销中心联系调换
电话：010-84083683
版权所有　侵权必究

目 录

教师与学生史

理念·境界·情操
　　——《竺可桢日记》阅读札记……………………田正平（3）
传统教师观的历史沿革及意义………………………施克灿（34）
名师教学技能为何难以复制：从古代塾师教学"绝活"难以传承
　　谈起………………………………………………王　雷（43）
先秦时期中国教师理论体系概述……………………杜学元（51）
先秦创始墨家的原创性教育思想探析…………王凌皓　曲铁华（62）
元代书院山长角色的转变
　　——以元末学者陶安为中心的探讨………………魏　珂（73）
明清宫廷教育与皇子的读书生活……………………刘来兵（86）
清代官学教师捐纳制度研究…………………………张学强（99）
清代江南乡村女塾师述略
　　——以苏南苏、松、常、太为例…………………蒋明宏（114）
清末小学教师的转型与在职培训……………………冯卫斌（123）
上说下教：江州"义门陈氏"家族教育活动场景再现……黄宝权（133）
民国时期中小学教师与训育…………………………熊贤君（143）
民国高校教师生活研究的历史定位…………………王建军（153）
民国时期大学教师"跑街式生活"研究………………李艳莉（169）
回归人本：陈鹤琴、陶行知教育本土化办学探索的
　　价值共识…………………………………………黄书光（180）

陈宝泉师范教育思想探析 ………………………… 刘立德（192）
大学生生活的主体叙事及其特质（1977—1990）………… 刘训华（202）

科举与教化

科举制的废止与科举学的兴起 ………………………… 刘海峰（217）
八股文的作用和意义 …………………………………… 徐　梓（223）
卑微者的尊严：宋代伎艺人的文艺教化活动 ……………… 张建东（234）
"物有本末，事有终始"
　　——论科举考试的文化渊源 ………………………… 张亚群（245）
校非"围城"：董渭川"学校社会化"思想的启示 ……… 胡金平（254）
课本抗战之山东《战时教科书》 ……………………… 石　鸥（261）
抗战时期日伪在山西实施的奴化基础教育 ……………… 申国昌（277）

教育史学研究

教育生活史：教育史学研究新领域 …………………… 周洪宇（301）
旧套路与新范式：历史视野中的大学理念研究 ………… 陈洪捷（313）
寻求支点与突破：对教育活动史研究的几点思考 ……… 赵国权（320）
人的重新发现与教育关系的尝试性重构
　　——以晚清教育活动变迁为例 …………………… 李　忠（333）
实践—生存哲学中的"身体"：构建教育历史的另类
　　视角 ……………………………………………… 周　娜（348）

后　记 ……………………………………………………（359）

教师与学生史

理念·境界·情操
——《竺可桢日记》阅读札记

田正平*

[摘　要]　2015年是世界反法西斯战争和中国人民抗日战争胜利70周年，也是竺可桢诞辰125周年。阅读竺可桢70多年前在昏暗的煤油灯下写下的数百万言《日记》，缅怀他在战火纷飞的艰苦岁月里作为一位国立大学校长所走过的不平凡的人生历程，让我们对这位著名的教育家充满了由衷的敬意。在竺可桢身上所体现出来的是一位大学校长的家国情怀，他的追求真理、培育英才、转移风气、报效国家的办学理念，他的"只问是非、不计利害"的精神境界，他的克己奉公、清正廉洁、襟怀广阔、平易近人的道德情操，不仅是中国教育史上一份弥足珍贵的遗产，更是21世纪建设高等教育强国的征途中，我们亟待认真发掘、充分利用的宝贵的本土资源。这些基于一所大学的发展所提炼出来的理念、境界和情操，折射的是现代大学在中国这块土地上成长、发展所应遵循的基本规律和他的主持者必须具备的基本素质，对于正在致力于建设世界一流大学的中国高等教育而言，可以给我们提供诸多方面的启示和借鉴。

[关键词]　竺可桢；日记；抗日战争；浙江大学

竺可桢（1890—1974），字藕舫，浙江绍兴东关镇（今属上虞）人。

---

* 浙江大学教育学部教授

我国近代著名科学家、教育家。1910年9月，竺可桢作为第二批"庚款"留学生赴美，先入伊利诺伊大学农学院，选习农学专业。三年后，进入哈佛大学研究院地学系，攻读气象学。1915年获硕士学位，1918年以论文《远东台风的新分类》获哈佛大学博士学位。1918年秋竺可桢回国，先后在武昌高等师范学校、南京高等师范学校（1921年改为东南大学）、南开大学等高等院校任教。在东南大学，竺可桢创办了中国高等教育体系中的第一个地学系，为中国现代地理学和气象学的发展培养了最早一批专门人才。1936年4月，竺可桢受命出任浙江大学校长直至1949年4月，主持浙大校务整整13年。1927年，竺可桢应蔡元培之邀参与中央研究院筹备工作，1928—1946年，他一直担任中央研究院气象研究所所长，自1935年起任中央研究院评议会评议员，1948年被推举为中央研究院院士。中华人民共和国成立后，竺可桢即出任中国科学院副院长。1955年当选为中国科学院学部委员，兼任生物学地学部主任，直至逝世。

　　竺可桢从留学时代起即养成写日记的习惯①，一直坚持到他去世的前一天，六十余年从未间断。遗憾的是由于种种原因，1936年以前的日记未能保存下来。尽管如此，由中国科学院《竺可桢全集》编辑委员会编辑、上海科技教育出版社在2005年至2013年陆续出版的《竺可桢全集》，收集了竺可桢1936年1月1日至1974年2月6日的全部日记（仅缺1941年1月1日至15日部分）近1300万字，仍然是目前我们所能见到的时间跨度最大、文字篇幅最长的近代学人日记之一。正如其编者所指出的："以竺可桢的社会地位、人脉关系和丰富阅历而论，以其日记的连续性和系统性而论，目今可见国人之日记，恐难有与其比肩者。"② 可以说，《竺可桢日记》的刊行，为我们开启了一个探索、研究20世纪中国科技史、教育史、文化史、社会史的魅力无穷的宝库。

　　作为一位中国近代著名教育家，竺可桢的业绩、思想和境界主要体现在他主持浙江大学校政的13年，而其中最令后人景仰、最能给人以无穷启迪和感召的是他在抗日战争期间，率领浙江大学全体师生，跨越五

---

① 竺可桢：《竺可桢日记》（第1册），人民出版社1984年版，第1页。
② 竺可桢：《竺可桢全集》（第6卷），上海科技教育出版社2005年版，第12页。

省，四度搬迁，往返行程3000余公里，历尽千辛万苦的"文军长征"。正是在这个过程中，他个人经历了包括丧妻失子之痛在内的精神上、身体上的磨难与修炼，付出了巨大的心血，由年富力强的壮年，而两鬓斑白，"老态日甚"；他主持下的浙江大学则由西迁前的3个学院、16个学系，70名教授、副教授，512名学生的规模，发展为7个学院、27个学系，1个研究院、4个研究所、5个学部、1个研究室、1所分校、1所附属中学，教授、副教授201人，学生2171人的规模。[①] 更为重要的是，在战火纷飞、颠沛流离的空前民族灾难中，浙江大学由一所地方性大学跻身于中国著名大学之一，受到国际学界的关注。据《竺可桢日记》1944年12月18日记载："见十二月十六日《贵州日报》载尼德汉［李约瑟］Needham回英国以后在中国大学委员会讲演，赞扬我国科学家，并谓联大、浙大可与牛津、剑桥、哈佛媲美云云。"[②] 1945年10月27日出版的英国《自然》周刊上发表了李约瑟的《贵州和广西的科学》一文，再提此事："浙江大学位于重庆和贵阳间的遵义，是中国四个最好的大学之一。"[③] 浙江大学在八年抗战中的这段经历，不仅在自身百年发展进程中留下浓墨重彩的一笔，也在中国高等教育发展史上谱写了让人回味无穷的篇章。2015年是世界反法西斯战争和中国人民抗日战争胜利七十周年，翻检70年前竺可桢在日寇飞机轰炸的间隙、在昏暗的煤油灯下书写的这些日记，不仅使我们对现代大学在国家、民族生存发展中的使命和担当有了更深刻的理解，而且对现代大学校长应该具备的精神境界和道德情操有了更生动而具体的感悟。

一　大学使命：追求真理、培育英才、转移风气、报效国家

1936年4月7日，国民政府行政院政治会议任命竺可桢为浙江大学

[①] 浙江大学校史编写组：《浙江大学简史》（第1、2卷），浙江大学出版社1996年版，第75页。

[②] 竺可桢：《竺可桢全集》（第9卷），上海科技教育出版社2006年版，第245页。

[③] 浙江大学校史编写组：《浙江大学简史》（第1、2卷），浙江大学出版社1996年版，第76页。

校长，4月16日竺接到教育部委任状，4月25日正式到校视事。据《竺可桢日记》1936年4月25日条记载："三点至文理学院新教室三楼开茶话会，到教职员八十余人。……四点散。至体育馆，适浙大与［圣］约翰比赛篮球，时尚未完，结果为43：18，浙大负。四点一刻余演讲约四十分钟，述办教育之方针。"①

竺可桢与浙大师生首次见面的谈话内容可以归纳为三个方面，第一，明确提出"办中国的大学……我们应凭藉本国的文化基础，吸收世界文化的精华，才能养成有用的专门人才；同时也必根据本国的现势，审察世界的潮流，所养成人才才能合乎今日的需要。"第二，大学生应"为学问而努力，为民族而奋斗。"在演讲中竺可桢特别列举黄梨洲、朱舜水两位浙江先贤的事迹，勉励同学"梨洲、舜水二位先生留给我们的教训，就是一方为学问而努力，另一方为民族而奋斗"。作为一名大学生，必须养成"明辨是非，静观得失，缜密思虑，不肯盲从的习惯"。"惟有能思想才不至于盲从，亦惟有能思想才能有效的行动，应付我们艰危的环境。"第三，强调办理大学的三大要素："一个学校实施教育的要素，最重要的不外乎教授的人选、图书仪器和校舍建筑。这三者之中，教授人才的充实，最为重要。"这是因为，"教授是大学的灵魂，一个大学学风的优劣，全视教授人选为转移。假使大学里有许多教授，以研究学问为毕生事业，以作育后进为无上职责，自然会养成良好的学风，不断的培植出来博学敦行的学者"②。竺可桢的这篇讲话先是以"竺校长训词"为题刊载于《国立浙江大学校刊》，之后被《国风月刊》全文转载。四年之后的1941年9月，又被在贵州遵义复刊后的《浙大学生》再次刊布。可以看出，这篇讲话在竺可桢主持浙江大学期间所发挥的重要作用，事实上，竺可桢本人就把这次演讲看作向世人宣告他的治校方略，所以在讲演的当天，他便在日记中留下了"余演讲约四十分钟，述办教育之方针"的记载。

竺可桢是46岁时被任命为浙江大学校长的，虽然此前没有担任过大学校长一职的经历，但如前所述，他回国之后曾先后在多所大学从事教学科研工作，也曾任东南大学、中央大学地学系主任。更为重要的是八

---

① 竺可桢：《竺可桢全集》（第6卷），上海科技教育出版社2005年版，第62页。
② 竺可桢：《竺可桢全集》（第2卷），上海科技教育出版社2004年版，第332—338页。

年的美国留学生活,使他有机会对世界著名大学的办学理念有切身的观察和体验。胡适1915年1月20日的日记中为我们描绘了这样一幅图景:从康乃尔来到剑桥的胡适,这一天与在哈佛大学留学的几位同学相聚畅谈,"滔滔不休"。"是夜,所谈最重要之问题如下:一,设国立大学以救今日国中学者无求高等学问之地之失……"[1] 27年后,《竺可桢日记》1942年12月13日条有如下记载:"阅适之《藏晖室札记》卷八(《藏晖室札记》后收入《胡适日记》中。——引者),述及适之于民国四年冬过剑桥,一月二十日晚余宴之于红楼,同席七人。适之与郑莱谈话最多,谈及国立大学等事云。"[2] 可见此次聚会是由竺可桢作东的,主要讨论的是创办国立大学的事。在波士顿寒冷的冬夜,在哈佛大学的留学生公寓,一群二十几岁藉藉无名的青年,兴奋地讨论着一个在常人看来与他们遥不可及的大问题——未来中国国立大学的"蓝图"。46年之后的1961年12月30日,竺可桢在向科学院党组织递交的《思想自传》里,从一个特殊的角度诠释了他们热烈讨论的创办国立大学问题:"我认哈佛为我的母校,我回国以后在大学里教书或是办行政,在研究院办研究所,常把哈佛大学做我的标准。哈佛大学便成了我的偶像。……我到浙大后,不但把美国哈佛大学所提倡的学术自由和为学问而学问这套资本主义国家文化遗毒加以宣扬,而且把过去东大反动守旧的传统也带到了浙大。"[3] 在这份类似检查的《思想自传》中,这位诚实的科学家道出了他主持浙大期间心中追求的目标。

翻检竺可桢抗战期间的日记,随处都可以看到哈佛大学的"身影":

> 哈佛大学的校训[Veritas],拉丁字Veritas就是真理。我们对于教育应该采取自由主义或干涉主义,对于科学注重纯粹抑注重应用,尚有争论的余地,而我们大家应该一致研究真理、拥护真理,则是无疑义的。[4]

---

[1] 胡适:《胡适日记》(2),安徽教育出版社2001年版,第14页。
[2] 竺可桢:《竺可桢全集》(第8卷),上海科技教育出版社2006年版,第443页。
[3] 竺可桢:《竺可桢全集》(第4卷),上海科技教育出版社2004年版,第89—93页。
[4] 竺可桢:《竺可桢全集》(第2卷),上海科技教育出版社2004年版,第370页。

8 / 中国教师与学生史研究

　　浙大从求是书院时代起到现在可以说已经有了四十三年的历史。如今"求是"已定为我们的校训。何谓"求是"？英文是 Faith of Truth。美国最老的大学哈佛大学的校训，意亦是"求是"，可谓不约而同。①

　　在1916年，劳威尔开美国各大学风气之先，在哈佛大学实行导师制，又令文科学生对于社会科学须经过一种普通考试。……这种导师制和普通考试的办法，对于提高学生程度有不少功效。……（继任校长康纳德）他的办学方针，……主要的有两点。第一，主张学校思想之自由，即所谓 Academic Freedom。反对政党和教会的干涉学校行政与教授个人的主张。第二，学校所研究的课目，不能全注重于实用，理论科学应给予充分发展之机会。②

　　八点回。阅哈佛大学 Conant 校长报告及 Illinois 之校闻。③

　　八点至大原书院。阅一个月来寄来之各项报纸与杂志，见哈佛同学会寄来之 What is Uniuersity《大学是什么》。④

　　八点半至校。阅《哈佛大学同学会报》九期中有教务长之报告，知行政方面采取 student council 学生会之意见颇多，查 council 与浙大之［学生］自治会相若。据年报所述，则 council 所注意者为学生之选课问题及膳食问题。谓目前哈佛大学之选课办法。不能使学生对于学问有统盘的概观，此在哈佛大学学生已有觉悟，而我校学生则初尚无此等觉悟也。⑤

　　晚阅 Harvard Report on the General Education 哈佛关于通人教育的报告。第二章 p.54，谓所谓通人教育，其目的在使民主国之国民能对于选人、择业知所取舍。⑥

　　日记中的这些片段，涉及大学的目标、学生的通才教育、导师制、

―――――――
① 竺可桢：《竺可桢全集》（第2卷），上海科技教育出版社2004年版，第461页。
② 竺可桢：《竺可桢全集》（第2卷），上海科技教育出版社2004年版，第370页。
③ 竺可桢：《竺可桢全集》（第6卷），上海科技教育出版社2005年版，第280页。
④ 竺可桢：《竺可桢全集》（第6卷），上海科技教育出版社2005年版，第560页。
⑤ 竺可桢：《竺可桢全集》（第8卷），上海科技教育出版社2006年版，第94页。
⑥ 竺可桢：《竺可桢全集》（第9卷），上海科技教育出版社2006年版，第592页。

学生的选课办法，等等，可以说都是 20 世纪 30 年代世界高等教育改革中最受关注的问题。尽管由于战争的影响，与国际学术界的联系非常不便，但竺可桢总是千方百计地获取这些最新的信息以为自己办学的借鉴，日记中经常留下他阅读《科学》《自然》《哈佛大学同学会报》《耶鲁评论》《大西洋月刊》《英国教育》《读者文摘》等报刊所做的读书札记。有时候出差在外一段时间，回来后的第一任务便是到图书馆集中阅读新到的报刊，使自己能够紧紧把握世界著名大学的最新发展动态并将之贯彻到办学实践中。

此外，竺可桢深知，浙江大学是中国的国立大学，"吸收世界文化的精华"一定要"凭借本国的文化基础"；现时的中国正处于全民族抵御日本帝国主义侵略的非常时期，大学应该站在全民族抗战的前列，以自己特殊的形式做出贡献。在与浙大学生第一次见面时的讲演中他就宣布："办理教育事业，第一需明白过去的历史，第二应了解目前的环境。办中国的大学，当然需知道中国的历史，洞明中国的现状。"① 阅读上千万字的《竺可桢日记》，给人留下最深刻印象之一的就是，作为一位受过完整的西方现代教育的科学家，竺可桢的中国传统文化的底蕴是那么深厚，他对中国传统典籍是那么熟悉，他对中国传统文化和教育所采取的了解的同情和去粗取精的态度是那么具有说服力。在抗战期间的日记中，随处可以看到他阅读传统文化教育典籍的记载，《大学》《论语》《孟子》《诗经》《史记》《后汉书》《论衡》《陶渊明集》《剑南诗篇》《苏东坡集》《朱子全书》《王文成公文集》《颜习斋言行录》《曾文正公家书》《饮冰室文集》等，是他在不同时期、针对不同环境而最常阅读的几种典籍。竺可桢重温或者反复阅读这些典籍，有时是为了准备给师生作报告，有时是为了写文章，更多的则是为了从中汲取智慧、吸收营养和获得精神力量，并把学习思考所得与他对西方一流大学的观察体验比较鉴别，兼采中西、融汇古今，铸成他的办学理念、人才目标、治校方略。他说："大学的目标。据我国古代传统的观念是在培养道德。《礼记·大学篇》开宗明义就说：'大学之道，在明明德，在新民，在止于至善。'……到宋明两代的理学家，虽有朱陆之争，朱晦庵一派主张'道问学'，陆子静

---

① 竺可桢：《竺可桢全集》（第 2 卷），上海科技教育出版社 2004 年版，第 332 页。

一派主张'尊德性'。但实际两派教人的目标还是一样,统要学做圣人。所以,王阳明就说:'道问学即所以尊德性。'……可见我国自古为学,是以明德为目标,圣人为模范。此与欧洲传统的看法完全不同。希腊哲学家崇拜理知,推崇真理。亚里士多德的《伦理学》书中说:'至善的生活乃是无所为而为的观玩真理的生活。'柏拉图在《伦理》一书中亦说:'理知者固当君临一切也。'罗马哲学家西塞禄,以为人生除满足生养之欲望以外,惟以求真理为第一要义。……到十九世纪中叶,纽曼主教写《大学教育之性质与范围》一书,尚说大学教育是培养理智,而非培养道德。"在这里,竺可桢把中国传统大学理念归结为"培养道德",西方大学理念归结为"培养理智"。他认为,从根本上讲,中、西大学的理念是相通的,"若是一个大学能彻底的培养理知,于道德必大有补益",因为那些勇于为真理而献身的贤哲,无论古希腊的苏格拉底,意大利的布鲁诺,还是中国的文天祥、史可法,他们之所以能具有如此高尚的道德情操,是因为他们崇拜理知、推崇真理。他论证说:"凡是有真知灼见的人,无论社会如何腐化、政治如何不良,他必能独行其是。惟有求真心切,才能成为大仁大勇,肯为真理而牺牲身家性命。"因此,"大学之最大目标是求真理。这可以说是理知的,但亦可以说是道德的,所以,道问学,即是尊德性。"[①] 就这样,竺可桢凭借自己深厚的传统文化底蕴和对西方一流大学精髓的理解,把"道问学"与"尊德性"融为一体,确立"求是"二字为浙江大学的校训。"所谓求是,不仅限于埋头读书或是实验室做实验。求是的路径,中庸说得最好,就是'博学之,审问之,慎思之,明辨之,笃行之'。单是博学审问还不够,必需审思熟虑,自出心裁,独著只眼,来研辩是非得失。既能把是非得失了然于心,然后尽吾力以行之,诸葛武侯所谓'鞠躬尽瘁,死而后已',成败利钝,非所逆睹。"[②]"求是"者即研究真理、拥护真理、追求真理而无所畏惧者也。

竺可桢明确提出一个大学最重要的目标是追求真理,那么,这种目标是如何实现的呢?他认为,是通过培养一批又一批有独立思想、有精

[①] 竺可桢:《竺可桢全集》(第2卷),上海科技教育出版社2004年版,第639页。
[②] 竺可桢:《竺可桢全集》(第2卷),上海科技教育出版社2004年版,第461页。

深专业知识，人格高尚，不为习俗所囿、不崇拜偶像、不盲从潮流的领导人才来实现的。他反复强调："大学之使命有三：其一，希望造就完人。……其二，学有专长，而于大学中植其基。……其三，养成能思想之人，而勿蕲教师逐字释义。"① "大学教育之目的，在于养成一国之领导人才，一方面提供人格教育，另一方面研讨专门智识，而尤重于锻炼人之思想，使之正大精确，独立不阿，遇事不为习俗所囿，不崇拜偶像，不盲从潮流。"②

如前所述，竺可桢受命主持浙江大学校政的时候，正值日本帝国主义加紧侵华，国家、民族命运到了最危急的时刻。作为一名国立大学的校长，他所提出的大学目标、他对人才培养的要求，在继承、吸收古今中外优秀思想的同时，特别融入了对现实的关怀。《竺可桢日记》1937年10月25日条记载："九点至总办公处，……由余作演讲，题为'大学生之责任'，讲约三刻钟。"③ 演讲的对象是浙大一年级新生，受战争影响，这些新生已经不能在杭州入学，搬迁到天目山禅源寺。竺可桢说："国家为什么要花费这么多钱来培植大学生？为的是希望诸位将来能做社会上各业的领袖。在这困难严重的时候，我们更希望有百折不挠、坚强刚果的大学生，来领导民众，做社会的砥柱。所以，诸君到大学里来，万勿存心只要懂了一点专门技术，以为日后谋生的地步，就算满足。"④ 1938年6月26日，辗转迁徙中的浙江大学在江西泰和举行第11届毕业典礼，竺可桢致辞劝勉毕业生："诸位同学，今天是本校举行第十一届毕业典礼，正值日寇猖獗万方多难的时候，诸位毕业初入社会，就遇到困难，因此，诸位的责任，就格外的重大。我们晓得范文正公为秀才时，即以天下为己任。诸位离校以后，每个人也应该以使中华民族成为一个不能灭亡与不可灭亡之民族为职志。"⑤ 1939年11月1日，浙江大学在广西宜山举行开学式。江西和广西两省是与明代著名思想家王阳明"关系最多之地"，王阳明是浙江人，竺可桢本人对这位乡贤怀有崇高的敬意，一部

---

① 竺可桢：《竺可桢全集》（第2卷），上海科技教育出版社2004年版，第563页。
② 竺可桢：《竺可桢全集》（第2卷），上海科技教育出版社2004年版，第244页。
③ 竺可桢：《竺可桢全集》（第6卷），上海科技教育出版社2005年版，第389页。
④ 竺可桢：《竺可桢全集》（第2卷），上海科技教育出版社2004年版，第441页。
⑤ 竺可桢：《竺可桢全集》（第2卷），上海科技教育出版社2004年版，第446页。

《王文成公文集》在战乱中随身携带、反复阅读。在这次开学式上，竺可桢从"致知力学的精神""内省力行的功夫""艰苦卓绝的精神""公忠报国的精神"四个方面介绍了王阳明一生的事业和学问，告诫同学们："大学教育的目的，决不仅是造就多少专家如工程师医生之类，而尤在乎养成公忠坚毅，能担当大任，主持风尚，转移国运的领导人才。……综观阳明先生治学、躬行、艰贞负责和公忠报国的精神，莫不足以见其伟大过人的造诣，而尤足为我们今日国难中大学生的典范。学者要自觉觉人，要成己成物，必须取法乎上，而后方能有所成就。当然我们所可取法所应取法的先哲很多，不过这里只举王阳明先生一人之居常处变立身报国的精神，已足够使我们感奋，而且受用不尽了。"最后，竺可桢勉励师生学习王阳明，为西南地区的文化发展做出贡献；"阳明先生在广西、贵州各约二年，其流风遗韵，至今脍炙人口久而不衰。现在浙大迁来广西，同时还有许多大学因战事而迁西南各省……如果各大学师生皆能本先生之志，不以艰难而自懈，且更奋发自自淑淑人之道，协助地方，改良社会，开创风气，那么每个大学将在曾经到过的地方，同样的留遗下永久不磨的影响，对于内地文化发展，定可造成伟大的贡献。"①

追求真理，培养以天下为己任、能独立思考的领袖人才，引领风尚，转移国运，做民族危难的中流砥柱，这就是竺可桢心目中的大学使命。抗日战争期间艰苦跋涉、迁徙辗转中的浙江大学，八年间弦歌不辍、人才辈出、卓然崛起，就是对竺可桢秉持的大学使命的最好诠释。而竺可桢对大学使命的这种感悟，饱含着他对世界先进高等教育理念的体验吸收，熔铸了他对深厚的中国传统文化资源的汲取创造，更体现他个人的精神境界和道德情操。

二 精神境界："只问是非、不计利害"

作为 20 世纪三四十年代的一所国立大学，浙江大学的崛起固然需要主持校政者具有高瞻远瞩的世界眼光和深厚的传统文化积淀，有对大学使命的正确认知和先进的教育理念；但是，仅有这些仍然是不够的，因

---

① 竺可桢：《竺可桢全集》（第 2 卷），上海科技教育出版社 2004 年版，第 455 页。

为它的实现离不开现实的政治生态、社会生态和学术生态。当时中国现实的政治生态是"一个党、一个主义、一个领袖"的框架已然形成,国民党努力把自己的统治触角延伸到高等教育领域;现实的社会生态是经济落后、社会动荡、日本帝国主义的侵略步步紧逼,国家形式上的统一之下暗潮涌动;现实的学术生态是学术对政治、对权势的附庸,学者从政几乎成了普遍的现象。当然,在上述诸多因素之中,对大学发展影响最大的因素是政治生态。在这种环境下,一所大学的主持者要想实现自己的理想和抱负,在我看来,其最困难之处不在于如何与"政治""政党""政府"划清界限,千方百计地"摆脱"政治的困扰与干预,保持大学的"独立""清高";而是在于,在坚持自己理想、原则的前提下,积极而有效地化解政治因素的负面影响,协调好政治与学术的关系,充分调动和利用政治资源,为实现自己的理想和抱负服务。浙江大学在抗战期间得到迅速发展,与竺可桢本人在纷繁复杂的政治生态环境中,坚持"只问是非、不计利害"的处事原则和精神境界有着极大的关系,从一定意义上讲,正是竺的这种精神境界引导着浙江大学一方面坚持自己的理念和使命,另一方面比较好地处理学术与政治、学校与政府的关系,渡过发展进程中的各种困难。

竺可桢曾在多种场合对"只问是非、不计利害"做过解释:

> 科学精神是什么?科学精神就是"只问是非,不计利害"。这就是说,只求真理,不管个人的利害,有了这种科学的精神,然后才能有科学的存在。……科学如此,政治亦然,若不以是非之心,而以好恶之心来治国家,也不行的。中国人最讲情面,情面就是与科学精神相反的。所以一讲情面,就什么事情最后非失败不可。故"是非与利害"的辨别,是很值得我们注意的一件事。[1]
>
> 十二点,与学生讲演……我校求是精神,即只知是非,不顾利害。诸葛亮之"成败利钝,非所逆睹;鞠躬尽瘁,死而后已",即此意也。《孟子》"其父攘羊,其子告之",亦是求是精神。[2]

---

[1] 竺可桢:《竺可桢全集》(第2卷),上海科技教育出版社2004年版,第239页。
[2] 竺可桢:《竺可桢全集》(第8卷),上海科技教育出版社2006年版,第64页。

为自然科学社作《近代科学精神》讲演在 15 号教室："谓科学之精神在于不顾利害以求真理，祛除成见以就理智，及实事求是，知之为知之、不知为不知。"①

这就是竺可桢所坚守的"只问是非、不计利害"的原则和精神境界。从这一立场出发，来处理个人好恶、个人情感、个人利益与学校发展、与国家民族利益的关系。

在接任浙江大学校长之前，竺可桢曾有许多顾虑，不愿意离开由他一手开创的中国现代气象事业是其一；两地兼职往来奔波影响个人生活和健康是其二；作为一名科学家，个人在性格上"不善侍候部长、委员长等，且亦不屑为之"② 是其三，等等。但是，当他一旦认识到浙江急"需一大学为中流砥柱"，通过自己的努力可以为浙江的文化教育事业做点贡献，办好浙江大学有助于"使我们国家能建设起来成为世界第一等强国"的大局之后，毅然受命于危难之际。当时有人告诉他，身兼二职（指浙大校长和中央研究院气象所所长）可以有更多的机会接近蒋介石本人，非常有利于个人的发展，竺可桢明确表示，"此事不能从利害方面着想"③。接手浙大校政之前竺可桢曾通过陈布雷之口向最高当局表达了三层意思："余提三要求，三点即：财政需源源接济；用人校长有权，不受政党之干涉；而时间则以半年为限。"④ 任职之后他深知，口头承诺的不足为凭，作为一名国立大学校长，他必需隐忍甚至改变自己不善于、也不屑于与政府官员、部长，甚至是委员长本人打交道的个性，才能为学校发展获取必需的资源和空间。从这一时期的《日记》中可以看出，为了浙大的办学经费问题、用人问题、建校用地问题、师生安全问题，等等，他曾多次拜访、周旋甚至请托于国民政府教育部、资源委员会、行政委员会、军政部、委员长侍从室的官员，也曾数次直接向蒋介石本人寻求支持。

---

① 竺可桢：《竺可桢全集》（第 8 卷），上海科技教育出版社 2006 年版，第 74 页。
② 竺可桢：《竺可桢全集》（第 6 卷），上海科技教育出版社 2005 年版，第 30 页。
③ 竺可桢：《竺可桢全集》（第 6 卷），上海科技教育出版社 2005 年版，第 35 页。
④ 竺可桢：《竺可桢全集》（第 6 卷），上海科技教育出版社 2005 年版，第 36 页。

《竺可桢日记》1936年10月15日条下记载："适接蒋院长寓来电，知其将来校。……随从来者约七八人，布雷亦陪同至。先至校长办公室，余即谈及扩充校舍须将火药库即军械局之地纳入，蒋先生即允可无问题。其次谈及经费，余谓临时费非于一二年中大加扩充，则校舍无从建筑，渠以本年无办法，俟诸下年度。次即出至文理学院教室、图书馆、物理室视察一周，藉可知屋宇之零落，渠即谓确非加新建筑不可。"① 这是竺可桢上任半年后第一次面见蒋介石，提出了三个要求，除第三点拟请蒋给学生作报告未能实现外，至关重大的校舍扩建用地问题和学校临时费问题都暂时得以解决。

1943年5月2日条下记载："中午，委员长约在训练团之专科以上校长十九人及布雷、立夫中膳，……膳后委员长对于大学，主张提倡尊师重道，学生守纪律知卫生。校中应常有卫生讲演，校长应主持伦理一科，至少应相当时期讲一次，纪念周必需按期举行。未提及教员待遇问题或经费。余明知此为逆耳之言，但此为各校最迫切之问题，不得不提。故进言教职员入不敷出，不能维持生活之困难。委座意一般解决甚难，惟有特殊困难，尤其关于家族生活者，可以径向委座请款云。"② 这是在会议上不计个人利害、不考虑个人影响，代表全国高等教育界，向蒋介石提出蒋本不愿意涉及的话题。

有时则是通过各种关系向蒋为浙大争取经费。1944年11月3日条下记载："寄叔谅函，嘱布雷向委员长为浙大请文化讲座奖金，每月三十万元，以为教职员加津贴。"③ 叔谅即陈训慈，竺可桢东南大学时的学生，时在委员长侍从室任职，陈布雷之弟。

在整个抗战期间，由于竺可桢仍然兼任中研院气象所所长一职，每年需有一个月至两个月的时间到重庆处理气象所的日常工作和参加中研院、教育部的各种会议。查阅竺可桢每年这一段时间的日记，就会发现他特别忙碌，总是抓住一切机会走访各部门，并利用熟人、同学、同乡、校友等各种关系为浙大争取发展空间。如《竺可桢日记》1939年9月记

---

① 竺可桢：《竺可桢全集》（第6卷），上海科技教育出版社2005年版，第163页。
② 竺可桢：《竺可桢全集》（第6卷），上海科技教育出版社2005年版，第557页。
③ 竺可桢：《竺可桢全集》（第2卷），上海科技教育出版社2004年版，第215页。

载，9月1日他从广西桂林至重庆，9月2日"十点至玉川别业晤杭立武，谈 Marriott 问题。M 已辞职，余提汪原桢为水利讲座教授，月薪五百元。杭以月薪最高数只四百元，余一百元，余允由校贴。……关于建筑十二万元。杭原以为永久性质，故如用于广西，只允以三分一，而其余三分二为设备。余则主张三分二为建筑，因广西可办分校，故亦可作永久性也。"杭立武此时为中英庚款董事会总干事，汪原桢为竺拟聘到校任教的水利专家。9月3日上午"十一点一刻至教育部，……十一点三刻陈立夫来，与谈浙大建筑事。"陈立夫时任教育部部长。9月4日"晨六点半起。只睡三小时，因房朝东南，有太阳，故不能安睡。八点至中央党部晤骝先……余请其于下星期英庚款会议提出将前会中允拨补助费二十六、七、八三年度合共十二万即作为小龙江建筑之用。"朱骝先，字家骅，时任中研院代院长、国民党中央组织部长。9月6日"九点半车至青木关。……由教部会计郭君陪同至教育部，晤吴士选、顾一樵等。邵鹤亭部中不能放走，故教育哲学须另觅人。经费问题晤章司长。"① 吴士选、顾一樵此时分别任教育部高教司司长和教育部政务次长，邵鹤亭，教育学家，此时在教育部任职，竺本来想把他聘为浙大教育哲学教授，未果。类似的记载，《日记》中俯拾皆是。同样，在西迁过程中，无论是江西泰和、广西宜山、贵州遵义，每至一地，他总是主动和当地政府以及江西、广西、贵州等省的有关部门取得联系，并通过学校为当地解决各种经济问题、社会问题，取得信任，争取支持。正是在竺可桢的不懈努力下，浙江大学在相当恶劣的政治生态、社会生态和学术生态环境中争取到较多的资源和较好的发展空间。据《竺可桢日记》1943年1月6日条记载："自余入川，教部及国库所拨各费至浙大者已达163万元之巨，故校中不应再患款缺。"② 这已经是1943年了，距竺可桢就任浙大校长已近七个年头，虽然从长远来看，"不应再患款缺"仍是暂时的，但经过长期努力，经费问题毕竟得到极大缓解，需知一所大学的发展，经费支撑是最重要的因素之一。聘请教师方面，在竺可桢多方罗致和诚意感召下，这一时期先后到校任教的著名学者有胡刚复、王琎、张其昀、王淦昌、梅光迪、

---

① 竺可桢：《竺可桢全集》（第7卷），上海科技教育出版社2005年版，第152—155页。
② 竺可桢：《竺可桢全集》（第8卷），上海科技教育出版社2006年版，第480页。

钱穆、张荫麟、涂长望、叶良辅、谭其骧、黄秉维、任美锷、郭斌和、卢守耕、周承佑、王驾吾、谈家桢、钱令希、张肇骞、罗宗洛、吴征铠、冯新德、钱钟韩、苏元复、卢鹤绂、马一浮等。大批学者的引进使浙大在学科建设、科学研究和人才培养方面获得迅速提升。西迁的第二年，1938年，增设师范学院，下设6个学系。1939年，原文理学院分立，文学院设中文、外文、教育、史地等学系，理学院设数学、物理、化学、生物等学系。同年，设立文科研究所史地部、理科研究所数学部，设立浙东龙泉分校。1940年，工学院机械、电机两系设双班，师范学院设二部，在湄潭设浙大附中。1941年，设工科研究所化工部。1942年，成立浙江大学研究院。同年，增设理科研究所生物学部、农科研究所经济学部。1944年，工学院设航空系。1945年，增设法学院，设法律系。1946年，增设医学院。在学科建设上几乎是年年上一个台阶。

综上所述，为了学校的发展，竺可桢不得不主动或被动地向"政治"靠拢，与"政府""政党"折冲樽俎、周旋应付；不得不在必要时采取各种妥协圆通的手段。但是，在所有的上述活动中，竺可桢始终保持着清醒的头脑，他决不计较个人的利害得失，但在事关青年教育、事关学校发展理念、事关国家民族的大是大非面前，却"计较"得非常清楚，对于来自包括"政府""政党"在内的重重干扰，有的是以自己认可的方式予以"消化"，有的是"阳奉阴违"、自行其是，有的则态度鲜明、坚决抵制。

竺可桢主持浙江大学后首先碰到的一件非常棘手的事情是如何对待大学生的军训问题，他的前任郭任远被迫辞职的原因很多，而军训问题则是最直接的导火索。国民政府早在1929年即颁布《高中以上学校军事教育方案》，规定："凡大学、高级中学及专门学校、大学预科并其他高等以上学校，除女生外均应以军事教育为必修科目，其修习期间均定二年。"[①]"九一八"事变后，各高中以上学校加强了军事教育，同时，由于此举与政府强力向高等学校渗透和强化思想控制的诸多举措相配合，致使各校围绕军事教育、训育问题经常发生各种风潮。在1936年3月的一篇日记中竺写道："办大学者不能不有哲学中心思想……余以为大学军

---

① 宋恩荣、章咸：《中华民国教育法规》，江苏教育出版社2005年版，第105页。

队化之办法在现时世界形势之下确合乎潮流,但其失在于流入军国主义,事事惟以实用为依归,不特与中国古代四海之内皆兄弟之精神不合,即与英美各国大学精神在于重个人自由,亦完全不同。目前办学之难即在此点。郭之办学完全为物质主义,与余内心颇相冲突也。"① 在竺可桢看来,大学中实施军事教育,搞军事训练,从办学理念的层次来讲,是一种实用主义,且与中国传统精神背道而驰,绝不可能是一种长久方针;但鉴于日本帝国主义对中国的侵略行径,目前对大学生实施军事教育又不失为一种权宜的办法,关键在于慎重地选择军事教官和训育指导员。《竺可桢日记》1936 年 4 月 28 日条记载:"蒋伯谦来,余与谈浙大需一训育指导员,须兼课三数小时。盖郭任远在浙大之失败,军事管理实负其责,而所用三军事管理员皆低薪水,资格甚差,不足以引起学生之敬仰心,学生衔之切骨,寻常高压之下,敢怒而不敢言,一旦爆发,乃不复可抑制。故余此次觅训育指导,必需资格极好,于学问、道德、材能为学生所钦仰而能教课者为限也。"② 事实上,竺可桢掌校后对军事管理员、训育指导员及训导长的选择十分慎重,他们必需学有专长、能够获得学生的敬仰,能够承担某一门课程的教学工作;而对于政府所规定的训导员、训导长必需是国民党员的做法却大不以为然。最典型的例子是他聘请不是国民党员且不愿意加入国民党的费巩担任浙江大学训导长一职。1940 年 7 月,浙大原训导长姜琦辞职,竺可桢即动员费巩担任此职。费巩,字香曾,早年毕业于复旦大学政治学系,1933 年即来浙大工作,由于他学术造诣深厚,教学认真且十分关心青年学生的成长,故深得学生拥戴。费巩在接受训导长一职时提出两个条件:一是不参加国民党,二是只领取教授薪酬不拿训导长薪俸,即是说不支领本该领取的那份训导长薪俸。8 月 12 日费巩就任训导长一职,在竺可桢主持的会上费巩向全体学生发表了与众不同的就职讲演《对于训导之意见》,他说:"训导长有人称之为警察厅长,但吾出来做事,决不是来做警察厅长或者侦探长,吾是拿教授和导师的资格出来的,不过拿导师的职务扩而充之。吾愿做你们的顾问,做你们的保姆,以全体同学的幸福为己任。……训导处从

---

① 竺可桢:《竺可桢全集》(第 6 卷),上海科技教育出版社 2005 年版,第 36 页。
② 竺可桢:《竺可桢全集》(第 6 卷),上海科技教育出版社 2005 年版,第 63 页。

今天起改走前门，不走后门，大门洞开，你们有事尽可以进来谈话。……任何人有什么意见，可以当面告知我，或写信给我。吾还要常到宿舍去，男女宿舍都常常要去，但不是来侦察的，是来访问的，想与你们多接触的。"① 就这样一位不支薪俸、愿意为学生幸福服务的训导长，半年后被迫离职。竺可桢在《日记》里不无悲愤地写道："训导主任因香曾非党员，故教部不愿其久居此位，必须另觅人。"②

1938年4月国民党临时全国代表大会后，进一步加强了对高等教育的渗透和控制，其中的一个重要举措即是要求各大学校长加入国民党。《竺可桢日记》5月30日条记载："午后二点半至校。六点半回。八点晓峰与叔谅来，以布雷函相示，嘱余入国民党，因上月代表大会后，党中有改组之意，其中有一办法，即拉拢教育界中人入党。余谓国民党之弊在于当政以后，党员权利多而义务少，因此趋之者若鹜，近来与人民全不接近，腐化即由于此，拉拢若干人入党，殊不足改此弊。"③ 这是国民党要员第一次动员竺可桢加入国民党，被他以个人加入不足以改变国民党的"腐化"为由拒绝。1939年3月，竺可桢到重庆参加第三届全国教育会议，《竺可桢日记》3月8日条记载："今晨张子明以国民党入党书嘱填。余告以已经蔡先生函立夫调余回院，至于入党一事容考虑之，但以作大学校长即须入党实非办法也。"④ 这一次竺可桢的借口是，他已经请蔡元培先生致函教育部长陈立夫，要求调自己回中央研究院专任气象研究所所长，所以告诉来人，加入国民党的事以后再说，特别加了一句"作大学校长即须入党非办法也。"就这样，备受国民党高层重视的这件事，被竺可桢一拖再拖。1943年5月12日的《日记》中仍有"下午有中央训练团谢光平来，嘱余填入国民党志愿书。现大学校长中只余一人非党员"的记载。⑤ 直至1944年，此事才算有个了结，据该年7月13日《日记》记载："今日寄叔谅入国民党申请书。余对国民党并不反对，但

---

① 浙江大学校史编辑室：《费巩烈士纪念文集》（第2卷），浙江大学出版社1980年版，第60页。
② 竺可桢：《竺可桢全集》（第8卷），上海科技教育出版社2006年版，第8页。
③ 竺可桢：《竺可桢全集》（第6卷），上海科技教育出版社2005年版，第527页。
④ 竺可桢：《竺可桢全集》（第7卷），上海科技教育出版社2005年版，第45页。
⑤ 竺可桢：《竺可桢全集》（第8卷），上海科技教育出版社2006年版，第563页。

对于入党事极不热心，但对于国民党各项行动只有嫌恶憎恨而已。……近来党中人处处效法德国纳粹，尤为余所深恶而痛极。近《大公报》伦敦特派访员萧乾，谓英美朝野称我国三民主义所实行者一民主义而已，对于民生、民权的确未顾到。事事要中央发动，此岂可称民主耶。对于贪污大员如孔某者亦不能批评，此尚何有自由言论耶。"① 从1938年被陈布雷动员起，到1944年正式填写加入国民党申请书，此事前后拖了整整6年。就在填写申请书的同时，在《日记》中竺可桢痛快淋漓地批评了国民党的种种行径，直斥之为"处处效法德国纳粹"。在这里我们看到的是一位为了学校发展而不得不含垢忍辱、委曲隐忍，但对大是大非保持高度清醒头脑的正直知识分子的凛然形象。事实上，作为一位大学校长，竺可桢从来没有忘记为学校、为教师、为学生争取一个相对宽松自由的学术环境和生活环境。他曾和陈布雷深谈："余谓目前国家对于大学教育方针须要确定，不能徘徊于统制与自由二者之间。"② 他在多种场合明确表态："大学无疑的应具有学术自由的精神。"③ "余主张大学学术自由，不能用标准化办学。"④ "大学中不应再有党部，即青年团（指三青团。——引者）亦只能作为一种服务团体，如青年会然。学生对于政党信仰完全自由，但不应做政治活动。"⑤ 从一定意义上可以说，竺可桢违背个人意愿、违心地加入国民党，主要是为了利用这种身份保护师生、维护学校利益。在20世纪40年代列强入侵、国共两党摩擦不断的动荡局势下，浙大师生政治热情高涨，常常招致与政府当局的激烈冲突，正是在竺可桢多方奔走、积极营救下，师生们的损失才得以减少到最低程度，学校才得以获得较为安定的教学和科研环境。

作为一所国立大学的校长，竺可桢"只问是非、不计利害"的精神境界更时时体现在学校的办学活动和日常的教学工作之中。在1939年3月举行的第三届全国教育会议上，蒋介石提出"各校校训应归一律，应

---

① 竺可桢：《竺可桢全集》（第9卷），上海科技教育出版社2006年版，第145页。
② 竺可桢：《竺可桢全集》（第7卷），上海科技教育出版社2005年版，第154页。
③ 竺可桢：《竺可桢全集》（第2卷），上海科技教育出版社2004年版，第641页。
④ 竺可桢：《竺可桢全集》（第9卷），上海科技教育出版社2006年版，第364页。
⑤ 竺可桢：《竺可桢全集》（第9卷），上海科技教育出版社2006年版，第12页。

可定为礼义廉耻"。① 国民政府教育部很快落实了此事，并将这一内容定为翌年全国大学招生的国文试题。据《竺可桢日记》1940 年 7 月 20 日条记载："统一招生考试上午考国文、公民，下午考物理、理化。……国文题。（一）作文：《全国学校共同校训释义》。按全国校训为'礼、义、廉、耻'，系去年全国教育会议蒋先生出席演讲所定，而经教育部通令各校遵行者。此事中学校行至如何地步，全视其当局而定，与学生之国文程度无关也。犹之昔人默《圣谕广训》之类，将使阅卷者发生极大困难。余意最好将此题不打分数。"② 《日记》中的这段议论，表面上是对教育部出的国文试题不满意，认为这与考查学生的国文程度毫不相关；实际上是抨击蒋介石的独裁行径，认为此举与清代科举考试让考生默写《圣谕广训》如出一辙！对于国民党训练部要求大学生在纪念周活动时必需朗诵《青年守则》的规定，竺更是十二分的反对，在一则《日记》中写道："二点半纪念周，今日开始点名及读《青年守则》十二条。余对于朗诵此种十二条守则可称十二分不赞同。此等和尚念经之办法，奉行故事，于学生毫无益处，浪费时间而已。"③ 20 世纪 30 年代初，国民政府一方面鉴于高等教育结构方面存在的问题和战争的需要，三令五申要求加大工、农、医等实科专业的设置、扩大这些专业的招生人数，就当时的情况而言，这些举措确实在调整高等教育结构方面取得一定的效果。但是，另一方面也出现了许多弊端，其一是导致了数学、物理、化学等基础学科和人文社会科学部分学科的严重削弱。其二是导致一些不具备大学资格的学校趁机"升格"，出现大学"泛滥"的苗头。对于这些现象，竺可桢不计个人利害，不考虑自己的言行与政府政策相左的后果，不仅以国立大学校长的身份在各种场合大声疾呼，反复向政府有关部门陈述自己的看法，而且在浙大进行了针锋相对的改革。据《竺可桢日记》1940 年 10 月 24 日条记载，这一天他找了时任中研院代理院长、国民党中央组织部长的朱家骅，专门谈了自己对大学基础学科设置的看法："余甚以基本科学，即物理、化学在大学中之被蔑视为虑。本年同济、四川、中山、重

---

① 竺可桢：《竺可桢全集》（第 7 卷），上海科技教育出版社 2005 年版，第 42 页。
② 竺可桢：《竺可桢全集》（第 7 卷），上海科技教育出版社 2005 年版，第 399 页。
③ 竺可桢：《竺可桢全集》（第 7 卷），上海科技教育出版社 2005 年版，第 80 页。

庆、西北五大学竟不能取到一个理科生,而所取全国大学生至六千之多,工院竟占三千以上,则吾国科学前途大可悲观矣。"① 他专门撰文陈述自己的观点:"大学教育的内容,应该注重通才教育,还是技术教育。这个问题,在美国目前争执颇为热烈。……目今我国社会,仍然充满了这种功利主义。大学里边的功课,支离破碎,只求传教零星有用的知识,而不注重理智的培养。大学生认定院系,不问其性情之是否适合,而只问毕业后出路之好坏,待遇之厚薄。选择科目,不问其训练之价值如何,而专问其是否可应用到所选定之职业。在大学内通才教育与技术教育,理应并重。但在现行教育制度之下,大学课程实有重新厘定之必要。基本科目必须增加,而各系之必修科目必须减少,庶几能达到培养理知之目的。"② 有时抨击的对象直指最高当局:"接美国顾振军两函。……渠寄来六月间 MIT 校刊一份,中述 Compton 氏战后改变理工课程之计划,将人文及社会科学之课程加重。此乃该校一向政策,经委员会决定。非如我国之由最高当局临时想到,即下手谕,而加某为必修科,加某科钟点若干。如此办理,大学将无从发展,成为训练班而已。"③ 明眼人一看就知道这里指的是什么人。1939 年 5 月,当竺可桢听说浙江的一所学校通过陈立夫的关系,仅设医、农、工三个学院即打出大学的招牌后,十分气愤地在《日记》里写道:"迪生来电谓教部已准浙江设立战时大学,更名为英士大学。此全系一种投机办法,因教部长陈立夫系陈英士之侄也。许绍棣等之不要脸至此已极,可谓教育界之败类矣。专设医、工、农三学院而无文理,焉望能其办好!"④ 许绍棣,时任浙江省教育厅长。一位文质彬彬的大学校长、一位在国内极有声誉的科学家,如果不是对教育界这些徇私忘公、置民族国家利益于不顾的行径实在无法容忍,他绝不会如此恶语相加,把部长和厅长都一股脑儿地称作"不要脸至此已极"和"教育界之败类"。

在向政府和社会充分陈述自己的办学理念的同时,竺可桢把更多的

---

① 竺可桢:《竺可桢全集》(第 7 卷),上海科技教育出版社 2005 年版,第 465 页。
② 竺可桢:《竺可桢全集》(第 2 卷),上海科技教育出版社 2004 年版,第 640 页。
③ 竺可桢:《竺可桢全集》(第 9 卷),上海科技教育出版社 2006 年版,第 156 页。
④ 竺可桢:《竺可桢全集》(第 7 卷),上海科技教育出版社 2005 年版,第 88 页。

精力放在浙江大学自身的改革上，浙大当时的许多重要举措是在与当时政府的有关政策完全相左的情况下实施的：为了改变轻视文理、过分重视工科的弊端使浙大真正成为一所综合性大学，竺可桢在主持校政后召开的第一次校务会议上即提出筹备中文系和成立史地系的问题。史地系在当年即宣告成立，集聚了钱穆、张荫麟、陈乐素、叶良辅、涂长望、谭其骧、任美锷等一批著名学者。中文系成立于1938年，是年8月成立的师范学院亦设国文系，文理学院的中文系和师范学院的国文系同时招收新生。1939年，为了加强基础研究，将原来的文理学院分设为文学院和理学院，另设文科研究所史地学部和理科研究所数学部及史地教育研究室。物理、化学、生物等学科吸引了一批国内外著名学者，教学和科研水平大大提高。1941年，设工科研究所化工部。1942年，成立浙江大学研究院。同年，增设理科研究所生物学部、农科研究所经济学部。这些新设的机构都以基础研究为主旨，都以浙大最有特色的学科为依托。竺可桢"十二分不赞成"在每周的纪念会上向学生灌输《青年守则》之类的"奉行故事"，但他充分利用当时教育部规定的每周一次的纪念周会的宝贵时间，不管刮风下雨，只要不出差，一定亲自参加，不仅自己结合国际、国内和学校内外的大事向学生谈感受、体会，讲自己的治学、做人、处世的经验教训；而且，利用他广泛的社会资源为学生请来许多国内外名流学者作演讲，这些演讲者中有英国诗人艾温斯（B. Ifor. Evans）教授、美国哈佛大学陶特（E. dwin. Dodd）教授、北大化学系主任曾昭抡、乡村教育家梁漱溟、文学家郁达夫、北平研究院物理研究所所长严济慈、钱塘江大桥工程处处长茅以升、美国纽约大学化学专家尼特（T. B. Niederl）博士、世界教育会会长、美国教育家孟禄（Paul. Monroe）博士以及国际物理学界泰斗玻尔（Bohr. Aage）教授等。1937年出版的《浙大学生》杂志刊登了一份该年度公开讲演清单，总数达80余次（也包括纪念周会之外的一些名人演讲），内容广泛地涉及哲学、政治、法律、文学、历史、物理、化学、生物、地质、医学、农业、机械、土木等各个学科，大大丰富了学生的课外生活，开阔了他们的视野。1940年教育部举行全国第一届大学生学业竞试，浙大名列第四。竺可桢在1941年8月2日的《日记》中特意记下此事："去年学业竞试得嘉奖之学校近已发表：（1）中大，（2）岭南，（3）武大，（4）浙大，

(5) 中山，(6) 重大，(7) 厦大，(8) 东吴，(9) 西南联大，(10) 师范学院，(11) 复旦，(12) 川大。"① 1941 年举行全国第二届大学生学业竞试，浙大成绩更好。竺在 1942 年 5 月 16 日《日记》中写道："今日接教育部去年学业竞试得奖名单，计一、二年级得奖者全国 91 人。以浙大为最多 10 名，岭南与中央大学各 7 名，武汉与厦门各 6 名，唐山交大、广西与独立师范、西北师范各 5 名，四川大学 4 名，湖南大学 2 名，西南联大未加入考试。"② 1943 年举行全国第三届大学生学业竞试，浙大第二次夺冠。竺在 1945 年 5 月 3 日《日记》中写道："第三届全国专科以上学校竞试乃前年所举行，迄本年上月底始将结果发表。计全国得奖者 176 人，浙大 19 名，龙泉分校 5 名，余各校厦大 11 名，国师 14 名，中山 12 名，中央 8 名，联大 4 名，武大 3 名，西大 6 名，交大（唐山）6 名。"③ 从 1940 年开始，国民政府教育部决定在全国国立大学、独立学院和已备案的全国性学术团体中遴选部聘教授，并分别于 1942 年和 1943 年各举行一次，两次共聘 45 名，其中中央大学 12 名，入选人数居第一位，西南联大 10 名居第二位，浙江大学 5 名居第三位。在 1948 年 3 月中央研究院选举产生的 81 位第一届院士中，浙江大学有竺可桢、苏步青、贝时璋、罗宗洛（后调入中研院）等人当选，入选人数在当时全国大学中亦名居前列。

可以说，抗日战争期间浙江大学在学科建设、人才培养和科学研究诸方面取得的突破性发展，既是竺可桢充分利用各种政治资源、为学校争取发展空间的结果，更是他独立思考，"只问是非、不计利害"精神境界的体现。1939 年 7 月 16 日，浙江大学在广西宜山举行第 12 届毕业典礼，竺可桢在会上讲话，"勖勉学生以出校后须有正确之人生观，为名为利均有弊窦，只知为社会服务、不顾名利而自然可得成功。所谓成功亦非名利兼收。古人有不惜牺牲生命而保存其志节、主义，虽身死而志行则亦为成功，如诸葛武侯，中山先生亦即其例也。最后以王文成公答陆文静书所云：'君子盖有举世非之而不顾，千百世非之而不顾者，亦求其

---

① 竺可桢：《竺可桢全集》（第 8 卷），上海科技教育出版社 2006 年版，第 123 页。
② 竺可桢：《竺可桢全集》（第 8 卷），上海科技教育出版社 2006 年版，第 339 页。
③ 竺可桢：《竺可桢全集》（第 9 卷），上海科技教育出版社 2006 年版，第 392 页。

是而已矣，岂以一时之毁誉而动其心哉'"① 作结束。竺可桢引用王阳明的这段传世语录，既是对即将走上社会的毕业同学的临别赠言，也是借先贤的话对自己坚守的"只问是非、不计利害"做了一个很好的诠释。

三 道德情操：克己奉公、清正廉洁、襟怀广阔、平易近人

对一位大学校长而言，他的办学理念、他对大学使命的认知决定了他所主持的大学的文化关怀、学术抱负和社会担当；他的精神境界影响着他协调、处理大学与政治、政权、政府等外部世界的关系；而他的私德，他的情操，则是他能否在师生中具有很高的威望和亲和力，能否整合学校内部各种资源、调动一切积极因素的关键。浙江大学在抗战期间艰苦困难的条件下获得大的发展，与竺可桢的个人品质、人格魅力、道德情操有极大的关系。

前面我们曾经提及，竺可桢在接任浙江大学校长一职的同时，就向有关方面明确表态，任职时间以"半年为限"；而且，以后也多次向教育部、向中央研究院、向国民党中央组织部提出，在浙大校长和气象研究所所长两个职务中只能做一件事情。但是，事实上，浙大校长任上一做就是13年，同时兼任气象所所长10年。在长期的兼职过程中，开始是杭州、南京，之后是泰和、武汉，再后是遵义、重庆，浙大和气象所始终不在一地，而两个单位又分别属于两个部门。他这个校长兼所长只能在战火纷飞、交通不便的两地、三地之间往返奔波。更为困难的是八年抗战期间浙大和研究所几次内迁，让竺可桢心力交瘁。每次学校搬迁，竺可桢都要做足"功课"，先是去实地考察，学校迁至什么地方合适？当地受战事影响如何？交通是否便利、气候如何、物价是否比较低廉、有无地方性疾病？都需要反复核实。定下了迁校地方，紧接着是走陆路还是走水路？如何省钱又安全？交通工具的调拨、汽油的筹措，都需要亲自出面与有关方面打交道。然后是组织全校上千名师生、家属和大量图书仪器的分批上路。任何一个环节出问题，都会影响到师生和学校财产的

---

① 竺可桢：《竺可桢全集》（第7卷），上海科技教育出版社2005年版，第124页。

安全。在所有这些活动中作为校长的竺可桢，既是运筹帷幄的总指挥，又身先士卒经常出现在最危险、最关键的时刻，成为师生们的"主心骨"。学校一旦安置下来，只要不出差，竺可桢总是早上7点半左右到校，或参加学生纪念周会，或处理各种文件，或找师生谈话，开始一天的工作。由于操劳过度，竺可桢经常感到体力不支，《日记》中多有这样的记载："此二三年来，余老态日增，看报纸须去眼镜始清晰，耳中常闻哄哄之音，如一二里外之机器声然。"[1] "午后胡国泰来拜年，说猜我已过了六十岁，可知我是龙钟不堪了。……二三年不相见的人，没有一个不惊怪我老得如此之快。在宜山时我尚不承认自己是老年人。"[2] 1938年6月，战火已漫延至江西北部，浙大不得不再次寻找迁徙的新地点。6月底竺可桢离开泰和，先到武汉与教育部长陈立夫商谈迁校问题，然后经长沙到湖南衡阳、广西桂林等地选择校址，了解交通运输情况。正当他为迁校、招生之事各地奔走之时，7月23日，在桂林接到学校让他速归的电报。他知道自己离家太久，夫人染病急需照料，把手头的事托付同行的胡刚复后即往回赶。7月25日晚，当竺可桢乘坐的车子回到学校所在地上田村时，三个孩子竺梅、竺宁和竺安早已在堤岸上等候多时。大女儿告诉他，弟弟竺衡已经去世，妈妈仍在病中。"下车即遇宁、彬诸儿，梅儿即谓妈妈病好点。余问衡，谓衡没得了。余闻信之下，几不能辨是真是梦。"突如其来的噩耗使竺可桢难以自持，无法直接回家，便先到老友郑晓沧处歇息片刻。"即至晓沧处略歇，回家则……见侠卧床上，唏嘘不能言，谓恐不能再相见。"[3] 竺可桢妻子张魂侠和二子竺衡是7月11日晚同时发病的，医生诊断为噤口痢，病势凶险，乡间医疗条件差，发病后仅十天，就夺去了14岁孩子的生命，竺可桢未及看到孩子的最后一面。此时的张魂侠仍未脱离危险，经竺可桢多方延医治疗，终因难以控制的并发症，魂侠亦于8月3日逝世。接连遭受失子丧妻之痛，竺可桢精神几近崩溃，国难日深、校务待理，他强忍悲恸，魂侠去世第三天，即投入工作。据1938年8月5日《日记》记载："八点至大原书院。阅一

---

[1] 竺可桢：《竺可桢全集》（第8卷），上海科技教育出版社2006年版，第29页。
[2] 竺可桢：《竺可桢全集》（第9卷），上海科技教育出版社2006年版，第328页。
[3] 竺可桢：《竺可桢全集》（第6卷），上海科技教育出版社2005年版，第554页。

个月以来寄来之各项报纸与杂志,见哈佛同学会寄来之《大学是什么》。按教育部嘱办师范学院,计全国有中央大学、西北联合大学、西南联合大学、广州中山大学与浙大五个师范学院。"① 但是,当一天的工作忙碌完毕,夜深人静之时,对亲人的思念再也无法抑制。在此后很长一段时间的《日记》里,经常有与亲人在梦中相见的记载:"晨四时即醒,不能寐。夜间梦侠来,……忆去年冬天在吉安木匠街时曾阅《七修类稿》,见载陆放翁忆妻唐氏诗二首。……余在该时曾将此诗指与侠看,侠亦称赏,不图竟成诗谶也。今晨在枕上得一绝,步放翁原韵。'生别可哀死更哀,何时重上旧城台。西风萧瑟湘江渡,昔日双飞今独来。'盖六月三十日余别侠于泰和,至车站告别,十二日而侠病,再十二日而余回,已奄奄一息,再九日而竟不起矣。九一八在茶陵、衡阳间渡湘水,遇狂风细雨,大有秋意。今春两次来往湘赣,侠均相偕,今独来,故有感也。"② "晨一点半醒,不能成寐,因续成步放翁原韵悼侠魂绝句两首。(一)'生别可哀死更哀,何堪风去只留台。西风萧瑟湘江渡,昔日双飞今独来。'(二)'结发相从二十年,澄江话别意缠绵。岂知一病竟难起,客舍梦回又泫然。'"③

是什么力量支撑着竺可桢在艰苦备尝、身心极度痛苦之中仍能百折不回、带领浙大师生进取不息呢?曾经与竺可桢长期共事的陈训慈认为,"其支持力量全是他强烈过人的责任感,是公而忘私、高度爱国家爱教育的精神所致"。陈训慈曾在一篇文章中分析道:"(1)是竺之以身许国、迎难而进之基本思想与过人毅力。(2)是抗战越艰苦,竺对当时专家教授忍受艰贫,相随于一学府(甚至不少教授病故)之无限同情与关爱,以至于不忍舍他们而去,对广大学生也同此心。(3)是他对浙大的感情与责任心愈往后而愈深。越是生活艰苦,越多想到大量教职员工比自己还艰窘,愿共患难而不去。还有更多的学生忍饥寒而力学不懈(有的是靠微少的工读收入或助学金过日子)。这种关爱与怜惜之情,又自然与他尊重事业、热爱国家的心情紧密结合。每为一时的原因而想辞,一经以

---

① 竺可桢:《竺可桢全集》(第6卷),上海科技教育出版社2005年版,第560页。
② 竺可桢:《竺可桢全集》(第6卷),上海科技教育出版社2005年版,第582页。
③ 竺可桢:《竺可桢全集》(第6卷),上海科技教育出版社2005年版,第583页。

大义相责望，便又打消去意。"① 作为这一历史过程的亲历者，作为竺可桢的学生与同事，陈训慈的分析是准确的。尽管在《日记》中我们看到竺可桢几乎一有机会就向各方面表示自己辞去校长一职的愿望和决心，但是，一回到学校，他就把自己的种种想法和不快深深地埋藏在心里，全力以赴投入工作。在抗战最艰苦的岁月里，作为一位国立大学校长，他的工资收入几乎不能维持一家的生活。"余每月所收入共为四千三百元、一市担米，而上月单买菜已三千元，油盐酱均在外，三者连煤、水至少一千五百元，而梅儿一人在湄须用一千元，贵重之药尚不在内。余尚如此，余人可知。"② 梅儿是竺的长女竺梅，她身体不好，长期住医院治疗。在这样的拮据情况下，他考虑的是学校的教授、职员，"余尚如此，余人可知"。有时实在周转不过来，就靠典卖物品维持生计。"波若来，将余之麂皮大衣交与，拟以十万元售去，因现在每月所入不敷开支也。"③ "三点至校。朱鹤年来。又卢温甫将 E. Masten 购余存所中曾世英地图一幅美金 20 元，得 1 万元，又教部转来委员长年尾酬劳万元。得此二笔，差可还清校中欠账。"④ 此类记载在《日记》中随处可见。其实，作为与中央大学、武汉大学同属国立大学且规模相近的浙大校长，按教育部有关规定，竺可桢的薪俸应与其他两校校长一样，但是，任职以来他的实际薪俸一直比其他两校校长整整低了两级："余自到校五年以来均支简任三级薪，即月六百元，但武大、中大均以简任一级薪。余初未尝以此作计较也，近来公文谓大学四院以上，二十系以上者公费得支 300—400 元，则公费方面昔只支 200 者亦过少矣。"⑤ 多年来，他为浙大的发展不辞辛苦、四处求告，通过各种渠道争取来的经费何止数百万，却从未为自己遭受的不公正待遇去找有关部门。同事们为他愤愤不平，他淡淡地说："余初不因此而介意也，若斤斤锱铢，则吾亦早为大腹贾也。"⑥

---

① 浙江省政协文史资料委员会：《一代宗师竺可桢》，浙江人民出版社 1990 年版，第 28 页。
② 竺可桢：《竺可桢全集》（第 9 卷），上海科技教育出版社 2006 年版，第 23 页。
③ 竺可桢：《竺可桢全集》（第 9 卷），上海科技教育出版社 2006 年版，第 221 页。
④ 竺可桢：《竺可桢全集》（第 9 卷），上海科技教育出版社 2006 年版，第 242 页。
⑤ 竺可桢：《竺可桢全集》（第 8 卷），上海科技教育出版社 2006 年版，第 277 页。
⑥ 竺可桢：《竺可桢全集》（第 7 卷），上海科技教育出版社 2005 年版，第 395 页。

清正廉洁是竺可桢获得师生衷心拥戴、学校有很强的凝聚力的一个重要原因。身为一校之长，集全校的财务、人事、建设大权于一身，在战火纷飞的特殊历史时期，"天高皇帝远"，一切规章制度都无法正常执行运作，有多少贪官污吏在发国难财。有鉴于此，竺可桢在学校管理上，一方面，力主校务公开，举凡学校大政方针、规章制度及经校务会议讨论的重要决定，均通过《国立浙江大学日刊》《国立浙江大学校刊》等刊物及时向全校师生刊布，便于师生监督。同时借用每周一举行的由全体学生参加的总理纪念周会向大家报告校务。另一方面，坚持教授治校，通过组织各种委员会，吸收师生参与学校的各项管理工作，充分调动教师、学生的积极性。他经常利用各种机会对学生进行教育："国家政治不清，亦需要纯洁不自私的人出而当国，故吾人正需要青年以治平天下为己任。但切弗做大官之后而发大财，如此之人没有不贪污的。"[1] 在遵义举行的第18届浙大毕业生典礼大会的演讲中，竺可桢结合当时社会上的丑恶现象语重心长地告诫同学们："近来报上所载我国贪污之案层见叠出，甚至财政部总务司长王绍齐、直接税局局长高秉坊、中央银行业务局长这类人也竟监守自盗，舞弊上千万。诸君看了报自然莫不痛心。但是诸位要晓得，在有一个时期这类作弊的人也是和诸君一样从大学刚毕业、极清白纯粹的大学生。因为贪污之层出迭见，所以一般人以为官是做不得的，财是不能发的，这可大错了。做公务员就是官，我们就希望顶好人材、顶廉洁的知识阶级去做官，惟有这样，公家的事才能办得好。中国那么穷，我们就希望大家绞脑汁来做发明、办工厂、开农场，去发大财。惟有这样，国才能富，民才能强。所以我希望你们能做官、能发财，但不希望你们因为做了官再去发财。为发财而做官，是没有不贪污的。"[2] 竺可桢掌校期间，始终廉洁自律、公私分明，从不利用特权占公家便宜。《竺可桢日记》1940年5月2日条记载了下面一件事："学校近请得外汇美金一千余元，适其中有数书不到，故尚多美金5元余，适余接Haruavd Alumni Bulletin《哈佛大学同学会公报》来函索订报费，计一年，至明年二月一日止为4.75美金。故即以此数汇抵，以每元三元三角

---

[1] 竺可桢：《竺可桢全集》（第10卷），上海科技教育出版社2006年版，第138页。
[2] 竺可桢：《竺可桢全集》（第9卷），上海科技教育出版社2006年版，第443页。

七计算，计国币十六元一角。此尚系法价，倘用黑市，则每金元需以十六元算，其数当在七八十元之间矣。虽得便宜，但将来此项报纸仍送图书馆。"① 这是一件谁都不晓得、只有竺自己知道的事情：学校从上面申请到千余美金的外汇用于购置外文图书报刊，由于有些书籍未到，结余下5美元有奇。竺可桢毕业于哈佛，时刻关注哈佛的办学动态，所以长期自费订阅此刊物，恰好此时收到该刊的索订函，计全年订购费4.75美金，竺即用学校余下的这5美元予以支付，同时按当时法定汇率计国币16.1元交给学校。但是，他觉得自己还是占了学校的便宜，因为黑市的汇率要高得多。因此在《日记》中特意记下此事，提醒自己"将来此项报纸仍送图书馆"。《竺可桢日记》1943年7月18日条记有另一件事："十点半至农场（指设在湄潭的浙大农学院农场。——引者）……膳后至农场一览。时唐菖蒲、剑兰、土水仙、福禄考等盛开，黄金瓜、洋葱、番茄均成熟。余购洋葱（5元一斤）、番茄（2元一斤）、金瓜（4元一斤）共一百余元而回。"② 一位校长到自己学校的农场视察工作，掏钱买了些农场的蔬菜，此类事情在竺可桢看来太正常不过了。殊不知正是这些他认为极平常的小事，却在无形之中影响着一个大学的风气，形塑着一个学校的校风。其时任浙大农学院园艺系主任的吴耕民，在几十年后的一篇文章中深情地回忆："竺先生为人极廉洁，不揩学校的油。农学院农产品多，如牛奶、牛油、鸡鸭、蛋、水果、西瓜、番茄、花木等，样样都有。竺先生以身作则，绝对不揩油白拿，和一般顾客一样都付款购买。我们为他的廉洁道德所感动，也不拿公物送人，自己也不白吃。……竺先生对学校办公费开支也很节约，例如开校务会议照例由学校备便饭，竺先生不准供应老酒，有人要求喝老酒，竺先生也铁面无私不准开禁。例如陈建功先生有酒癖，每餐非喝酒不可，只好自己暗地里叫工友去买一瓶，由他自己付钱，当时大家以陈教授自己付钱喝老酒传为美谈。"③

无论是在杭州时期还是在西迁途中，总有人通过各种关系或推荐人

---

① 竺可桢：《竺可桢全集》（第7卷），上海科技教育出版社2005年版，第348页。
② 竺可桢：《竺可桢全集》（第8卷），上海科技教育出版社2006年版，第602页。
③ 浙江省政协文史资料委员会：《一代宗师竺可桢》，浙江人民出版社1990年版，第16页。

员到浙大任教，或设法为子女或亲朋好友的孩子进入浙大读书说项。碰到这种情况，竺可桢一概回绝。在一则《日记》中竺可桢写道："现各方谋事者日多，昨鸣雠太太姚含英来，今日二姊所介绍之张瑛来。此外来函谋事者如何建文、杨其泳、王萍州、竺士樵等，使余应接不暇。若任意位置，抱一有饭大家吃之主义，则学校遭牺牲。若此辈均置之不理，则怨恨丛生，以是知行政当局之困难。余惟以是非为前提，利害在所不顾。"① 上述请托者名单中，有竺可桢的堂侄竺士樵，有时任国民政府立法委员、竺可桢妻子张魂侠的二姐张默君等，在以后的请托人名单中，甚至有竺可桢尊敬的师长蔡元培先生。对于所有这些替人说项的师长、亲人、朋友、同事，竺可桢总是找出各种借口予以婉拒；而对于那些拎着礼品直接找上门来的人，竺可桢简直是深恶痛绝。《日记》中多有这方面的记载："高学洵来并送礼物。余告以余不愿有此种习惯，故昨日送来未收。"② "接邦华函聘万勉之为日文讲师……其实太不相宜，因其回国久，必甚荒疏也。万并以观世音及无量寿佛为赠，使余鄙其为人。"③ 在遵义期间，有一段时间学校庶务处人手不够，庶务主任王伊曾向竺可桢推荐竺士楷，竺一口拒绝。竺士楷是竺可桢长兄的儿子，时任浙大土木系讲师。竺可桢大哥早丧，他从国外回来后，士楷一直和他生活在一起，由他抚养，供士楷读书上学，直至参加工作，视同己出，叔侄关系特别亲近。这份工作远比做讲师收入要高，竺可桢为什么不同意士楷到庶务处工作呢？《日记》中有这样一段记载："前王伊曾欲介绍士楷为总务事，余不赞成同，亦以欲避嫌。且波若喜管闲事，士楷为总务，则波若必将染指于购置、保管二股，将来必有困难。"④ 《日记》中提到的波若，名潘波若，是竺士楷的妻子。竺可桢了解自己的这位侄媳妇爱占便宜、喜欢管闲事，担心她日后会怂恿士楷"染指于购置、保管二股"致出大事。不同意士楷去庶务处工作，既是为了避嫌，更是为了防患于未然。

但是，对于那些学术造诣深厚的积学之士和有发展潜力的青年才俊，

---

① 竺可桢：《竺可桢全集》（第6卷），上海科技教育出版社2005年版，第67—68页。
② 竺可桢：《竺可桢全集》（第8卷），上海科技教育出版社2006年版，第522页。
③ 竺可桢：《竺可桢全集》（第7卷），上海科技教育出版社2005年版，第372页。
④ 竺可桢：《竺可桢全集》（第7卷），上海科技教育出版社2005年版，第511页。

竺可桢却是竭诚尽力、豁然大公，千方百计聘请他们到学校任教。竺可桢初到浙大时，曾多次专程到国学大师马一浮家中拜访，诚请他到浙大任教，终因马提出的条件实在难以满足而作罢。浙大西迁途中，当竺可桢得知马一浮颠沛流离无处安身的境况后，不计前嫌，派专人将其请至学校，竺本人多次到教室同学生一起听马的讲课，了解马的需要；并请马一浮为浙江大学校歌作词。著名植物生理学家罗宗洛要求带四个助手一同到浙大，尽管当时学校经费、编制都十分紧张，竺可桢仍欣然同意，帮助一一解决。谈家桢曾在一篇回忆文章中对竺可桢的用人原则做了很生动的诠释："1937年秋获得博士学位后，我决定回国了。当时我的母校东吴大学要我返校任教，我不想去，我嫌那里'洋人'味道太重了。我希望能够到一所我们国家自己办的大学里去，扎扎实实地搞一些科学研究和教学工作。那时在旧社会里，派系林立，壁垒森严。一个教会学校出身的大学生想进国立大学任教，确是一件不很容易的事。事也凑巧，我的一位留美同学，他是在东南大学毕业的，知道我这情况以后，就替我写信给他的老师胡刚复先生。由于胡先生的推荐，不久，竺可桢校长代表浙江大学给我寄来了聘书，聘我为浙大生物系正教授，每月薪金300大洋。这样崇高的职位和优厚的薪金在一个年仅28岁的回国留学生来说，确是不容易得到的。……从这一点看，可以说明：竺先生是'任人惟才'，而是不讲派系的。所以，他把我这样一个'外来人'也聘进来了。后来我还听说，沪江大学出身的涂长望教授和燕京大学来的谭其骧教授等也都由他聘来浙大，并且都得到重用。可见他聘用教会学校出身的教授，并非仅我一人。"[①] 不徇私情、"任人惟才"的用人原则，不计前嫌、不问派系的开阔胸襟，关心师生、平易近人的民主作风，使竺可桢在师生间产生巨大的亲和力，将全校上下紧紧地凝聚在一起，成为克服困难、蓬勃向上的巨大力量。长期在浙江大学工作的苏步青的感受是对竺可桢上述个人品德所产生的无形影响力的最好说明："这样的校长，他真把教授当宝贝，我们当教授的怎能不受感动啊！这样的校长又往哪里去找呢？这时，我才真感到竺校长是一位处处为我们着想的好校长，

[①] 浙大校友总会电教新闻中心：《竺可桢诞辰百周年纪念文集》，浙江大学出版社1990年版，第7—8页。

是一位品德高尚的人。……说心里话,从那时开始,我已完全与竺校长一条心了。从此以后,凡竺校长要我干的事,我都干。后来他要我做院长、教务长、训导长、校务维持会长等等,我都毫不推辞。"①

  2015 年是世界反法西斯战争和中国人民抗日战争胜利 70 周年,也是竺可桢诞辰 125 周年。阅读竺可桢 70 多年前写下的这些日记,缅怀他在战火纷飞的艰苦岁月带领浙江大学走过的不平凡历程,让我们对这位著名的教育家充满了由衷的敬意。在竺可桢身上所体现出来的一位大学校长的家国情怀,他的追求真理、培育英才、转移风气、报效国家的办学理念,他的"只问是非、不计利害"的精神境界,他的克己奉公、清正廉洁、襟怀广阔、平易近人的道德情操,不仅是中国教育史上的一份弥足珍贵的遗产,更是 21 世纪建设高等教育强国的征途中,我们亟待认真发掘、充分利用的宝贵的本土资源。这些基于一所大学的发展所提炼出来的理念、境界和情操,折射的是现代大学在中国这块土地上成长、发展所应遵循的基本规律和她的主持者必须具备的基本素质,对于正在致力于建设世界一流大学的中国高等教育而言,可以给我们提供诸多方面的启示和借鉴。

---

  ① 浙江省政协文史资料委员会:《一代宗师竺可桢》,浙江人民出版社 1990 年版,第 4—5 页。

传统教师观的历史沿革及意义

施克灿[*]

[摘　要]　本文着重阐述传统教师观，即古代思想家关于教师问题的理论论述。自孔子以降数千年来，中华民族一直有着重视尊师重道的优良传统，在古代思想家看来，教师是社会文化道德的维系者，因此产生了诸多美化传统教师的论述。本文将梳理先秦儒家、汉唐经学家、宋明理学家、明清实学家关于教师地位与作用、教师职能、教师资格与条件、师生关系等涉及教师宏观问题的内容，在此基础上总结中国传统教师观的主要特征及现代意义。

[关键词]　传统教师观；历史沿革；特点与意义

教师研究是近年来学术界的热点之一。但从目前研究来看，学术界往往对发达国家的教师关注甚多，而对中国传统教师问题研究不足，对传统教师形象也往往囿于一些概念化的理解或者表面化的印象，比如"天地君亲师"的传统观念赋予了传统教师死板、专制、令人望而生畏的固定形象。教师研究必须具有很强的文化性与民族特色，应该反映出特定的社会政治制度和价值取向等文化特征。因此，教师研究不仅要借鉴国际经验，而且必须加强对中国古代教师传统的梳理与分析，把教师研究以及中国教育史研究引向深入，从实践上说，可以使我们更清楚地了解中国优秀教师的传统传承，从而为当今的教师发展提供具有民族特色

---

[*]　北京师范大学教育学部教授

的丰富资源与历史借鉴。

一　传统教师观的历史沿革

（一）先秦儒家教师观

先秦时期诸子百家争鸣，其中儒家思想是最重视教育的，重视教育必然重视教师。从孔子到荀子、《学记》都有一些关于教师的论述。

孔子一生主要的活动就是从事教育、培养学生，在长期的教育教学过程中，树立了作为理想教师的一个典范，被后人称为万世师表。总结孔子的教师观，主要包括两个方面的内容：一是对教师自身要求，即以身作则，要求学生做到的，教师自己首先要做到，教师要作为学生的典范，"其身正不令而行，其身不正虽令不从。不能正其身，如正人何？"（《论语·子路》）强调无言之教的威力，认为教师行为端正、道德高尚，本身就是一种教育力量。此外，以身作则不仅指教师自身的言行，更是强调指教师在对待教育这个工作应有的一种态度，即"学而不厌，诲人不倦"。（《论语·述而》）可以从两个角度理解，"学而不厌"是讲教师自身的学业、自身的进修要永不满足，要有一种不断学习、不断发展的精神；"诲人不倦"是指教师对待教学应有的态度，要永不倦怠，这是一种职业的精神。孔子曾说："爱之，能勿劳乎？忠焉，能勿诲乎？"（《论语·宪问》）爱护学生，忠于教职，尽其知而教，无私无隐，其教育理念成为后世为师者的行为准则。二是对待学生的态度要宽严结合。一方面要严格要求，另一方面要温和宽厚，孔子的学生曾赞扬孔子说："子温而厉，威而不猛，恭而安。"（《论语·述而》）体现了孔子对学生宽严结合的态度。

在先秦诸子中，对于教师论述最系统的是荀子。荀子对孔子礼的思想进行了充分地发挥，甚至强化，所以在教育上非常强调外铄，教师自然也是外铄的一个重要因素。荀子提出君师并重，是治国之本，因为教师是礼的化身，是传播礼、实施礼的代表，"无礼何以正身，无师吾安知礼之为是也。"（《荀子·修身》）对于个人来说，教师同样重要："有师法者是人之大宝也，无师法者是人之大殃也。人无师法则隆性矣，有师法则隆积矣。"（《荀子·儒效》）在荀子看来，是否尊重教师是一个国家兴衰的标志，"国将兴，必贵师而重傅；贵师而重傅，则法存。国将衰，必贱师而轻傅；贱师而轻傅，则人有快，人有快则法度坏。"（《荀子·大略》）从师生关系这个角度说，"言而不称师谓之畔，教而不称师谓之倍。倍畔之人明君不内，朝士大夫遇诸途不与言。"（《荀子·大略》）这是荀子强调尊师重教的两个主要因素。正因为教师的地位那么高，作用那么大，全社会都要尊重教师，因此教师的选择就必须严格，"尊严而惮，可以为师；耆艾而信，可以为师；诵说而不陵不犯，可以为师；知微而论，可以为师。"（《荀子·致士》）从荀子对教师的资格的要求来看，至少包括了教师的形象、教师的年龄、教师的知识以及教师的教育教学能力等方面。

在先秦儒家经典著作当中，《学记》集中论述了教育问题，其中也涉及了教师问题。《学记》的教师观包括四个方面：一是关于教师的作用，《学记》认为："能为师，然后能为长；能为长，然后能为君。故师也者，所以学为君也。"二是关于教师的地位，《学记》提出："当其为师，则弗臣也。"三是关于尊师重道，"师严然后道尊，道尊然后民知敬学。"全社会都要尊重教师。四是关于教师的资格，作为教师，不仅要了解所传授的教学内容，同时要注重启发诱导："知至学之难易，而知其美恶，然后能博喻，能博喻，然后能为师。"作为教师，既要了解教育教学成败的规律："既知教之所由兴，又知教之所由废，然后可以为人师也。"还要了解学生的学习特点，做到长善救失："学者有四失，教者必知之。人之学也，或失则多，或失则寡，或失则易，或失则止。此四者，心之莫同也。知其心，然后能救其失也。教也者，长善而救其失者也。"

（二）汉唐经学家的教师观

汉唐经学家对教师的角色定位，有很多的表述，郑玄说："师，教人以道者之称也。"（《周礼注疏》卷9）教师是教人以道的职业，扬雄说："师者，人之模范也。"（《法言·学行》）教师是世人的模范。孔颖达说："师者，众所法，以是长之义也。"（《尚书正义·商书·说命中》）教师是大家所效法的对象。韩愈的《师说》总结了教师职业的任务，"师者，所以传道、授业、解惑也。"总之，汉唐经学家对于教师的角色定位非常明确，不外乎两个方面：一是道德方面的典范，二是学业方面的典范。

汉唐经学家谈到教师功能时，往往从明经与教化两方面入手。一方面，如王充说："不入师门，无经传之教，以郁朴之质，不晓礼义。"（《论衡·量知》）扬雄说："师哉师哉！桐子之命也。务学不如务求师。"（《法言·学行》）这是说教师可以帮助学生明经。另一方面，教师也是教化的主体之一，如郑玄说："顺时以养材，尊师以教民，而以治政则无过差矣。"（《礼记正义》卷22）他把尊师教民、顺时养材视为治国的重要方面。

由于汉唐把儒家经典神圣化，故汉唐经学家论述教师条件时，提的更多是教师知识方面的要求。如郑玄认为："师说之明，则弟子好述焉；教者言非，则学者失问。"（《礼记正义》卷1）柳宗元认为太学立儒官，传儒业，"宜求专而通、新而一者以为胄子师。"（《送易师杨君序》）要求教师精通儒家的经典，还要触类旁通，了解其他的知识，既要有所创新，还不能够违背儒家之道。王充一方面主张教师要通古今，"温故知新，可以为师；古今不知，称师如何？"（《论衡·谢短》）另一方面又反对那些专注于转述经书的人，称之为邮人、门者、鹦鹉之类。

关于师生关系，《白虎通·辟雍》中有一段比较精辟的表述："师弟子之道有三：《论语》曰：'朋友自远方来。'朋友之道也。又曰：'回也，视予犹父也。'父子之道也。以君臣之义教之，君臣之道也。"认为师生之间的关系有三个层次：一是朋友之道，师生就像朋友一样，亦师亦友。二是父子之道，师生犹如父子，这是从伦理角度来界定师生关系。三是君臣之道，学生要无条件服从教师，传统的师生关系其实不外乎这三层意思。王充对于师生关系也有一个很著名的观点，叫作"拒师"，就是作为学生对待教师的态度，一方面要尊重，另一方面也要有勇气提出不同意见，即使是对孔子，如果有不当之处，也可以批判。

（三）宋明理学家的教师观

和汉唐经学家相比，宋明理学家更强调学生的自学，注重学生发挥自己的主观能动性，因此对教师角色的表述就比较有特色。比如朱熹认为为学是学生自己的事，作为教师只是一个指引者、引路人、证明人。他说："书用你自去读，道理用你自己去究索。某只是做得个引路底人，做得个证明底人，有疑难处，同商量而已。"（《朱子语类》卷13）"指引者，师之功也。"（《朱子语类》卷8）师生共同来探究学习，教师对于学生的作用在于"示始正终"，他说："师友之功，但能示之于始，而正之于终尔。若中间三十分工夫，自用吃力去做，既有以喻之于始，又自免之于中，又其后得人商量正之，则所益厚矣。"（《朱子语类》卷8）学习开始与结束的时候，教师是有作用的，中间的功夫是需要学生自己去努力的。这是对教师角色的一种新表述。

陆九渊注重学生的顿悟，强调学生的自我修养，但他更强调教师的重要性。他说："学者须先立志，志既立，却要遇明师。"（《陆九渊集》卷34）只有明师点拨，学者才能有成就。在他看来，教师的作用有二：一是"亲师友，去己之不美也。"（《陆九渊集》卷35）二是约束学生的言行，"天下若无着实师友，不是各执己见，便是恣情纵欲。"（《陆九渊集》卷35）如果没有教师的话，就会各执己见，或者恣情纵欲。而作为教师要全身心地投入教学工作当中去，从血脉上面去感动学生，"吾与人言，多就血脉上感移他，故人之听之者易，非若法令者之为也。"（《陆九渊集》卷34）教学内容要易知易行，要坦然明白不要去教一些琐碎的知识，"后世言道理者，终是粘牙嚼舌。吾之言道，坦然明白，全无粘牙嚼舌处，此所以易知易行。"（《陆九渊集》卷34）"某平时未尝立学规，但常就本上理会，有本自然有末。若全去末上理会，非惟无益"。（《陆九渊集》卷35）此外，作为教师还要了解学生，就像医生看病一样，"老夫无所能，只是识病。"（《陆九渊集》卷35）了解病症才能开药方，教师了解学生的缺点才能说明他改进。

关于教师的条件，宋明理学家强调教师要明理，"不知阴阳，不知天地，不知人情，不知物理。强为人师，宁不自愧？衣冠严整，谓之外修。行义纯洁，谓之内修。内外俱修，何人不求？"（《击壤集》卷18）就是作为教师要知阴阳、知天地、知人情、知物理，当教师既要有外修，也要有内修，衣冠严整是外修，行义纯洁是内修，内外俱修，才能够成为教师。

（四）明清实学家的教师观

明清之际产生了反理学的思潮，涌现出黄宗羲、顾炎武、王夫之、颜元等杰出的思想家，他们十分重视教师的重要作用，黄宗羲认为："古今学有大小，盖未有无师而成者也。"（《黄宗羲南雷杂着稿真迹·苏州三岑汉月藏禅师塔铭》）对于个人的学业来说，如果没有教师是不可能有成就的。王夫之也说："师弟子者，以道相交而为人伦之一，故欲正天下之人心，须顺天下之师受。"（《四书训义》卷38）他认为教师可以正天下之人心。

关于教师的资格，黄宗羲说："苟无其德，宁虚其位，以待后之学者，不可使师道自我而坏也。"（《明夷待访录·学校》）就是说，教师的选拔必须要慎重，如果教师不称职，宁虚其位，等待后之学者。黄宗羲认为太学祭酒应与朝中宰相相提并论，"大学祭酒，推择当世大儒，其重与宰相等，或宰相退处为之。"（《明夷待访录·学校》）此外，黄宗羲还提出了"公议教师"的思想，这是与明清之际启蒙思潮相适应的民主思想，在传统教师观中也是独树一帜的，其含义有二：一是指教师自身要承担公议的职能，他说："政有缺失，祭酒直言不讳。"（《明夷待访录·学校》）朝廷的政治出现了失误，作为祭酒必须要直言不讳。二是指教师的选择要经公议产生，地方学官不要由朝廷来选拔，最好是要由郡县公议，即使其人确是名儒，但若妨碍清议，则亦不可充任教师。他说："郡县学官，毋得出自选除；郡县公议，请名儒主之。自布衣以至宰相之谢事者，皆可当其任，不拘已仕未仕也。其人稍有干清议，则诸生得共起而易之，曰：'是不可以为吾师也。'"（《明夷待访录·学校》）一旦教师在为人处世方面有一些不好的名誉，则诸生可以罢免之。由此可见，在黄宗羲看来，真才实学与"无玷清议"同是教师所应该具备的，而尤以后者为重要。黄宗羲关于教师议政的思想，是对传统教师观在内容上的拓展和思想上的深化。

王夫之重视教师在教育过程中的主导作用，认为教师关系到整个社会的人心道德，要求教师在实际行动和道德行为上能作学生的榜样，他说："立教有本，躬行为起化之原；谨教有术，正道为渐摩之益。"（《四书训义》卷32）将身教称为"起化之原"，只有以不言之化，而行感化之教，以自己的模范行为，即"正言""正行""正教"去教育和影响学生，才能使学生达到真正的自得。其核心仍在于说明教师乃学生的模范、众人的表率，这就要求教师在道德修养方面应当相当突出。

关于师生关系，颜元说："同学善则相劝，过则相警，即师之言行起居有失,俱许直言,师自虚受。"(《习斋教条》)这也是民主师生关系的体现,即使是教师的言行起居出现了一些过失,学生也要直言提出,教师要虚心地接受。"吾之于人,虽良友,非责吾善,其交不深。"(《习斋教条》)只有能够提意见的人,才是良友,对于学生来说,只有能够对老师提意见的学生,才是好学生,因此,他又说:"得从弟子者其道行,得畏弟子者其道光。"(《习斋教条》)如果学生完全遵从教师,教师的思想可以得到传播;如果得到能够反驳教师思想的学生,学术才能够发扬光大。

二 传统教师观的特质及意义

总结以上所述传统教师观,其特点大致包括以下四个方面,即师道与君道的统一、师严和道尊的统一、经师和人师的统一、教与学的统一,这些特点,时至今日,仍有其重要意义,既为当今师德建设和师德教育发展奠定了良好的基础,也可为当今的教师发展提供具有民族特色的丰富资源与历史借鉴。

(一) 师道和君道的统一

传统教师观一方面强调教师培养人才、发展学生的个性等方面,另一方面更强调教师承担社会责任的要求。在传统的师道观当中,师道是维护儒家的道统,君道是维护治统的,而这个道统和治统是统一的,师道强调的是一种内圣,君道强调的是一种外王,内圣和外王的统一,恰巧是体现了儒家的教育价值观,教师使人的个体道德得到完善,同时要通过道德教育影响社会与国家发展,达到治国平天下的目的。所以教师要注重发挥文以化人的教化功能,把个人的修养、社会的教化、国家的治理紧密地结合起来。在这一点上,师和君是同等重要的,教师的地位是要和国君相提并论的。因此,在传统的教师观中,给予教师如同君主般至高至尊的社会地位,从某种意义上讲,师生关系在人们心中便有了一些君臣、君民关系的专制色彩。当然,师生关系也或多或少地存在一些类似君爱臣民、臣民爱君的温情。

传统教师观强调师道与君道的统一,体现一种强烈的人文关怀和社会的责任意识，从传统教师观中，我们可以获得一种启示，即要求教师以积极入世的精神，参与社会的变革，履行重要的社会职能，树立"为天地立心，为生民立命，为往圣继绝学，为万世开太平"的历史责任感和时代使命感，纠正当下的教师文化过于强调一些功利价值的追求和专业技能的培养培训的弊端。

（二）师严和道尊的统一

《学记》说："师严而道尊，然后民知敬学。"所谓的师和道，其实有两层意思：一是教师所传的道，这是一种神圣的天理，而教师是传道的人，所以必须尊重，二是为师之道，作为教师本身也要遵循，要有教师的职业要求，为师之道必须要威严，对待学生要做到"威和并至"、宽严结合。威而不和，则学生敬而远之，和而不威，则学生就会玩弛，无以约束。

从这个角度来讲，为师者必严于律己，对自己要有一个严格的标准。这是师严和道尊的统一。一方面，国家、社会、学生必须尊重教师，推崇教师所传之道，另一方面，为师之道本身也是获得尊重的前提，作为一个教师，师德高尚，学生才能够亲其师、信其道，传道授业才能够收到事半功倍的效果。

传统师严道尊的思想，强调慎于择师，这是提升教师自身的职业威望和社会地位的一个重要途径。教师的地位在某种意义上影响了教师的生活、教师的待遇，但更主要的是影响了教师的权威。当下教师的现实地位的下降，与传统"师道"之不传相关，传统教师形象和师道尊严思想受到冲击，以至于传统儒学重师道的优良传统逐渐被人遗忘。

（三）经师和人师的统一

在传统的教师观中，教师一方面要做经师，像王充说的"知经指深"，柳宗元说的"专而通新而一"，王夫之说的"欲明人者先自明"等都要求教师具有渊博的知识和高深的学问。另一方面，也强调教师要做人师，如韩婴说的"行可以为表仪者"，扬雄说的"师者，人之模范也"，都是对人师的表述，要求教师具有高尚的道德与人格，对教师的职业要求更多地体现在道德的素质上，强调教师对学生的一种人格感化和示范作用，倡导为人师表，在古代思想家看来，经师易得，人师难为，人师更重于经师。因此传统教师的角色历来被视为一种道德权威。

传统教师观强调身教与言教的结合、经师和人师的结合，这是以伦理道德和伦理教育为中心的传统教育赋予古代教师的一种必然要求。这种传统也为我们现在要重树师德提供了启示。教师不应该只是知识的传授者，更应做一个道德的示范者。

（四）教与学的统一

从教师自身这个角度来讲，教师的教和教师的学本身要统一起来。像孔子讲的"学而不厌，诲人不倦"，《学记》所说的"学然后知不足，教然后知困"，要求教师具备一个良好的职业道德和终身学习的专业意识，要精心地培养人才。从教师和学生的关系来说，教师的教要以学生的学为基础，作为教师，要承担一个指引者、证明人的角色，要求将教师的启发和学生的自学结合起来。教师要了解学生，并针对学生的特点因材施教、启发诱导。

五千年的文明史，孕育了中华民族的传统美德，三千年的学校史，涌现了无数"师范端严、学明德尊"的教育家。站在历史和时代的高度，深入总结我国传统教师思想的经验，践履"学为人师，行为世范"的传统师德，自觉地承担起国家的使命和社会责任，真正地做一个有理想信念、有道德情操、有扎实学识、有仁爱之心的好教师。

名师教学技能为何难以复制：从古代塾师教学"绝活"难以传承谈起

王 雷[*]

[摘　要]　私塾是中国传统教育的"老字号"，私塾建筑空间，教育价值丰富，私塾教育产品，科学价值广泛。私塾名师长期积累的教学"绝活"——语言技能、教学技能和书写技能都已失传。名师失传的教学技能，表明名师教学"绝活"具有难以传承的个体性，名师很难复制名师，增加了名师队伍建设的难度。破解建设一流教师队伍的难题，必须保护名师的教学遗产，承继名师的教学技能，修炼名师的教学"绝活"。

[关键词]　私塾名师；教学绝活；难题破解

私塾是中国传统教育的"老字号"，是中国教师教育产生与发展的重要源头，是教师专业发展建设的历史依据和文化基础。私塾长达千年的教育实践，积累了十分丰富的名师教学经验，成为中国教师教育建设与发展的重要资源。在教师教育国际化的视野下，建设一流教师队伍，必须重视本土教师教育历史，依托本土教师文化历史资源的支持，这是建设一流教师队伍必须依赖的重要课题。

---

* 沈阳师范大学教育科学学院教授

一　私塾：难以恢复的中国教育"老字号"

"老字号"是指历史悠久，拥有世代传承，取得社会广泛认可的产品、技艺或服务的品牌。中国教育的"老字号"是指教育历史久远，可以世代相传，在教育的发展中，被社会认同，在教育产品、教育技艺或教育服务等方面，具有独特教育价值、教育质量的品牌。中国教育"老字号"的重要载体是私塾，在私塾教育"老字号"的发展中，积累了中国教育的优良传统，创造了许多举世瞩目的教育业绩，成就了众多的教育家，形成了具有广泛影响和传承价值的教育产品、教育技能和教育服务。

私塾是中国古代教育的藏体与载体，是中国教育思想传承与延续的基地，是中国古代教育培养人才、传播文化知识的摇篮。私塾教育延续千年，虽然其教学内容和诸多教法有检讨之处，但是，其教育文化空间的存在，其教育表现形式的周期性和规律性，其教育经验的科学成分和传承价值，使得私塾教育的"老字号"具有品牌教育的优势，表现于教育方法、教育技艺、教育礼仪、教育服务等多个方面，并具有非物质文化遗产的属性，成为中国教育应该挖掘、保护和传承的教育遗产，对于建设一流学校，打造一流教师队伍有着十分重要的启示作用。

（一）私塾"老字号"建筑空间，教育价值丰富

私塾建筑是私塾教育存在的物质载体，著名私塾的建筑选址、建筑布局、建筑风格以及独到的教育环境，形成私塾具有丰富文化价值的教育空间，这种教育空间对知识传承、人才培养、人格形成等方面的影响有着重要的作用。著名私塾在私塾文化空间的建设方面都十分考究，一般都体现着中国传统教育建筑的样式、多进式，有院门、棂星池、书楼、文昌阁等，为学子学习提供一个优雅的学习环境。

私塾教育空间的对联、匾额以及碑文、石刻、装饰等都具有丰富的文化内涵和教育意义，整体上体现着中国传统教育理念，具有教育的风格特点，从积极意义上看，教育建筑空间整体庄严、肃穆，便于私塾儿童就进上学，便于学习、祭祀，整体装饰体现学习环境的特点，鼓励进

取、提倡上进。它承载着举办私塾者的教育理念，记载着塾师的教育足迹，著名私塾，也是著名思想家、教育家以及各种文化名人成长的摇篮，启蒙的基地，成才的源头。

从目前全国文物普查得到的相关信息，一些文物保护单位——著名私塾旧址都具有历史悠久、环境考究、建筑精致的特点，一些名望私塾类似于精致的小型书院，教育空间开阔，教育用品丰富。私塾以启蒙为基础，以儿童为主要教育对象，以"修身、齐家、治国、平天下"为理想，在科举的刺激与推动下，形成了社会崇教兴学、注重读书的优良传统，这种教育精神，以及积极进取的求学态度具有重要的科学因素和借鉴作用。

（二）私塾"老字号"教育产品，科学价值广泛

私塾的蒙学教材是私塾教育最具特色的教育产品，应用广泛，影响深远，蒙学教材的编写形式丰富，符合教育的规律和儿童接受教育的特点。蒙学教法根据中国古文的实际以及语言的特点，采用符合儿童心理特点和接受能力的方式进行教学，在长期的蒙学教学实践中形成了一套较为规范的教学表现形式，这些稳定的教学表现形式体现在蒙学教学活动过程之中，成为一种世代相传的教学传统，至今对语文汉字教学仍有借鉴意义。蒙学教学过程分为识字、写字、读书、作对和习文几个阶段，由浅入深，环环紧扣，通过阶段式教学，丰富学习者的知识，打好进一步学习的基础，符合教育科学的基本规律。

私塾的教学也不是一无是处，琅琅书声，经典吟诵，表现着音乐之美；毛笔书法，练字写字，表现着文化之美；楹联教学，韵律对对，则有着工艺之美。私塾作为中国传统教育最基础的教育空间，代表着中国古典教育的原生态，反映着民间教育的本来面貌，是古代基础教育质量与效率的物质空间，是古代教育思想传播与传承的基地，是古代教师传播知识、展示技能、施展教师"绝活"的舞台。要了解中国古代教师教育就必须深入分析私塾的教育存在，分析其教育传承的形式和教育空间的价值，以便更好地批判继承这一珍贵的教育遗产。

二 "绝活":难以传承的私塾名师教学技能

"绝活"通常指属于独家所创,人皆不能的各种技巧,也有专指难度较大的各种技术,同"绝技"意同,指为别人不易学会的技艺。教师专业有无职业"绝活",具有本专业独具特色,其他专业不可替代的教师专业技术,这是能否成为一流教学名师的重要指标。

如果说私塾是中国教育的"老字号",那么私塾教学法就是"老字号"的"绝活"。但是,这些"老字号"教学绝活由于难以传承都逐渐失传。

(一)难以传承的名师语言"绝活":吟诵教学法

吟诵,是中国古代私塾塾师对汉语诗文的诵读方式,是中国古人学习汉语文化高效的教学方法和学习方法,有着两千年以上的历史,在私塾教学中,代代相传。汉语的诗词文赋,大部分是使用吟诵的方式创作的,所以也只有通过吟诵的方式,才能深刻体会其精神内涵和审美韵味,因而吟诵是汉语诗文的活态,吟诵也是我国优秀的非物质文化遗产代表作。

吟诵教学法是古代私塾教育最基本的教学方法,在长期的教学实践中,已经形成了一整套吟诵教学技能,一系列吟诵教学方式,表现着识字、发音、记忆、理解、写作等多种教育技艺,实现着智育、德育、美育、体育、群育等多种教育功能。

塾师把对诗文的理解灌注在吟诵之中,传给学生,在教学中把每个字的声母、韵母、声调都发得很准确,而且拖长,让孩子听得很清楚,并且互相组合,编成了一首歌。通过吟诵,古代的识字教学就变得很容易,所以古代私塾的所谓读书声,即吟诵声。吟诵是一对一教学模式的产物,是私塾因人施教的主要教学方法。

吟诵是通过口传心授来得以传承,是纯粹的口头非物质文化,所以,传承通过私塾先生的代代相传得以发展,然而随着私塾的解体,新式学堂的转型,现代学校班级课堂教学方式的出现,教室面对的是十几名、几十名学生,传统的吟诵教学法失去了赖以存在的教育教学空间,古人私塾教学采用的诵之、歌之、弦之、舞之等吟诵教学方式逐渐失传。

（二）难以实践的名师教法"绝活"：因材施教

私塾教育教学最成功的教学技能方法就是因材施教，这可以说是塾师的职业"绝活"，是塾师技能区别于其他职业技能最具代表性的职业本领。

因材施教的来源是孔子的私学教育实践，经过各朝各代教育家们充实完善，因材施教已经成为私塾塾师教学"最看家"本领，成为教师职业最具非物质文化遗产特性的职业技能。我们举其经典言论，分析因材施教的教学表现形式。

因材施教来自孔子教学过程中经典的教育故事，《学记》深化论述了因材施教的范围和原因，进一步深化了因材施教的教法，《学记》曰："学者有四失，教者必知之。人之学也，或失则多，或失则寡，或失则易，或失则止。此四者，心之莫同也。知其心，然后能救其失也，教也者，长善而救其失者也。"[1]

宋代教育家朱熹总结了孔子的教学经验说，"夫子教人各尽其材"，因而有了"因材施教"的名言。朱熹概括道："圣贤施教，各因其材，小以小成，大以大成，无弃人也。"[2]

清代唐彪认为，因材施教其基本教学条件是"学生少则训诲周详"。他说："塾师教授生徒，少则工夫有余，精神足用，自然训诲周详，课程无缺，多则师之精力既疲，而工夫亦有所不及，一切皆苟且简率矣。故生徒以少为贵也。虽然，生徒既少，必当厚其束修，使先生有以仰事俯育，始能尽心教诲，不至他营矣。"[3]

可见因材施教在古代是具有实践性、可操作性的教学技能，成为私塾先生的教学"绝活"，在促进私塾教学质量、提高教学效率等方面，发挥着重要的作用。历代私塾塾师，也是因为掌握了因材施教的教学技能，从而成为名师，成为教育家。

---

[1] 高时良：《学记评注》，人民教育出版社1982年版，第3页。
[2] 《弟子规》公益网资料中心，www.dizigui.cn。
[3] 《弟子规》公益网资料中心，www.dizigui.cn。

(三) 难以达到的名师职业声望:"明师出高徒"

职业声望是一种职业在社会上的名声与威望,一种职业能否达到一流水准,从事这种职业的人员能否达到一流水平,这和其职业声望有关。教师职业的社会声望如何,是建设一流教师队伍的一个依据。一流教师队伍必须有一流的名师,而名师是教师队伍职业声望的主要代表,建设一流教师队伍,实际就是打造一流名师,而确定名师的标准,应该吸取古代私塾的"明师出高徒"理念。

清代教育家唐彪辑著的《家塾教学法》之《父师善诱法》,总结了古代私塾名师具备的条件。唐彪曰:"人之为学,第一在得明师。""故诚心欲教子弟者,……虚心延访,同请明师。"[①] 他认为学问、勤奋与严格是名师的标准。唐彪曰:"是师必以学问优为胜也。今人第谓蒙师贵勤与严,不必学优,皆属偏见矣。惟于三者兼备,乃明师也。"可见,唐彪总结的古代私塾"名师"即"明师",标准有三个方面。

首先,名师"学问优为胜"。这是名师的首要条件。只有学问渊博,博学多才,满腹经纶,才能有资格做明师,也只有依靠学问,明师才能通过"传道、授业、解惑"而成为"名师"。

其次,名师"业精于勤"。孔子论述教师指出,"温故知新,可以为师矣",做教师应该"学而不厌,诲人不倦"。韩愈曾论述学问的提升在于"业精于勤"。做教师工作,其敬业态度就是对待专业要勤奋,要不断进修"教然后知困","知困,然后能自强"。

最后,名师严格,"教法严厉"。古人特别强调严师的重要性,认为"严师出高徒""师高弟子强",孩童求学的第一步,就是延请严师,这是为学的基础。《学记》曾云"凡学之道,严师为难"。唐彪也论说:"先生欲求称职,则必以严为先务,不然,学问虽优,而教法过于宽恕,使弟子课程有缺,终非师道之至也。"[②]

由此可见,教师的职业声望,是通过学问、勤奋和严厉打拼出来的。唐彪曰:"蒙师教授幼学……其苦甚于经师数倍。且人生平学问,得力全

---

① 《弟子规》公益网资料中心,www.dizigui.cn。
② 《弟子规》公益网资料中心,www.dizigui.cn。

在十年内外。……工夫得失全赖蒙师，非学优而又勤且严者，不克胜任。"①

三 破解：保护、传承、修炼名师教学"绝活"

古代私塾教师经过千百年的教学修炼，已经形成了自身独到的专业技能和职业本领，经过历代教育家理论与实践的提炼升华，总结出教师职业独具而其他职业不可替代的教学"绝活"。非物质文化遗产视野下，教师职业"绝活"是具有重要历史价值、科学价值、艺术价值和教育价值的名师教学遗产。建设一流教师队伍需要教师行业有自己的"老字号"，保护名师的教学遗产，承继名师的教学技能，修炼名师的教学"绝活"。

（一）保护名师的教学遗产

名师的教学遗产是名师长期教育教学实践过程中保存传留下来的具有历史价值、科学价值、艺术价值和教育价值的教学文化遗产，包括名师教学物质文化遗产和名师教学非物质文化遗产。名师教学物质文化遗产主要是指名师的教学文物，主要有名师重要教育著作、重要教育文献、重要教育手稿和重要教育遗迹遗物等。名师教学非物质文化遗产主要指与名师各种教育教学活动密切相关、世代相承的教学表现形式，主要有名师教学技能、名师教学艺术、名师教学礼仪、名师语言技能等。

名师的教学遗产是名师长期教学实践中积淀的精华，是名师教学经验以及教学成绩传承记忆的实证，是名师教学形式、教学经验、教学规律、教学经验信息传承的重要载体，体现着名师教学思想精华，透露着教学实践的智慧，在教育发展过程中具有重要的历史价值、科学价值、艺术价值和教育价值，应该得到保护和有效的传承。

（二）传承名师的教学技能

名师教学技能一旦形成便具有极强的个体性，因为形成的这些教学

---

① 《弟子规》公益网资料中心，www.dizigui.cn。

技能，是名师个体教学经验、教学思想、教学表现形式以及个人个性特点、人格魅力的长期凝聚和升华的结果。从古代私塾名师的经验来看，名师的教学语言技能、教法技能、书写技能以及各种教学"绝活"，形成后具有个体的特殊性，很难得到传承和保护。名师一旦失去，其教学技能就会随之失传，或在传承的过程中变样、变形和逐渐消失。

历史的经验表明，名师的教学技能具有个体性和唯一性，是不能复制的，是需要给予充分尊重的。产生一个名师很难，而传承一个名师的教学技能更难。基于名师教学技能这样的传承特点，名师的教学遗产，需要我们千方百计给予保护。名师教学遗产价值的多方面，需要我们以全面、平和的心态去品评。名师教学遗产携带着的教育教学信息和智慧，需要我们凝神静气地去研读。

（三）修炼名师教学"绝活"

名师之所以成为名师，就在于成名前具备了学问、勤奋和严格的"明师"条件，成名后具有传世价值的"成名作"和独有的名师教育教学"绝活"。作为"传道、授业、解惑"的名师，其教学"绝活"是教师教学技能的"活态"传承，是其教育成绩和教育贡献的重要标志，所以，有无教学"绝活"是衡量一个名师能否成为"明师"的重要标准。

名师的教学"绝活"是名师的职业凭证，是名师的专业本领，体现着名师的职业声望和信誉。修炼名师的教学"绝活"，则是指教师在长期教学实践过程中有自己独家所创，人皆不能，不可替代的各种教学技能和教学表现形式。这些教学技能和教学表现形式包含着科学的含量、经验的知识、教学的智慧和个人的教学风格以及人格魅力。所以，在保护名师教学遗产、传承名师教学技能的过程中，我们要修炼名师的教学"绝活"，使每一名教师的教学经验成为具有历史、科学、艺术以及教育价值的文化遗产。

先秦时期中国教师理论体系概述

杜学元[*]

[摘　要]　先秦时期，中国教师理论出现，并逐渐形成了较为完整的体系。文章介绍了中国先秦时期的教师价值论、教师职责论、教师素质论和尊师论。先秦时期的教师理论为中国教师理论确定了良好的基调，对此后中国教师理论及教育发展产生了长久的影响，许多至今仍有借鉴价值。

[关键词]　先秦时期；教师理论；教师理论体系

先秦时期，是中国传统教育理论逐渐形成时期，在教师理论方面也不例外。这一时期，教师理论出现，并逐渐形成了较为完整的体系。这一时期的教师理论，对于指导中国古代两千余年的传统教育起了积极的作用。许多主张对于中国当今教师教育及教育活动的开展仍有重要的借鉴价值。因此，对先秦时期教师理论进行探讨，具有一定的理论价值和现实意义。

先秦时期中国教师理论体系大致由教师价值论、教师职责论、教师素质论和尊师论构成。

一　教师价值论

先秦时期，中国对教师的价值给予了较高的评价。《礼记》载："师

---

[*]　乐山师范学院教授

无当于五服，五服弗得不亲！"（《礼记·学记》）即师虽不等同于五服之亲，但没有教师的教导，人们不可能懂得五服（斩衰、齐衰、大功、小功和缌麻）的亲密关系——相亲相爱。强调，一方面，在中国传统"天地君亲师"的权威系统结构中，为人师者列居在"天地君亲"之后，属于第五等级；另一方面，"师道"虽然尊严，但同"天地君亲之道"相比，它又属最弱者，地位还不及于影响个人发展的血缘血亲关系——"五服"五种亲情。换言之，教师再伟大，"传道、授业、解惑"再重要，它毕竟不能违背天命、抗衡地数、反叛君王或背弃家族。但是，一个人一旦失去了师者的教导，听任"天地君亲师"五等级权威一变成"天地君亲"四等级权威的话，中国传统权威结构得以建构的基层和底部，也就失去了存在的根基，"天地君亲之道"便不存在了，没有教师就不可能有受教育的机会，也就失去了人文的浸染，人类就难以逾越野蛮时代。

二　教师职责论

先秦时期，中国已经形成了明确的教师职责理论。其基本职责就是育人。具体而言有以下四个不同的侧面：

其一，要求教师能教天下之民，上能协助上天，下能安抚天下百姓。《周书》载："作之师，惟其克相上帝，宠绥四方。"（《尚书·周书·泰誓上》）

其二，强调教师应以唤醒后觉的民众为己任。孟子说："天之生此民也，使先知觉后知，使先觉觉后觉也。予，天民之先觉者也，予将以斯道觉斯民也，非予觉之而谁也？"（《孟子·万章上》）

其三，强调教师的任务是化民易俗。《礼记》载："夫然后足以化民易俗，近者说服，而远者怀之。此大学之道也。《记》曰：'蛾子时术之'，其此之谓乎？"（《礼记·学记》）

其四，教师职责，培养圣人，专注传道。《吕氏春秋》载："学者，师达而有材，吾未知其不为圣人。"又说："师之教也，不争轻重、尊卑、贫富，而争于道。"（《吕氏春秋·劝学》）

由上可见，先秦时期，尽管对教师职责的要求有一定差异，但共同之点就是要求教师要育人，启迪民智。一方面培养圣贤之人，另一方面教育广大的平民百姓,进而促进政治清明与社会进步。

三 教师素质论

先秦时期,教师素质受到高度关注,许多文献涉及教师素质问题。归纳起来,先秦时期,教师应具备如下的素质:

(一) 在道德方面

其一,热爱学生,诲人不倦。《论语》载:子曰:"爱之,能勿劳乎?忠焉,能勿诲乎?"(《论语·宪问》)子曰:"默而志之,学而不厌,诲人不倦,何有于我哉?"(《论语·述而》)也要鼓励学生创新,不能鼓励奴性。孔子生平对哪种学生寄予最大期望呢?是一班不容易任人摆布的狂狷小子。"子在陈曰:'归与!归与!吾党之小子狂简,斐然成章,不知所以裁之。"(《论语·公冶长》)孔子还说:"不得中行而与之,必也狂狷乎?狂者进取,狷者有所不为也!"(《论语·子路》)孔子困在陈国,饿着肚皮还偏偏惦记着那班很不易摆布的狂简小子,这就是因为只有他们才是后起之秀,社会国家之宝……狂狷是怎样呢?是很不容易任人摆布的,他们有志气、有理想、有主张,个性坚强得很,他们常常求进步,因而常常不满意、不满意自己的造诣,也会不满意先生的教导,同时他们又不容易听话,如果人们要笼络他们,威吓他们,那更无效。这样的学生是最有出息的,对于先生也有好处,他们越学越知不足,因而刺激着先生,使先生也能教而后知困。与狂狷相反的,最典型的是乡愿,是小滑头,孔子说那种人是"德之贼",(《论语·阳货》)决不能成材。

其二,拥有高尚的品德,进而努力以此品德去影响他人,以使整个社会都获得进步。孟子曰:"中也养不中,才也养不才,故人乐有贤父兄也。如中也弃不中,才也弃不才,则贤不肖之相去,其间不能以寸。"(《孟子·离娄下》)即说品德修养好的人去教育、熏陶品德修养不好的人,有才能的人去教育、熏陶没有才能的人,所以人人都乐于有好的父亲和兄长。如果品德修养好的人抛弃品德修养不好的人,有才能的人抛弃没有才能的人,那么,所谓好与不好之间的差别,也就相近得不能用寸来计量了。

其三，追求师徒之乐，具有崇高的精神境界。即发现优秀人才并加以精心培养，以便为"治国""平天下"尽力。这比当天下的君王都重要。孟子曰：君子之乐，"而王天下不与存焉……得天下英才而教之"。（《孟子·尽心上》）

其四，包容学生。一是要求教师要"有教无类"。（《论语·卫灵公》）"自行束脩以上，吾未尝无诲焉。"（《论语·述而》）二是以发展的眼光看待学生，不断鼓励其进步，只要学生改正了错误以求进步，就应肯定，不要死抓住学生的过去不放。《论语》载："互乡难与言，童子见，门人惑。子曰：'与其进也，不与其退也，唯何甚人？人洁己以进，与其洁也，不保其往也。'"（《论语·述而》）孔子还说："后生可畏，焉知来者之不如今也？"（《论语·子罕》）《论语》还载有"子贡方人。子曰：'赐也贤乎哉！夫我则不暇'。"（《论语·宪问》）

其五，谦虚谨慎，不能骄傲、不懂装懂。《论语》载："子曰：'吾有知乎哉？无知也，有鄙夫问于我，空空如也，我叩其两端而竭焉'"。（《论语·子罕》）"知之为知之，不知为不知，是知也。"（《论语·为政》）

其六，自尊守道。一是信守忠恕之道，《论语》载："子贡曰：'我不欲人之加诸我也，吾亦欲无加诸人。'"（《论语·公冶长》）二是坚守师徒之道，如果学生如背弃道义，教师不承认其为学生。《论语》载："季氏富于周公，而求也为之聚敛而附益之。子曰：'非吾徒也，小子鸣鼓而攻之可也。'"（《论语·先进》）

其七，发愤忘食，乐以忘忧，活到老，学到老，工作到老。《论语》载："叶公问孔子于子路，子路不对。子曰：'女奚不曰，其为人也，发愤忘食，乐以忘忧，不知老之将至云尔。'"（《论语·述而》）

其八，有傲骨，自尊。《孟子》载："公都子曰：'滕更之在门也，若在所礼，而不答，何也？'孟子曰：'挟贵而问，挟贤而问，挟长而问，挟有勋劳而问，挟故而问，皆所不答也。滕更有二焉。'"（《孟子·尽心上》）即学生若无诚心诚意，矜己傲人，既不尊师，又不重道，则不必回答他。《吕氏春秋》载："故往教者，不化；召师者，不化；自卑者，不听；卑师者，不听。师操不化、不听之术，而以强教之，欲道之行，身之尊也，不亦远乎？学者处不化，不听之势，而以自行，欲名之显、身之安也，是怀腐而欲香也，是入水而恶濡也。"（《吕氏春秋·劝学》）老师上门教导的人不可被教化，召唤老师前来教授自己的人不可以教化，自卑的人不会听从老师的教导，看不起老师的人不会听从老师的教导。老师用没有受到感化的理义、不被听进去的知识来勉强地教导学生，而希望理义得以推行，自身受到尊重，不是太渺远了吗？

（二）在知识与能力方面

其一，善于观察，以便了解学生。《论语》载："阙党童子将命。或问之曰：'益者与？'子曰：'吾见其居于位也，见其与先生并行也，非求益者也，欲速成者也。'"（《论语·宪问》）

其二，具有广博精深的学问。《论语》载："叔孙武叔语大夫于朝，曰：'子贡贤于仲尼。'子服景伯以告子贡。子贡曰：'譬之宫墙，赐之墙也及肩，窥见室家之好。夫子之墙数仞，不得其门而入，不见宗庙之美，百官之富。得其门者或寡矣。夫子之云，不亦宜乎。'"（《论语·子张》）

其三，强调从实践中获取新知与不足。教师要善于从复习旧知识中获得新知识、获得新体会的能力。子曰："温故而知新，可以为师矣。"（《论语·为政》）教师还应从教学实践中发现自己的不足。《礼记》载："虽有嘉肴，弗食，不知其旨也；虽有至道，弗学，不知其善也。是故学然后知不足，教然后知困。知不足，然后能自反也；知困，然后能自强也。故曰：教学相长也。《兑命》曰：'学学半'，其此之谓乎！"（《礼记·学记》）

其四，学无常师，不断扩大自己的学问面。《论语》载："卫公孙朝问于子贡曰：'仲尼焉学？'子贡曰：'文武之道，未坠于地，在人。贤者识其大者；不贤者识其小者，莫不有文武之道焉。夫子焉不学？而亦何常师之有？'"（《论语·子张》）孔子还说："二三子以我为隐乎？吾无隐乎尔！吾无行而不与二三子者，是丘也。"（《论语·述而》）

（三）在教育教学方法与艺术方面

其一，寻求最佳的教育方法，以收极好教育效果。孟子说："言近而指远者，善言也；守约而施博者，善道也。君子之言也，不下带而道存焉；君子之守，修其身而天下平。"（《孟子·尽心下》）即是说，言辞浅近而道理深远的，这是好的语言，操持简要而效果广大的，这是好的方法。君子所说的，虽是平常的事，而治天下的大道理却就在其中；君子所操持的，虽是修身的事，但影响所及，却能使天下太平。《礼记》强调教师应做到"预防""适时""顺序"和"观摩"，"大学之法，禁于未发之谓豫；当其可之谓时；不陵节而施之谓孙，相观而善之谓摩"。（《礼记·学记》）认为做到了以上四个方面，便是教育兴盛成功的方法。

其二，鼓励学生抓住实践仁德的机会，多给学生提供践行仁德的机会。《论语》载："当仁不让于师。"（《论语·卫灵公》）

其三，善用明白道理教育他人。孟子曰："贤者以其昭昭使人昭昭，今以其昏昏使人昭昭。"（《孟子·尽心下》）

其四，易子而教，避免伤感情。《孟子》载，公孙丑曰："君子之不教子，何也？"孟子曰："势不行也。教者必以正；以正不行，继之以怒。继之以怒，则反夷矣。'夫子教我以正，夫子未出于正也。'则是父子相夷也。父子相夷，则恶矣。古者易子而教之，父子之间不责善，责善则离，离则不祥莫大焉。"（《孟子·离娄上》）孟子回答公孙丑为什么君子不亲自教育儿子，是由于情势上行不通。因为君子用正道理去教育儿子效果不佳，就会被激怒，这样易伤父子感情。如果易子而教，就可避免彼此之间产生隔膜。

其五，反对教师照本宣科，要求教师明白奥义并毫无保留地加以传授。《礼记》载："今之教者，呻其占毕，多其讯，言及于数，进而不顾其安，使人不由其诚，教人不尽其材。其施之也悖，其求之也佛。夫然故，隐其学而疾其师，苦其难而不知其益也，虽终其业，其去之必速。"（《礼记·学记》）反对当时的教师只会照本宣科，却不懂得其中的深奥道理；还经常向学生提一些疑难问题，以掩盖自己的无知；还只讲那些名物制度，而不去深究其中的义理；只顾盲目地赶教学进度，而不考虑学子们的接受能力；教育学生时也并不竭尽所能地把自己的知识毫无保留地传授给学生，而是有所保留；教授给学生们的知识错误百出，向学生们提出的问题也不符合情理。像这样下去的话，学生们学得不清不楚，对老师又心怀怨恨，苦于学习的艰难而又不知道学习到底有什么用处，虽然最后毕业了，但学过的知识也很快就忘记了。

其六，启发引导并善于向学生学习。孔子曰："不愤不启，不悱不发。"（《论语·述而》）《礼记》载："君子既知教之所由兴，又知教之所由废，然后可以为师也。故君子之教喻也：道而弗牵，强而弗抑，开而弗达。道而弗牵则和，强而弗抑则易，开而弗达则思。和易以思，可谓善喻矣。"（《礼记·学记》）即认为君子教育学生的方法，是去引导学生而不是强制灌输，是去鼓励学生进取而不是去抑制思维，是去多方面加以启发且又不说透的教学方法。加强引导而不强制，就能使学生心平气和地学习；鼓励进取而不抑制，就会使学生感到知识容易接受；加以启发且不说透，就会使学生勤于思索。学生在学习过程中就能够做到心平气和地学习，而且感到学习起来比较容易，而又养成了勤于思索习惯。这就可以称为善于教学了。孔子在与弟子子夏讨论《诗经》中，孔子受到子夏不断提出的问题，促使自己对于《诗经》作进一步的思考，于是赞叹道"起予者商也"。（《论语·八佾》）"起"是启发帮助，"商"是卜商，也就是子夏。

其七，适可而止、看清火候，不能好为人师，必要时可采用"无教之法"。孟子曰："人之患，在好为人师。"（《孟子·离娄上》）孔子也主张"举一隅，不以三隅反，则不复也"。（《论语·述而》）孟子也说："教亦多术矣，予不屑之教诲也者，是亦教诲之而已矣。"（《孟子·告子下》）即是说，教育也有多种方法，我不屑于去教诲，这也是在教诲啊！孟子的意思是说，不屑去教诲，如果其人能因此感悟，迎头赶上，不也起到了教诲的作用吗？如果其人至此仍不感悟，即使讲得再多也不起作用。《礼记》有"语之而不知，虽舍之可也。"（《礼记·学记》）

其八，了解学生心理特点，长善救失。即使人的长处得到发扬、使他们的错误得到纠正。《礼记》载："学者有四失，教者必知之。人之学也，或失则多，或失则寡，或失则易，或失则止。此四者，心之莫同也。知其心，然后能救其失也。教也者，长善而救其失者也。"（《礼记·学记》）即说学生容易犯四种错误，有的失于贪多，有的失于求少，有的失于求易，有的失于半途而废。教师在教学过程中一定要注意。只有了解学生们的各种心理，才能纠正他们容易犯的各种错误。

其九，反对"记问之学"，要求教师培养学生提出问题的能力，并对学生之问加以解答。《礼记》载："记问之学，不足以为人师，必也其听语乎！力不能问，然后语之。语之而不知，虽舍之可也。"（《礼记·学记》）死记硬背书上的一些内容来等待学生的提问，作为老师就不合格。必须等学生提出问题，然后逐一解答才行。只有当学生没有能力提出问题时才直接给予讲解。

其十，教学生应从基本功开始。《礼记》载："良冶之子，必学为裘；良弓之子，必学为箕；始驾马者反之，车在马前。"（《礼记·学记》）即说一个善于冶炼的工匠教儿子要先学习鼓风，以锻炼力气和把握火候。善于做弓箭的教育儿子必须先学习编簸箕，以熟悉木头的柔软度和弹性。开始学习"驾马车"的小马，不是让它在车前拉车，而是将它系在车后，跟着大马在后面走，慢慢学脚力和适应拉车的艰辛。

其十一，以理服人，不迎合取悦人。《吕氏春秋》载曰："凡说者，兑之也，非说之也。今世之说者，多弗能兑，而反说之。夫弗能兑而反说，是拯溺而硾之以石也，是救病而饮之以堇也。使世益乱，不肖主重惑者，从此生矣。故为师之务：在于胜理，在于行义。理胜义立，则位尊矣。王公大人，弗敢骄也；上至于天子，朝之而不惭。"（《吕氏春秋·劝学》）又说："凡遇合也，合不可必。遗理释义，以要不可必，而欲人之尊之也，不亦难乎？故师必胜理行义然后尊。"（《吕氏春秋·劝学》）

其十二，言简意赅，含蓄精妙，使学生继承自己的治学志向。《礼记》载："善歌者，使人继其声；善教者，使人继其志。其言也约而达，微而臧，罕譬而喻，可谓继志矣。"（《礼记·学记》）《吕氏春秋》甚至说："君子之学也，说义，必称师以论道；听从，必尽力以光明。"（《吕氏春秋·尊师》）即是说，君子在学习中、谈话中要引用老师的言语，以此来彰显道理，聆听老师的教诲并遵从它去做事，务求将老师的学术发扬光大。

其十三，倡做"达师"。阐述"达师之教"与"不能教者"有本质区别。"达师"即通达事理的老师，可以让学生安心、快乐、闲适、从容、庄重、威严。《吕氏春秋》载："达师之教也，使弟子安焉，乐焉，休焉，游焉，肃焉，严焉。"（《吕氏春秋·诬徒》）认为这六个方面如果在教学时得以实践，邪曲道路就会被堵塞，公道正义就会显示出来。若是没能实践这六个方面，那么君主就不能号令大臣，父亲就不能支使儿子，老师就不能支使学生。因为"人之情，不能乐其所不安，不能得其所不乐。为之而乐矣，奚待贤者？虽不肖者犹若劝之。为之而苦矣，奚待不肖者？虽贤者犹不能久。反诸人情，则得所以劝学矣。"(《吕氏春秋·诬徒》)不善于教导人的老师心态有问题，也将给学生造成伤害。《吕氏春秋》载："不能教者：志气不和，取舍数变，固无恒心，若晏阴，喜怒无处；言谈日易，以恣自行，失之在己，不肯自非，愎过自用，不可证移；见权亲势，及有富厚者，不论其材，不察其行，驱而教之，阿而谄之，若恐弗及。弟子居处修洁，身状出伦，闻识疏达，就学敏疾，本业几终者，则从而抑之，难而悬之，妒而恶之。弟子去则冀终，居则不安，归则愧于父母兄弟，出则惭于知友邑里。此学者之所悲也，此师徒相与异心也。"(《吕氏春秋·诬徒》)即说不善于教导人的老师心志不够平和，取舍间数次改变，没有坚定的意志，心情如同天气阴晴变化一样，反复无常；言语常常改变，任意妄为，做错了事也不肯认错；坚持己见、自行其是、刚愎自用而不改正自己的错误；屈服权势及贵富，放弃教育准则，卡压责难操守高洁、品行端正、博闻广识、勤学好问的学生，最终会导致学生惶惶不安而想离开，愧对父母兄弟，羞见乡亲朋友。这是求学中的悲哀。

四　尊师论

先秦时期，中国形成了尊师的传统，尊师成为一种社会风尚。无数学者都主张尊师，并阐发了尊师的理由。

其一，认为尊师才能尊道，尊道才能尚学，才能养成学风。《礼记》载："凡学之道，严师为难。师严然后道尊，道尊然后民知敬学"。(《礼记·学记》)《吕氏春秋》载："尊师，则不论其贵贱、贫富矣。若此，则名号显矣，德行彰矣。"(《吕氏春秋·劝学》)尊重老师就不会在意他们的贵贱贫富，这样就会名声远扬，德行显赫。"疾学，在于尊师。师尊，则言信矣，道论矣。"(《吕氏春秋·劝学》)发奋学习就要尊重老师，老师受到尊重，他的言论就会被认可，理义就会彰明。

其二，认为尊师形成的良好风气对社会能产生长久的影响作用。孟子曰："圣人，百世之师也，伯夷、柳下惠是也。故闻伯夷之风者，顽夫廉，懦夫有立志；闻柳下惠之风者，薄夫敦，鄙夫宽。奋乎百世之上，百世之下，闻者莫不兴起也。非圣人而能若是乎？而况于亲炙之者乎？"（《孟子·尽心上》）即是说在那些听到伯夷的风格和操守的人当中，即使是贪婪的人也变得廉洁了，懦弱的人也变得意志坚强了；在那些听到柳下惠的风格和操守的人当中，即使是刻薄成性的人也变得厚道了，胸襟狭隘的人也变得宽宏大度了，如果同时代亲受其熏陶的人其受的教育会更甚。

其三，强调圣人、贤人均尊重教师，不尊师，难成圣贤。《吕氏春秋》载："神农师悉诸，黄帝师大挠，帝颛顼师伯夷父，帝喾师伯招；帝尧师子州支父，帝舜师许由，禹师大成赘，汤师小臣，文王、武王师吕望、周公旦，齐桓公师管夷吾，晋文公师咎犯、随会，秦穆公师里奚、公孙枝，楚庄王师孙叔敖、沈尹巫，吴王阖闾师伍子胥、文之仪，越王勾践师范蠡、大夫种。此十圣人、六贤者，未有不尊师者也。今尊不至于帝，智不至于圣，而欲无尊师，奚由至哉！此五帝之所以绝，三代之所以灭。"（《吕氏春秋·尊师》）这里列举了十个圣人、六个贤人，没有不尊敬老师的。并对当时的人虽尊贵但是没有达到帝位、智慧没有达到圣人的水平却不尊重老师，还想达到帝、圣的境界提出了批评，并认为这就是五帝绝迹、三代消失的原因。

其四，尊师君王应起示范作用。《礼记》载："是故君之所不臣于其臣者二：当其为尸，则弗臣也；当其为师，则弗臣也。大学之礼，虽召于天子无北面，所以尊师也。"（《礼记·学记》）即说只有两种情况国君才可以不以对待臣子的礼仪对待臣下：一是当臣子代表死者受祭的人时，国君不把他当成臣子；二是当臣子担任自己的老师时，也不把他当臣子看待。根据大学的礼仪，老师即使被召到国君那儿去讲学，也不面朝北坐在臣子的位置上，这都是为了表现对老师的尊敬。《吕氏春秋》也载："古之圣王，未有不尊师者也。"（《吕氏春秋·劝学》）

其五，强调尊师如父。《吕氏春秋》载："曾子曰：'君子行于道路，其有父者可知也，其有师者可知也。夫无父而无师者，余若夫何哉？'此言事师之犹事父也。……颜回之于孔子也，犹曾参之事父也。古之贤者与，其尊师若此。"（《吕氏春秋·劝学》）尊重老师就像尊重自己的父亲一样，颜渊侍奉孔子，就像曾参侍奉曾点一样。古代的贤人都是这样尊重自己的老师。

其六，强调为老师做力所能及的事情。《吕氏春秋》载："生则谨养，谨养之道：养心为贵；死则敬祭，敬祭之术，时节为务，此所以尊师也。治唐圃，疾灌寖，务种树；织萉屦，结罝网，捆蒲苇；之田野，力耕耘，事五谷；如山林，入川泽，取鱼鳖，求鸟兽。此所以尊师也。视舆马，慎驾御；适衣服，务轻煖；临饮食，必蠲絜；善调和，务甘肥；必恭敬，和颜色；审辞令；疾趋翔，必严肃。此所以尊师也。"（《吕氏春秋·尊师》）

由上可见，先秦时期，中国已形成比较完整的教师理论体系，对教师价值有了充分的认识，对教师的职责也有明确的规定，尤其是对教师的素质有了详细的共识，社会也形成了尊师的风尚，这些都促成了先秦教育的发展，使中国先秦教育达到了世界教育的先进水平。而先秦时期的教师理论为中国教师理论确定了良好的基调，对此后中国教师理论及教育发展产生了长久的影响，许多至今仍有借鉴价值。

先秦创始墨家的原创性教育思想探析

王凌皓　曲铁华[*]

[摘　要]　墨家是先秦四大显学中最有影响的学术派别之一。墨家以其"兼相爱，交相利"的原创性教育宗旨，极为强调教育对发展社会生产的积极作用，将"农与工肆之人"作为教育对象，在教育过程中将劳动人民在生产劳动中的经验进行高度的概括与总结，创造性地进行科学技术教育，成为中国古代科技教育的开拓者。墨家学派独特的教育特色和原创品格，在先秦时期留下了浓墨重彩的历史痕迹，具有深远的历史影响。

[关键词]　先秦；创始墨家；原创性教育思想

原创是思想产生并得以持续发展的源泉和智慧之根。"先秦是中国学术的原创期……是一个激动人心和原创辈出的时代；是中华文明乃至整个人类文明的轴心时期；是中国学术史上原创最为繁复的一个时代。"[①]在这个时代，墨子创立了墨家学派，其原创智慧为先秦时期注入了新鲜血液，墨子成为一个学派的创始者，在滋生一个全新学派的同时，也成为当时与儒、道、法三个学派并立的四大显学之一。本文试图深刻挖掘和剖析鲜有研讨的先秦墨家教育思想的原创特色和价值意蕴。

墨子（约前468—前376），名翟，居宋国（一说为鲁人），出身贫贱。战国初期杰出的教育家、躬行实践的科学家、摩顶放踵以利天下的

---

[*]　东北师范大学教育学部教授
① 陆玉林：《中国学术通史》（先秦卷），人民教育出版社2004年版，第7页。

社会改革家。墨家即墨子创立的学派，此学派中人通称为墨者。墨家总结社会实践经验，对几何学、光学、力学等都有极具价值的探索，对名与实、感觉与思维的关系做出过古代逻辑学、认识论的精要分析。墨子及其弟子们的集体智慧体现在《墨子》一书之中。所有墨者都对墨家原创性教育思想学说有所贡献。历史上，秦汉之后，墨家逐步走向衰亡，因少有继承者，几乎成为绝学。西晋鲁胜注疏《墨辩》，为复兴墨学做出过努力无果。直至清代墨学重新引起少数学者重视。新中国成立以来，同儒家、道家、法家研究相比较，墨家鲜有人问津，墨学研究著作屈指可数。这种状况持续至今，无大变化。

一　先秦墨家原创性教育思想理析

先秦墨家为后世奉献了辉煌灿烂的原创性教育智慧，我们本着"不求完备，但求典型"的原则，对墨家原创性教育思想进行梳理，分析其有别于其他各家，尤其是儒家的独特之处。墨子有关环境教育作用的"素丝说"，推广平民科技教育的主张，倡行的"量力所至"的量力性教育教学原则，"强说强为""不叩亦鸣"的主动施教原则等在教育发展史上都有独特的开创之功。

（一）原创性"素丝说"

作为出身于"农与工肆之人"的士，基于丰富的人生经历和广泛的社会阅历，墨子曾以素丝和染丝为喻，生动而深刻地揭示了人的成长发展与环境教育影响之间的关系，断言人是环境条件影响的产物，环境、教育（教育是特殊的环境）影响人，环境、教育塑造人。《墨子》书中记载了墨子："见染丝者而叹曰：'染于苍则苍，染于黄则黄。所入者变，其色亦变；五入必而已，则为五色矣。故染不可不慎也！'"（《墨子·所染》）

墨子的"素丝说"在中国教育史上第一次深刻地揭示了环境条件对人的决定性影响，警告人们一定要谨慎地选择成长发展的环境，即"慎染"。在墨子看来，人的本性就像一块素丝，人究竟能够成就为什么样的人关键看他过去、现在和未来已经接受、正在接受和将要接受什么样的教育影响，就像素丝最后的颜色完全取决于它已经被投放或正在被投放和将要被投放在什么颜色的染缸里一样，染缸的颜色决定丝织品的颜色，因此必须慎其所染。墨子的"素丝说"是其教育思想、教育实践的理论依据。墨子从人性平等立场出发去阐述环境教育的决定作用，较之孔子的"性相近，习相远"人性论命题更形象深刻、更有说服力。在中国教育史上，《墨子》一书最早提出了环境对人的影响问题。与孔子的教育教学思想相比较，两人都重视教育的作用，但在如何发挥环境教育的影响作用方面，两人各有侧重。孔子重"习"，强调人的主体性主观努力；墨子重"染"，强调客观环境的外在影响。从重"习"，即强调人的主观努力的思想出发，儒家学派主张激发受教育者的学、问、思、行的兴趣，激发其积极提问，主动思考，善问慎思，儒者强调："君子共已以待，问焉则言，不问焉则止。"（《墨子·公孟》）从重"染"，即强调环境条件影响的思想出发，墨家学派主张积极营造良好的教育环境，强调教育者的主动说教——"强说人"。（《墨子·公孟》）

在墨子的启发影响下，中国古代的许多思想家、教育家都对环境教育与人成长发展之间的关系问题进行深入探讨，比如孟子揭示了经济条件与人的品德、性格之间的关系，指出："富岁，子弟多赖；凶岁，子弟多暴，非天之将才尔殊也，其所以陷溺其心者然也。"（《孟子·告子上》）《礼记·学记》中强调"相观而善之谓摩"，告诫教育者离开集体，"独学而无友，则孤陋而寡闻"，但学生选择学友又必须要谨慎，因为"燕朋逆其师，燕辟废其学"；荀子从性恶论的角度出发，更加注重环境对人的影响，明确地指出"蓬生麻中，不扶而直，白沙在涅，与之俱黑"。（《荀子·劝学》）东汉王充更有"齐舒缓，秦慢易，楚促急，燕戇投，以庄岳言之，四国之民，更相出入，久居单处，性必变易"（《论衡·率性》）的论断。上述观点确是在墨子"素丝说"的基础上阐释弘扬。

（二）原创性科技教育论

墨子是一位伟大的躬行实践的教育家、科学家，为坚持其"兼爱、非攻""尚同、尚贤"的社会理想，他游走于各个诸侯国，劝君王罢战。他"上说下教"，"从属弥众，弟子弥丰，充满天下"，（《吕氏春秋·当染》）形成庞大的传播墨家学术、道义的科技教育集团。庄子曾评价墨子师徒"不侈于后世，不靡于万物。不晖于数度，以绳墨自矫，而备世之急"，"其为人太多，其自为太少"。（《庄子·天下》）基于对科技教育作用的高度重视，墨子看到了科学技术对"兴天下之利，除天下之害"（《墨子·兼爱下》）的巨大作用，在中国教育史上，原创性地提出教育必须培养兼士或科技人才。墨子私学的培养目标就是培养"兼相爱，交相利"的兼士或科技人才，其中特别重视具有科技发明创造能力、具有生产能力与技术，以及对发展社会生产、改善民生有重要作用的实用人才。墨子原创性地指出："古之民未知为舟车时，重任不移，远道不至，故圣王作为舟车，以便民之事。其为舟车也，完固轻利，可以任重致远，其用财少，而为利多，是以民乐而利之，法令不急而行，民不劳而上足用，故民归之"。（《墨子·辞过》）由于墨子深刻地认识到科学技术对供给民用的巨大作用，因此在教育过程中积极倡导平民科技教育，造就了一批所谓的兼士或科技人才。

《墨子》一书可以说是我国古代最早进行科技教育的教科书。作为记述墨子及其后学教育教学的言行录，《墨子》中涉及了十分广泛的科技教育内容，尽管其中某些内容的记述过于简约难懂，而且没有记述实验和论证的全过程，但是这些内容确是墨子及其弟子从自己的实践和劳动人民的生产生活实践中得来的，并非空想和臆断。《墨子》中记载了物理学、数学、几何学、力学、光学等自然科学知识。墨子在自然科学中，尤其是在物理学、光学、力学、几何学，以及机器制造等方面的成就最大，有些内容已经涉及当时科技上的先进成果。比如就物理学而言，墨子在向学生讲述运动与静止的关系时说："动，或从也"；（《墨子·经上》）"止，以久也"；（《墨子·经说上》）"止，无久之不止"。（《墨子·经下》）意思是说，世界上的任何物质都是运动的，运动是绝对的，静止是相对的。这种认识和当今哲学与物理学关于运动与静止关系的解释完全暗合。这在两千多年前是极为卓越，极为难能可贵的结论。另外，墨子根据杠杆平衡的原理向学生讲述了天平和中国称的制造原理和使用技术；向学生讲述了滑轮的发明及使用技术，对建筑中砖石受力的情况进行分析，对滑轮运物的三种运动状态做了精要的记述。向学生讲述了几何学中点、线、面的定义、"圆"等的定义。墨子关于光学的教育内容尤为丰富。他在长期的生产生活实践中,经过反复观察与实验,对光学理论做了系统的、具有一定科学性的概括和总结。方孝博先生在《墨经中的数学和物理学》中给予高度评价:认为《墨子》《经下》和《经说下》中有关几何光学中的阴影问题、小孔成像问题与球面反射镜成像的实验结果和理论说明共八条,依次紧相连属,形成了一部相当完整的光学论文。这篇光学论文既反映了两千多年前的墨子在光学领域的巨大成就,也是墨子光学教育的教科书。墨子堪称古典科技教育首创者。

墨子重视对他的弟子进行科技知识与技能技巧的教育教学,形成了中国古代丰富的原创性科技教育思想理论和实践。在墨子之前,我国古代劳动人民在生产生活实践和军事实践中积累了比较丰富的科学技术知识,王公贵族也进行着一些科技知识,诸如医学、数学等知识经验的积累和传递,西周的"六艺"教育中就有"书""数"之教。六经中更包含了丰富的科技知识,但理论上积极倡导并最终在教育实践中努力践行科技教育的唯有墨子。墨子教育的宗旨是"兴天下之利,除天下之害"。墨子所要兴的"利"既包括国家的政治、军事、经济利益,也包括文化教育利益,对于利益主体而言,当有社会、国家的总体利益,也包括百姓的个体利益,但其重点在实现与天下劳苦大众休戚相关的民生之利,主要指从事农业生产和手工业生产的农民与工肆之人的利益,因此,兴利的主要途径是"教人以耕"和"强说人",大力发展农业生产和手工业生产,在农业生产和手工业劳动以及日常生活中广泛使用科学技术,提高劳动生产率,解放劳动力,减轻人民负担,增加社会财富。由于墨子从事平民科技教育实践活动的年代久远,在世界教育史上也可视为推行平民科技教育的先驱。

(三)原创性教学论

墨子原创性地提出了"量其力所能至"的教育教学原则。作为极为重要的教育教学原则,墨子所强调的"量其力所能至"的教育教学原则类似于当下所提倡的依据学生身心发展水平所进行的量力性原则。作为儒家学派的分支,墨子既继承儒家的教育思想又在此基础上立意创新。墨子继承了自孔子至子夏、至曾参等儒家强调因材施教的教育思想,要求教师在教育教学过程中坚持做到"能谈辩者谈辩,能说书者说书,能从事者从事",(《墨子·耕柱》)即通过有针对性的教育教学,把学生按照才能趋向、兴趣爱好分别培养成为"能谈辩者""能说书者""能从事者"。他将量力性原则和因材施教原则统一结合起来,在因材施教的基础上,更强调量力而行。墨子既要求学习者根据自己的已有基础、接受能力量力学习,也要求教育者要斟酌学生的不同情况量力而教,"深其深、浅其浅、益其益、尊其尊",(《墨子·大取》)即按照学生身心发展的实际水平进行教育教学,做到"深者深求""浅者浅求",可能"成学"者成学,可能"成射"者成射。墨子所强调的"量力所至"就是"因其可",就是基于每个人的可能性有针对性地施教,亦即根据学生不同的资质而施教,将学生培养成为具有不同个性特长的专门人才。墨子"'量力所至'原则的提出和实践比西方近代'量力性'原则的提出早 2000 多年。"[①] 墨子应该是世界教育史上首创这一教育教学原则的著名古典教育家。

(四)原创性积极主动施教原则

墨子强调"强说""强为""不叩亦鸣"积极主动施教的教育教学原则。墨子否定了其同时代的儒者只须拱手以待,问则言,不问则止,好比钟,敲则鸣,不敲则不鸣的被动施教原则,强调"强说""强为""不叩亦鸣"。他说:"若大人行淫暴于国家,进而谏,则谓之不逊,因左右而献谏,则谓之言议。此君子之所疑惑也。若大人为政,将因于国家之难,譬若机之将发也然,君子知之,必以谏,然而大人之利。若此者,虽不扣必鸣者也。若大人举不义之异行,虽得大巧之经,可行于军旅之事,欲攻伐无罪之国,有之也君得之则必用之矣,以广辟土地,籍税伪材。出必见辱,所攻者不利,而攻者亦不利,是两不利也。若此者,虽不扣必鸣者也。"墨子鲜明、生动地以类比的方式强调,君子必须积极主动施教,敢于担当,"不叩亦鸣"。

墨子提出的"强说""强为"的积极主动施教原则寓意深刻,直指社会弊端。他看到"今求善者寡,不强说人,人莫之知也",(《墨子·公孟》)意思是说,如今修德求善的人太少,如果不积极主动施教,社会的

---

① 张传燧:《中国教学论史纲》,湖南教育出版社 1999 年版,第 198 页。

公平正义得不到广泛宣传与弘扬，人们的是非观念树立不起来，社会风气就得不到改善。《墨子》书中记载："有游于子墨子之门者，子墨子曰：'盍学乎？'对曰：'吾族人无学者。'子墨子曰：'不然。夫好美者，岂曰吾族人莫之好，故不好哉？夫欲富贵者，岂曰吾族人莫之欲，故不欲哉？好美欲富贵者，不视人犹强为之，夫义，天下之大器也，何以视人必强为之？'"（《墨子·公孟》）墨子劝诫游学于他门下的一位弟子要努力学习，这位弟子以"吾族人无学者"为借口对学习持消极态度。墨子劝喻游学者：求学、好学与爱美、求美，欲富贵、求富贵一样，爱美之人，不会因自己的族人都不爱美而放弃自己对美的追求。向往富贵之人，不会因自己的族人都不想富贵而放弃自己对富贵的追求。更何况学习是一种弘扬正义之举，是天下之要义，因此，必须主动而为，不应有任何借口与托词。

墨子这种以教人为己任的积极主动施教精神是十分难能可贵的。他所提倡的"强说""强为""不叩亦鸣"的主动施教原则在教学论史上表现出他独有的胆识、气派、风格，在古代教育实践上有开创风气之先之功。

二　先秦墨家原创性教育思想的特色及价值意蕴探寻

先秦时期思想跃动，学术多元，对此，庄子这样描述："天下之人，各为其所欲焉，以自为方。"（《庄子·天下》）诚如庄子所言，先秦诸子都在对宇宙问题、社会问题、人生问题等进行不懈探索，寻求扭转乾坤、济世救民的良方。墨子与他所创立的墨家学派，在战国诸子百家中，被公认为可与儒家匹敌，与道家、法家比肩而立，并称为四大"显学"。他们建立了庞大的、以"农与工肆之人"为主体、具有严密的组织纪律的私学教育学术团体，形成当时与孔子儒家并列而最引人注目的两大教育学派之一。而墨家之所以能成为活跃在这一时期的显学之一，与其具有独树一帜的原创特色、价值意蕴密不可分。

(一)"择务而从事"的墨家教育哲学

墨子是先秦"儒家的歧出"[1],深受儒家教育哲学思想的影响,且充分体现重视实用的特点。胡适对墨家教育哲学的实用性特点给予高度重视,他说,"兼爱、而从事,是体,兼爱、非攻、尚贤、尚同、非乐、非命、节用、节葬,都是这根本观念的应用"[2]。"择务而从事,是体,兼爱等是用。"[3] 墨子教育哲学是一种体用不二的完整体系。墨家实用主义教育哲学源于墨家的实用主义哲学,刘绪义的文章中指出了墨家哲学的灵魂是"择务而从事"。对于什么是"择务而从事",他也指出,"务"就是时务,"从事"就是实践。具体来说,"择务而从事"就是因地制宜,与时俱进,讲求实效,就是应时因地而变,有针对性地展开其救世的具体主张和措施。理解墨学,必须先把墨子的各种具体主张用辩证的联系和发展的眼光来看待。简而言之,"择务而从事"是与时俱进、因地制宜的朴素表达。因此,"择务而从事"的墨家哲学灵魂显示出了墨家与儒家等学派学术性思想在前提上的差异。也正是基于此,展现了其独树一帜的特色与价值。

(二) 鼓励创新的学风是促生学术原创的前提

墨子与孔子主张"述而不作"相异,明确主张"述而且作"。"述""作"的关系一直是中国古代哲学家们关注的问题。"述",《说文》解释为"循",即遵循、追随之意,引申为传承、继承的意思。"作",《说文》解释为"起",即兴起、产生的意思;"述"与"作"反映了对于学术发展的态度和方法,表现为思维方式、治学倾向和教育方式、方法。在中国教育教学理论发展中,关于"述""作"的关系,主要存在以儒家为代表的"述而不作"的观点和以墨家为代表的"述而且作"的观点。当然,"述而不作"与"述而且作""述"同"作"异,却并非绝对地独立,只不过两派各自表明其关注的重点有所不同。其实,

---

[1] 南开大学哲学系韩强教授指出,用"儒学的歧出"可能更恰当一些。
[2] 胡适:《中国哲学史大纲》,北京师范大学出版社2013年版,第124页。
[3] 胡适:《中国哲学史大纲》,北京师范大学出版社2013年版,第130页。

"述而不作"是孔子的自谦之词,他声称他的学术范式是"述而不作,信而好古"。(《论语·述而》)作为孔子对待传统文化的态度及其思维方式和治学方法,表现了孔子的学术风格。当然"述而不作"只反映了他对于历史文化持尊重客观的态度,而不能表明他对文化的创新发展无所作为。孔子诸多原创,表明他在事实上"讷于言、敏于行",日夜劳作,收获丰硕"作"之精品。辩证地分析,孔子所传扬的"述而不作"的思维方式具有两面性,既尊重历史,又审慎地创新,更多关注既往文化积淀,较为保守地开来。它给中国文化教育的发展带来了一定的消极影响。正所谓"述而不作",祖述尧舜,宪章文武,言必周孔,考信六经,成了中国文化发展史上历代学子的思维定式和治学方法,在某种程度上抑制了原创精神的振作。但这种传统也有其不容忽视的积极影响:它保持了学术发展的继承性、连续性,使中华文化内涵博大精深、枝繁叶茂;孔子以春秋之笔记述历史,为后世史家把握住民族历史根脉树立了治史典范,使中华文明不断而世代相继。孔子创造性地治学和教学,酿造了中华民族自由发挥和学术自由创新的学术风气。

"述而且作"在《墨子》书中如是说:"吾以为古之善者则诛(述)之,今之善者则作之,欲善之益多也。"(《墨子·耕柱》)意思是说,古代优秀的东西需要继承发展和弘扬,今天优秀的东西也需要发明创造。这样一来,优秀的东西就会越来越多。墨子针对孔子"述而不作"的观点主张,提出不同意见,主张"述而且作",更全面地体现了历史与现实的连续相继,理论与实践的结合一致,是自有其深意的。

"述而不作"与"述而且作"的思维模式和治学态度相比较,"述而不作"自有其优势所在,但"述而且作"的可取之处亦不言自明,它更注重在推进学术发展和教育理论发展中创新科学的研究方法。述而不作也好,述而且作也罢,在学术发展和教育发展进程中,两派都需要将历史与现实相结合,继承与创新相结合,以这两个结合推动和推进文化教育学术理论生机勃勃地向前发展。

(三) 墨家教育思想的独特性、创造性造就其原创特色

思想的独特性是指一种思想学说、观点见解立意创新、卓然独立的

过程或形态，也就是说原创性教育思想解决问题的视角和思路一定是"人无我有"①的，其话语方式和表达方式"成一家之言"，能自圆其说。独特性是一种思想学说区别于另一种思想学说的差异性，或同构异质，或同质异构的重要标志。

创造性或称突破性，主要指"思维活动和体力活动具有创造活动的特点和倾向，或者这些活动的产品带有一定的独创性"。它是"创造活动的倾向或特征，创造力是创造性的外化，是创造性的集中体现"②。创造性体现一种新事物的产生，就是说原创性理论可能对先前理论有承继，但它能在此基础上有所突破，有所前进，有所超越，提出的思想对解决现实问题更富有成效，并取得了创造性的学术成果，开辟了新的研究领域，并带动学术的发展到达一个新的认识高度，提升到一个新的学术境界。

墨家教育思想的独特性与创造性是其区别于其他学派教育思想的一种显著标志，也是其得以生存和具有一定生命价值的重要支点，彰显了墨家原创性教育思想独特的价值和独具的魅力。在战国新时代历史背景下，墨子的教育宗旨、教学内容和教学方法等均与时俱进地适应战国时代潮流所需，突破了孔子的模式，具体表现在：由于墨子的教育对象是"农与工肆之人"，且他的培养目标是"兼相爱，交相利"的"兼士"，所以墨子的教育内容除《诗》《书》《春秋》之外，更加提倡具有实用价值、与改善民生密切相关、与列国兼并且军事优先得利的科学技术的教育，这就大大突破了"六艺"教育的框架与范畴。此外，墨子尤其注重培养学生的社会实践能力，特别是创造发明意识和能力，以及实际动手操作能力。墨子的主动教学原则，亦是对儒家"启发诱导""待问后对""弗问不言"的被动教学方式的变革，注重培养学生的主动性和务实精神。可以说因其"特立独行""因时而变"的原创，造就了墨家教育思想的独特性；因其独特，造就了墨家教育思想的原创特色。

总之，墨家教育思想包含了十分丰富的内容和实用性主张，尤其是

---

① 吴文俊：《因为"原创"才辉煌》，《解放日报》2001年2月28日。
② 郑金洲：《教育碎思》，华东师范大学出版社2004年版，第46页。

其彰显环境特殊作用的"素丝说"、以科学技术知识和技能技巧为主要内容的专门教育、量力性原则和积极主动的教学原则都是中国教育史上首创并先行的,也体现墨家学派与其他学派不同的原创风格、原创特色和价值意蕴。

元代书院山长角色的转变

——以元末学者陶安为中心的探讨

魏 珂[*]

[摘 要] 元末学者陶安是研究元代书院山长的关键人物,陶安曾经两次担任书院山长,其文集里有大量书院山长资料,《高节书院纪略》一文尤为重要。元代中后期,随着书院的官学化和科举化的增强,山长群体发生了变化:山长蜕变为官僚群体中的一支,山长的聘任和升转、俸禄都与学官相同;长教、祭祀是元代书院山长的两大任务,同时他们还承担维修校舍和筹集廪资的重任;山长的日常交际广泛,与官府人员、士人、学员来往频繁,为其升转和工作做铺垫。

[关键词] 元代书院;山长;角色转变

书院是我国教育史上一颗璀璨的明珠,自唐末萌芽至清末改制历千余年,无论从制度抑或教学活动,均为后人留下丰厚的资源。元代是书院发展史上重要的阶段,据称全国有上千所。与宋代相比,元代书院有诸多不同,这些不同对明清书院的发展产生重要影响。早在民国时期,即有学者发现元代书院山长的身份发生了重要变化,即由宋代的教育者、

---

[*] 岭南师范学院副教授

研究者和管理者摇身变为亦官亦师、既管又学的特殊群体。① 这一变化尚未引起学界更多关注，而此洽奠定了明清书院的重要内容。在元代书院山长群体中，陶安是关键人物之一，以往研究仅关注其明初政治家的身份②，其作为山长的身份往往被忽略。陶安所作《高节书院纪略》为了解元代山长及教师的日常生活及角色变化提供了诸多线索。本文拟以此为题，从山长之日常生活中管窥其行为内容、方式与动机，进而揭示前述角色的重要演变。

一　元末高节书院山长陶安的角色扮演

角色概念最早由美国人类学家拉夫尔林顿提出，我国学者黄希庭这样解释：角色亦称社会角色、脚色，是指个人在社会关系中的特点位置和与之相关联的行为模式，它反映了社会赋予个人的身份和责任。③ 下面我们先从陶安的身份故事谈起。

陶安（1315—1368），安徽当涂人，元末明初文学家、政治家，朱元璋起兵的重要谋士。朱元璋御制门帖子称"国朝谋略无双士，翰苑文章第一家"，充分肯定了陶安的智慧才干和文学修养。《明史》对陶安的评价为："敷陈王道，及参幕府，裨益良多。"④ 这些都充分肯定陶安的政治人物和学者的地位。其实，陶安还有另一重要角色，即教师与学官，曾两次担任书院山长。至正四年（1344）陶安中举，至正八年（1348）会试落第，回到太平府府学任教师，该年冬赴任明道书院山长⑤；至正十一年（1351）考满，自金陵归，设教郡庠；至正十三年（1353）任余姚高节书院山长。陶安长期从事教育事业，对于元代书院和地方教育发展发展功不可没。陶安一生著述颇丰，传世的有《陶学士集》，篇章较多与书

---

① 班书阁：《书院掌教考》，《女师学院期刊》1933年第2期，对书院职员进行了认真考证，特别是书院山长。
② 付玉璋：《简评陶安》，《安徽史学》2003年第1期。
③ 黄希庭：《简明心理学辞典》，安徽人民出版社2004年版，第195页。
④ 张廷玉：《明史》，中华书局2000年版，第2607页。
⑤ 夏炘：《明翰林学士当涂陶主敬先生年谱》卷1，北京图书馆编，北京图书馆藏珍本年谱丛刊第37册，北京图书馆出版社2001年版，第267—268页。

院山长活动有关,其中《高节书院纪略》一文对其任高节书院山长时的活动描写细致,甚至包括饮食起居、活动见闻等,为研究此期书院山长的日常生活、工作内容提供了弥足珍贵的资料,通过其工作内容、方式与目的等,反映其角色之演变。

高节书院位于浙江余姚县东北客星山严子陵墓旁,距县城十五里,是为纪念东汉初年隐士严光所建,严光淡泊名利之高尚气节受人敬仰。早在唐代余姚就建有严子祠,宋咸淳七年(1271),沿海制置使刘黻和邑人何林青在此共同创建书院,并借用文学家范仲淹《严先生祠堂记》中"先生之风,山高水长"词句,命名为高节书院。元大德三年(1299)州守张德珪重修别建大成殿,至正八年(1348)州守王文璟增建仪门,创怀仁、辅义、尚德、著德四斋①,规模逐渐完善。陶安《高节书院纪略》节录如下:

> 高节书院奉子陵严先生之祀,在余姚州东南十五里。……余以职在长教奉祠,欲即书院斋居训徒。士类咸曰:"前此教官无居是者",尝有山长执僻,违众论,遂寓此。一夕遇盗,所受省檄、行箧诸物荡掠一空,仅以身免,覆辙可鉴。又况山谷荒寂,动人凄怆也哉。时老儒赵君璋与圆智寺长老乘铁舟善劝扫一室,留余居焉。法性寺住持悦白云颖慧能文,每访余,听谈《易》,达旦忘寐,留恋不能去。间有习陆学者,出辞邪怪,妄议先儒,余必据理辨折,或正色斥去,旋有自悔其非者。
>
> 未几,浙东西学子接踵至门,愿执经受业。僧室隘不能容,迁姚江北官舍,幽敞可栖,徒党日集。每旦望向晨,肩舆赴书院,率士子拜谒,具膳而退。春秋上丁,前期诣祠下,及行事荐牲勺醴,献奠清肃,颁胙有仪。享士醉饱,众谓丰腆于昔。
>
> 余每往书院,则出郭循田间小路,行十里许,石梁跨溪水,溪阴有丝风亭遗址,后人以先生尝钓,故名丝风尔。溪阴有石砌路,阔三尺,缘山趾而修曲,过三里,当路有石基,方可八丈,莓藓斑斑。昔人建亭,摘云山苍苍之歌,名苍云亭,亭废久矣。又二里,

---

① 万历《余姚县志》卷7《学校志》,台湾成文出版社1983年版,第198页。

石路尽。遂登山，由土径崎岖盘折，抵书院。阴雨径辙泥淖，或阻潦水，行者告病。时新用直学潘国宝以钱五百缗修贽礼，余拒不受。乃托士夫邀余宴其家，又不往。潘生年少好学，与其二弟皆来从游。因以土径弗便，讽其甃道。潘生慨然出钱买石，隆壤于径而甃之。下接石路，上彻院门。环舍茂树尤多，杨梅学产，岁利供朔望丁祀，教官得禄强半。

余始视事当癸巳九月二日，所与交者前守郭彦达，省掾李元中，判官程邦民，学正刘中可及土人儒仕者刘彦质、郑学可、李文衍、杨季常暨其弟元度、赵维翰、宋无逸。维翰君，璋子也。又有文士郑元秉、赵养直、帅史王国臣、漕史高仲宝，方外则四明山官主茅石田，余所识不悉载。

甲午仲冬，以公委去职，书籍行李寄州吏吴仲祥家，腊月望后至当涂。①

该纪略文不足千字，简要概括了高节书院的渊源、方位等，更多笔墨着于对作者担任山长角色的描述，既有教学与祭祀、建设书院、管理产业等作为师者的重要权责内容，又有其住宿、生活、交友等生活内容，可谓丰富生动。

首先，在其重要职责方面，陶安"长教奉祠"，基于安全考虑，陶安住在附近寺庙，但坚持训导生徒，教学内容以朱熹理学思想为尊，如期间有陆学生徒"出辞邪怪，妄议先儒"，陶安"必据理辨折，或正色斥去，旋有自悔其非者"。随着声名远播，学生数量激增，僧寺住所狭隘，遂搬迁至姚江北官舍居住讲学。其次，陶安负责主持书院的祭祀活动。每逢初一、十五，陶安早晨坐轿去书院，率全体师生拜谒严子；春秋上丁日，则举行重大的祭祀典礼。再次，修缮书院。由于书院位于山上，上山有两三里是土路，下雨泥泞，学生进出极不方便。修理土路，直通院门，方便了出入。复次，管理书院产业。高节书院周围树木，均为书院财产，如杨梅卖的钱，除供祭祀外，多用作山长俸禄。最后，其交往

---

① 陶安：《陶学士集》卷20《高节书院纪略》，载《文渊阁四库全书》第1225册，上海古籍出版社1987年版，第805—806页。

对象包括官员、儒士、文士，大多当地官员和学识优长者，为书院的发展打下基础。其中刘彦质曾任丹阳书院山长和高节书院山长。

由上可知，陶安此文细致地描述了其山长生涯，在同类书院纪实文章中，尚属少见，恰为我们探讨书院山长的角色演变和生活状态提供了重要素材。那么，与宋代书院山长相比，元代山长角色的具体演变有哪些，下文将进一步探讨。

二　宋元两代书院山长身份和地位转变

正如美国学者林顿所称，角色是围绕地位而产生的权利义务和行为规范、行为模式，是人们对处在一定地位上的人的行为期待。① 郑杭生认为，社会角色是指与人们的某种社会地位、身份相一致的一整套权利、义务的规范和行为模式。从某种程度上说，身份和地位决定其行为模式。研究山长角色，首先要弄清楚山长的地位和身份。山长是书院的主持人，在不同的时期有不同的称谓，一般称山长，除山长之外，还有院长、洞主、堂长、掌教等称呼。山长位高权重，是书院的核心，其学术水平、道德水平的高低决定着书院的兴衰成败。这里从以下四个方面探讨其身份和地位。

第一，山长身份变化：从名世硕儒到吏员儒士。两宋时期的书院大多聘请当地名流宿儒担任山长一职。如勉斋书院聘"儒人张理为山长"②。长溪双魁书院的山长是由建院者林汝峡自任，林汝峡是个文武双全之人，宝庆元年武状元，四书五经、百家诸子无所不通，他符合书院主持人的选择标准。到南宋后期，朝廷加强对书院的管理。宋代选择山长的标准就是不仅要知识渊博，而且要"道高德厚，明体达用……经明行修，堪与多士模范"。所以欧阳守道称"山长之称，人以为非实行粹学者莫宜居"③。朱熹、陆九渊、吕祖谦、张栻都是理学大师。宋代山长引导学生体悟儒家思想，特别是传承道统，如泰山书院山长孙复认为，书院重在

---

① 秦启文、周永康：《角色学导论》，中国社会科学出版社 2011 年版，第 34 页。
② 石介：《徂徕石先生文集》，中华书局 1984 年版，第 223 页。
③ 脱脱等：《宋史》，中华书局 1977 年版，第 884 页。

传承孔孟之道，而不是培养科举士子。① 朱熹等也不主张学生参加科举考试。

元代山长大多来自低层学官学录和学谕，这些人很多本身吏员，并非真正的饱学之士，对理学传承没有那么大的热情。元政府把一部分下第举人安排到书院任山长。《元史·仁宗本纪》载，延佑二年（1315）夏四月，"赐会试下第举人七十以上从七流官致仕，六十以上府州学教授，余并授山长学正，后勿援例"②。《元史·顺帝本纪》至正三年（1343）三月，监察御史成遵等言可用，终场下第举人充学正山长，国学生会试不中者，与终场举人同。陶安就是中举后被任命为明道书院山长的，其《送天门刘山长序》载，刘氏中举多年，至正三年科举考试名落孙山，正好当年朝廷以举人充山长，刘氏被任命为天门书院山长。③ 元代前期书院重在传承理学，中后期，科举恢复，书院官学化，书院和官学无异，主要是培养学生应试科举，例如《庙学典礼》里面关于南轩书院和明道书院的，都是和官学一样程式，稼轩书院策问，也是同样道理。

第二，山长职位的兼与专。宋代山长大多是聘请和自任。北宋和南宋前期，大部分书院的山长由书院自行选任。双魁书院山长林汝峡自任。到南宋后期朝廷加强对书院的管理。景定元年（1260），朝廷诏令书院山长"从吏部注差"，成为朝廷正式职官。景定三年（1262），又诏吏部授诸书院山长并视州学教授。④ 景定四年（1263）五月，"布衣何基、建宁府布衣徐几，皆得理学之传，传诏各补迪功郎，何基婺州教授兼丽泽书院山长，徐几任建宁府教授，权兼建安书院山长"⑤。从而山长既需吏部授受，又得兼任州学教授，朝廷官员身份更加明显。需加说明者，此时山长聘任标准是理学家，即使是布衣，若有真才实学，仍得聘授，说明朝廷对理学家之重视。

---

① 陶安：《陶学士集》卷13《送天门刘山长序》，载《文渊阁四库全书》第1225册，上海古籍出版社1987年版，第740—741页。

② 宋濂：《元史》，中华书局1981年版，第4322页。

③ 王球：《新安文献志》卷92上《存耕处士汪公庭桂墓志铭》，载《文渊阁四库全书》第1376册，上海古籍出版社1987年版，第515页。

④ 欧阳守道：《厅记巽斋文集》卷14《白鹭洲书院山长》，载《文渊阁四库全书》第1183册，上海古籍出版社1987年版，第621页。

⑤ 黄仲昭：《八闽通志》卷82《词翰·福州府》，两淮盐政采进本。

元代肇建，初期书院大多由前朝遗民传承、创建，元朝统治者为了加以笼络，采取羁縻政策，承认已有之山长。元朝统治地位确立后，开始规范书院管理，书院建立要申报审批，书院山长由朝廷任命，如学者胡炳文，至元二十五年（1288）任江宁教谕；大德五年（1301）历信州路学录；延祐中被荐为信州道一书院山长，后受聘掌委源明经书院教事①。如婺源汪庭桂，十八举进士第，授紫阳书院山长。② 上述资料表明，一是元代官员不再兼任山长，而是多由州县教谕、学录转聘而来，亦即山长从"兼"职转为"专"任。二是山长由宋代的"聘"请转为元代的"除""设""授""置"等，朝廷授官的角色更加明显。三是由于宋代山长尚是"民间"，自然没有俸禄，而元代山长的官方化，从而具有官职与俸禄。宋代书院山长更多的是指学术地位，元代书院山长更多的是指官职和俸禄。

第三，山长任期的规范化与山长出路。宋代书院山长并没有任期之说，例如陆九渊在象山书院，朱熹在考亭书院。元代山长和普通官员一样，都有明确的任期。一般是三年，例如陶安任明道书院山长三年。山长的出路是升转，升官为州学教授或者平级调动，但是并非每个人都能立即升转，本文的陶安于至正十一年（1351）任明道书院山长，届满回家，两年后才任高节书院山长，并未能及时升转。

宋代，书院是进行学术研究和传承道统的地方，作为理学饱学之士，其终极目的是将前人的思想传承，主持书院，而非做官。理学集大成者朱熹一生大多数时间都在讲学，尤其是书院讲学，仅有几年任地方官员。同样，元初南宋遗民寄居书院，传播理学。然而，元代中后期，随着儒家地位的降低，被授学官成为儒生生存的重要途径，如若被授山长当然甚好，但山长任期相对较短，且升转不易。如陶安明道书院山长任满后，回太平府学做没有职位的教师多年。和陶安相似，儒士画家郭畀曾任学录三年，任满后等待两年多，至大二年（1309）五月才被升为饶州路鄱阳书

---

① 欧阳守道：《巽斋文集》卷14《白鹭洲书院山长厅记》，载《文渊阁四库全书》第1183册，上海古籍出版社1987年版，第621页。

② 张兑：《民国安徽通志稿》，《金石古物》考五《太平路采石书院增修置田记》，载安徽通志馆编纂《中国方志丛书》，华中地方安徽省第3期，1934年版。

院山长，但是由于没有具体官缺，直到该年十月底郭畀都没有去上任。[①] 王勋慈湖书院山长任满后，又二十年乃拜肇庆教授之命。[②] 戚象祖年五十岁始任东阳县学教谕，年过七十，才得以升任绍兴路和靖书院山长，其间待职达二十年。[③]

第四，山长之薪俸。宋代书院山长是文化和精神领袖，其要在于"传道"，而非授官，因而提到山长待遇的很少。只是南宋后期部分书院涉及，如明道书院等有记载。元代书院山长的待遇有明确记载，元世祖至元二十四年（1287）确定了江南学官的薪俸[④]，山长（学正同）每年米三石，钞三两。之后物价上涨，各地学官入不敷出，政府对官员薪俸做了调整，《至顺镇江志》明确记录了当时地方学官的廪禄：山长每年俸钱15贯，禄米三石。[⑤] 宋代有家族式的书院，山长是聘任，如蒋氏义塾，元代也有家族式的书院，但是山长仍然由官府任命，其待遇与学官相同。

三 元代山长的角色行为：职责的多元化

如前所述，角色主要是指个人在社会关系中的特点位置和与之相关联的行为模式，个人的行为模式，即做了什么，怎么做？宋元山长的行为模式有较大的变化，这一变化从南宋后期就开始了。宋代山长是书院负责人，主要是学术方面的旗帜，并不一定完全负责具体事务，例如朱熹在武夷山考亭书院，吕祖谦在丽泽书院，陆九渊在象山书院，学生主要是为了他们的学术闻风而来。宋代后期开始，书院实行山长全面负责制，山长主要工作有主持教学、领导学术、选聘老师、掌管祭祀、代表书院与外界打交道，具体说来包括学术研究、教学、会讲、文会、考课、藏书、刻书、祭祀、行政、财务、教师、学生管理乃至书院的基本建设

---

① 郭畀：《云山日记》，载顾宏义、李文《金元日记丛编》，上海书店出版社2013年版，第174—249页。
② 黄溍：《金华黄先生文集》卷32《化州路儒学教授王君墓志铭》，北京图书馆出版社2005年版。
③ 黄溍：《文献集》卷8《道一书院山长戚君墓志》，载《文渊阁四库全书》第1183册，上海古籍出版社1987年版，第621页。
④ 《庙学典礼》，江苏古籍出版社1992年版，第90页。
⑤ 俞希鲁：《至顺镇江志》卷13《廪禄》，江苏古籍出版社1999年版，第566—567页。

等，都由山长负责。

徐梓《元代书院研究》称，元代的山长"不仅主管着教学和祭祀这些书院的业务，负责理财、刻印图书等庶务，而且选聘训导之师，是书院的最高权力者。对国家来说，他是政府官员之一，是国家为加强对学校的管理所设立的学官；对社会来说，他是书院的象征，是书院的法人"[①]。元代山长的主要工作是"长教奉祠"，具体包括五方面的工作：传道授业、培植学子；主持祭祀、倡导社会教化；书院建造和维修；书院田产管理；接来送往，扩大影响。

第一，传道授业，塑造人格。在书院，山长主要身份是教师，所谓师者，传道授业解惑也，因此这是书院山长最重要的职责。元代书院山长传道授业内容是四书五经，通过儒家经典的教习，达到修身、齐家、治国、平天下之目的。据载赵复任太极书院山长，循循善诱，尽心尽责，培养了一大批学者。学生元好问南归时，山长赵复赠言，"以博溺心、末丧本为戒，以自修读《易》求文王、孔子之用心为勉"，推荐元氏多读《易》[②]。陶安擅长讲《易》，连寺庙主持都听得如痴如醉；江西建昌人黄顺翁为盱江书院山长，取朱熹所编《小学》以教授学者。由此可见，书院四书五经是山长教授的重点。[③]《宋元学案·鲁斋学案》载，许衡去书院说书，"章数不务多，唯恳欸周折，见学者有疑问，则喜溢眉宇"。说明许衡授课深刻，而且鼓励学生质疑。在教人与用人上，许衡有独到见解，认为"教人与用人正相反，用人常用其长，教人当教其所短"。在治学与治生上，认为"苟生理不足，则于为学之道有所妨。……士君子当以务农为生，商贾虽逐末，果处之不失义理，或以姑济一时，亦无不可"[④]。强调学生不仅要治学，还要学会治生，即参与生产劳动，能养活自己，务农经商均可。

与此同时，书院山长十分注重学生人格培养。元代学者黄溍《送高节书院刘山长序》称，诸生在列，山长应"进则风励之，以仪刑夫前哲；

---

① 徐梓：《元代书院研究》，社会科学文献出版社2001年版，第87页。
② 宋濂：《元史》，中华书局1976年版，第4315页。
③ 柯绍忞：《新元史》，上海古籍出版社1989年版，第884页。
④ 黄宗羲：《宋元学案》卷90《鲁斋学案》，中华书局1984年版，第3001页。

退则以家学私淑之，使群居而讲习焉"①。元泰定二年（1326）刘鹗任齐安河南三书院山长，尽心竭力教育士子，制定了《齐安河南三书院训士约》，激励学生崇德端习，勤奋踏实，讲求实学。②

第二，主持祭祀，教导风化。祭祀是书院教育的重要功能之一。一方面，通过祭祀来传经论道，教化世人，可以表达出书院的办学精神，强化学派的认同感；另一方面，院内所祭祀的先贤可以成为诸生的榜样，起到尊前贤、励后学的作用。祭祀有很重要的教化作用。《元史》列传载，台州临海人周仁荣，被举荐署美化书院山长。因美化书院在处州万山中，交通闭塞，"人鲜知学，仁荣举行乡饮酒礼，士俗为变"③。周仁荣以乡饮酒礼教化民众，民间风俗为之大变。陶安纪略中载"自余至，稍有数家相谓曰：'陶山长善人君子也'，时来谒见，亦颇慕化"。所谓化民成俗，在民众心目中，山长是人格典范。

第三，书院修建和维护。古代书院一般以木质结构为主，风吹雨打，很容易毁坏，加之很多书院时兴时废，所以要经常修缮。作为书院的管理者，修缮是重要之事，也是维持书院的一大根本。正如杜甫所说"安得广厦千万间，大庇天下寒士俱欢颜"。元代书院山长参与和主持书院修建的例子比比皆是。欧阳龙生（1251—1308）任文靖书院山长，受命后就着力于猿山之南重建书院，工程浩大，要筹集资金，买原料，设计，雇工匠等，这对一个文人来说是巨大考验。一年后，"礼殿、讲堂、门庑、斋舍及龟山先生祠事，内外俱举，学者云集书院"④。鄞县鄮山书院元初建，大德七年（1303），戴某为山长，其时书院斋屋摇摇欲坠，近于荒废，于是其重新辟田以整修之，书院起死回生。⑤ 名善书院，宋咸淳年间建，元重建，很快废弃。至正十九年（1359），薛益为山长，"遂以起废举坠为己任"。带头捐私财买木石，招募工匠，在当地士人的帮助下，

---

① 黄溍：《文献集》卷6《送高节书院刘山长序》，载《文渊阁四库全书》第1207册，上海古籍出版社1987年版，第397页。

② 刘鹗：《惟实集》卷2，载《文渊阁四库全书》第1206册，上海古籍出版社1987年版，第307—308页。

③ 宋濂：《元史》，中华书局1976年版，第4346页。

④ 欧阳玄：《欧阳玄全集》附录，四川大学出版社2010年版，第792—793页。

⑤ 袁桷：《袁桷集校注清容居士集》卷18《鄮山书院记》，中华书局2012年版，第937—938页。

"缺者使之完，仆者使之植"。丹垩涂既，内外焕然，更置祭器，及凡百需之物，规制完备。①

后至元二年（1336），彭璠为山东尼山书院首任山长，为建设书院房舍，罄竭私橐，为了维持工程只好借贷，乃"具羊豕为酒告山之神，召近乡父老，受神赐，告以兴废之故"。当地百姓明白他的用心后，积极参与，"除荆棘，撤瓦砾"，他的行为得到当地官员的大力支持，最后书院规模宏远壮观，学校秩序井然。② 镇江淮海书院宋淳祐创立，元代至顺年间规制完备，亦与山长努力关系密切。元贞元年（1295）山长黄一龙摄为屋八十多楹，并立灵星门，塑圣师十哲像。大德三年（1299），山长杨如山建戟门三间。大德九年（1305），山长曹鉴建东西庑二十间，并绘从祀诸贤于壁，凿池戟门之南而桥其上。延祐三年山长于泰来建殿后行廊七间。③

第四，增加学田，拓展书院资产。学田收入是书院主要经济来源。元代中央和地方政府没有专门的经费拨给书院，书院要生存发展，必须有经费，其中最重要的是学田。虞集在《白鹿洞新田记》记载了大德年间书院山长柴实翁在地方长官的支持下，苦心经营，增置学田四百亩的过程。④ 以庆元路瓮洲书院为例，大德元年首任山长何烨之爱采新田，恢复旧观⑤，此后山长曹性之等多方经营，使书院更加完善。⑥ 至正二年（1342），贾实任太平路采石书院山长，竭尽全力重修书院，考虑到书院经费紧缺，贾向知府建议，把同属太平路的天门书院经费多余的划拨采石书院，这一建议得到知府和朝廷府的批准。⑦

---

① 王祎：《王忠文集》卷10《明善书院记》，载《文渊阁四库全书》第1226册，上海古籍出版社1987年版，第184—185页。
② 虞集：《道园学古录》卷36《尼山书院记》，上海商务印书馆1937年版，第602—603页。
③ 俞希鲁：《至顺镇江志》卷11《学校》，江苏古籍出版社1999年版，第460—461页。
④ 虞集：《道园学古录》卷7《白鹿洞书院新田记》，上海商务印书馆1937年版，第136页。
⑤ 冯福京：《大德昌国州图志》卷2《学校》，浙江范懋柱家天一阁藏本。
⑥ 桂应奎：《瓮洲书院记》，载王元恭《至正四明续志》卷8《学校》，清咸丰四年甬上徐氏烟屿楼刊本。
⑦ 张兑：《民国安徽通志稿》，《金石古物》考5《太平路采石书院增修置田记》，载安徽通志馆编纂《中国方志丛书》，华中地方安徽省第3期，1934年版。

第五，接来送往，扩大书院影响。接来送往是书院山长必须面对的日常事务，也是他们成名的机会。陶安《送东川山长张彦深序》中称："太平书院四，天门、采石、丹阳皆在廛井，据水陆要会，宪节循视，郡守临励，使官宾客，舟楫车骑，往来接迹。长教者勤于当务，不独可以塞责，亦得见知于时。"① 陶安的文集里有其任山长期间和地方官员文人往来的好多文章。郭畀在《云山日记》里有和多名山长交流的记载，如多次到东湖书院拜访赵东湖，现在流传下来的很多书院记都是山长请其朋友名流朋友撰写的。理学家吴澄至治二年（1322）曾经去过临汝书院，《临汝书院重修尊经阁记》就是山长以楼成亲自上门拜访请其做的记。②

山长的交际面广泛，以送别为例，陶安有《送李国用赴宗文山长》：

鹅湖朱陆讲道处，书院独以宗文名。古今自有易简理，经注皆同日月明。

苍嶂晓蒸铅水湿，黄帘夜度烛烟轻。交承是我同年士，为说故人华髪生。③

这类送别的诗歌文章很多。如黄溍的《送宣公书院陈山长序》："钱唐陈君以选为之师，而予忝以非才与闻学政，故与君之行，以是为君告。"④ 学者仇远赋诗《送汤希贤晦庵书院山长》等。⑤

可见，元代书院山长的工作内容繁多，职责重大。元代有一大批山长是很多作为的，正如陶安所称道的，天门书院刘仲愚任事后，"崇饰庙庭，增广斋庐。日莅论堂，以理性之奥，彝伦之懿，启迪后觉。遂履翕

---

① 陶安：《陶学士集》卷13，载《文渊阁四库全书》第1225册，上海古籍出版社1987年版，第741页。

② 吴澄：《吴文正集》卷36，载《文渊阁四库全书》第1197册，上海古籍出版社1987年版，第456—457页。

③ 陶安：《陶学士集》卷5，载《文渊阁四库全书》第1225册，上海古籍出版社1987年版，第644—645页。

④ 黄溍：《金华黄先生文集》卷16《送宣公书院陈山长序》，北京图书馆出版社2005年版。

⑤ 贡师泰：《玩斋集》卷4，载《文渊阁四库全书》第1215册，上海古籍出版社1987年版，第365页。

趋，风教大行"。①

　　总之，经历了世祖、成宗朝，元代书院官学化和科举化趋势明显。从陶安等人的例子可以看出，元代书院山长已经成为学官中的一支，他们不再有宋代书院山长独立自由的身份，他们完全进入政府官员管理系统中，他们不仅要传道和教化民众，建设书院，管理师生，还要在官场中接来送往与地方官员和乡绅儒士交往，夯实自己的地位，吸引更多的学生来书院学习，进而提高自己的声誉，为自己升迁铺平道路。从南宋后期开始，书院山长角色发生了转变，从理学导师转变为"亦官亦师"，明清书院山长的角色定位有很大的影响，明清时期书院官学化进一步加强，山长并没有进入学官系统，山长"师"的身份反而得到进一步发展，这是值得进一步探讨的问题。

---

　　① 陶安：《陶学士集》卷13《送天门刘山长序》，载《文渊阁四库全书》第1225册，上海古籍出版社1987年版，第740—741页。

明清宫廷教育与皇子的读书生活

刘来兵*

[摘 要] 明清皇室教育作为家庭教育的特殊构成,具有平民或家族教育无法比拟的优越条件和独特性。明清时期作为中国封建社会的巅峰时期,其专制统治达到空前高度,为维护家族皇权地位,对于皇子们的日常学习与家庭教育以苛严著称。探究宫廷教育的方式和皇子们的读书生活,对了解明清时期的宫廷教育和皇子日常生活具有历史意义。

[关键词] 宫廷教育;读书生活;明清;皇子成长

宫廷教育活动,特指皇室的家庭教育,是帝王为维护、延续其家族皇权统治地位,在统治思想、道德品行、知识学问、体格军事等方面对其后继者施加一定影响进而培养出合格接班人的活动。明清两朝(1368—1911)是中国2000多年封建社会的晚期,是皇帝集权统治的最高峰,也是传统教育包括家庭教育发展的鼎盛阶段。明清帝王都异常重视对皇子的教育,尤其是明太祖朱元璋与清圣祖爱新觉罗·玄烨堪称典范,他们分别确立了明清两代皇子教育的宗旨与内容。

一 明清帝王的家庭教育

帝王的家庭教育在皇子教育中扮演着十分重要的角色。明太祖朱元

---

* 华中师范大学教育学院副教授

璋对子女的教育要求异常严格，他既重视对诸子实际技能的教育，更重视道德品行的教育。他采取重言传、聘严师、亲力行的方法教育子女。清康熙帝同样教子严格，他曾指出："为人上者，教子必自幼严饬之，始善。看来有一等王公之子，幼失父母，或人唯有一子而爱恤过甚，其家下仆人多方引诱，百计奉承，若此娇养，长大成人，不至于痴呆无知，即多任性狂恶，此非爱之也，汝等各自留心。"（《庭训格言》）帝王之家的家庭教育，更多情况下是一种"庭训"，正是这种独特的教育形式，借助皇权与家法的威权效应，真正起到对皇子的训导管束作用。一方面可以改善太监宫女们抚养皇子造成的不良影响，另一方面可以检验皇家私塾教师对皇子的教育成效。

（一）随时立教

明清帝王在教育皇子时均善于以身作则，根据自己的亲身经历与实际事迹来为皇子树立榜样。朱元璋命人绘制《农业艰难图》《古孝行图》，将古人行孝和自己艰难创业的经历画在殿壁上供子孙每日反思。朱元璋出身于贫苦的佃农家庭，深知创业之不易，守成之艰难，特别重视对皇子的教育。他对皇子教育善于抓住时机、随时立教、遇事则诲，很少刻意地对皇子们进行抽象的说教。而注重从实际出发，在现实生活中随时随地给予教导，如《明实录》记载：

> 上退朝还宫，皇太子、诸王侍。上指宫中隙地，谓之曰："此非不可起亭馆台榭为，游观之所，今但令内使种蔬，诚不忍伤民之财，劳民之力耳。昔商纣崇饰宫室，不恤人民，天下怨之，身死国亡；汉文帝欲作露台而惜百金之费，当时民安国富。夫奢俭不同，治乱悬判，尔等当记吾言，常存儆戒。"（《明实录·太祖高皇帝实录》卷37）

在朱元璋看来，一块空地也有很大的教育意义，首先它告诫皇子吸取前代亡国的教训，不能贪图享受，要把国家的安定当作自己关心的事情；其次空地留着种菜，让皇子们体验、牢记耕种的辛苦，不忘农作。为了使皇子们亲身体验百姓生活，他每次外出，都带着皇子接近百姓，了解民间疾苦，凡是出城较近的地方，令皇子们一律步行，出城较远的地方，骑马行三分之二，再步行三分之一。"上以诸子年渐长，宜习勤劳，使不骄惰，命内侍制麻屦行縢，凡出城稍远，则令马行其二，步趋其一。"（《明实录·太祖高皇帝实录》卷28）对于皇太子朱标的教育，更是用心，他告诫道："天子之子与公、卿、士、庶人之子不同，公、卿、士、庶人之子系一家之盛衰，天子之子系天下之安危。尔承主器之重，将有天下之责也。公、卿、士、庶人不能修身齐家，取败止于一身一家，若天子不能正身修德，其败岂但一身一家之比，将宗庙、社稷有所不保，天下生灵皆受其殃，可不惧哉？可不戒哉？"（《明实录·太祖高皇帝实录》卷54）朱元璋出身贫苦家庭，从腥风血雨里取得江山，他治国讲求严刑峻法。然而皇太子朱标成年后，却温文尔雅，朱元璋担心皇太子性格温和，无法驾驭群臣，开始注重提高朱标实际的治国能力，加强对其为政实践的锻炼。洪武十年（1377），朱元璋让太子先行处理群臣上禀的政事，再交给他钦定，并告诉他政事若不经平时练达，便经常会发生谬误，"故吾特命尔日临群臣，听断诸司启事，以练习国政。惟仁不失于疏暴，惟明不惑于邪佞，惟勤不溺于安逸，惟断不牵于文法。"（《明实录·太祖高皇帝实录》卷41）朱元璋辛勤从政，事必躬亲，亲自实践对皇子的训条，将全部精力都用于处理政务，并以此教导皇太子："吾自有天下以来，未尝暇逸，于诸事务唯恐毫发失当，以负上天托付之意。戴星而朝，夜分而寝，尔所亲见。尔能体而行之，天下之福也。"（《明实录·太祖高皇帝实录》卷54）即便如此，朱元璋仍然对皇太子能否坐稳江山表示担心，尤其是那些跟他一起创立明朝的老将们，他只得将大批功臣良将诛杀殆尽，这引起生性仁厚的朱标强烈不满，二人为此经常争吵。有一次激烈争吵之后，朱元璋命人取来一根长满刺的棘杖放在地上，让朱标用手捡起来，见朱标面有难色，朱元璋指出："你怕有刺不敢拿，我把这些刺都给你去掉，再交给你，岂不更好。我现在杀的都是天下的坏人，等到坏人都不在了，天下太平，你才能当好这个家。"《明实录·太祖高皇帝实录》中还有多处训谕皇子的记载，朱元璋在对待皇子的教育问题上，表现出将治理天下的道路与实际生活相结合进行君道教育，这种随时立教、遇事则诲的教育方式贴近生活实际，易产生较好的教育效果。

康熙帝同样注重在与皇子们的共同生活中实施家庭教育，他注重与皇子们一起探讨问题，在实践中提升皇子们的能力。在对待汉人与汉文化的问题上，他认为汉人学问胜满洲百倍，但恐皇太子耽于汉习，所以不任汉人。对此问题，他指出："朕谨识祖宗家训，文武要务并行，讲肄骑射不敢少废，故令皇太子、皇子等既课以诗书，兼令娴习骑射。即如八旗以次行猎，诚恐满洲武备渐驰，为国家善后之策。朕若为一人行乐，何不躬率遄往？"① 除此之外，康熙还重视皇子们学习西方科技，曾亲自带领皇子们学习西方科技，在乾清宫用"千里镜"观测日食。在康熙三十一年（1692），康熙让太子看了所有由西方传教士帮助制作的装饰精美的教学仪器，并亲自带领太子到天文台测台观赏。

（二）为子立言

明清时期帝王家庭教育较前代进步的表现之一在于留下了多部祖训家法。朱元璋认为开国帝王有使命制定国法家法以维护王朝基业世代相传。在于开国之君备尝艰辛，阅人历事非生长深宫、偏处山林的人所能比，历经二十年征战始得天下，对于人之情伪、群雄之诡诈、民之陋习奸猾，也都有深切的认识，"故以所见所行，与群臣定为国法，革元朝姑息之政，治旧俗汙染之徒"。（《皇明祖训》）除颁行国法律令外，朱元璋尤为重视家法在维持家族事业中的重要性，"至于开导后人，复为《祖训》一编，立为家法"。（《皇明祖训》）《祖训录》始纂于洪武二年（1369），六年书成，九年又加修订，二十八年重定，更名为《皇明祖训》。朱元璋担心后世的俗儒和奸吏喜好是古非今、舞文弄墨，眩惑子孙视听，败坏王朝基业，"故令翰林编辑成书，礼部刊印以传永久。凡我子孙，钦承朕命，无作聪明，乱我已成之法，一子不可改易"。（《皇明祖训》）《皇明祖训》共有十三部分内容：祖训首章、持守、严祭祀、谨出入、慎国政、礼仪、法律、内令、内官、职制、兵卫、营缮、供用。该书涵盖了封建统治所涉及的政治、经济、文化、军事、法律、礼仪、生活等各方面内容，是一部充分体现家国同构的王朝统治法规文本，也是明代皇室子孙的"家训"。

---

① 《康熙起居注》第 2 册，中华书局 1984 年版，第 1638—1639 页。

除《皇明祖训》外，在册立长子朱标为皇太子后，为使得其他诸王安分守己，朱元璋命礼部尚书陶凯、主事张筹等人收集汉唐以来藩王善恶事迹，以此劝诫其他诸皇子，取名《昭鉴录》；立皇太孙后，又编撰《永鉴录》，将皇帝、藩王和臣子该遵守的、不该做的事，都详细列举，颁赐诸王，希望藩王大臣都能忠心辅助皇帝。

洪武十一年（1378），朱元璋亲撰《诫诸子书》，总结历代成败经验，训谕诸皇子："昔有道之君皆身勤政事，心存生民，所以能保守天下，至其子孙废弃厥德，色荒于内，禽荒于外，政教不修，礼乐崩弛，则天弃于上，民离于下，遂失其天下国家。为吾子孙者当取法于古之圣帝哲王，兢兢业业，日慎一日，鉴彼荒淫，勿蹈其彻，则可以长享富贵矣。"（《明实录·太祖高皇帝实录》卷117）

清代帝王是历代帝王中最为勤奋、最善读书的帝王，他们同样重视为子孙教育著书立言，与明代朱元璋规定子孙不得改祖训一字不同的是，清帝王数代均有自己有关庭训、家教方面的著作留存于世。顺治帝作为清朝入关后的开国帝王，他撰写的《资政要览》被视为清皇子及贵胄子弟必读的教科书，在书中特别强调"学古训"的重要性，"朕孜孜图治，学于古训，览《四书》《五经》《通鉴》等编，得其梗概，推之《十三经》《二十一史》及诸子之不悖于圣经者，莫不根极道理，成一家言。"（《资政要览》）考虑到古训"卷帙浩繁""涣而无统"，他从中"提其要、钩其玄，每篇贯以大义，联以文词"，全书分君道、臣道、父道、子道、父道、妇道、兄弟等共有三十篇，各篇字数均在500字以内，融道理与历史之中，不仅收录有忠臣孝子、贤人廉吏等优秀人物，也记载奸猾贪污、悖乱朝政等不法之事，可谓微言中含有大义，具有教育意义。如在"君道"篇中，他告诉皇子们，对待百姓就像慈父对待子女一样，不求回报，应以仁义、惠爱、忠信来治理、安抚、引导百姓，帮助他们渡过灾荒，使他们获得实利。（《资政要览》）清初的几位皇帝大多能体恤民情，与顺治帝在《资政要览》中的立言立教不无关系。

《庭训格言》是另一部清帝王教育皇子的重要著作，是康熙帝在教育诸位皇子时的训条，后经雍正帝与诚亲王允祉等记录、整理而成，于雍正八年（1730）编辑成书，凡一卷，共246则。全书内容包括为君为臣之道，读书、修身、饮食、养生等之要，他教育皇子要学会修身养性，并以自己为例："凡人修身养性，皆当谨于素日，朕于六月大暑之时，不用扇，不除冠，此皆平日不放纵而能者也。汝等见朕于夏月盛暑不开牖，不纳风凉者，皆因自幼习惯，亦有心静，故身不热。"等他有了皇孙之后，他又与皇子们探讨子女的教育问题，他强调教子要早、严。他指出："凡人幼时犹可教训，及长而诱于党类，便各有所为，不复能拘制矣。"（《四库全书荟要·圣祖仁皇帝庭训格言》）康熙充分认识到皇子自有交由宫人抚养的弊端，故应通过严格的早教匡正宫人对皇子的不良影响。他要求王子皇孙们，要以有益身心的经史教子，"古圣人所道之言即经，所行之事即史，开卷即有益于身。尔等平日诵读，及教子弟，唯以经史为要。"切勿阅读小说，"幼学断不可令看小说。小说之事皆敷衍而成，无实在之处，令人观之或信为真，而不肖之徒竟有效法行之者，彼焉知作小说者譬喻指点之本心哉！是皆训子要道，尔等其切记之。"（《四库全书荟要·圣祖仁皇帝庭训格言》）《庭训格言》内容宽泛全面，但仍没有超越皇族私己的范围，也没有从根本上异于一般家庭或宗族家训家法所具有的"修齐治平"的特色与功能。

除整理出版《庭训格言》外，雍正帝还以康熙帝颁发的《圣谕十六条》为蓝本，逐条加以注释、演绎、整理和归纳，形成《圣谕广训》，同样是帝王论教的代表著作。与《庭训格言》不同的是，该书突破了庭训家教的范畴，而是供所有臣民遵循效法的广训，正如雍正在序中自述道："我谨慎地将先君所颁旨令十六条寻绎其道理，推敲延伸其文字，约有一万余字，取名《圣谕广训》。同时又引经据典、反复斟酌，尽量做到精简意明，语言通俗易懂，质朴无华。这样做无非是为了用前人的精神来启迪后人，使天下臣民人人都知道其用心之所在。"（《圣谕广训》）《圣谕广训》已不再是温情的庭训家教，而是具有了帝王施政的普法宣传。全书圣谕凡十六条，第十一条"训子弟以禁非为"，提出对子弟进行"五伦"道德之教和职业技能教育，表明清帝王已从最初的以休养生息为主转为加强整体的社会控制，从"牧民"发展为"教民"。当帝王的庭训家教由官方向民间颁布并宣讲时，其内容和精神实质均发生相应变化，直接导致帝王家法与国法、民法的连接。

（三）延师教习

明清帝王除亲自对皇子实施教育外，还在皇宫内建有专门的学堂，聘请德艺双馨的人才为皇子们授课。明代史学家焦竑曾叙述了朱元璋的皇子教育："高皇帝开建鸿业，更立三才，为帝者首。乃海内甫定，即垂意根本至计，博选耆艾、魁垒之士，从太子、诸王以游。已命诸臣讲读经书暇，开陈明君、良相、孝子、忠臣诸故事，及时政、沿革、民间疾苦之类。盖其为教，可谓本末具举，蔑以复加。"① 朱元璋建立大本堂，专供皇子们在此学习，为营造良好的学习氛围，一方面搜罗天下名籍供皇子们广泛阅读，另一方面延聘海内名儒担任导师、精选国子监和功臣子弟优秀者充作伴读，一对一地为皇子们授课，每天下课后留一人住宿在大本堂，以备随时为皇子们提供咨询。朱元璋为皇子们的教育可谓煞费苦心，也很完善，在大本堂担任过的教官有宋濂、魏观、孔克仁、李希颜、陶凯、吴伯宗等。《明实录》记载了朱元璋对皇子教育以"正心""实学"的要求："命博士孔克仁等授诸子经，功臣子弟亦令入学。上谕之曰：'人有精金，必求良冶而范之；有美玉，必求良工而琢之。至于子弟有美质，不求明师教之，岂爱子弟不如金玉邪？盖师所以模范学者，使之成器，因其材力，各俾造就。朕诸子将有天下国家之责，功臣子弟将有职任之寄……当以正心为本，心正则万事皆理矣。苟导之不以其正，为众欲所攻，其害不可胜言。卿等宜辅以实学，毋徒效文士记诵词章而已。'"（《明实录·太祖高皇帝实录》卷41）

继大本堂之后，朱元璋又建文华殿专供太子读书。据明代黄佐在《翰林记》中记载："十二年三月戊辰朔，上御华盖殿，皇太子侍，上问比日所读何书，对曰：'昨看书至商、周之际。'上曰：'看书亦知古人为君之道否？'因谕曰：'君道以事天爱民为重，其本在敬身。人君一言一行，皆上系于天，下系于民，必敬以将之，而后所行无不善。盖善，天必鉴之。一言而善，四海蒙福；一行不谨，四海罹殃。言行如此，可不敬乎？'圣祖之始训如此，真可谓得其大奉矣。诸儒授经，惟奉行上意而

---

① 焦竑：《养正图解》，中国言实出版社2001年版，第1页。

已。严君在上，贤师友辅之，睿德之懋，斯可望矣。"① 可以看出，朱元璋将延聘名师作为自己对子女教育的一部分，所延聘的老师不过是他本人意志的体现，这表明皇室的私塾教育与民间私塾教育有着根本的不同。

尽管皇子们的老师不过是奉皇帝之意教授皇子，但并不降低老师们在皇子心目中的地位。洪武五年，宋濂担任皇太子辅导官，对皇太子的一言一行，都以礼法教之，使其归于正道，每当读书至政教及前代兴亡时，宋濂必告诫皇太子治国应有所为有所不为，并举以实例。每当如此，"皇太子每敛容嘉纳，敬体未尝少衰，言则必曰'师父师父云'，且书'旧学'二字以赐"②。宋濂因病告老还乡，皇太子给予厚赐，养病期间互有书信问候，宋濂在书信中对朱标"勉以孝友、恭敬、谨敏，读书无怠情、无骄纵，修德进来，以副天下之望"③。朱元璋对宋濂的进言大为赞赏，指示皇太子仔细领会宋濂文中之意，并亲自回信道："曩昔先生教吾子，以严相训，是为不佞也。以圣人文法变俗言教之，是为疏通也。所守者忠贞，所用者节俭，是为得体也。昔闻古人，今则见之，复以文绮侑书。"④ 师友之情可见一斑。

与明王朝在皇宫内设立学堂供皇子接受外聘名师大儒教育一样，清王朝也极其重视皇子们的学堂教育。康熙年间，皇子们并未有同一的学堂，各人都在自己的住所读书学习。如乾清宫东北的毓庆宫（皇太子读书处），其他皇子们的读书处有文华殿正北的撷芳殿，还有"南熏殿、西长房、兆祥所等处"⑤。雍正即位后，将寝宫由乾清宫搬至内廷的养心殿，目的是以乾清门内的东廊房作为皇子读书的上书房，除该处较为幽静适合读书外，又靠近养心殿，皇帝从月华门出来便可看望皇子们，也可监督皇子读书，自此后皇子入上书房读书成为清朝固定制度。清制规定，皇子们虚岁六岁便必须进上书房读书，并遴选近支王公优秀子弟陪读。清皇子们的老师均是从翰林院优选出来的品德高尚、知识渊博的学者担任上书房师傅、行走，同时皇帝会亲自选定一名或二名朝廷中德高望重

---

① 傅璇琮、施纯德：《翰学三书·翰林记》，辽宁教育出版社2003年版，第121页。
② 傅璇琮、施纯德：《翰学三书·翰林记》，辽宁教育出版社2003年版，第122页。
③ 傅璇琮、施纯德：《翰学三书·翰林记》，辽宁教育出版社2003年版，第122页。
④ 傅璇琮、施纯德：《翰学三书·翰林记》，辽宁教育出版社2003年版，第122页。
⑤ 张乃炜、王霭人：《清宫述闻》，紫禁城出版社1990年版，第472页。

的重臣担任上书房总师傅。上书房的师傅负责每日授课，总师傅则主要行使监督与考核教育效果的职责。如雍正年间，曾任满洲人鄂尔泰与汉人张廷玉同为上书房总师傅，俩人均是翰林出身，身兼大学士、尚书、军机大臣于一身。上书房内还设有"谙达"（蒙语原义为朋友），负责教习皇子骑射和语言。谙达有三种：伯哩谙达教授骑射、蒙古谙达教授蒙古话、满洲谙达教授满文及翻译。谙达身份逊于师傅，也设有总谙达，由满洲贵臣担任。

对于皇子们的教育，在内容上，清帝王要求皇子师傅讲授"五经"、《史记》、《汉书》、策问及诗赋，加读《资治通鉴》等课。除教习皇子们读书作文，更须教皇子品德养成、为人处世。在方法上，清帝王深知"严有益而宽多损"的道理，故要求师傅在教学过程中"不妨过于严厉"。但从维护皇室尊严的角度出发，他们又不听任师傅凌驾皇子之上。在师生关系上，君臣与师生关系互有体现。清制规定，文武官员无论官职多高，见了皇子都要行双膝跪拜礼。雍正帝确立皇子读书制后，皇子初次与师傅见面，雍正谕令："皇子见师傅，礼当拜。"皇子欲遵旨行礼，师傅们固辞不敢当。此后，皇子与师傅相见，彼此作揖。[①] 而"谙达"见皇子则要长跪请安，自称"奴才"；见外府读书王、贝勒单腿请安，自称"谙达"。蒙古谙达站立教授，满洲谙达坐椅教授。同时规定，师傅可以戴帽、吃烟，皇子衣冠服饰齐整，不得吃烟，只有天热时才可摘帽、脱鞋。重要节日师生要互赠礼物，如每年元旦节，师傅送皇子及同读书者文玩书帖，皇子只能报以食物针线；端午节，师傅各送扇一把，皇子再报以食物针线；师傅及皇子生辰，各以食物、如意为礼物。总之，能进入上书房的师傅，都是名士宿儒，深受皇帝赏识，他们在上书房的地位均比较尊崇，待遇也很优厚，除每月发放钱粮外，一年四季还有衣服供应，更会不定期得到赏赐。在师生相处中，他们与皇子以及未来储君多结下深厚的友谊，为清王朝皇子教育做出了重要贡献。

---

① 张廷玉：《澄怀主人自订年谱》卷2，中华书局1992年版，第20页。

二　明清皇子的读书生活

明清两朝有关皇子读书事宜均颇为重视，不仅聘有德艺双馨的饱学之士担任皇子的老师，还在宫廷内建有专门的书房供皇子安心读书，如明朝的文华殿、清朝的上书房。除寝宫之外，读书房是皇子们生活中最重要的活动场所，在此完成他们的读书受教生涯。

明神宗10岁即位，拜首辅大臣张居正为师，接受长达10年的教育。在张居正为神宗制定的一张课表中，可以看出"日讲"与"经筵"是皇帝就学的两种基本形式，其中"日讲"是专门学习平常的知识，"经筵"则是为皇帝讲授经传史鉴特设的讲席。对于日讲的内容，张居正专门写了《日讲仪注八条》，据《春明梦余录》记载，这八条是：

每日讲读《大学》、《尚书》。先读《大学》十遍，次读《尚书》十遍，讲官各随进讲。毕，即退。

讲读毕，皇上进暖阁少憩，司礼监将各衙门章奏进上御览，臣等退在西厢房伺候。皇上若有所咨问，乞即召臣等至御前，将本中事情一一明白敷奏，庶皇上睿明日开，国家政务久之自然练熟。

览本后，臣等率领正字官恭侍皇上进字毕，若皇上欲再进暖阁少憩，臣等仍退至西厢房伺候。若皇上不进暖阁，臣等即率讲官再进午讲。

近午初时，进讲《通鉴》节要。讲官务将前代兴亡事实直解明白。进毕，各退，皇上还宫。

每日各官讲读毕，或圣心于书义有疑，乞即问臣等，再用俗说讲解，务求明白。

每月三六九视朝之日，暂免讲读，仍望皇上于宫中有暇将讲读经过从容温习，或看字体法帖，随意写字一幅，不拘多寡，工夫不致间断。

每日定于日出时请皇上早膳，毕，出御讲读。午膳毕，还宫。

查得先明事例，非遇大寒、大暑，不辍讲读。本日若遇风雨，传旨暂免。①

从张居正为万历皇帝制定的课表中可以看出，万历帝需每日天不亮就起床，第一节课是学习《大学》与《尚书》，第二节课是正字课，第三节课是讲解《资治通鉴》。课后用午膳，下午要处理政事。即使是不日讲的日子，仍要温习经书或习字。

除"日讲"外，明皇室对"经筵"也作了规定：

> 每月初二、十二、二十二会讲。直殿内官先一日先一日于文华殿设御案于御座之东稍南，设讲案于御案之南稍东。是日早，司礼监官先陈所讲经，书以大学一册，经以尚书一册，置御案。书在东，经在西。又以一册置讲案。讲官二员，各撰讲义一篇，预置于册内。上御奉天门，早朝毕，退御文华殿，将军侍卫如常仪。鸿胪寺官引三师、三少、尚书、都御史、学士及讲读执事等官，于丹陛上行五拜三叩头礼毕，以次上殿，以品级东西序立。侍仪御史、给事中各二员于殿内之南，分东西，北向立，序班二员举御案置御座前，二员举讲案置御案之南正中。鸿胪寺官赞礼，进讲讲官一员从东班出，一员从西班出，诣讲案前，北向并立。鸿胪寺官赞鞠躬拜，叩头，兴，平身毕，翰林执事官一员从东班出，进诣御案前跪展书册毕，退立于御案之东稍南。讲官一员进至讲案前读书，讲毕稍退，执事官复诣御案前掩书毕，退就东班。又执事官一员从西班出，进诣御案前跪展经册毕，退就西班。鸿胪寺赞讲官鞠躬拜，叩头，兴，平身，礼毕，各退就东西班。序班二员举御案，二员举讲案退至原所。鸿胪寺官赞礼毕，上还宫。②

相比明代的皇子教育，清代统治者对皇子教育的重视与严格程度有

---

① 孙承泽：《春明梦余录·天府广记》卷26，载《笔记小说大观》，新兴书局有限公司1983年版，第346页。

② 孙承泽：《春明梦余录·天府广记》卷26，载《笔记小说大观》，新兴书局有限公司1983年版，第345页。

过之而无不及。清皇子读书活动,据清礼亲王昭梿记载,清制"皇子六龄,即入上书房读书。书房在乾清宫左,五楹,面向北,近在禁御,以便上稽察也"①。清朝的皇子读书生活是严格而艰苦的,课表对皇子一日读书生活以及纪律做了详细的安排:清皇子每日上学的时间为凌晨3点半至下午3点半,具体时间分配为:3点半至5点入学,先学习骑马射箭,再学习满语、蒙古语和汉语。早上7点半早餐,早餐后入上书房读经史。中午12点午餐,稍事休息后,开始写字、写作、背诵古文诗词,年龄较大者学习《资治通鉴》。下午3点半放学后回自己住处自习,晚饭后练习射箭。清朝皇子教育比较正规,按规定,皇子六岁即须至上书房读书,全年无休,只有春节、端午、中秋、皇帝生日及前一日、皇子生日,放假不上学。如此高强度的学习直至15岁封爵结婚分立王府,但并没有终止在紫禁城读书,在无其他差事情况下仍应到上书房读书,如清仁宗曾在上书房读书二十余年,清宣宗更是在上书房读书三十余年②,绝大部分皇子都要读到二三十岁以上。清帝还规定有过错的亲王,须回上书房读书。上书房读书期间,皇子们上课不能迟到,不能上课者要事先奏明或向师傅请假,师傅们每天上下课都登记门单。据清历史学家赵翼记载:

  本朝家法之严,即皇子读书一事,已迥绝千古。余内直时,届早班之期,率以五鼓入,时部院百官未有至者,惟内府苏喇数人往来。黑暗中残睡未醒,时复倚柱假寐,然已隐隐望见有白纱灯一点入隆宗门,则皇子进书房也。吾辈穷措大专恃读书为衣食者,尚不能早起,而天家金玉之体乃日日如是。既入书房,作诗文,每日皆有程课,未刻毕,则又有满洲师傅教国书、习国语及骑射等事,薄暮始休。然则文学安得不深?武事安得不娴熟?宜乎皇子孙不惟诗书画无一不擅其妙,而上下千古成败理乱已了然于胸中。以之临政,复何事不办?因忆昔人所谓生于深宫之中,长于阿保之手,如前朝宫庭间逸惰尤甚,皇子十余岁始请出阁,不过官僚训讲片刻,其余

---

① 昭梿:《啸亭续录·上书房》,上海古籍出版社1996年版。
② 章乃炜:《清宫述闻》卷4,紫禁城出版社1990年版,第206页。

皆妇寺与居，复安望其明道理、烛事机哉？然则我朝谕教之法，岂惟历代所无，即三代以上，亦所不及矣。①

明清两代的皇子教育在统治前期都以严格著称，从赵翼的论述中可以看出，清朝的皇子教育严格度与水平更高于明朝。关于清皇子读书的内容及课程安排，福格曾记："每日功课，入学先学蒙古语二句，挽竹板弓数开，读清文书二刻，自卯正末刻（六时四十五分）读汉书，申初二刻（三时三十分）散学。散学后晚食。食已，射箭。"关于如何读书，福格也做了这样描述："师傅读一句，皇子照读一句，如此反复上口后，再读百遍，又与前四日生书共读百遍，凡在六日以前者，谓之熟书。约隔五日一复，周而复始，不有间断。"②与明朝皇子读书"读重于讲"不同的是，清皇子师傅不仅强调重复诵读的重要性，还注重讲经，以阐明经书义理。

纵观明清两代的皇子教育，其发展历程与国运兴衰紧密相关。在王朝的前期，由于统治者对教育的倍加重视与后继者多已成年，或有贤良的大臣辅助在侧，皇子教育大多按照制度加以推行，取得了一定的实效，为王朝初期培养了合格的继承人。但王朝中后期，皇位的继承人大多属于幼儿，后宫与外戚干权，皇子教育逐渐废弛，加速了王朝走向衰落。

---

① 赵翼：《檐曝杂记·皇子读书》，中华书局1982年版，第8—9页。
② 福格：《听雨丛谈》卷11，中华书局1984年版，第219页。

清代官学教师捐纳制度研究

张学强*

[摘　要]　清代官学教师的选拔方式沿承明代，但也有不同，其中通过捐纳的方式选拔官学教师便是典型的表现。捐纳官学教师这一独特的教师选拔方式是清代文官捐纳制度的有机组成部分，它的实施对于清代中央和地方官学教师的构成、质量与职业声望产生了重要影响。

[关键词]　清代官学教师；捐纳；捐复；花样

捐纳，又称赀选、开纳、捐输，清代又称"捐纳事例"，简称"捐例"，即官吏捐加级、封典，平民捐贡监、封典捐职衔、出身，生员捐例贡从而取得入仕资格。捐纳这一做法始于秦，秦得天下，令民纳粟而赐以爵，汉代承之，唐肃宗至德二年，纳钱百千文，与明经出身；宋真宗、神宗以赈济实边，相继实行及粟补官法，明代又有捐职与纳监之分，至清遂成条制。[①] 清代之捐纳分为两类，一为"暂行事例"，捐例不外拯荒、河工、军需三者，期满或事竣即停，主要是捐实官；二为"现行事例"，主要是捐虚衔、封典和出身。

明前期首开教职捐纳之风气，纳马、纳粟者可除授地方儒学教师。那些捐纳取得监生资格的国子生由于出身异途，不得已多半出任教职：

---

* 杭州师范大学教授

① 关于捐纳之演变，可参见许大龄《清代捐纳制度》之"序论"，哈佛燕京学社1950年版。

"景泰以来,监生有纳粟及马助边者,有纳粟赈荒者,虽科贡之士亦为阻塞。有间有自度不能需次者,多就教职,余至选期老死殆半矣"。(《蓬轩类记》)到成化元年(1465),鉴于地方官学教职质量的下降,在吏科给事中沈珤等人的建议下,朝廷下令凡学正、教谕必用副榜举人,而岁贡、纳马纳粟等项人员只授训导。(《明宪宗实录》卷22)成化四年(1468),又定纳马纳粟等项没有参加过科举之监生,不准选授教职。(《礼部志稿》卷70)《明史·选举志一》记载:"迨开纳粟之例,则流品渐淆,且庶民亦得援生员之例以入监……于是同处太学,而举、贡得为府佐贰及州县正官,官、恩生得选部、院、府、卫、司、寺小京职,尚为正途。而援例监生,仅得选州县佐贰及府首领官……其愿就远方者,则以云、贵教谕、广西及各边省这卫有司首领,及卫学、王府教授之缺用,而终身为异途矣。"

有清一代,入官重正途,即重视从科举出身者(进士、举人)和五贡(岁贡、恩贡、拔贡、优贡及副贡)及荫生中选拔官吏,但同时由异途(如议叙、杂流、捐纳、官学生、监生、俊秀)入仕者仍占相当之比例,尤以捐纳一途入仕者影响最大,成为清代文官制度之重要组成部分①。清代官学教师之选拔亦重正途,但与以往各个朝代不同的是,清朝之教师捐纳,始于康熙朝,历经雍正、乾隆、嘉庆、道光、咸丰、同治诸朝而废止于光绪朝。尽管对于这一制度人们议论纷出、褒贬不一,朝廷对于官学教师捐纳之具体实施措施也时有变化,但不可否认的是,通过捐纳一途,相当数量的人取得了在官学尤其是地方府、州、县学任教的资格。明清官学教师捐纳制度的实施,不仅对官学教师这一专业群体的选拔方式产生了影响,还直接影响到其数量、质量、任用、出路、职业声望,由于明代地方官学教师捐纳尚未成为条制且影响不大,记载不多,因此下文主要以清代为例,对地方官学教职之捐纳制进行探讨。

---

① 有关正途、杂途之分史籍无统一之划分,后代学者也有不同之观点,参见艾永明《清代文官制度》,商务印书馆2003年版,第15—17页。

一　清代官学教师捐纳项目

清代捐纳之项目，《清史稿·选举七》谓："捐途文职小京官至郎中，未入流至道员；武职千、把总至参将。而职官并得捐升，改捐，降捐，捐选补各项班次、分发指省、翎衔、封典、加级、记录。此外降革留任、离任，原衔、原资、原翎得捐复，坐补原缺。试俸、历俸、实授、保举、试用、离任引见、投供、验看、回避得捐免。平民得捐贡监、封典、职衔。"在官学教师捐纳制度中，主要表现为报捐官学教职、捐复教职、改捐教职、降捐教职、教职捐指省改省、捐纳教职试俸与实授等方面。

（一）报捐官学教职

清代教职捐纳始于何时，史籍无明确记载。[1] 一般认为清朝文官捐纳始于康熙十三年（1674），以用兵三藩急需军饷而开暂行事例，"康熙二十六年（1687）复准捐纳岁贡以复设训导用"。（《钦定大清会典则例》卷10）由此可知，清代教师捐纳始于康熙十三年之后，康熙二十六年之前，至康熙三十一年（1692）有西安事例，规定"恩、拔、岁、副并纳贡已未考职贡生教习，捐米一百五十石以学正、教谕用"[2]，捐纳者主要有恩贡、拔贡、岁贡、副贡、例贡及贡生教习，捐纳对象主要是州学学正及县学教谕等。雍正、乾隆后，范围又有扩大，后乃沿为定制，每开一事例即遵行之。在京文职中，正七品之国子监监丞，从七品之国子监博士、国子监助教，正八品之国子监学正、国子监学录，从八品之国子监典簿，在外文职中正八品之州学正、县教谕、从八品之府州县训导等皆在捐纳之列。

---

[1] 关于清代教职捐纳始于何时，许大龄先生在《清代捐纳制度》一书引《清史稿·选举志》谓："（顺治）十七年，以亢旱日久，复令民纳银充贡，并得选教职。"但查《清史稿》，原语为"十七年，礼部以亢旱日久，请暂开贡例，令士民纳银赈济，允之"（卷一百二十，《选举七》），后文亦未提及捐纳教职一事。

[2] 鄂海：《六部则例全书》之《户部则例》（下），《捐叙》，清康熙五十四年刊本。

(二) 教职捐复降革留任

教职捐复降革留任指被降革教职以纳钱方式恢复其原有教职职务，其实质是以钱抵销处分，具体来说分为四项：

其一为在京教职捐复降级留任，属于在京文职捐复降级留任范畴。按《增修现行常例》中"七品捐银二百一十两，八品捐银一百七十两……俱准其复还一级，再有多降之级，俱照此数减半捐复"之规定，国子监监丞、博士及助教（七品）和国子监学正、学录及典簿（八品）因事故降一级，要捐复原职需花银二百一十两，而被降两级要想恢复原职则需多花一半银数。

其二为在外教职捐复降级留任，属于在外文职捐复降级留任范畴。《增修现行常例》对此有明确规定，"司府首领以下教职、佐杂等官，六品捐银二百五十两，七品捐银二百一十两，八品捐银一百七十两，九品以下捐银一百三十两，俱准其复还一级，再有多降之级，俱照此数减半捐复。"则府卫教授（七品）和学正、教谕及训导因事故降一级，要捐复原职同样需花银二百一十两，而被降两级要想恢复原职则也需多花一半银数。

其三为在京教职捐复革职留任，属于在京文职捐复革职留任范畴[①]。《增修现行常例》规定，"国子监监丞捐银四百六十五两，国子监博士捐银四百五十两……国子监典簿、国子监典籍俱捐银五百四十三两……俱准其复还原职"。同治二年（1863）六月十五日又奏定，"教职本无守土及捕盗之责，其因学宫被毁，议以革职者准其加倍半捐复"。（《钦定六部处分则例》卷2）

其四为在外教职捐复革职留任，属于在外文职捐复革职留任范畴。《增修现行常例》规定，"府教授捐银二百八十两，州学正、县教谕俱捐银二百六十两，府州县训导捐银一百八十两，俱准其复还原职。"[②]

[①] 清廷为了严肃官场，对革职官吏捐复也进行明确限制，一是京官自翰、詹、科、道以上，外官自藩、臬以上不准捐复，二是规定因某些事项（如奸赃不法事涉营私者）不准捐复，其余因公获咎而自愿呈请捐复者准予核办。

[②] 以上所引《增修现行常例》文分见张友渔、高潮主编《中华律令集成》（清卷），吉林人民出版社1991年版，第319、320页。

（三）教职捐复降革离任

教职捐复降革离任指被降革教职以纳钱方式恢复其所降之级和所革之职而以原官补用，也分为四项：

其一为在京教职捐复降级离任，属于在京文职捐复降级离任范畴。按《增修现行常例》中"七品捐银四百二十两，八品捐银三百四十两……俱准复还一级，再有多降之级，俱照此数减半报捐。准其复还所降之级，以原官补用"之规定，国子监监丞、博士及助教和国子监学正、学录及典簿因降一级离任，要报捐原官需花银四百二十两，而被降两级报捐原职则需多花一半银数。

其二为在外教职捐复降级离任，属于在外文职捐复降级离任范畴。《增修现行常例》对此也有明确规定，"司府首领以下教职、佐杂等官，六品捐银五百两，七品捐银四百二十两，八品捐银三百四十两，九品以下捐银二百六十两，俱准复还一级，再有多降之级，俱照此数减半报捐。准其复还所降之级，以原官补用"，则府卫教授和学正、教谕及训导因降一级离任，要报捐原官需花银四百二十两，而被降两级要想报捐原官也需多花一半银数。

其三为在京教职捐复革职离任，属于在京文职捐复革职离任范畴。《增修现行常例》规定，"国子监监丞捐银九百三十两，国子监博士捐银九百两……国子监典簿、国子监典籍俱捐银一千零八十五两……俱准其复还所革之职，以原官补用"。

其四为在外教职捐复革职离任，属于在外文职捐复革职离任范畴。《增修现行常例》规定，"府教授捐银五百六十两，州学正、县教谕俱捐银五百二十两，府州县训导捐银三百六十两，俱准其复还所革之职，以原官补用。"[①] 通过比较我们不难发现，捐复降革离任所需要银数正好为捐复降革留任的两倍。

（四）改捐、降捐教职

改捐指捐任与原任官秩品相同之别职，而降捐指革职官吏以纳钱的

[①] 以上所引《增修现行常例》文分见《中华律令集成》（清卷），第321、322页。

方式获得低于原官（一般在二级之内）的职务，"革职官员，如有情愿照原官一、二级报捐者，准其报捐补用"，科举及贡生出身者被革职后可降捐教职："革职人员内有进士、举人、恩、拔、副、岁、优、廪贡出身者，准其各按应得就教之职，降捐补用。"① 同时那些因捐复原官不准的官吏也可降捐、改捐教职，"捐复原官业经奏驳呈请降捐改捐及由科目出身呈请捐入教职者准予核办。"（《钦定六部处分则例》卷2）

（五）捐指省、改省教职

捐指省、改省指部选人员在掣签之前要求选定省分为指省，在掣签之后要求更换为改省，康熙四十年（1701），"浙江巡抚三宝奏请教职捐不论双单月即用者，设加捐分发，到省委用。均报可"。（《清史稿·选举七》）咸丰三年（1853）又规定，"进士即用知县并俸满教职、教习期满，……于未经掣签之前有按指省银数报捐者，即准紧指捐之省补用，毋庸别捐分发银两。已经掣有省份者，如愿另指省份，仍令先捐离省亦毋庸另捐分发。"②

（六）捐升教职

现任实缺人员不论正途、捐纳，均可依照咸丰间《筹饷事例》之规定报捐升职，已升署而未实授人员也可捐升，但需捐足两层银数。捐升教职也是如此，同治年间修订的《增修筹饷事例条款》规定，"由廪贡生报捐双月训导，递捐双月教谕续行捐升者，无论何项官阶，均照贡监生报捐银数扣足。其已经捐至不论双单月并分发各员，即照指捐之官各本条所载现任加捐银数办理。"③

二 清代官学教师捐纳制度中的"花样" "试俸"及"班次"

在清代教师捐纳制度中，还有"捐花样""试俸"及"捐免试俸"

---

① 《增修现行常例》，《中华律令集成》（清卷），第320页。
② 《增修筹饷事例条款》，《中华律令集成》（清卷），第310页。
③ 《增修筹饷事例条款》，《中华律令集成》（清卷），第314页。

等一系列措施，并对捐纳教职所属选用"班次"有明确规定，现分别简述如下。

（一）教职捐"花样"

清代将捐先用称作买"花样"，即捐纳官或非捐纳官，于本班上输资若干，使班次较优，铨补加速。清朝能使铨补加速的班次名目日新月异，花样极多，令人眼花缭乱，如捐应升、捐先用、捐双月、捐单月、捐不论单双月选用、捐新班遇缺、捐新缺尽先等。如《文职报捐各项本班尽先》中规定："大挑二等之员，有按复谕尽银数报捐者，即专归复谕先选。有按复训尽先银数报捐者，即专归复训先选，有按复谕、复训两项尽先银数报捐者，方归两项统选。"① 至咸丰三年（1853），又对大挑二等人员捐教职之花样进行扩大，"有捐复谕尽先银数者，准归教谕、复设教谕二项统选。有捐复训尽先银数者，准归训导、复设训导二项统选。有捐复谕、复训两项尽先银数者，既归四部统选"②；同治四年（1865）又规定，候补即用、委用、大挑、议叙、拔贡、教习、教职人员，准捐各本班尽先补用，照例定各本职本班尽先不减成银数赴陕西捐局报捐。下表为咸丰、光年间三次捐纳事例中教职捐"花样"银数表：

筹饷、海防、郑工三例教职捐花样银数表（两）

花样银数	筹饷例（1851）			海防例（1884）			郑工例（1887）
	分缺先	分缺间	本班尽先	分缺先	分缺间	本班尽先	遇缺先
国子监监丞	837	754	558	669.6	603.2	446.4	669.6
国子监博士、助教	810	729	540	648	583.2	432	648
国子监学正、学录、典簿	977	880	651	781.6	704	520.8	781.6
教谕	693	624	462	554.4	499.2	369.6	554.4
训导	477	430	318	381.6	344	254.4	381.6

---

① 《增修筹饷事例条款》，《中华律令集成》（清卷），第308页。
② 《增修筹饷事例条款》，《中华律令集成》（清卷），第309页。

（二）捐纳教职"试俸"及"捐免试俸"

试俸制度本为保证官吏素质的一项重要措施，在乾隆以前对于捐纳官吏包括教职普遍适用，规定捐纳教职例应试俸三年，三年后合格之教职方能实授："捐纳试俸实授。康熙六十一年议准在内郎中以下小京官以上、在外道府以下杂职以上，均令其于现任内试俸三年，方准照常升转。试俸三年实授之后，仍接算试俸年月，照常升转，不行扣除。其从前捐纳各官，已满三年者，停其试俸，未满三年，仍以从前到任日期接算试俸三年。现任各官，无论已未俸满三年，又照例捐升者，仍令于升任内试俸三年，均自到任之日扣算俸满。在内各部院堂官，在外各该督抚具题到日，准其实授。杂职教官免其具题，止令咨部注册，准其实授。"（《钦定大清会典事例》卷54）对于国子监捐纳教职的试俸，规定："凡本监监丞、博士、典簿、典籍等官，有捐纳出身者，例应试俸三年。如果称职题请实授，奉旨后咨部注册。"（《钦定国子监则例》卷25）但自乾隆四十一年（1776）"户部奏请保举、考试、试俸捐免例，限制之法，自是悉弛。"（《清史稿·选举七》）但实际上捐免试俸只能捐免一定期限而非全部捐免，如在《文职分发分缺先用等项人员捐免试用》中规定："拔贡教习、教职、知县及大挑教习、教职、分发河工并议叙人员，概系应扣二年，均准其捐免试用一年。"[1]

（三）捐纳教职相应选用班次

在清代的官学教师捐纳制度中，对官学教职捐纳者所处的班次及顺序曾有明确规定。如中央官学中国子监监丞、典簿，乾隆三十四年定先选应补之人，其次进士一人、举人二人与捐纳之人轮流间用；国子监博士、典籍，乾隆十一年议准捐纳之人与升班之人间用，嘉庆十六年又奏准国子监博士缺出，用科甲捐升一人、外升一人、京升一人；（《皇朝政典类纂》卷204）地方官学中复设教谕用恩贡一人、拔贡一人、副榜一人、由正途捐纳一人，捐纳无人，以举人就教者抵补，贡生教习一人，明通举人二人，教习轮用二人，之后将肄业期满之恩拔副贡选用一人；

---

[1] 《增修筹饷事例条款》，《中华律令集成》（清卷），第309页。

复设训导用岁贡二人，由廪生捐纳一人，岁贡教习一人，教习轮用二人，之后将肄业期满之岁贡优贡选用一人。(《钦定大清会典则例》卷5) 由上述规定可知，捐纳教职者主要在复设教谕与复设训导两班内候选，至咸丰三年（1853），又对捐纳教职的班次进行扩大，大挑二等人员也可报捐经制教谕与经制训导，而"未经挑选人员，均准其照举人捐足复谕、复训两项银数报捐，以教谕等官四项注册"①。

三 清代地方官学教师捐纳实施基本情况：以雍正年间教职选用为例

在清朝，吏部是通过掣签的方式统一选派各省教职的，捐纳地方官学教师也不例外。按规定，大选教职在双月进行，急选教职在单月进行。在这里，我们选取雍正元年中两次大选教职（下文实例1和实例2）和两次急选教职（下文实例3和实例4）的实例对捐纳地方官学教师的基本情况进行初步分析。

(一) 两次大选教职中捐纳教职的基本情况

实例1：康熙六十一年十月掣签、雍正元年二月奉旨拟用。本次共选教职53人，涉及直隶、江南、山东、山西、河南、陕西、浙江、福建、江西、湖广、广东、广西、贵州、云南等省份，其中捐纳教职者共15人，具体为：

直隶3人：任琮，顺天府岁贡，甘捐教谕先用，授河间府宁津县复设试教谕；

苏炳，顺天府岁贡，户部捐马训导即用，授天津卫复设试训导；

田允瓒，顺天府岁贡，大同捐训导即用，授保定府复设试训导。

江南3人：冯为桐，镇江府岁贡，户部捐驼教谕即用，授淮安府清河县复设试教谕；

---

① 《增修筹饷事例条款》，《中华律令集成》（清卷），第309页。

李岱生，镇江府岁贡，边捐训导先用，授江南和州复设试训导；

沙伟业，庐州府岁贡，户部捐马训导即用，授池州府复设试训导。

河南1人：薛契唐，归德府岁贡，户部捐驼教谕即用，授河南府登封县复设试教谕。

陕西1人：赵选钱，西安府岁贡，陕捐教谕用，授临洮府狄道县复设试教谕。

浙江1人：骆虞卿，绍兴府岁贡，湖运九款例捐教谕即用，授杭州府昌化县复设试教谕。

福建2人：沈涧宗，汀州府岁贡，甘捐训导先用，授建宁府建阳县复设试训导；

邓儒修，延平府岁贡，大同捐训导先用，授建宁府崇安县复设试训导。

湖广1人：李作正，荆州府岁贡，边捐训导先用，授襄阳府宜城县复设试训导。

广东1人：黄有声，惠州府岁贡，户部捐驼教谕即用，授肇庆府阳春县复设试教谕。

广西2人：杨绪，太平府岁贡，边捐教谕用，授柳州府怀远县复设试教谕；

高辂，梧州府岁贡，大同捐教谕用，授平乐府昭平县复设试教谕。

实例2：雍正元年六月掣签、八月奉旨拟用。本次共选教职57人，涉及直隶、山东、山西、江南、江西、浙江、河南、福建、陕西、湖广、广东、广西、四川、云南、贵州等省份，其中捐纳教职者9人，具体为：

山东1人：曲丕佺，登州府挨贡，右卫捐教谕，授济南府德平县复设试教谕。

山西1人：高逸，平阳府挨贡，右卫捐训导先用，授太原府代州复设试训导。

浙江1人：沈渊懿，湖州府副榜，右卫捐教谕先用，授处州青田县复设试教谕。

江西1人：张崇德，袁州府挨贡，甘捐训导先用，授建昌府南城县复设试训导。

河南2人：郭代镇，河南府副榜，陕捐教谕，授开封府尉氏县复设试教谕；

袁星禄，归德府副榜，右卫捐教谕先用，授卫辉府淇县复设试教谕。

湖广1人：严于素，安陆府挨贡，大同捐训导先用，授黄州府广济县复设试训导。

广东2人：彭士正，罗定州挨贡，陕捐教谕用，授广州府阳山县复设试教谕；

杨潊潊，潮州府挨贡，甘捐教谕先用，授惠州府长宁县复设试教谕。

（二）两次急选教职中捐纳教职的基本情况

实例3：雍正元年元月掣签、三月奉旨拟用。此次急选教职共掣签教职6人，涉及直隶、江南、湖北、福建等省份，其中捐纳教职者2人，分别为：

江南1人：李弘业，扬州府江都县岁贡候选教谕，西安捐改不入班次即用，授凤阳府五河县复设试教谕。

湖北1人：毛凤翔，荆州府江陵县岁贡，原任湘阴县训导，边捐应升，补郧阳府竹溪县复设试教谕。

实例4：雍正元年五月应掣签而六月实掣、八月奉旨拟用。此次急选教职共掣签教职10人，涉及直隶、山东、河南、福建、陕西、广东、四川及贵州等省份，其中捐纳教职者3人，分别为：

直隶1人：璩秉恭，顺天副榜候选教谕，九款捐改捐单月即用，授顺德府平乡县复设试教谕。

山东1人：赵如韩，山东济南府挨贡候选训导，在户部照马例捐，改捐单月用，授兖州府沂州复设试训导。

河南1人：刘廷瑛，汝宁府西平县挨贡，西安捐训导不入班次即用，授南阳府新野县复设试训导。①

(三) 对上述雍正年间四次教职选拔的分析

从范围上来看，上述四次教职选拔涉及全国大部分省份，其中在两次大选教职中，捐纳者主要为各府州岁贡和副榜初捐教职者，捐纳时间和所遵捐例各不相同，捐纳教职所占比例分别为28%和16%，平均比例为22%；两次急选教职主要捐纳者为捐升之原任教职及改捐之候选教职，捐纳教职所占比例分别为33%和30%，平均比例为31%。如果再参考其他一些时期教职选用情况，每年应有数十名捐纳者被选为教职并且有三年的试俸期限，而每省也应有数十名教职是通过捐纳的方式获取教职的，如河南巡抚田文镜在雍正三年（1725）的奏折中也提到河南当时捐纳教职的数量："臣考验过任满捐纳教职内尽有才品优长、年力壮盛之员，现在留任交代者四十六员。"（《朱批谕旨》卷126）在乾隆时期，"捐例既开，输者踊跃……教谕、训导等官，仅浙江一省，已不下七十余员"②，而实际上早在康熙时期，教职的捐纳与州县守令等的捐纳一样已经冗滥，曾任国子监祭酒的清代学者王士祯在《古夫于亭杂录》中称："左都御史张鹏翮疏言，州县守令教职，捐纳冗滥，九卿集议遂欲通过改幕职佐贰等官。"③

四 清代官学教师捐纳之要求及程序

在清代，捐纳官学教职有明确的要求和严格的程序，其要求和程序为：

第一，俊秀和贡监初次捐纳教职者，地方官予以审查并取邻族保结："贡监吏员捐纳候选等官，俱令本籍地方官查明实系身家清白并无假冒顶替情弊，缮具册结申送该管府州，藩司核转，由该督抚报部查核注册铨

---

① 以上四次教职选任实例可参见邢永福主编《雍正朝内阁六科史书·吏科》，广西师范大学出版社2002年版。
② 乾隆四十一年上谕，转引自许大龄《清代捐纳制度》，第44页。
③ 王士祯：《古夫于亭杂录》卷1，清光绪三年《啸园丛书》本。

选，"并规定"州县申送赴选册结以接到部文之日限于半月内取具族邻甘结出详"①。

第二，户部收捐。户部捐纳房主管全国捐事，具体收捐或由部库、或由外省，或部、省均得报捐，咸丰后由京铜局负责捐事。对于京外捐复教职者的交银期限，明确规定：自奏准奉旨之日起限三个月内将捐银上库，逾限不交即行扣除，不准捐复。如限内实因患病不能持银上库，由相关人员进行验报，有案者准于呈报病痊之日起二十日内上交捐银，如又逾限不交，不再延期，而病痊后补缴捐项与依限上库者的铨补班次也不相同。②

第三，给照。"凡报捐者曰官生，闻予以据，曰执照。贡监并给国子监照。"（《清史稿·选举七》）执照的内容包括捐纳的起因、遵循的文件、捐纳价格、捐纳者的姓名、籍贯、原有职衔、收捐的时间、收银机关、现授予官职的名称、收执者（包括捐纳者本人及其曾祖、祖父、父亲）的姓名和发照时间等。

第四，赴选。乾隆二十一年议定，凡初捐人员包括初捐教职者，在户部咨文送达吏部五十五日后方准铨选，赴选时需有特别的具结和画押："捐纳人员除由本籍起文赴选应照例办理外，其在京仍饬令五六品京官出结，再有该省京官正途出身内公举一二员总司查核画押。务须查明该员实系身家清白，并无隐匿犯案、改名朦捐等弊方准铨选分发。"③ 除此之外，对捐复、改捐、降捐、捐升教职者的铨选也有详细的规定。

五 清代官学教师捐纳中的"禁捐教职"问题

清朝自康熙朝始开捐纳官吏之制以来，捐例层出不穷，花样不断翻新，直到清廷即将灭亡之时，捐纳制度才寿终正寝。由于捐纳制度能在一定程度上补充军需、营田、河工及赈灾所需大量费用，同时能"搜罗异途人才，补科目所不及"，并借异途以"牵制科甲"，从而防止科目出

---

① 文孚等撰：《钦定六部处分则例》卷3《各省捐纳人员赴选》，清光绪十三年刻本。
② 文孚等撰：《钦定六部处分则例》卷2《京外捐复人员交银定限》，清光绪十三年刻本。
③ 文孚等撰：《钦定六部处分则例》卷3《各省捐纳人员赴选》，清光绪十三年刻本。

身之官僚结党营私、朋比党援，又能满足一些官僚及地主子弟纳赀入仕的需要，因此尽管有清一代废止捐纳制度的议论纷起，朝廷也曾数次下令停止捐纳，但结果是不断增开捐纳事例，官场腐败，名器益滥。

在清代，对于官学教师捐纳问题，尤其是对俊秀、增贡、附贡初捐教职问题有很多激烈的反对意见。反对捐纳教职主要出于两个考虑：其一，地方官学教师作为师儒之官，承担端正士习、教化育人之重责，如果教职由捐纳而得，他们僭列师席，道不尊而师不严，则有妨对学生的之教化；其二，从教学能力上看，捐纳教职者往往年龄较轻，知识与经验缺乏，很难承担起教书育人之责任。基于种种考虑，清廷也曾多次下令对捐纳教职者的身份资格进行严格限制。

在康熙年间，已有反对捐纳教职的意见。康熙二十六年（1687），户部议奏将捐纳岁贡选用教职停止："捐纳岁贡之人，行谊未必历练，诗书未必通晓，而俨然师席，求其师严道尊，兴行教化，岂可得耶！捐纳之人日多，则正途日滞，应将以前纳过岁贡，仍以教职员缺录用外，嗣后将捐纳之例停止。"① 康熙三十三年（1694），考虑到以往俊秀、贡生输资为教职而不胜训迪表率之责，遂下令"俊秀准贡捐学正、教谕者改县丞，训导改主簿"。（《清史稿·选举七》）

雍正元年（1723）谕"直隶各省，教职等官乃专教士子之人，今准捐纳，以致文理不通少年，反为学问优长、年高齿长者之师"，下令各省教职除正途照旧选用外，其由生员捐纳贡生者而得教职者，五年任满，教谕改以县丞用，训导改以主簿用。（《钦定大清会典则例》卷10）同时又定："国子监监丞、博士、助教等官停止捐纳，专用正途出身之教授、学正、教谕升授，其不系正途之候选、修补者改补本监典簿及鸿胪寺主簿。"（《钦定国子监志》卷31）雍正三年（1725），又下令捐纳教职人员内由廪生出身者，原通文理，依旧以教官选用，廪生捐纳岁贡者按照捐纳日期先后以复设训导选用。

在嘉庆时期，准由廪贡生捐纳教职，而增广生与附生则不准捐纳教职。嘉庆十九年（1814）二月，山西道监察御史蔡炯在《为请酌宽流品以广登进事奏折》中奏请允许增、附生捐纳教职，至道光二十一年

---

① 《六部则例全书》，《礼部学政全书》（下），《学政》。

（1841）准增、附生捐纳教职，但年龄必须在三十岁以上，而其后道光三十年（1850）之顺天捐例又进一步取消了年龄的限制。《清史稿·选举七》谓："宣宗、文宗御极之初，首停捐例，一时以为美谈。自道光七年开酌增常例，而筹备经费，豫工遵捐，顺天、两广及三省新捐，次第议行。其时捐例多沿旧制，惟于推广捐例中准贡生捐中书，豫工例中准增、附捐教职而已。"在咸丰元年（1851）因给事中汪元方奏而下旨停止增、附生捐纳教职："教职有考课诸生之责，增、附生员学业尚浅，骤令司铎不足以示矜式，著即将增、附捐教一条永行停止，至前贡捐生已经选补者，应不准其滥膺保荐。"（《续清朝文献通考》卷93《选举十》）但实际上，这次并未真正停止增、附捐纳教职，而因户部奏请变通俟军务告竣再行停止而作罢。咸丰八年（1858）因山西巡抚恒福等奏请而再次下令停止，但直到光绪末年才真正停止。

如果说清廷对于捐纳教职一事态度暧昧、模楞两可的话，那么作为正途出身耗十数年或数十年才得一教职的士子来说，心中充满的是愤慨和无奈，咸同年间贵州著名学者郑子尹得选荔波教谕，有诗云："千金大物方归手，八品高阶等上天。——自注：例、举贡捐教官，费千金即得，近日附学生亦然。"而他候补二十多年才得到八品教谕，这无疑是对师道尊严的极大讽刺。当然也有一些学者为了师道尊严，宁愿清贫一生也不愿捐纳教职，如无锡人刘齐，康熙丙寅年贡入太学，"或劝纳粟为教官，齐贻书邵义曰：'教官虽微，当为诸生分义利之辨，奈何己先以纳粟进耶？'亦却之。及卒，方望溪侍郎苍大书其墓道曰'狷者齐言洁先生之墓'"①。

总体上讲，清代官学教师捐纳制度内容繁杂，争议不断，几乎贯穿了有清一代二百多年，是清代官学教师选拔制度和清代文官制度的重要组成部分，对清代这一专门从事文化教育的职业团体产生了重要的影响。

---

① 徐珂：《清稗类钞》，中华书局1984年版，第3233页。

清代江南乡村女塾师述略
——以苏南苏、松、常、太为例

蒋明宏[*]

[摘 要] 女塾师现象在清代江南十分引人注目。在列表对清代苏南文献梳理的基础上，对这一带的女塾师作分类叙述和研究，并对清代江南乡村女塾师的特点、多产女塾师的原因、历史启示等进行探讨，都不无意义和趣味。

[关键词] 女塾师；江南乡村；清代

清代江南乡村产生过不少女塾师。近年有学者（包括外籍学者）专门对此进行研究，但基本仍是对区域及家族的"才女文化"作延伸探讨，其名称也只是"闺塾师"（执教女童的塾师）。[①] 本文则试图从入清以来苏南（以苏州府、松江府、常州府、太仓州为例）家族教育的视角切入，来更全面地探析这一状况。

一 清代江南乡村女塾师盛况一览

笔者在对苏南的苏、松、常、太四州府的地方志、谱牒、文集和档

---

[*] 江南大学田家炳教育学院教授
① ［美］高彦颐：《闺塾师：明末清初江南的才女文化》，江苏人民出版社2005年版。其"绪论"提到，"才女文化"是作者的主要视点，同时也把江南"闺塾师"现象纳入了妇女史考察新视野，而并非作为教育现象加以探讨。

案等资料粗作梳理的基础上,就清代该地区的乡村女塾师事迹制作了一张简表(见下表),并进行一些介绍,期望以此为例能对清代江南乡村家族女塾师的风貌作一展示。①

清代苏南著名女塾师略表

姓名	籍贯	时间	主要事迹	资料来源
余希婴	昆山县	乾隆至咸丰间	就馆长洲徐镜秋家,以所得脩脯赡给弱弟	光绪《昆新两县续修合志》卷41·列女6
杜昭仁	昆山县	道光至同治间	随侍父母不出嫁,在家训蒙,以所得脩脯供养父母	同上
徐梦兰	昆山县	清后期	中年孀居,率妾教授邨塾	同上
朱真义	昆山县	道光至光绪间	夫业医,朱氏常为女塾师,教授若名宿	民国《昆新两县续补合志》卷16·列女·贤淑2
王张氏	昭文县	咸、同间	31岁起课徒自给,守寡抚孤	民国《重修常昭合志稿》卷21·列女志·节妇
王周氏	昭文县	清后期	32岁寡,借脩脯养婆婆	同上
唐李氏	南汇县	咸、同间	寡居后设书塾为女童师,取脩脯自给	光绪《松江府续志》卷32·列女传4·完节
顾胡氏	南汇县	咸丰、同治间	夫亡,继席课徒,手钞《周礼》以训,抚子娶媳	同上
周氏	华亭县	同治、光绪间	父有足疾而不嫁,课女徒诵读、组绣以为养	同上,卷36·列女传六·贞孝
张鉴冰	华亭县	同、光间	夫贫,张氏为童子师以自给	同上,列女传九·才女补遗
吴庄氏	常熟县	清后期	年轻守寡,训女弟子自养	民国《重修常昭合志稿》卷21·列女志·节妇4

---

① 蒋明宏:《互动与变迁:清代苏南家族教育研究——以苏、松、常、太为中心》,南京大学历史系2004年申请博士学位论文,国家图书馆藏,第81页。

续表

姓名	籍贯	时间	主要事迹	资料来源
吴赵氏	吴县	同治、光绪间	20岁守寡，经常授女徒以佐家用	民国《吴县志》卷74上·列女九·贞孝
杨朱氏	长洲县	同治、光绪间	夫亡，事女红，兼教授学生，以所入自供膳食	民国《吴县志》卷74中·列女·贞孝
翁夏氏	吴县	康熙朝	夫亡时子女皆幼，日治女红、教子女，及子女出就里塾，乃自授女徒，以资其脩脯	《庭闻公暨配夏宜人行略》，《洞庭东山翁氏宗谱》卷11·志传
管汤氏	元和县	康、乾间	夫卒，年方二十，以训蒙为生	同治《苏州府志》卷119·列女七
程储氏	宜兴县	嘉庆至光绪间	教授女弟子，以所得脩脯自养	光、宣《宜荆续志》卷9下·节妇
顾杜氏	无锡县	道光至光绪间	夫亡，设家塾课诸童，收脯金，辅以女红为生	《杜孺人传》，无锡《顾氏宗谱》卷14·志传
朱王氏	无锡县	乾隆至道光间	夫亡，族中幼童咸就节母教授。数十年间，馆课勤而肃，一如严师。"长至族中揖贺者数百人，皆执弟子之礼。"	《节母王孺人传》，无锡《古吴朱氏宗谱》卷8·文征集·传略
徐秀贞	宝山县	道光至同治间	晚年家益落，教授里中闺媛，从之者甚众	光绪《宝山县志》卷11下·列女
顾玉兰	上海县	清代前期	设幔授徒，女弟子咸来就学，时人称为"顾绣"	嘉庆《松江府志》卷71·列女传八·才女
徐顾氏	昆山县	明末清初	徐母何夫人（徐乾学外祖母）淹治书史，"为女士师"	《先妣顾太孺人行述》，徐乾学《憺园全集》卷32

续表

姓名	籍贯	时间	主要事迹	资料来源
赵羊氏	吴县	咸丰至光绪间	夫亡，借笔墨自养。冯桂芬、李鸿裔聘为闺阁师授书画，循循善诱	民国《吴县志》卷74下·列女十一·才慧
沈陆氏	华亭县	同、光年间	里中率送其儿女请教授，得六七人，遂设帐寝之旁，日教课以为乐。如是数年，来学日众	《文浩配陆氏》，松江《枫泾沈氏支谱》卷中·凤藻堂第八世
胡周辉 王运新	无锡县	光绪后期	执教男女生徒十余人，塾中除英文、算学外，国文、地理、历史诸课由母女分任之。改胡氏公学后，母女任教女子部	胡周辉：《先母传略》，胡雨人辑《锡山二母遗范录》卷1
陈警	常州郡城	光绪末年至民国初年	1908年创办"涤氛蒙养院"，生徒仅数人，后增至数十人。又附设初等小学以供升学。其校中常开"家族恳亲会"	庄先识：《继室陈二觉孺事略》，民国《毘陵庄氏增修族谱》卷12下·事述
张浣芬	无锡县	宣统末年至民国初年	1911年创办荣氏女塾，捐出田租、首饰及上海荣广大花行、无锡南宝康当典自己名下的部分官红利，作为日常经费	张浣芬口述、蒋宪基记录整理：《荣氏女学和桃园》，无锡史志办档案32-3(1)
小计	苏州府13例	常州府7例	松江府6例	合计26例

上述简表只是梳理苏、松、常、太地区的部分资料，但已可窥见盛况之一斑。不妨再对未列入简表的清末苏南女塾或新学的女教师举例做些介绍，较典型的有以下几例。

其一，无锡严氏私立经正学校（光绪二十八年，1902年始建）的女教师。该校教师名单中未标明性别，但从宣统二年（1910）第2期《教育杂志》上所刊载的一张照片来看，合影者26人中有2位个子高者明显是教师，皆为女性。① 她们都是该校初等科的教师。该校初等科教师一共6人，女教师所占比例为33.3%。②

其二，吴县私立彭氏学校（光绪二十九年，1903年创建）的女教师。1903年至1921年先后聘任过女教师4人，为陶研薇、曹镜镜、顾静一、陈芝荪。其间先后在任的教师总数为22人，女教师所占比例为18%。③

其三，无锡华氏鹅湖女学校（光绪三十二年，1906年创办）的女教师。光绪三十四年（1908）该校有学生61人，教师17人，其中有7人为女教师。这7位女教师姓名为：华杨秀蕊、华捷、华许贞、张华瑅、华缪艺、黄华惠容、华秦桐卿。从该女学中女教师所占的比例来看，达到了41%。④

随着时代的发展，江南女性执教的机会和人数大大增加了。

二　清代江南乡村女塾师的类型与特点

（一）清代江南乡村女塾师执教的动机类型

就上述苏、松、常、太女塾师的有关资料，我们可以进一步作些分类。

1. 糊口养家型

由于家贫而出为塾师者，占女塾师中的绝大多数。如康熙时苏州洞庭东山翁夏氏，丈夫去世时，三子女或不足十岁，或刚学步，艰苦异常。她先是治女红、亲教子女读书，因无须支付学费（旧称"束脩""脩脯"），尚可应付。然而当其子"出就里塾"时，开支顿时增加，无以维

---

① 《金匮严氏经正女学堂全体摄影》，《教育杂志》清宣统二年第2期，商务印书馆出版。
② 《无锡严氏私立经正学校二十周年纪念册》，1922年铅印本，苏州档案馆藏。
③ 《吴县私立彭氏学校校友会年刊》，民国十年油印本，苏州档案馆藏。
④ 锡金教育会编：《锡金教育会第四次报告》，光绪三十四年油印本，无锡图书馆藏。另参见锡金教育会编《锡金教育会编调查城乡学校一览表》，光绪三十四年油印本，无锡图书馆藏。

持，不得不"乃自授女徒，益修脯费"①。这种"授女徒"以支付子弟入塾束修的例子，也是苏南教育的一种特殊现象。

又如道咸间昆山县的余希婴，父母相继去世时，其弟余希煌才6岁，她以赢弱之身呵护之，又每日亲自课读，年纪轻轻就支撑起了整个家庭。可是实在家贫，无以为生，"为糊口计，就馆（应聘坐馆执教）长洲徐镜秋家，所得修脯，以赡弱弟"②，情形十分感人。

也有因丈夫时常在外，家无常资，不得不授徒自给的。如道光间昆山县的朱真义，其夫钦恒升常年外出行医，为支撑家庭，于是"常为女塾师，教授若名宿"。因朱氏授徒有方，居然还成了当地的名师。以致去世时，上门吊唁的弟子不少，还有人撰写了挽诗，云："而今桃李门墙盛，共仰星溪女塾师。"③

2. 事闲消遣型

也有一种女性，如表中所列华亭县的沈陆氏，晚年时诸子"已各受事"，无须再像以前那样操劳家务琐事，有了闲暇，于是重拾从前经书，居然还能成诵，"为消遣计"便"为人讲解"。"里中于是率送其儿女，请教授，得六七人，遂设帐寝之旁，日教课以为乐。如是数年，来学日众。"本是闲暇时"日教课以为乐"，一不小心，竟成了受人尊敬的名塾师。后来因患病，"以罹疾遣散，寖至沈疴不起，生徒家属均为叹息不置云"④。如是晚年，堪称充实，生逢同光之时，也是一种新气象。

3. 应请执教型

也有的女性才学出众，在当地负有盛名，以致引来不少弟子求教的。清前期上海县的顾玉兰名闻当地，设帐授徒时，"女弟子咸来就学，时人亦目为'顾绣'。兼能诗，积久成帙，自题曰《绣余集》"⑤。这位"顾绣"以刺绣见长，并兼工诗词文学。

---

① 《庭闻公暨配夏宜人行略》，（清）翁尊让、翁邵邃纂修：《洞庭东山翁氏宗谱》卷11"志传状表谏略"，乾隆三十年刻本，上海图书馆藏。
② 《昆新两县续修合志》卷41"列女六·贞孝"，清光绪七年刻本。
③ 《昆新两县续补合志》卷16"列女·贤淑"，民国十二年刻本。
④ 《文浩配陆氏》卷中"凤藻堂第八世"，沈邦桓等纂修：《枫泾沈氏支谱》，上海九亩地吴承记引书局民国十四年铅印本，上海图书馆藏。
⑤ 《松江府志》卷71"列女传八·才女"，松江府学明伦堂嘉庆二十三年刻本。

同光间吴县的赵羊氏知书善画,绘画栩栩如生。在其夫病故后,"家中落,借笔墨以糊口",以卖画为生。名士冯桂芬、李鸿裔等知道后,"咸以礼聘为闺阁师,书画兼授,循循善诱"①。居然成了名门闺阁的书画教师。

4. 有志救世型

清末时,江南不乏女中豪杰,立志以教育救世。无锡的王运新是其中之一。她和女儿胡周辉一起执教书塾,塾中有男女生徒十余人,"塾中除英文、算学外,国文、地理、历史诸课吾母女分任之"。后来这一胡氏家塾又改办胡氏公学,而其中的胡氏女子公学为无锡甚至江苏"女校之始"。

常州庄先识妻陈警、无锡荣氏寡妇张浣芬等也是如此,先后办起了涤氛蒙养院、蒙养院附属小学和荣氏女塾。其中张浣芬冲破家族男性长辈和家中丈夫兄弟的怀疑和阻挠,以家中田租、首饰及上海荣广大花行、无锡南宝康当典自己名下的官红利作为办学经费,尤为难得。

(二) 清代江南女塾师的特点

与许多其他区域比较,清代苏南乡村女塾师也有一些自己的特点。

其一,清代苏南乡村女塾师所承担的教育不仅面向女徒,而且面向男徒。上文提到的"桃李门墙盛"的昆山县朱真义,"设帐寝之旁,日教课以为乐"、"里中率送其儿女来学"的华亭县沈陆氏,"族中幼童咸就节母教授"的无锡县朱王氏等,无不如此。从上表的女塾师情况统计,26例女塾师中有10例明确被称为"女童师""闺阁师",专课"女徒""女弟子""女士",或办"女塾",其余大部分女塾师并非专授女徒。与同时代其他地区相比,这是苏南教育的一个突出特点。从资料看,甚至有些女塾师在这种开放性的教育中所展示的教学能力和声誉广受称道,不亚于男塾师。

其二,清代苏南乡村女塾师在很大程度上可以归为家族女塾师。由于我国传统社会是宗法伦理型的社会,聚族而居的情况普遍存在,清代苏南依然如此。女塾师们常常设塾家中,或就近受聘坐馆(上门)而教,

---

① 《吴县志》卷74下"列女十一·才慧",苏州文新公司民国二十二年铅印本。

这也就规定了她们是具有家族性质的塾师。诸如无锡县"族中幼童咸就节母教授"的朱王氏，就是典型的、有直接记载的例子。这种情况直到清末时依然广泛存在，上文提到的几例新学女教师，如无锡王运新、胡周辉执教并参与创办胡氏女子公学，常州庄先识妻陈謦、无锡荣氏寡妇张浣芬办涤氛蒙养院、蒙养院附属小学和荣氏女塾，以及吴县私立彭氏学校、无锡严氏私立经正学校和无锡华氏鹅湖女学校的那些女教师，都属于家族学校的教师。除了地方志，许多相关的历史资料也多从族谱中才能看到。

其三，清代苏南乡村女塾师的授学内容并不限于传统的女红技能、诗文尺牍。这一点与其他地区也有不同，这是与苏南女塾师执教的对象包括男性学生相关的。男性在传统社会中的担当更广泛、更重大，因此那些儒学经典、历史地理等都要学习，还要准备应举，女塾师自然都要一一传授。正因为善于传授这些学问，女塾师们才会有"桃李门墙盛"的成就（昆山县朱真义），才会有"长至族中揖贺者数百人，皆执弟子之礼"的盛况（无锡县朱王氏）。至于清末，那些新学的女教师还要教授算学、英语，那也是男、女学生都要教的。

总之，就总体而言，清代苏南乡村女塾师执教对象的开放性、从教身份的家族性和授学内容的广泛性是值得关注的。

三 清代江南盛产女塾师的背景

以苏南为例进行分析，清代江南乡村盛产女塾师有着文化、社会等多方面背景。

首先，文化生态环境影响。清代江南教育孕育于人文渊薮的氛围中，家学渊源不只是男性之功，从"无家教之族切不可与婚姻，娶妇固不可，嫁女亦不可"的家训①，以及"不羡门第贵，不取服用奢；但得贤淑女，

---

① 《石林家训》及《石林治生家训要略》，叶德辉等纂修：《吴中叶氏宗谱》，东洞庭遂公宗祠宣统三年木活字本，上海图书馆藏。

读书种子夸"的婚嫁理念①，可以充分体现这一追求。在这样的氛围中，女塾师的涌现是十分自然的。

其次，女性广泛学养奠基。学高方能为师，女性学养较高是江南乡村女塾师比较多见的重要原因，薛福成子女形容其母吴氏"不仅为之母也，且为之师"②，就是这个道理。母亲、祖母往往一转身就可以成为家族子女儿孙的塾师。

最后，男子频繁外出所致。江南是清代人口流动最大的地区之一，而且总是男性流动为多，还会遭遇丈夫早逝的不测变故。在这些时候，往往支撑家庭和教育子弟的责任较多地落到家族女性身上，出任女塾师自然就成为她们的选择。

当然，结合清代江南乡村女塾师的家族性特点来看，明清以来江南家族制度的发达则是其不可忽略的社会背景。当重文兴教风尚与家族发展在制度层面上得到统一的时候，女塾师的层出不穷也就成为必然了。

清代江南乡村盛产女塾师现象，值得我们重视和思考。女性以其在教养子女方面的便利，她们的韧性，都在教育的稳定发展中具有特殊意义。在女塾师现象后面，江南重文兴教风尚与家族发展在制度层面上所构成的统一，即"无家教之族切不可与婚姻"，其维系家族持续兴盛上的作用尤其耐人寻味。这一现象也曾为江南家族和社会的近代化增添了许多亮色，提供了可观能量。

---

① 薛锦堂：《诗状》，薛锦堂纂修：《薛氏族谱采遗》卷4《清节楼诗钞》，《诗状》所述为薛福成曾祖母许氏之语。光绪五年木活字本，南京博物馆藏。

② 薛学潜、薛学海、薛学濂：《先慈吴夫人哀启》，民国间石印本，南京博物馆藏。

清末小学教师的转型与在职培训

冯卫斌[*]

[摘　要]　清末，由于师范教育只是处于初创阶段，满足不了初等教育发展对师资的需求，因此，大量未经专业训练的人员充作小学教师，师资整体素质不高。如何对他们进行在职培训，从而尽可能地提高其文化水平和业务能力，便成为与发展正规师范教育同等重要的问题。当时清政府和热心的教育界人士为此在实践中摸索，取得了有限但可贵的成绩。

[关键词]　小学教师；转型；在职培训

中国是在屈辱与苦难中进入 20 世纪的。当时的清政府迫于国内外的重重压力，不得不决定实施"新政"。中国的初等教育由此真正开始全面发展。由于师范教育也只是处于初创阶段，满足不了初等教育发展对师资的需求，因此，大量的未经专业训练的人员便充作小学教师，小学师资整体水平不高。如何对他们进行在职培训，从而尽可能地提高其文化水平和业务能力，便成了与发展正规师范教育同等重要的问题。当时清政府和热心的教育界人士为此作了一系列努力，取得了一定成效。

一　清末教育变革与小学教师的转型

1840 年鸦片战争后，中国社会遭遇前所未有的危局。为"自强"

---

[*]　人民教育出版社副编审

"求富",一部分开明有识之士,开始提出学习西方,"师夷之长技以制夷"。洋务运动期间,洋务教育缓慢发展。由于急需人才,新式教育又是刚刚起步,所以这期间以发展中、高等教育为主,初等教育极为有限。在"百日维新"期间,清政府颁布了一系列兴学诏书,要求各地改书院为学堂,并创办新式学堂。但这一改革刚起步便流于夭折,一切又恢复其旧。当又一次更深重的灾难过后,清政府自感不改革已无以为继,曾被推翻的一些改革措施因此而得以再生。光绪二十七年八月(1901年9月),光绪帝下"兴学诏书",谓"人才为政事之本","着各省所有书院,于省城均改设大学堂,各府及直隶州均改设中学堂,各州、县均改设小学堂,并多设蒙养学堂"。① 光绪二十八年七月(1902年8月),清廷颁布《钦定学堂章程》("壬寅学制")。该章程没有正式实行,但还是在一些地方被作为教育改革的指南,一批新式小学堂陆续产生。经张之洞倾力修改后,新章程于光绪二十九年十一月(1904年1月)颁布实施,是为《奏定学堂章程》("癸卯学制")。新式小学教育开始在全国范围内逐步发展起来。

新式小学教育与中国传统的童蒙教育有很大不同,主要有以下几点。第一,教学组织形式上由原来的个别教学制改行班级授课制。班级授课制比个别教学制复杂,对师资要求更高。第二,教育内容已不再局限于书、数以及儒学初阶等,而是更加广泛,有明确的分科,如修身、读经讲经、国文、算术、历史、地理、格致、体操等。第三,就教学方法而言,由于中国传统的小学教育以人文教育为主,强调师古,注重记诵儒家经典,因此,背诵始终被看作一种最基本的学习方法。新式小学教育扩展了教学内容,若仍沿用旧法则不可行,所以新定章程要求以讲解为主。"凡教授之法,以讲解为最要,讲解明则领悟易。……若强责背诵,必伤脑力,不可不慎。"② 第四,在教学管理上,传统教学强调教师的绝对权威,戒尺是私塾先生必备的教学用具,在"严师出高徒"的古训下,

---

① 璩鑫圭、唐良炎编:《中国近代教育史资料汇编》,上海教育出版社1991年版,第5—6页。

② 《奏定初等小学堂章程》及《奏定高等小学堂章程》,璩鑫圭、唐良炎编:《中国近代教育史资料汇编·学制演变》,第301、314页。

体罚并不被认为有什么不合理。新式教育则特别强调反对体罚。"凡教授儿童，须尽其循循善诱之法，不宜操切以伤其身体，尤须晓以知耻之义。夏楚只可示威，不可轻施，尤以不用为最善。"①"学童至十三岁以上，夏楚万不可用。有过只可罚以直立、禁假、禁出游、罚去体面诸事，亦足示儆。"②

但是，由于中国小学教师培养起步晚，规模小，水平低，且其中大部分为临时性的速成机关，所以与全国小学教育发展的应有要求相去甚远，小学教师不得不大量地由举、贡、生、监等科举中人及其他非师范生来充任。据学部1907年的统计，时高等小学堂教员中师范毕业者3603人，他科毕业者1646人，未毕业未入学堂者5261人，外国人19人；初等小学及蒙养院等师范毕业者9693人，非师范毕业者14641人。师范毕业者在高小和初小教师总数中分别约占34%和40%。③因此，当时中国小学师资整体水平低，专业技能缺乏。如江西，"省城除私立小学尚略有可观者外，至官立之初等小学堂全不明教授管理之法。缘此等教员系高等学堂预科毕业生，科学尚略有门径，教授管理则全未讲求"④。安徽，"小学教育未甚发达……教员全不谙教授之法，大率将教课写黑板上令学生移录"⑤。河南，"初等小学堂……各州县乡村市镇殊觉寥寥，即有数处，亦多沿旧法教授"⑥。山东，"其缺点在教授尚未尽合法，管理亦未尽周密"，"至各府州县学堂之缺点，亦在教员之未尽得人，教授未尽合法"⑦。

为尽可能提高小学师资质量，清政府对小学教师的任职资格提出了相应要求。《奏定任用教员章程》规定：高等小学堂正教员以初级师范毕业考列最优等、优等，及游学外洋寻常师范毕业得有优等、中等文凭者

---

① 《奏定初等小学堂章程》，载璩鑫圭、唐良炎编《中国近代教育史资料汇编·学制演变》，第301页。
② 《奏定高等小学堂章程》，载璩鑫圭、唐良炎编《中国近代教育史资料汇编·学制演变》，第314页。
③ 学部总务司编印：《第一次教育统计图表》，第60—61页。
④ 《奏派调查江西学务员报告书》，《学部官报》第36期，京外学务报告。
⑤ 《奏派调查安徽学务员报告书》，《学部官报》第39期，京外学务报告。
⑥ 《奏派调查河南学务报告书》，《学部官报》第53期，京外学务报告。
⑦ 《奏派调查山东学务委员报告书》，《学务官报》第56期，京外学务报告。

充选。暂时以简易师范生充选。副教员以初级师范毕业考列中等，及游学外洋得有寻常师范毕业文凭者充选。暂时以简易师范生充选。初等小学堂正教员以曾入初级师范考列中等，及得有毕业文凭者充选。暂时以师范传习生充选。副教员以曾入初级师范得有修业文凭者充选。暂时以师范传习生充选。由这些规定可以看出，对于小学教师，无论正教员、副教员，均强调其专业教育经历，即出自师范。为了对小学师资进行整顿，学部于1909年底颁行《检定小学教员章程》。《章程》规定："除初级师范学堂完全科毕业生，官立二年以上初级师范简易科中等以上毕业生，优级师范完全科毕业生，及优级选科师范毕业生，在奏定奖励义务章程准充小学教员者，均无庸检定外，其他应行检定者，分为两种，一为试验检定，二为无试验检定。"[①] 即使毕业于师范训练机构，但期限短、成绩差者，仍须受试验检定。高等小学教员应考科目包括修身、经义、国文、算学、教育学、历史、地理、博物、理化、体操十科。初等小学教员应考科目为修身、经义、国文、算术、教育学、历史、地理、格致、体操九科。教育学一科包括教育学、教授法及管理法。章程对于小学教员的任用、辞退等也作了具体规定。施行检定办法以后，无检定文凭者将不得延聘。

所有这些，反映了中国小学教师的转型，小学教师成为一种专门职业，教师在任职前须经专门的训练，不仅要有一定的学识，而且要掌握必要的教育教学及管理方面的理论和技巧，否则便被视为不合格，不能被录用。在这种情况下，小学教师在职培训特别是针对未经师范训练而为师者的在职培训显得重要而紧迫。

二 清末小学教师在职培训的开展

对小学教师进行在职培训实际是与新式小学教育的全面发展同时被提出的，并因新式小学教育发展的要求而在不同时期有不同的工作重点。在开始阶段，清政府力图按照《奏定学堂章程》的要求大力发展新式小学教育，培训因此意在为新式小学堂输送合乎新教育要求的师资。《奏定

[①] 《奏派调查山东学务委员报告书》，《学务官报》第56期，京外学务报告。

初级师范学堂章程》即要求各州、县设立师范传习所和师范讲习科，对塾师进行培训，派充新式小学堂教员。《章程》规定："各州、县于初级师范学堂尚未齐设之时，宜急设师范传习所，择省城初级师范学堂简易科毕业生之优等者，分往传习。其讲舍可借旧有书院、公所或寺院等类；其学生凡向在乡村市镇以教授蒙馆为生业，而品行端谨、文理平通、年在三十以上五十以下者，无论生童，均可招集入学传习，限定十个月为期。毕业后给以准充副教员之凭照，即令在各乡村市镇开设小学。""初级师范学堂除完全科及简易科外，并应添设预备科及小学师范讲习所。……小学师范讲习科以教由传习所毕业，已出为小学堂教员，复愿入初级师范学堂学习，以求补足其学力者，及向充蒙馆塾师，而未学过普通科，亦未至传习所听受过教法者。"① 此后，这类机构在全国多有设置。据统计，1907 年、1908 年、1909 年京师及各省的师范传习所和讲习科等培训机构分别有 282 处、341 处、191 处，培训学员分别有 10028 人、10838 人、7986 人，在养成的小学新师资总数中分别占 30.9%、39.4%、33.8%。② 师范传习所学员是"以教授蒙馆为生业"者，不是小学堂在职教员，但蒙馆实际上是中国传统意义上的小学教育机关，且学员经培训后任职于新式小学堂，因此，将对这类人员所进行的培训视为在职培训也是合理的。后来，传习所的招生对象并不限于蒙馆中的塾师，不过这并不影响它作为一种进行小学教师在职培训的机构而存在。

《奏定学堂章程》颁行以后，各地兴办了不少新式小学堂，但总体规模仍相当有限，且水平不高，不受欢迎，学龄儿童入私塾求学者仍居多数。如何充分利用私塾这一现有资源以推动新式小学教育的发展开始为人们所关注，改良私塾于是成为教育发展的重要内容。苏州、上海等地早在 1905 年就已着手此项工作。清政府对于私塾改良这种做法开始时态度谨慎，担心因此而影响新学堂的推广。随着时间的推移，新式学堂的规模并未能如预期那样令人满意，国民教育距离清政府预备立宪所确立的目标更是相去甚远，因此，清政府不得不采取通融办法，转而要求各

---

① 《奏定初级师范学堂章程》，载璩鑫圭、唐良炎编《中国近代教育史资料汇编·学制演变》，第 399 页。

② 璩鑫圭、童富勇、张守智编：《中国近代教育史资料汇编》，第 615—625 页。

地加快对私塾的改良步伐。宣统元年十月（1909年12月）下发《学部通行京外凡各私塾应按照本部奏定变通初等小学简易科课程办理文》，要求"凡京外所设私塾均应按照本部奏定初等小学简易科课程切实劝导，设法改良，期于各门课程悉能遵用部颁课本，俾官学私塾得以渐归划一"。"私塾所以辅助小学之不及，应改良，不应歧视，庶国内多一就学之人，教育即有一分起色。"① 翌年，学部在各地所订改良私塾章程的基础上拟定了《改良私塾章程》，要求各地依此对当地私塾进行改良，其中关键的一项工作就是要对塾师进行专业和教法方面的培训，这也是清末后期小学教师培训的重点工作。

各地在对塾师进行培训时办法各异，但也有若干相同之处。一是有专设培训机构。如上海设师范讲习所，安徽在私塾改良会中设研究所，河南有师范研究所，直隶、京城开办夜学，等等。有专设机构就要有相对稳定的培训师资，一般请曾习师范者或在小学教学方面较有成效者为师。二是结合实际需要补习课程。教授法及管理法是基本的讲习内容，另外就是塾师缺什么补什么。如直隶省在改良私塾的过程中，发现塾师所最感困难的在算学科，因此建议开办夜学，"令塾师每日晚间到本城劝学所传习算学两小时，延本城曾习师范者教之，六个月毕业。一月之后，即以每晚所习者传诸其徒"②。也有讲求全面补习的。如河南省要求塾师在第一期培训中补习教授法、管理法、算术、体操，第二期补习历史、地理、教授法及最浅近之格致。三是灵活安排培训时间。主要有三种，即平时晚间、星期天和假期。第一种是用于塾师住在城镇、便于集中的情况下，塾师白天上课，晚间补习，两不相妨。后两种则为不易集中的塾师而做的安排。如河南省在《改良私塾章程》中规定，城镇人烟繁密，私塾在十数以上者，设一研究所，于每晚课毕时，召集诸塾师到所研究。如虽系城镇，私塾较少，须约附近数里内各塾师共同研究者，则改为星期研究。其地方寥廓，私塾甚少，必须合数十里内外塾师共同研究者，只可用暑假研究。四是注重管理，对塾师接受培训或劝导或视为义务，

---

① 《学部通行京外凡各私塾应按照本部奏定变通初等小学简易科课程办理文》，载朱有瓛主编《中国近代学制史料》第2辑上册，华东师范大学出版社1987年版，第309页。
② 《直隶提学司通饬各属实行改良私塾文》，《直隶教育杂志》1908年第7期。

并在培训后进行考核。如河南对塾师培训采取劝导方式，两期培训之后进行考试，合格者由劝学所给予文凭，准充本属初等小学教员。① 京城所设夜学师范传习所（讲习所）每月举行两次或三次塾师会议，一次由劝学员评议，以验其效。有无故旷课至两星期以外者，即予开除。满一学期，由劝学总董举行一次考试，并给予修业凭单。由于严格管理，重视考核与奖励，因此培训取得了较好的成效，教学上多有改进。如内城第一学区第三小学堂塾师，"能以白话解说文义，详明透彻，虽六七岁之生亦能回讲，足见教授有法。……该塾师于教授管理研究似有心得"。外城第三学区私立第一小学堂塾师，"挑问各如其分，而教授得法也，置之初等良教员中实不多让"②。改良私塾是当时中国小学教育的重要组成部分，对塾师所进行的改良培训自然也应视为小学教师在职培训的重要组成部分。

为提高小学教育效率，单级教授法开始为人们所注意，并着手进行相关的培训。所谓单级教授，是指将全校年龄、程度不同的若干年级学生合为一个学级（即一个班），由一名教师同时在一间教室中施行的教学。此制首创于德国。中国于20世纪初仿日本而行之于国内。单级学校之设一般多兴于教育发展之初，主要是在居民分散、交通不便、师资缺乏的地方采用，以克服经费、师资、校舍等多方面的困难，增加办学效能，普及小学教育。中国在兴学之初也面临着非常严峻的经费、师资、校舍等多方面的困难，当人们了解此法的诸多长处，特别是"费省功倍"③"编制简而效用广"④ 后，便视之为普及教育的良策。江苏教育总会于1909年开始先后举办了两期单级教授培训，颇受好评。受此影响，直隶、奉天等地紧随其后也开展了这项工作，后来清学部在各地举办单级教授培训的经验及相关建议的基础上，要求在全国推广单级教授法，先是于宣统三年二月（1911年3月）要求初级师范课程增授单级教授法，

---

① 《河南提学司详定改良私塾章程》，载朱有瓛主编《中国近代学制史料》第2辑上册，第335页。
② 《学部官报》第93期，京外学务报告。
③ 《江苏教育总会咨呈江督筹设单级教授练习所文》，《教育杂志》第1卷第5期，章程文牍。
④ 《学部奏拟订单级教授二部教授办法折》，《教育杂志》第3卷第8期。

后于同年 8 月奏准《拟订临时小学教员养成所暨单级教员养成所简章折》，要求各省速设单级教员养成所。① 根据《单级教员养成所简章》，单级教员养成所分为甲乙两种。甲种一学期毕业，乙种两学期毕业。教学科目有单级教授法、二部教授法、教育及体操四科，另安排有实地练习。入所参加培训学员须是在职小学教员、私塾塾师及具有小学教员资格者。在所设各科中，单级教授法和教育两科时间占有较大比例，实地练习时间也安排较多。《简章》在入学、课程、实习、待遇等诸多方面都有了较为全面的规定，这为培训在各地顺利而有质量地进行提供了必要的保证。

按照《检定小学教员章程》的规定，许多小学教师都须接受试验检定。为帮助那些须接受试验检定的小学教员做好应试准备，相关的培训也开始在一些地方出现。其中由严复、郑孝胥、伍光建、夏曾佑、王季烈、罗振玉、张元济七人于 1910 年创办的师范讲习社为此所作的努力很有特色。讲习社根据《检定小学教员章程》，"刊行讲义，专为文理明通之人，预备应检定试验之用"②。开设科目有修身、经义、国文、算学、教育、历史、地理、格致和体操。每科设有数量不等的课程，准备应初小教员检定者，部分课程可不修。师范讲习社将重点放在教育理论和方法上，如教育学、心理学、教授法、教育管理及教育史等，其他科目则集中讲其大概。培训科目的这种侧重，符合当时的实际需要，也与主办者对教育理论的重视有关。师范讲习社还拟订计划，组织编写一些"指南""详解"之类的辅导材料，寄给学员，帮助自学。学完之后以通信方式进行考试，考试及格者，分最优等、优等、中等，由讲习社发给证书并分别奖励。讲习社第一期讲义发行完毕，清政府即告灭亡。但这种培训仍继续进行，从 1910 年开办至 1916 年民国教育部《检定小学教员规程》施行为止，前后招收了三期，参加学习者达 9000 人，取得毕业证者有近 2000 人。③ 讲习社以商务印书馆为依托，利用商务印书馆的发行网

---

① 《学部奏拟订临时小学教员养成所暨单级教员养成所简章折并单》，载璩鑫圭、童富勇、张守智编《中国近代教育史资料汇编》，第 599—600 页。

② 《教育杂志》第 2 卷第 6 期，附录。

③ 张石红：《张元济与中国近代函授教育》，《文史杂志》1997 年第 1 期。一说师范讲习社到 1918 年才停办。见汪家熔《大变动时代的建设者》，四川人民出版社 1985 年版，第 174—175 页。

络，定期发行讲义，采用函授方式来为那些需要接受试验检定的小学教员提供必要的辅导。这是中国采用函授方式进行教师在职培训之始。师范讲习社对小学教师所进行的培训，其编写辅导材料、注重奖励等办法都较为切实可行，为以后的类似培训留下了很好的经验。

三　清末小学教师在职培训简评

自清末兴学以后，新式小学教育在中国逐步发展，小学教师面临转型，但师范教育的发展相对滞后，师资短缺现象较为严重，不得不吸收大量非师范毕业生来弥补。由于未经专门训练，他们不仅在学科知识方面欠缺，更重要的是在教育教学理论和方法方面所知甚少，教学中只能进行简单的知识传授，在班级的组织管理方面难以胜任。即使是师范学校毕业的学生，因其所受的训练有限，也存在知识更新与能力提高问题。清末对小学教师进行的在职培训，时间较短，规模及水平很有限，其总量由于史料所限而无法统计，但从有关资料中所反映的效果来看，这种培训在小学教育发展的实际中的确发挥了积极的作用。民国时期小学教师在职培训就是在此基础上进行的，如相关政策、培训方式、培训管理等，无不体现出其连续性。因此可以说，清末小学教师在职培训为以后此项工作的开展奠定了一定的基础。

清末小学教师在职培训的开展，在一定程度上弥补了因师范教育培养能力低而带来的不足，小学教师职前培养与在职培训在一开始就结合得很紧密。因此，清末小学教师在职培训是中国这一时期师范教育的重要补充，为小学教师适应自身转型创造了条件，与小学教师职前培养一样，为中国小学教育的发展做出了贡献。

从总体上讲，所有的小学教师都应当是在职培训的对象，无论是未经专业训练者还是已经专业训练者。未经专业训练者需进行有关教育教学理论与实践方面的补偿性培训，已经专业训练者因原有训练不足或专业理论、学科知识等的发展而需作进一步的提高性培训。从具体实施的情况来看，清末所进行的小学教师在职培训主要属补偿性培训。清末，师范教育还只是处于初创阶段，培养小学师资的能力极其有限，无法满足小学教育发展对师资的需求，大量未经专业训练的科举中人充任教职。

由于他们原先所受的教育内容及方式的局限，他们只能担任一部分学科的教学，并且不懂得班级授课制下的新式教育该如何进行，所以在教学中沿用传统的私塾教学方式的现象非常普遍。同时，这一时期私塾在初等教育中仍占主导地位，对私塾进行改良被认为是发展新式小学教育的经济之策。因此，清末数年的小学教师在职培训，主要是对未经专业训练的小学教师及塾师进行有关学科及教育理论方面的补偿性培训。当然，提高性培训也有，但极少。就总体而言，这一时期的小学教师在职培训主要是补偿性的。

上说下教：江州"义门陈氏"家族教育活动场景再现

黄宝权[*]

[摘　要]　江州"义门陈氏"家族以东佳书堂为平台，培育出了众多的人才，家族教育取得了巨大的成功。本文以江州"义门陈氏"家族为个案，以其家族教育为中心，从几个方面着手，力求还原和再现一个古代大家族生动而真实的家族教育活动场景。

[关键词]　家族教育活动；忠孝；场景再现

历史上的江州"义门陈氏"家族，位于今江西省九江市德安县车桥镇义门陈村。自唐代开元十九年（731），其始祖陈旺开基建庄开始，到宋嘉祐七年（1062）奉旨分庄，江州"义门陈氏"家族共合族同居共爨332年，创造了世界家族史上的人文奇迹，它历受朝廷旌表，成为封建社会的忠孝样板，为人们世代所传颂。该家族能延续长达三百余年，与其家族所施行的成功的家族教育是密切相关的。据不完全统计，江州"义门陈氏"家族教育培养出来的代表性的人才主要有"十八朝官""二十九位地方官""九才子""八文龙""五马"及五十八位进士、四百零三名举人等，可谓人才辈出。笔者对江州"义门陈氏"的家族教育活动场景的再现主要从以下三个方面展开。

---

[*]　周口师范学院副教授

一　家族"忠义"教育活动场景

江州"义门陈氏"家族之所以能延续三百多年不分家，与统治者对该家族的支持是分不开的。在古代，像江州"义门陈氏"这样的家族，在基层社会稳定当中发挥了非常重要的作用。"义门"家族宣扬古代的伦理纲常，强调"德法兼治"，具有和国家类似的组织机构和特点，实际上就相当于一个缩小的国家，间接地发挥着服务统治者的作用。因此，江州"义门陈氏"家族从开始建庄起，就受到了历代君王的旌表和扶持，支持家族的存在和发展，而家族为了自身的长盛不衰，也极力开展相应的教育活动效忠于朝廷，发挥自身引领效忠君王的带头作用。这样的教育活动不仅能对广大族人起到一个很好的教育效果，而且能带动天下的家族效忠君王，从而实现国家长治久安的大计。

江州"义门陈氏"家族在唐僖宗时期，就开始受到朝廷的旌表，南唐时将之立为"义门"并免其徭役。从此以后，这成为朝廷对待陈氏家族的一种传统和惯例，历代帝王都会对其家族施行减免徭役等优待政策。江州"义门陈氏"家族不仅宣扬家族的"义"风，还将这种精神体现在对统治者和政府的实际行动上。在"义门陈"历代家长和族人的共同倡导和教育下，整个家族形成了重"义"、尚"义"的良好族风，这些做法也得到了历代统治者的认可和支持。

开宝之初，江南得以平定，义门陈氏家族此时执掌家政的为家长陈昉，知州张齐上请皇帝仍旧免其徭役，皇上应之。陈昉之后由陈鸿主家。太平兴国七年，江南转运使张齐贤又奏免杂科，此时为陈鸿之弟陈兢为族长。淳化元年，知州康戬又上书言陈兢家常言族人乏食，皇帝于是下诏每年贷粟二千石给义门陈氏家族。陈兢去世后，其从父弟陈旭主家，他做出了一个让族人和朝廷都惊讶的重大决定：每年只接受朝廷所贷粟的一半，即一千石，并说如果陈氏族人省吃俭用，可以维持到秋成之时。当年谷粟价格比往年要贵，族中有人就劝陈旭接受朝廷全部二千石的贷粟，认为这样剩下的谷粟可以卖个好价钱，借机从中大赚一笔。闻听此言，陈旭严厉地教育族人说："朝廷以旭家群从千口，轸其乏食，贷以公粟，岂可见利忘义，为罔上之事乎？"(《宋史·孝义》)毅然决定减半受之。陈旭恳请贷粟减半,何也?此乃"义"也!这绝不是一般人所能做到的。义门陈氏族人用自己的实际行动和博大胸怀书写着仁厚和"义"史,这样的事即使在文明高度发展的今天,也是十分难得的。至道初年,皇帝派内侍裴愈赐书于义门陈氏家族,回来后对人言道:"陈旭家孝友俭让,近于淳古。"太宗皇帝曾与近臣参知政事张洎谈及这件事,张洎说:"旭宗族千余口,世守家法,孝谨不衰,闺门之内,肃于公府。"谈到陈旭受贷一事,太宗以为旭家"远民义聚,复能固廉节,为之叹息"。(《宋史·孝义》)这件事将"义门陈氏"家族的尚"义"的内涵体现得淋漓尽致,在当时引起很大的反响,并极大地提高了江州"义门陈氏"家族的地位和影响。于是,朝廷下诏封陈旭为江州助教,对义门陈氏的"义举"给予旌表。

天圣四年(1026),一天,宋仁宗宣陈兢入朝,赐给他梨一个、鸽一只,陈兢谢恩后当场将梨吃下,仁宗问:"为何独吞?"陈兢应曰:"义门陈氏不分梨(离)。"此话一语双关,仁宗闻听大加赞赏。回家后,陈兢将御赐鸽子弄碎掺和到酒中,让每人以猪鬃蘸酒,全族三千余人共尝其味,共享皇恩。同来的使者问陈兢:"为何一鸽合家共尝?"陈兢答曰:"陈氏一门感知天恩加厚矣,世代好鸽(合)以谢天恩。"使者复奏,仁宗赞曰:"诚哉,义门也。"①

有一年,风调雨顺,义门陈氏家族三百多处田庄丰收在望。此时,义门陈氏家长陈旭,把家中所有的男丁都集中起来,让他们去收割尚在含苞的稻谷。众人甚为不解:将全族三千余口一年的口粮都割了将来吃什么呢?陈旭挥手不言,下令让大家干活。族人心怀忐忑,按陈旭的要求把稻谷割下、藏好。当年秋天,大宋边境战事不断,形势紧张。而偏偏在这个时候军营的战马发生瘟疫,大量的战马死去,朝廷上下,无不心急如焚。马医说,这种瘟疫,马必须吃含苞的干稻草才能治好。于是,朝廷诏告天下,下令用重金购买含苞的干稻草。可是,正值稻谷收割的季节,到哪里去寻找含苞的干稻草呢?正当朝廷上下为四处买不到含苞稻草而焦虑时,早有先见之明的陈旭组织了浩浩荡荡的车队,拉着含苞

---

① 陈增容等:《江州义门陈氏宗谱·义门家长事迹》,民国二十五年宜春德星堂本,江西省图书馆藏。

的干稻草向大宋的军队而来,将稻草免费捐献给了国家。义门陈氏家族的含苞干稻草拯救了大宋的战马,也挽救了日趋败落的战局。义门陈的爱国之举受到了皇上的嘉奖,同时也得到了皇上旌表。这件事对义门陈氏族众是一个生动鲜活的爱国忠君教育,同时也为天下的家族做出了很好的表率。

二 家族"孝义"教育活动场景

江州"义门陈氏"家族发展到鼎盛时期,人口达到3700多口之多。对这样的大家族如何进行管理,这是摆在当时家长面前一个很严峻的现实问题。为了更好地将孝义精神世代相传,永保忠良之家的英名,使祖宗的义聚事业继续延续下去,单靠耳提面命式的说教已经难以有效地对家族进行管理了。于是,时任家长制定了《家法三十三条》、家训、家范、家规、家诫等,用以约束和规范族人,进而维护家族秩序。其中,尤以《家法三十三条》对族人的影响最大,它起到了治理家族、教育族众的良好作用。《家法》的制定,以"均等""和同"为基本原则,意在使"子子孙孙无间言,而守义范也"①,使这个"巨无霸"家族能和谐发展。家法对义门陈氏族人具有普遍的约束力,违者轻则杖责,重者送去见官。家族内设有"刑杖厅",又名"惩过所",有厅联曰:"家严三尺法,官省五条刑。"②《义门家法三十三条》悬挂于厅的正中。"刑杖厅"作为家族的司法机构,专门用来审讯和惩罚犯过的族人。义门陈氏家族虽然忠孝双行,家风谨严,但"枉法逆子也偶而有之"。景德三年(1006),义门陈氏家族在筠州(今江西高安市)的一处田庄,被"不肖卑幼"陈宗知私下典卖,从中营利。义门族人殿中丞陈延赏赴任筠州的途中察觉此事,十分气愤,于是上书朝廷,乞请皇上追查,依敕断还。皇上责成刑部详察,严惩不贷。作为地方家族的一桩贪案,惊动朝廷下

---

① 陈增容等:《江州义门陈氏宗谱·江州义门家法并序奏表》,民国二十五年宜春德星堂本,江西省图书馆藏。

② 陈增容等:《江州义门陈氏宗谱·义门院宇说》,民国二十五年宜春德星堂本,江西省图书馆藏。

诏惩处，可见义门陈家族当时的影响和地位。义门陈氏家族的大义灭亲之举，在族中起到了杀一儆百的震慑作用，很好地维护了家族的秩序和风尚。

"义门陈氏"家族对家族实行民主化的管理模式，家族中的管理者如族长、主事、库司、庄首等，均择那些有能力有才干的族人来担当，而不论其年龄大小、资历高低。家族内部人无贵贱，没有剥削和压迫，人人平等，有衣同穿，有饭同吃，族产共有，共同劳作，同甘共苦，俨然一个"乌托邦"式的理想社会。义门陈氏家族呈现出一派既大公无私，又和谐相处的局面。

到了家长陈昉主家期间，"义门陈氏"家族已发展为十三世同居、长幼七百余口的大家族，家族规定族人"不蓄仆妾"，合族"上下姻睦，人无间言"。每天用餐的时候，族人必"群坐广堂，未成人者别为一席"，（《宋史·孝义》）秩序井然。《义门陈氏宗谱》曾记载，陈林之四子祐（即陈渐），"于饭堂当食之项，乃密书一'食'字于坐后，书毕众诘其故曰：'长幼而席之循次，有未食不敢先食，既不敢后，何其义也，倘一旦无此食，此千口嗷嗷，何以聚此义门。'人谓其浅近论，窥识大意"[①]。他这是在提醒大家要注意用餐礼仪，礼让为先，遵从长幼尊卑先后之序，珍惜义门聚居事业，此事虽小，却是何等的"义"啊！"义门陈氏"家族曾养犬百余，置一槽曰百犬槽于饭堂内，长二丈，以便百犬同食。每日鼓响，群犬悉至，一犬不至，群犬皆昂首顾立不食，即百犬毕至，必大犬先食，然后小犬随食，此亦义风所感也。很显然，在历代族长的教育和训导下，不但家族内族众尊卑长幼有序，团结和谐相处，就连家养的犬也受到了熏陶，似乎懂得了礼让之道，犬尚且能够如此，可见家族教育对族众的影响之深。

江州"义门陈氏"家族教育取得了明显的成效，人人知礼重孝、人无间言，同时也出现了一些典型性的孝义人物和事迹。如"义门陈氏"子弟陈乔，为义门"九才子"之一，常年在外为官，其父早年去世，母骆氏守寡在家，由于长期见不到儿子，倍加思念，终日以泪洗面，久而

---

① 陈增容等：《江州义门陈氏宗谱·旧碑碎语家言记》，民国二十五年宜春德星堂本，江西省图书馆藏。

久之双目失明。陈乔得知后,万分焦急,忙派人将母亲接到身边,与之朝夕相伴,每日抚慰有加,并请来御医为母治眼。御医经过仔细诊断后,无奈说:"夫人之眼,乃思儿心切,流泪太多所致。心病酿成眼疾,怕无药可医。过去有舜帝舔目复明之说,你不妨一试。"陈乔为了治疗母亲的眼疾,每天洗漱完毕,束巾焚香,小心翼翼地用舌头舔母亲的一双瞎眼,他一边为母亲舔眼,一边给母亲讲他在各地为官的故事,日复一日,从不间断。过了两年,奇迹真的出现了,母亲的瞎眼恢复了正常,母子二人相拥喜极而泣。陈乔的这种至孝至诚、至仁至义的品行,被族人传为美谈,成为历代义门后裔学习的典范。

宋仁宗末年,江州义门陈家族有位叫陈宗的青年。他勤奋好学,聪颖过人,孝顺父母,深得父母和师长的疼爱。陈宗十六岁那年,母亲病重。他日夜陪伴母侧,安慰服侍,不敢懈怠。同时四处寻访名医,为母治病。其中一个医生开出的药方,需用股肉作饵。陈宗毫不迟疑,请求医生割自己的股肉为母治病。医生说:"你年纪尚小,正是长身体的时候,怎么能割你的股肉呢!"陈宗急了,"扑通"跪在医生的面前,求道:"有母身才有吾身,为儿之孝,何惜区区一处肉!"医生无奈,只得割其肉,数日后竟然母子痊愈。陈宗割股救母的故事对陈氏族人是一个极好的教育,流传很广,世人都把他看作行孝之楷范。陈宗百年之后,当地百姓为了纪念他的"义"举,自发捐款,为其立"孝子碑"一块,以扬其德,同时警示后人。陈宗"割股救母"的精神虽可嘉,但今天看来是极不人道和残忍的,不值得提倡。

此外,江州"义门陈氏"家族教育的历史上还流传着一个"三孝娱母"的故事。据记载,北宋时期,义门陈氏的三兄弟陈诏、陈显、陈颁,同榜俱登进士,又同拜枢密史,在朝为官。其母王氏独自在家,长期念子心切却不得一见,竟然忧思成病。时义门陈家长陈肱将此情奏请皇上,皇上准其弟兄回乡省亲。三兄弟到家后,看到母亲寡言少欢,郁郁不乐,心中颇为不忍。于是,三兄弟终日以侍母为重。晨暮起居,问安侍膳,礼无不备。为了让母亲开心,就命人把官轿抬到了老宅艾草坪,陪伴母亲和乡邻一起去踏青。老大扶轿杆,老二和老三一前一后,抬着母亲去了郊外。弟兄三人抬着母亲,手舞足蹈,兴高采烈一路说笑,犹如孩子,把母亲逗得开怀大笑。三个朝中大官抬轿踏青,舞蹈娱母,惊动了四乡八邻，纷纷出来看热闹。人们无不赞叹："真官家也！""真孝子也！"自此，乡间遂称陈诏三兄弟为"三孝子"。太宗闻之，赐旨召王氏，三子奉母入朝。太宗请王氏到后宫，宴赏有加。皇后问曰："人间未有一世二世不分者，汝义门所以历世不分，何也？"王氏从容答对道："堂前架上衣无主，三岁孩儿不识母。丈夫不听妻偏言，耕男不道田中苦。"圣上欣然曰："惟义门所以如此也！"[1] 遂加封三孝子为太付、太师、少师，封其母王氏为鲁国夫人。后人为褒其孝道，建"三孝堂"。三孝堂前撰联云："一母踏青扶仆抬夫竟是所惦三大臣；三子舞彩荷椅负轿岂非因悦一太君！"这样的例子对义门陈氏族人来说，无疑也是一个很好的孝道教育的范例。

三 家族"书堂"教育活动场景

自从义门陈氏家族的"义"风得以声名远播后，历代义门陈氏家族的家长面临着共同而一致的选择，那就是如何保持并发扬祖先传下来的良好家风和世代同居共爨的局面。面对人口如此众多的大家族，单靠皇帝的旌表和支持是远远不能够长期维持，关键还要靠家族内部的力量。为了提高家族的声望和影响，需要家族中一部分可造之才通过当时的科举考试来博取功名，"如果资性刚敏人物清醇者，严教举业，期达道以取青紫"[2]，明确地提出了家族办学的主要目的，就是通过培养人才，实现家族"取青紫"即科举做官的愿望。因为对于当时的义门陈氏家族而言，当初在历史上曾经贵为皇族显贵的风光已然不复存在，要恢复祖先的荣耀，扩大家族的影响，实现世代同居的愿望，除了走科举这条路外可以说别无其他更好的途径。所以，通过这种方式可以有效扩大和增强家族的势力，从而更好地实现家族累世同居的愿望。又加之当时义门陈氏家族人口众多，大量的儿童和青年需要接受教育。这说明，在当时的条件

---

[1] 陈增容等：《江州义门陈氏宗谱·旧碑碎语家言记》，民国二十五年宜春德星堂本，江西省图书馆藏。

[2] 陈增容等：《江州义门陈氏宗谱·义门推广家法一十五条》，民国二十五年宜春德星堂本，江西省图书馆藏。

下，江州义门陈氏家族产生了这样一种需要，即创办家族教育机构来满足日益增多的族人的不断需求。所以，江州义门陈氏家族的书堂教育活动正是迎合这种迫切需要而创办和开展起来的。

江州义门陈氏家族对教育是非常重视的，家法、家规、家范中都有族人关于尊师重教的规定，这对陈氏家族开展家族教育提供了制度保障，使家族教育的开展有"法"可依，确保了家族教育的顺利实施。特别是《家法三十三条》，更是将兴学重教明确写进了家族宪法。其中《家法三十三条》第八条和第九条专门就"书堂"和"院学"进行明确的规定。决定在家族中设有"书堂"和"学院"两级教学机构。"学院"为低一级的教学机构，主要进行童蒙教育；在"学院"内表现优异、"有能"的儿童，可以升入"书堂"继续深造，"书堂"主要培养家族中的秀敏之士参加科举考试，"期取青紫"，博取功名。两个层次的教育机构都有专门的人进行管理。家族也专门"置田二十顷"，作为办学的资金来源。并建立校舍"堂庑数十间，聚书数千卷"①，还定期的添置书籍以满足书堂教学的需要。义门陈氏家族所创办的书堂即著名的东佳书堂（书院），它被李才栋先生誉为我国由私人创办的私立大学的典型代表之一。

东佳书堂起初只招收本族子弟入学，后来随着办学规模和影响的不断扩大，开始招收社会上的好学士人，"子弟之秀者，弱冠以上皆就学"，延聘四方名师来此游学，成为江南著名的书院之一。僧文莹《湘山野录》中记载了东佳书院当时的办学情况："延四方学者，伏腊皆资焉。江南名士，皆肄业于其家"。杨亿在《雷塘书院记》中，将江州陈氏书堂与南康洪氏雷塘书院、洪州胡氏华林书院并称为鼎峙于江东的三大家族书院。发展到后来，宋初，东佳书堂所藏书帖，号为"天下第一"②。

东佳书堂由于其优良的办学条件，吸引了大批的士人和文人墨客来此游学交流，他们在此留下了众多辉煌灿烂的诗篇和题记，成为东佳书堂辉煌办学历史的印证。《陈氏书堂记》的作者、宋中书舍人徐锴的门生章谷就曾在东佳书院读书游学，《东佳书院记》载："……门生前进士章

---

① 徐锴：《陈氏书堂记》，《全唐文》卷888，清嘉庆十九年扬州全唐文局刻本。
② 文德翼：《江州义门陈氏族谱序》，载吴宗慈《庐山志下》，江西人民出版社1996年版，第63页。

谷尝从肄业，笔而见告，思为之碣。"①

在东佳书院肄业的宋靖州知州章谷，游学东佳时曾写下两联，一联为："三公知新意忘老耋龄茂，百子求学更争年少风华。"另一联为："东佳院内藏书楼萦紫崖水，西舒阁中洗砚池连白水岩。"诗联生动再现了东佳书院的美景和求学的盛况。

宋代东佳书院的教授陈倜联，在东佳书院担任教授讲学期间曾这样评价东佳书院的教学盛况和办学成效："慕东佳之名求焉斯至道犹江海，追义门之誉仰遂即来院若狱麓。"诗句道出了像他一样的大批学者，慕东佳书院之高名蜂拥前来东佳书院游学问道，人数之多如江海之水，场面可谓壮观。陈倜联还这样写道："八方学子求学由是造诣由是功成名就亦由是，五州志士笃志于斯肄业于斯登第仕宦亦于斯。"这两句诗写出了东佳书院的卓著的办学效果，来自四面八方的学子来此求学，他们的很多人在这里或毕业或肄业，学到了真才实学，通过科举成就了功名仕宦，取得了各自的成就。

宋光禄大夫陈执中下面的两句诗写出了东佳书院的学子在书院中学习的具体情形：

潜心东佳阅周礼玩义文一字必求其解宁可一天仅解一字，
致力西舒尊儒术游书山万卷何愁其破但愿一年破万卷书。

从诗中的内容来看，东佳书院的教学内容多为儒术周礼一类的典籍，广大书院的师生在此潜心读书求学，在学习中互相切磋交流，其学习的认真和刻苦程度可见一斑。

据记载，北宋著名的文学家、唐宋八大家之一欧阳修也曾来东佳书院游学。北宋庆历四年（1044），欧阳修仰慕义门陈氏家族文风之盛，跋山涉水来到东佳书院游历讲学，受到东佳学子们的热烈欢迎。一天，他讲完学，在东佳学子们的簇拥下，游览东佳胜迹。站在"一字园"高高的岩台上，面对秀美的东佳风景和人文大观，更增添了欧阳修的游兴。他款步来到了"永清潭"，只见紫岩耸延，藤蔓碧绿，岩泉叮当，飞瀑千

---

① 徐锴：《陈氏书堂记》，《全唐文》卷888，清嘉庆十九年扬州全唐文局刻本。

丈。欧阳修兴奋不已，灵思涌动，雅兴大发。他对随同而来的东佳学子说："吾有一联，尔等能应对否？"接着，他用洪亮的声音吟出了上联："山石岩泉流白水"。这个上联，抓住了东佳胜景——岩泉飞瀑，巧拆"岩""泉"二字为山、石、白、水四字，以"岩""泉"为主并将山、石与白、水置于联中前后，巧妙铺陈，描写精当，颇有韵味。东佳学子们你望望我，我望望你，谁也对不出下联来。一千多年过去了，一直到今天，仍然没有人能对出下联。

此外，宋代文学家、内翰杨公忆游学东佳书院后，写下了著名的咏义门诗《题东佳书院》。诗中言道："闻说东佳院，名将厥里偕。生徒似东晋，书籍胜西斋。俎豆儒风盛，埙篪乐韵谐。门徒双柱茂，编籍九流排。讲学寒纱幔，题诗挂粉牌。……远客来千里，新恩出西阶。"诗中真实再现了东佳书院当时的游学盛况，当时的东佳书院，可以说大师云集，"名将厥里偕"，应是东佳书堂延聘的到此讲学的一批学术大师。当时的东佳书院藏书丰富，可谓"书籍胜西斋"。当时东佳书院的求学者非常之多，"生徒似东晋"，当时的东佳书院，由于书院的声名远播，大批的士子聚集到东佳书院来求学问道，多到像魏晋的生徒那样，可谓是门庭若市。诗中还提到"俎豆儒风盛，埙篪乐韵谐。门徒双柱茂，编籍九流排。讲学寒纱幔，题诗挂粉牌"。描述了来东佳书院的士子们不仅人数众多，而且还在此吟诗作对，切磋交流，致使东佳书院儒风大盛，读书向学之风日剧，大儒们与士子们在此开展讲学活动，他们所题的诗文题满了东佳书院的各个地方。来东佳书院游学的人员来自四面八方，"远客来千里"是其真实的描述。

此外，还有其他众多的社会名流、诗人、文学家，如钱若水、黄庭坚、晏殊、苏轼等都曾来东佳书堂游学、切磋和交流，这进一步提升和推动了义门陈氏东佳书堂的繁荣和发展。江州义门陈氏家族的书堂教育活动取得了巨大的成功，培养了大批的人才，对当时及后世产生了深远的影响。

民国时期中小学教师与训育

熊贤君[*]

[摘　要]　民国时期在各级各类学校，特别是在中小学实施德国教育家、近代教育学理论奠基者赫尔巴特提出的训育思想，希冀通过训育的实施收到中小学德育、管理、教学质量全面提高的效果。无可置疑的是，教师是训育实施能否收到实效的关键，在学校教学、德育、管理各个方面都是极其重要的力量。由于民国训育制度顶层设计都忽略了教师的培训指导，结果导致中小学训育事倍功半。

[关键词]　中华民国；中小学教师；训育制度

"训育"是近代教育学理论奠基人赫尔巴特提出的重要范畴，虽然在很大程度上与德育类同，但并不能简单在二者之间画上等号。20世纪初训育理论传入中国，到30年代后才产生广泛的影响，俨然形成了一场中小学训育运动。近些年来，学术界对训育渐渐有所关注，但对训育利害攸关的教师的地位和作用的研究，却被置之于被遗忘的角落，这对于民国优秀教育资源的学习借鉴、丰富德育资源、提高德育的效果而言，颇有研究的价值。

一　训育的意义及其引入

19世纪初为近代教育学奠定基础的德国教育学家赫尔巴特，将学校

---

[*]　深圳大学师范学院教授

的整个工作分成管理、教学和训育三个方面，这三者构成学校职能体系。其中，"管理"指的是对学生行为的管理，主要是对学生不正当行为的约束。教学则是教师通过教材传授全面系统的学科知识，培养相关方面的技能。赫尔巴特指出，判别是不是教学，有一个重要的标示，"教学的概念有一个显著的标记，它使我们非常容易把握研究方向。在教学中总是有一个第三者的东西为师生同时专心注意的。相反，在教育的其他一切职能中，学生直接处在教师的心目中，作为教师必须对他产生影响的实体，而学生对教师须保持一种被动的状态"①。这"第三者的东西"就是师生都使用的教材。训育是什么呢？赫尔巴特十分肯定地说："对青少年的心灵产生直接影响，即有目的地进行的培养，就是训育。"②

学校职能体系中的管理、教学和训育，并不是井水不犯河水，彼此之间都有直接和间接的联系。管理不是教学，也不是训育，但与二者都有着密切关系。管理与训育有"共同的特征"，都是"直接对儿童的心灵发生影响的"。但"管理不是教育"，故在"管理"能够制约不正当行为时，应及时地以"教育"代替"管理"。譬如，教师在教学过程中常常感到颇为棘手的事情是："一方面有需要教授的科学，另一方面有不安静的学生，这就是教学与真正的教育之间作出分工的原因。因为我们肯定不可能把管理算作教学，所以它必须被悄悄地纳入到这种真正的教育中去。如此，明确地应维持秩序的教育，在教育学中似乎不可避免地必须要提出处理混乱秩序的原则了。"③ 训育又不同于教学，他们有共同的地方，"它与教学共同的地方在于他们的目的都是培养"，不同点是，训育是直指儿童心灵的，而在赫尔巴特看来，教学的指向是知识和技能。训育不同于教学，还可以从训育的职能上来考察。训育对于学生性格养成来说，作用是双重的，既有直接作用的，也有间接作用的。赫尔巴特说："训育对于性格培养来说是双重的——间接的与直接的。它一部分是帮助教学，使教学成为可能并去影响一个业已独立的人今后性格的形成；一部分是

---

① 《赫尔巴特教育文集》(3)，浙江教育出版社2002年版，第146页。
② 《赫尔巴特教育文集》(3)，浙江教育出版社2002年版，第146页。
③ 《赫尔巴特教育文集》(3)，浙江教育出版社2002年版，第145页。

起这样的作用：通过行动或非行动直接使学生产生或不产生的初步的性格。"① 训育养成学生良好的性格，这才可能为教学开辟畅通无阻的道路，"教学将得以渗透到儿童的思想、兴趣与欲望中去"。

任何一所学校的训育、管理和教学三大职能的践行，依赖的是什么样的一些人呢？学校宏观的训育、管理和教学，自然是校长及其团队的事情，但学校是育人的机关，育人最重要的场所在班级、在教室，教师就是训育实施的至关重要因素。训育、管理和教学的指向都是学生，而执行的人员就是教师。校长对学生的影响主要是通过教师作中介方可产生。所以，教师处在学校训育、管理和教学三大职能的中心位置。课堂教学离开了维持秩序，教学将一事无成。学生坚忍不拔性格的养成，舍训育无其他路径。而离开了训育和教学的管理，实际上是不存在的。实际上，教师的课堂，教师的学科教学，本身就将训育、管理和教学有机地整合于其中了。所以，赫尔巴特提出的训育实施的"维持的训育""起决定作用的训育""调节的训育""抑制的训育""道德的训育"和"提醒的训育"六种基本措施，都是针对着教师提出的。因而教师是训育能否收到实效的关键。

赫尔巴特的训育理论通过日本传入中国。光绪三十一年（1905），清末教育方面的杂志便登载日本真田幸宪《中学校寄宿舍训育论》的文章。民国元年（1912），教育部颁布《小学校则及课程表》《中学校令施行细则》，都未曾提到训育。但从20世纪30年代初开始，训育就成为高频教育名词术语。1931年9月，由国民党中执委常务会议拟定的《三民主义教育实施原则》及各级学校实施纲要，都包括"课程"和"训育"两个内容。1932年6月，教育部颁发《今后中小学训育上应特别注重之事项》，对训育的方方面面做出了规定，是1939年教育部颁《训育纲要》的前奏。自30年代初以后，关于训育的宣传报道及研究论文，以及学者著述，铺天盖地，扑面而来。其间还有很多省份成立训育委员会，颁布的有关训育的章程、标准之类的文字。

汗牛充栋的关于训育的著述文字中，对教师在训育过程的地位和作用的著述文字，有一些明确的规定。这说明对教师这一训育推行的必不

---

① 《赫尔巴特教育文集》（3），浙江教育出版社2002年版，第147页。

可少的力量的地位，认识是清晰的，对其作用是高度肯定的，这是以后训育能够收到一定成效的基础。

二　教师在训育实施中的作用

国民政府官方及地方政府，以及民间教育力量，对教师在训育推行的地位和作用，都作了一些探索。

（一）对教师承担训育责任的规定

教育部颁发《今后中小学训育上应特别注重之事项》，对中小学教师所承担的训育责任作了明确规定。其规定有四点，前三点是人格教育和教学工作方面的，最后一点是关于学科教学方面的。前三者的内容是："（1）中小学各教职员均须切实同负训育责任，破除从前教学训育分裂之积习，各就本校训育与教学的关联方面预定整个的计划，以备分工合作。（2）各教职员均须对于此次国难经过彻底明了，并须以各种暗示的方法，时时提醒学生。（3）各教职员自身须过刻苦耐劳的生活，实行人格熏陶。"[①] 在学科方面，《注重之事项》要求充分利用国语、算术、历史、地理、自然科学、社会、体育等学科的教学，"增强学生对于雪耻救国的系统观念及动机"。

1939年颁布的《训育纲要》（以下简称《纲要》），对教师在训育上的责任分小学和中等学校两部分分别作出规定："小学全体教职员应共负训练之责任，务使随时随地注意儿童各种活动，直接间接引用小学公民训练规律和条目，指导儿童遵守。"[②] 在小学训育实施部分，《纲要》勾画了"各种活动"的内容，如历史地理研究、各种纪念会、讲述国耻及民族行列故事、阐述总裁言行、日常生活中实际知识的授予、劳作教学、游戏运动、课外作业、学校卫生及幼童军事训练、消防、急救、警报、灯火管制、交通管制、避难练习等特种训练、音乐、美术等研习、指导儿童组织自治团体、团体运动、集会训练等活动，小学教师都要利用这

---

① 《中华民国教育法规选编》（1912—1949），江苏教育出版社1990年版，第221页。
② 《训育纲要》，载阮华国编《教育法规》，大东书局1947年版，第33页。

些机会进行训育。对中学教师,《纲要》提出其职责是要向中学生讲解三民主义之要义及孙中山和蒋总裁的言行、以青年全部实际生活为对象,贯通家庭、社会、国家、世界的联络,启发家庭伦理观念,讲解历史地理公民科及时事,进行体操、游戏、竞技、爬山、游泳等运动,生活训练与举办各种合作事业、社会事业,指导组织学生自治会及其他各种集会,等等,以实现训育目标。

《训育纲要》是各级各类学校实施训育的纲领性文件,其特点是提出训育目标,要求各级各类教师通过各种各样的活动,来达成该目标。

全国各地在训育实施过程中,各学校明确规定教职员承担着训育责任。《云南省立永昌中学训育实施方案》第二条"训育责任"规定:"1. 本校教职员均须依照本校训育目标,切实同负训育责任,使教学与训育互相关联沟通,以免教与育之分裂,而收教育整个的效果。2. 本校教职员对于此次之国难及已往之国耻,均须研究其经过,有彻底的明了,并随时以各种暗示的方法提醒学生。3. 本校教职员自身生活应刻苦耐劳,以身作则,实行人格熏陶。4. 本校教职员除于训练方面注意领导外,并应充分利用教学机会,就各人所教之学科,增强学生对于雪耻救国的系统观念及动机。"[①] 将具体责任落实到教师肩上。

(二) 教师是训育实施的重要力量

《训育纲要》提出了中小学生训育目标,即"曰管,曰教,曰养,曰卫"。"管养卫皆达材之事,而信道则所以成德,教育既系应国家之需要以设施,故教育之标的即针对建国之四大需要,而为:1. 自信信道;2. 自治治事;3. 自育育人;4. 自卫卫国之四点。"[②] 教师要通过教材和各种教法,使中小学达成四大目标:"1. 高尚坚定的志愿,与纯一不移的共信——自信信道(主义);2. 礼义廉耻的信守,与组织管理的技能——自治治事;3. 刻苦俭约的习性,与创造服务的精神——自育育人;4. 耐劳健美的体魄,与保卫卫国的智能——自卫卫国。"[③] 实施这四大目标的

---

① 《云南省立永昌中学训育实施方案》,载《云南教育行政周刊》,1932 年。
② 《训育纲要》,载阮华国编《教育法规》,大东书局 1947 年版,第 25 页。
③ 《训育纲要》,载阮华国编《教育法规》,大东书局 1947 年版,第 25 页。

方法，说到底只有4个大字，即教训合一。中国学校训教从来是分离的，教师除教书外，训育问题概不过问。其实，"教师对于训育负有重大责任，不但其所授教材对于学生品行发生影响，即其态度人格，间接亦有感化之能力，故近来我国教育界颇主张训教合一"[1]。《训育纲要》强调要坚持训育与教学合一的训育实施方法，原因就是："学校的训育，大部操之于上课的教师之手。换句话说，在上课的时候，实施训育的机会特别多些。如果像一般的中学教师所主张，教师可不问训育，则学生在学校中的大部分时间用于上课，此外简直没有多少时间去实施品格的训练，那么品格训练的机会既如此的少，自然学生纪律愈坏，行为愈加放肆了。"[2] 按杜威的观点，学生到学校是来修习课程的，学校与学生的联系，是通过教师的课程进行的。所以，教师是训育实施最为坚挺的力量。

中小学训育实施是从从体育、群育（社会教育）、智育和德育等方面进行的。教育部颁发《今后中小学训育上应特别注重之事项》，从训育四途径的具体内容作了如下简单的列举[3]：

范围	具体内容
关于体育方面	1. 高中实施严格军事训练，注重野外实习，凡军训不及格者不得毕业。初中加紧童子军训练，小学注重童子军训练与健康运动。2. 注重各种团体运动及国术与各地固有游戏运动
关于群育（社会教育）方面	1. 指导学生组织自治团体，养成团体生活，并应注重团体组织，竭力限制个人自由。对于服从、互助习惯，尤须注意养成。2. 须求国家与民族之自由，放弃个人之自由；若在团体中求个人之自由，就是自私自利
关于智育方面	1. 注重科学研究、试验、竞赛及成绩展览。2. 辩论、演讲及言论发表，须注意雪耻救国的事实。3. 各种研究会应侧重我国生产状况及国防设备各问题。4. 收集衣食住行必需之本国物产，分别展览。5. 国货、劣货鉴别方法的研究。6. 重要时事的报告和探讨

---

[1] 李相勖：《训育的改进》，《中华教育界》第21卷第7期。
[2] 赵廷为：《关于训育的基本原理》，（广州）《教育研究》第75期。
[3] 《中华民国教育法规选编》（1912—1949），江苏教育出版社1990年版，第222—223页。

续表

范围	具体内容
关于德育方面	1. 实行刻苦耐劳生活，减少校内工役，一切劳作务须由教员学生共同任之。2. 节省宴会茶点及零食费用。3. 提倡爱用国货。4. 严禁浪漫、浮夸、奢侈。5. 宣誓雪耻救国，并训练学生认定本人将来应为事业作救国救民族之准备。6. 重要集会时为国难死亡同胞默念致哀

四个途径的具体内容如何去影响中小学生？完全仰仗中小学教师，此外别无良方。

（三）教师高尚人格是收良效的重要要件

训育在中小学推行数年，不可谓从官方到基层不重视，不可谓声威不够大，然而有目共睹的是收效甚微。人们遂从各个方面探索原因。在林林总总的原因中，教师素质为大多数学者所关注。

贾丰臻看到，同一所学校，不同性别的教师做班主任，"儿童的情状不同"。老教师较年轻教师做班主任，学生的状况又不相同。其原因是什么呢？他认为是教师"人格高下之不同而然。教师之人格高者，其学级之儿童亦品高，而出人头地。可知全根于教师之人格"。他的结论是："人格的统率实为训练之根柢。故人格之修养乃为人师者所最要也。"[①] 强调中小学教师要以身作则，要有高尚人格，要求学生做到的，自己首先做到；要学生成为什么样的人，自己首先就是那样的人，将教师高尚人格的训育作用推崇到了极致。

然而，训育的对象——学生，是活生生的人，不是物；人是有思想感情的，有七情六欲的，学生是"在老师所能控制的环境内，教师人格的感化，对于训育的影响，却不能不说是最重要的了"[②]。训育的实施者——教师，也是人，也有自己的思想感情，有自己的行为方式，因而，"我们要希望每一个教师都能够以身作则，在事实可能否？"赵廷为认为，

---

① 贾丰臻：《说训育不振之原因》，《教育杂志》第5卷第9号。
② 赵廷为：《关于训育的基本原理》，（广州）《教育研究》第75期。

现今的一般中小学教师不能以身作则，都是"实情"，不可能每一位教师都像裴斯塔洛齐和孔圣人，即使是教育发达的欧洲，"教师也不见得个个跟裴斯他洛齐和孔圣人一样"。既然如此，训育实施所要求的，是教师"讲话要切合实情，教师的道德程度一定要在一般的人们的道德水平线之上！我们更希望的，是每一个教师对于所要使学生齐成的诸种德性，能够以身作则。即说有若干教师对于所要使学生养成的诸种德性，仅能一部分以身作则，而对于另一部分不能以身作则，那也是不要紧的"①。当然，教师既知自己人格上的缺点，不要刻意掩饰，而应当"坦白地对学生直认自己的缺点，而与学生同下决心，谋自己的人格上的缺点之矫正"。

具备高尚人格的教师实施训育，很容易收到实效，这是不容怀疑的。但这是一个不存在的前提。金无足赤，人无完人。赵廷为的观点在训育上是切实可行的，也是现实条件下最为理想的措施。

三　教师培训是训育实施的当务之急

教育部《今后中小学训育上应特别注重之事项》和《训育纲要》等一系列文件颁发后，各省市、县教育行政部分及各级各类学校急于成立训育推行委员会，搭建领导班子，册封"训育主任"之类的官员。这些当然是有一定必要的，但更为重要的是教师培训与指导——这一点，从民国时期训育的实施过程来看，训育制度的顶层设计者显然是严重地疏忽了。

训育是一种新的教育理念，一种新的教师教育方式，对教师提出了新的要求与范式，一下子要承担着训育重担的教师予以实施，其效果可以想知。要收到理想的训育实施效果，当务之急是对教师进行专题培训，提高认识，职务定位，掌握训育的方法，等等。

第一，提高教师对训育工作的认识。《训育纲要》明确指出："训育之意义，在于陶冶健全之品格，使之合乎集体生存（民生）之条件，而健全品格之陶冶在于培养实践道德之能力，培养实践道德能力之道无他，

---

① 赵廷为：《关于训育的基本原理》，（广州）《教育研究》第75期。

好学，力行，知耻三者而已。"① 实施训育有很强的针对性。一方面"各级学校对于学生意志之激勉、知识之传授、情感之陶冶，未能遂其平均之发展，是故道德式微，精神衰颓，青年心理，不流于浮夸，即起于消沉"；另一方面"青年之大病在缺乏自动能力与劳动习惯"，习惯不良，意志薄弱。在这样的景况下，学生"纵有精深之智识，健强之体格，而无高尚之道德以正其用，于个人则为自私自利，以趋于自残，于国家则未获其盖而适承其病"。其原因，责在训育，原因之原因，"实由于师教之忽于德育指导"。② 所以，教师应当肩起责任，推行训育，养成学生完全之人格。

第二，训育实施上教师的职务定位。教师在实施训育时的定位，直接关系到训育的效果。教师应当从三个方面定位：其一，教师要做学生的领袖。教师的任务在于"领导学生去改善生活的方法，去养成各种优良的人格的特性"。要完成这一任务，教师必须具备优良领袖的性格。其二，教师要做学生的顾问。当学生遇到什么困难要求教师解答时，教师不能越俎代庖，"过多的帮忙也是不好的。所以教师常常略加以指导，使得他们在不会遇到完全失败的条件之下，自求解答"③。学生生活上遇到无法解决的问题时，教师就应当是学生"最亲信的顾问"。其三，老师要做学生合作的朋友。要做学生的领袖和顾问，一定要获得学生的信仰和爱戴。做到这一点，教师"绝对不宜采取卫道先生式的严峻的态度，而必须放下死板的面孔与学生合作，并且与学生做朋友"。章绳以则提出教师与学生成为合作的朋友，要"平日待学生如朋友，不可自居高贵，藐视学生"；"当以诚恳坦白之心待学生，不可用欺骗敷衍之手段"④。这也就是教师"一定要具有同情和爱的人格"⑤ 的原因。

第三，应当谙熟训育方法技巧。严格的训育方法，表面上看"似不合现世潮流"。章绳以指出："要知严格与专制不同，专制是他律的，严格是自律的、理性的、平等的、彼此互相尊重的。主张严格之目的，在

---

① 《训育纲要》，载阮华国编《教育法规》，大东书局1947年版，第21页。
② 《训育纲要》，载阮华国编《教育法规》，大东书局1947年版，第22页。
③ 赵廷为：《关于训育的基本原理》，（广州）《教育研究》第75期。
④ 章绳以：《谈谈今日中等学校的训育》，《中华教育界》第20卷第5期。
⑤ 赵廷为：《关于训育的基本原理》，（广州）《教育研究》第75期。

整肃学者之精神，锻炼学生之意志，养成勇敢忍耐，重纪律，守秩序之习惯，一洗数年来放荡、涣散、柔靡、脆弱之颓风。"① 在训育方法技巧上，他认为应当根据各校的环境和学生的习性，"施以因势利导之方法，俾可事半功倍"。在他看来，"训育事情虽说极难，但施行得法又极容易。学生好比是锁，训育者好比是钥匙，倘能相配，则毫无问题；倘使不合，则竟无办法"。总体来说，训育无定法，训育又有法，"训育方法是活的，不是一成不变的，要临机应变，要有弹性，要利用感情，决非打滞之方法"②。这当然要训育者的智慧。训育方法还应当有三个技能，一是适应个别差异；二是供给有目的的学习活动；三是"造成社会化的教室空气"③。此外，还应当掌握激励和惩罚的技巧和方法。

由于国民政府教育部实施训育是仓促上马，只是急于搭建省市县和学校训育实施委员会，却将训育推行舍之其谁的力量——教师的培训搁置一边，直接导致训育实施产生的不愿见到的结果，成为民国教育史上的一桩憾事。

---

① 章绳以：《谈谈今日中等学校的训育》，《中华教育界》第 20 卷第 5 期。
② 章绳以：《谈谈今日中等学校的训育》，《中华教育界》第 20 卷第 5 期。
③ 赵廷为：《关于训育的基本原理》，（广州）《教育研究》第 75 期。

民国高校教师生活研究的历史定位

王建军[*]

[摘 要] 民国时期高校教师面对身份转型以及来自文化资本、体制力量的冲击,生活方式发生了巨大的变化,一方面为满足浅层次需要而在衣食住行方面呈现出较多的本能性、感性、经验性、自发性,另一方面为满足内在深层次需要而追求如尊重与自由、发展、自我价值实现的活动。

[关键词] 民国高校;高校教师;教师生活

生活总是荡漾着时代的风采。日常生活中所必需的衣食住行,都因历史条件的不同而展现出特定的方式和内容,都折射出这一时期人们追求生活的特定意义。因此对这一时期人们的生活史研究,重要的是它的历史定位,即人们是在怎样的生活平台上追求怎样的生活意义。

何况是民国时期,何况是民国高校教师的生活。这个群体生活在由传统农业社会向现代工业社会过渡的近代中国。在这个时期,传统生活所赖以展开的物质基础正在逐步消解,现代生活所衍生的方式、基础又令他们眼花缭乱。这个群体又是一个知识群体,他们的中小学教育大致在中国完成,传统教育的影响比较浓厚。这些人中的大多数又有留学经历,西方教育的影响也比较重。这样的教育背景使他们的生活方式和生活情趣都具有与传统士大夫完全不同的价值追求。更为重要的是,他们

---

[*] 华南师范大学教授

的生活舞台是在现代高校。现代高校有着与传统官学完全不同的生活秩序，这对民国高校教师的生活来说又充满着诸多的新鲜挑战。

一 "我们是谁"

处于社会转型时期的新兴群体生活意义，首先在对身份的自我认同。对民国高校教师来说，这个群体的生存不是一种简单的职业转换或角色变动，而是这个群体在社会转型时期自我秩序形成、自我能量集聚的生存状态。具体体现为民国高校教师在社会结构分化的条件下，对新身份的主观评价和归属感。

（一）身份转型的追问

所谓身份转型，是指民国高校教师是由传统社会的"士"转化而来。在传统社会的"士农工商"结构中，"士"为四民之首，无论在政治、文化、思想等领域，均占据着中心位置。科举制度废除以后，四民社会解体，士人在政治、文化等领域逐渐从中心走向边缘，成为无所依附的知识分子。为了生存，知识分子只能服从于现代化所导致的社会结构分化及职业分工的制度化环境，或进入媒体，或进入学校，或进入专门的研究机构，运用他们掌握的文化科学资源集结起来，表达他们对公众事务的参与，以确立新的身份和社会角色。这种身份转型对民国高校教师，尤其是对一批具清末士大夫身份过渡到民国高校教师身份的人来说，这个适应过程还是充满了困惑的。

例如王国维入清华研究院之前，1918 年，蔡元培拟聘王国维为北大教授，王国维婉辞不就。1922 年，北京大学成立国学研究所，蔡元培聘其为函授导师，并送来薪金 200 元，王国维退回修金。同年，王国维接受清废帝溥仪的征召，出任废宫"南书房行走"。1924 年秋，清华学校拟办研究院，胡适推荐王国维任院长，校长曹云祥敦请，王国维婉辞。1925 年 2 月，清华创办了国学研究院，胡适去请他出任导师，王国维认为是"洋学堂"，不肯应聘。胡适便托溥仪代为劝驾，溥仪下了一道诏书，王国维这才答应去清华。

梁启超也有这样的思想纠结。进入辛亥革命后的梁启超依然带着传统士大夫的深刻烙印,热衷活跃于政治中心,幻想通过自己的政治作为"替国家做点建设事业"。于是他先是在袁世凯政府中做了5个月的司法总长、7个月的币制局总裁,最后都以辞职告终,并于1915年1月在《吾今后所以报国者》中发布了脱离政治的宣言。袁世凯复辟帝制,梁启超又重回政治舞台,发动了反袁护国战争。护国战争胜利后,黎元洪邀请其担任总统府秘书长,他予以拒绝,第二次向社会宣告脱离政界。张勋复辟,梁启超再度复出,反对复辟。1917年7月,梁启超参加了段祺瑞的内阁,坐上了梦寐以求的财政总长的宝座。然不足四个月,他又一次失望地从政界引退。从此,梁启超才开始转向专心的著述和讲学,以借助高校讲台发出自己的声音。1921年12月,他在对北京高师学生作的一次演讲中坦然地解剖自己:"我近来却发明了自己一种罪恶!罪恶的来源在哪里呢?因为我从前始终脱不掉'贤人政治'的旧观念,始终想凭借一种固有的旧势力来改良这国家。所以和那些不谙共事或不愿共事的人,也共过几回事。虽然我自信没有做坏事,多少总不免被人利用我做坏事。"① 其实,梁启超之认同高校教师身份,其真心还是在政治,只是觉得高校这个讲台更适合他施展拳脚。

　　康有为也如此。辛亥革命后的康有为对高校教师身份是没看上一眼的,他心目中的社会角色定位在依附于清朝废帝复辟的孔教教主。他在辛亥革命后俨然以孔教教主的身份到处演讲,写文章,积极鼓吹尊孔读经,并积极参与了张勋复辟的闹剧。复辟失败后,心灰意懒的康有为曾一度息影林泉。但不甘寂寞的他,竟然在69岁高龄办起了一所"天游学院",自任院长兼讲经学。然天游学院报读者寥寥,但康有为并不泄气,他说:"上海各大学人数动辄千百,我院只有二三十人并不为少。耶稣有门徒十二人,尚有一匪徒在内。今其教遍于天下,岂在多乎?"② 这番话多少透露出康有为创办天游学院的本意。他很想再创当年万木草堂的辉煌,很想借助天游学院再去开启一个他所梦想的时代,很想在他的有生之年为历史再添上重重的一笔。看来康有为之认同高校教师身份,其根

---

　　① 梁启超:《外交欤?内政欤?》,载《梁启超全集》,北京出版社1999年版,第3410页。
　　② 任启圣:《康有为晚年讲学及其逝世之经过》,载夏晓虹编《追忆康有为》,中国广播电视出版社1997年版,第471页。

子还在政治。

这三个个案很有意思。王国维对现代高校存在隔膜而欲避之，梁启超是在经历一番阵痛之后便开始认识现代高校的作用，但明显带有传统教育价值的痕迹，康有为则欲将现代高校办成集结政治力量的场所。他们的困惑因身份转型而生。中国传统官学，政教合一，学校教师兼具朝廷命官身份。而民国高校教师则为纯粹知识人，与政治并无直接关联。这使他们在由传统士大夫转型为现代高校教师时，遭遇到一个共同的疑虑，我们是谁？

（二）文化资本更新的冲击

由"我们是谁"而引发出的第二个困惑是"我们应该拥有怎样的专业特征？"从表面看，教师当以教学为其专业特征，但教什么，怎么教，才是体现教师专业特征的时代内涵。

晚年的康有为已经认识到科学的重要，他写过《物质救国论》，对科学的功能和作用给予了充分的肯定。然而他的讲授科学却不怎么科学。例如康有为讲天文，讲地球由太阳而生，月亮由地球而生，并且危言耸听地说，月者地之所生，故地球古有两月，吾以古月今月名之。古月之体，为吾地所吸，今为南美洲之巴西、阿根廷等国。今幸存一月，清光照人，得度长夜。① 茅盾在读大学时也遇上了这么一位老师。他是1913年考上北京大学的，当时教本国历史的是陈汉章："他教本国历史，自编讲义，从先秦诸子讲起，把外国的声、光、电、化之学，考证为我先秦诸子书中早已有之，而先秦诸子中引用'墨子'较多。"②

问题就来了。本应传播科学，却在一个劲地用中国传统文化理论与之比附，显然，康有为、陈汉章们的文化资本过时了。

根据布迪厄的场域理论，近代社会的转型，导致场域各方力量的调整及其利益的重新分配，权力的争夺便顺势而为。场域的运作和争夺依靠的是资本。民国高校教师主要是依靠文化资本参与场域权力的争夺和

---

① 康有为：《陕西第一次讲演》，载《康有为全集》（第11集），中国人民大学出版社2007年版，第274—275页。

② 茅盾：《报考北大前后》，载《过去的大学》，长江文艺出版社2005年版，第42页。

分配，以获取更雄厚的经济资本和更稳固的社会资本。为了争取场域中的文化权力，民国高校教师的生活必须形成共同的"惯习"。惯习的重要性就在于它体现为一种集体的意识和行为，它既存在于个人生活行为之中，又表现为某个共同体高度一致的、相当稳定的行为特性。正由于此，惯习是特定共同体的集体认同和身份徽记，也是其内部整合和区别于其他共同体的最重要的标志。

时代变了，民国高校教师的惯习也必然要改变。传统社会习科举之业的惯习，到民国时期派不上用场了。1944年5月，傅斯年在《"五四"二十五年》指出："注意科学不是'五四'的新发明，今天的自然科学家，很多立志就学远在'五四'以前的。不过，科学成为青年的一般口号，自'五四'始；正是'五四'使科学'从个人的嗜好'变成了'集体的自觉'。"[①] 在这样的时代条件下，民国高校教师必须要以学习科学为其群体的惯习。对从事自然科学教学的教师来说，他们的任务就是运用科学的方法、科学的手段来帮助学生认识世界，并发现世界之未知。对从事社会科学教学的教师来说，他们的任务就是运用科学的方法来帮助学生认识中国传统的知识，并借鉴西方学术来发展和创造中国现代学术。如果民国高校教师不能承担起这一历史使命，就不能回答"我们是谁"这个问题。

（三）体制力量的冲击

由"我们是谁"引发出的另一个问题是，"我们应该拥有怎样的权利？"

民国高校教师摆脱了传统士大夫的身份，可以不需要依附科举、依附王权，而是依据科学的文化资源和思想资源，借助高校的平台，在现代社会的发展中发挥着独特的作用。这种状况使高校教师有了一块实实在在的社会地盘，有了自己独立的建制化资源。但他们的这种一厢情愿的想法，却遭遇到一个更为强大的制约因素，那就是体制的力量。

我们可以看看当年刘文典与蒋介石的一段冲突。1928年11月，安徽

---

① 傅斯年：《"五四"二十五年》，载《傅斯年文选》，四川文艺出版社2010年版，第180页。

大学学生与省立第一女中校长程勉发生冲突,程勉诬蔑学生捣乱,请军警弹压,遂引发一场学生风潮。时值蒋介石路经安庆,十分恼火,召见安徽大学校长刘文典训话。"刘先生入室,不脱去帽子,昂然坐下,不向主席行致敬礼。老蒋见了已大不高兴,又见他打开烟盒拿出一根香烟,擦着火柴猛抽,就斥他为人师表,又是国立大学校长,如此无礼,刘先生只顾仰天喷出烟圈,然后以极其鄙夷的态度,哼了一声。"蒋介石让他交出闹事的共产党员名单,刘当面顶撞说:"我不知道谁是共产党。你是总司令,就应该带好你的兵;我是大学校长,学校的事由我来管。"甚至斥蒋介石为"新军阀"。蒋介石十分恼怒,打了刘两记耳光,并以"治学不严"将刘关押起来,并宣布解散安徽大学。消息传出,群情激愤。在社会各界舆论压力下,蒋介石不得不释放刘文典。刘文典也因此名声大噪,为士人所景仰。①

还有一件与刘文典相似的传闻。1929年,韩复榘主掌河南时,遇河南大学学生罢课风潮。韩复榘传见河南大学校长张某,对他大加训斥,张某略为争辩,韩复榘大怒,喝令其跪下,张某抗议道:"士可杀不可辱!"韩复榘立即表示:"好,我杀你!"幸得一旁的教育厅长和建设厅长强力将张某拉下,才免于一死。②

"学校的事由我来管",刘文典的这个话典型地体现了当时高校教师的自治意识。但蒋介石也毫不示弱,高校是你知识分子的立身安命之所,我蒋介石就要直捣你这个老巢。这就是体制力量。原以为高校这个安身立命之所是独立的、自由的、自治的,没想到政治权力却要用体制的力量来驾驭这个学术王国。这后面所凸显的问题是民国高校教师的权利问题。权利是一个群体与社会,与其他群体互动的前提和基础,权利不彰显,"我们是谁"这个问题就讲不清道不明。对这个问题的探索,意味着民国高校教师的生存与生活方式将被重塑,其内在生命意识与时钟须重新调校。

近代社会的转型,就这样给民国高校教师的身份认同提出了历史的

---

① 汪修荣:《民国教授往事》,河南文艺出版社2008年版,第19—20页。
② 梁实秋:《忆杨今甫》,载刘天华、维辛选编《梁实秋怀人丛录》,当代世界出版社2007年版,第147页。

课题。我们是谁，我们应该拥有怎样的专业特征，我们应该拥有怎样的权利，这些来自生活的追问，深刻地影响了民国高校教师的生活。

二 教授治校的实践

教授治校的命题最先由蔡元培提出。受西方大学管理模式的影响，他在民国元年的《大学令》中就规定，学校设立评议会，各科设立教授会，以审议学校及各科办学之重要事项。但推行不力，或者说，形同虚设，没有产生实际的效力。真正将教授治校理念付诸实施是在蔡元培主长北京大学以后，教授治校的实践也就逐步进入民国高校教师的生活。

（一）北京大学评议会的设立

蔡元培到北京大学后看到，过去的大学组织系统，"每一科有一名学长，唯有他有权管理本科教务，并且只对校长负责。这种组织形式形同专制政府，随着民主精神的高涨，它必然要被改革掉"。于是，蔡元培在各科设立教授会，然后又由所公举的教授会主任分任校务，组织各种委员会，来决策学校的各种专门事务。"但是，这种组织形式还是不够完善，因为缺少立法机构。因此又召集所有从事教学的人员选出代表，组织评议会。这就是为许多人称道的北京大学'教授治校'制。"[①]

蔡元培此法，是要让全体教职员能够共同负责本校事务，积极参与学校的公共生活，并能自觉履行所应承担的公共义务。这就为民国高校教师独立地经营自己的学术地盘、维护高校教师的生活秩序找到了一条可行的途径。

这样一个新鲜事物是否为民国高校教师所接受，这里仅以吴虞的感受为例。吴虞于1921年9月被聘为北京大学教授。到校不久，他就享受了参与教授会和评议会的选举权利，他在日记中对此作了较详细的记载。

1921年10月29日，吴虞接到校方来函，选举新一届教授评议会，在全体教授名单中选定十六人，于11月2日加封送校长办公室。其中附

---

① 蔡元培：《中国现代大学观念及教育趋向》，载《蔡元培教育名篇》，教育科学出版社2007年版，第194页。

1919年议决的评议会选举法："（1）不分科亦不分系，但综合全校教授总数互选五分之一。（2）此外加入教务长、庶务主任、图书馆主任、仪器室主任，但无表决权。"吴虞在七十八名教授中选定了十六人，"计教授七十八人，予所选者陶履恭、朱经农、谭熙鸿、马裕藻、周作人、沈兼士、钱玄同、吴梅、胡适、朱希祖、陈启修、李大钊、顾孟余、钱振椿、沈士远、刘文兴十六人也"。11月2日，吴虞日记记载："今日校长启事：本届本校评议会选举，定于今日下午三时，在校长室将票数汇齐。四时在第二院大礼堂开票，教授诸先生均请到场参观，以昭慎重。"①

1922年10月31日："蔡子民来函，附来分组教授名单，请选评议员，予圈颜任光、丁燮林、王星拱、陶履恭、谭熙鸿、张竞生、李煜瀛、马裕藻、沈尹默、张凤举、胡适、李大钊、陈启修十三人。"11月3日记载："昨日选出之评议员名单，谭熙鸿四十二票，王星拱四十二票，胡适四十一票，顾孟余三十票，李四光二十九票，陶履恭二十八票，马裕藻二十八票，陈启修二十六票，丁燮林二十五票，李煜瀛二十五票，李大钊二十四票，朱希祖二十三票，冯祖荀二十三票。以上十三人当选。"②

吴虞还在1923年10月19日日记中记载了他在80名教授中选出了16人，在1924年10月3日日记中记载了他在85名教授中选出了17人。吴虞之认真，反映了他对评议会的认同和期待，也反映了北大教授们对评议会的认同和期待。

（二）清华大学评议会

那么，大学评议会能否真正发挥作用，我们可以清华大学评议会为例。评议会的操作，吴宓日记可给我们一些印象。吴宓是清华大学的评议会和教授会成员，这里选取他在1928年上半年日记履行评议会和教授会职责的相关内容：

> 1928年3月8日，"下午4—6赴教授会。"4月24日，"4—7赴评议会。新任校长温应星主席，修改《组织大纲》，并议经费事。"4

---

① 中国革命博物馆整理：《吴虞日记》上册，四川人民出版社1984年版，第648—650页。
② 中国革命博物馆整理：《吴虞日记》下册，四川人民出版社1984年版，第62、64页。

月 28 日,"上午 10—1 赴评议会。"5 月 3 日,晚"七时半至十一时,赴评议会。"5 月 8 日,"下午四时,赴评议会,直至晚九时半始散。倦极。是日决定教授之去留及聘约。"5 月 9 日,"下午 1—2 上课。4—9 赴评议会,殊厌倦。即在会中用晚餐,校中备办者。"5 月 10 日,"下午 1—2 上课。4—6 赴教授会选举会。梅仍当选为教务长。惟评议会中,新选之评议员六人。"5 月 15 日,"下午 4—7 赴评议会。"5 月 18 日,"下午 4—6 赴评议会。"5 月 22 日,"夕 4—6 赴评议会。学生为求免考,竭力运动提前放假,又不肯归来补考。……而评议会一再费时讨论。"5 月 28 日,"4—6 赴教授会。所论关于学生积分成绩等事,皆极琐屑。"5 月 29 日,"4—7 即赴评议会,至七时半始散。"5 月 31 日,"4—5 赴教授会。选举余日宣为教务长,叶企孙为评议员。"6 月 6 日,"是日上午 10—12 赴评议会,悉外交部昨有部令,准温应星辞校长职。而以余日宣暂行代理校长。"6 月 13 日,"10—12 赴教授会,为旧大一级毕业成绩决定事。"6 月 15 日,"10—12 赴评议会。"6 月 20 日,"11—1 赴评议会。"①

在这近一个学期的时间内,清华大学评议会召开了 17 次会议,足可见清华评议会的操作已具规范化。虽然吴宓对这频繁的会议也间有怨言,但他还是每会必到,每会必认真履行职责。

这样的评议会能否发挥怎样的作用?1927 年 7 月,清华旧制留美预备部高等科三年级及二年级学生,未届毕业期限,向校长及外交部交涉,要求提前于本年夏遣送赴美留学。此事未经学校评议会及教授会讨论就大体决定了,直到拟提用留学基金时,教授会成员才得知此事。陈寅恪、吴宓等教授认为此事有损民主治校原则,不能沉默。于是,7 月 18 日和 21 日,赵元任、陈寅恪、李济(讲师)、吴宓、唐钺、叶企孙等教授联名在天津《大公报》发表宣言,要求学校董事会对此事表明态度。虽然有少数学生以暴力威胁教授,但教授们的意见还是引起了上层注意。8 月 10 日,清华学校基金三委员:外交部总长、次长和美国公使会商决定,这

---

① 吴学昭整理注释:《吴宓日记》(4),生活·读书·新知三联书店 1998 年版,第 31—79 页。

两个年级的学生均于1928年夏赴美。此事结束后,梅贻琦教务长和评议会成员戴超、杨光弼、吴宓、赵元任、陈福田、赵学海因不满校长独断专行,愤然辞职。这一举动迫使校长不得不作出公开道歉,教务长及各评议员遂复职。① 仅从此例便可略见民国时期教授治校的实效。

对这样的管理模式,体制力量自然是视为眼中钉的。1931年3月,蒋介石钦命其亲信吴南轩接任清华大学校长。吴南轩极力反对教授治校制度,否定了院长由教授会选举的惯例,试图直接任命院长。面对吴南轩的专制独断的治校方针,5月28日清华大学45名教授参加的教授会通过决议,对吴南轩进行公开谴责。同一天,清华大学48名教授联名签署《四十八教授态度坚决之声明》,致电蒋介石,请求其另择贤能,表示"倘此问题不能圆满解决,全体教授定于下学年与清华脱离关系"②。第二天,学生们也自发召开了全体学生大会,大会表示坚决支持教授会决议,一致要求撤换吴南轩。在全校上下一致的反对声中,吴南轩终于被迫于6月25日离开北平。

(三) 以学校行政兴学术之权

教授治校的积极作用,胡适作了三点概括:"从校长、学长独裁制变为'教授治校'制,这个变迁的大功效在于:(一)增加教员对于学校的兴趣和情谊;(二)利用多方面的才智;(三)使学校的基础稳固,不致因校长或学长的动摇而动摇全体。"③ 这些作用的发挥,使高校真正成为教师安身立命之所,高校教师在这里获得了真正属于自己的独立职业空间。

可以这么说,教授治校是民国高校教师身份转型的根本体现,是现代大学教师与古代官学教师的本质区别。传统社会,朝廷尽管给官学教师封官定品,以突出其政治身份,但教师在学校办学上没有话语权,在教学与学术中没有自主权和主导权。教师所能传授的知识是朝廷所钦定

---

① 吴学昭整理注释:《吴宓日记》(3),生活·读书·新知三联书店1998年版,第390页。
② 清华大学校史研究室:《清华大学史料选编》(2),清华大学出版社1991年版,第102、103页。
③ 胡适:《回顾与反省》,载白吉庵、刘燕云编《胡适教育论著选》,人民教育出版社1994年版,第173页。

的统治文化，教师既不允许也无必要对这种文化进行个人的解读和再创造，他们的职责就是将这些知识模块进行复制并迁移给学生，只能充当一种传递和督促的政治工具。教师职业本身所具有的学术性、创造性和教育性均已丧失。而民国高校的教授治校则根本改变了这种身份格局。

经过民国高校教师的努力，教授治校制度已成为社会共识。无论在政府层面，还是在高校层面，民国时期关于高校组织规章都明确列入了教师参加学校教务会议的条款。至于教授治校之最终目的，不在行政之权，而在学术之权，这一点数蒋梦麟讲得最透彻。1923 年，蒋梦麟在筹备杭州大学时指出："吾国办学，向来重视校长，而不重视教员。但一校之学术，出自教员而不出自校长。故同人等主张以学校行政兴学术之权，畀诸全体教授。校长由教授互选，所以选教授治校之目的也。"①

"以学校行政兴学术之权"，从这个角度来理解民国时期的教授治校、大学自治的呼声和行动，我们就会有一个更宽阔的历史视野。教授治校、教育独立绝不是简单的学校管理的问题，而首先是民国高校教师身份转型中的呼唤，是民国高校教师生活理念在时代转型中迸发出的一个呐喊。

三 构建高校教师共同体的时代课题

教授治校的实践是民国高校教师对生活所面临的挑战所作出的回应。通过教授治校的实践，民国高校教师向社会宣告，一个新的社会群体，高校教师共同体诞生了。

（一）民国高校教师共同体产生的历史必然

民国时期是高校教师共同体营建的起点。虽然清末时期我国已有了一批具有近代雏形的高校，但那时的高校教师管理还是承袭传统官学的模式，正教员、副教员都还具有朝廷命官的身份，都还只是朝廷职官的一部分。到了民国时期，高校教师才摆脱官师合一的模式，才开始真正地组建自己的群体，才开始真正的教师共同体营建。

---

① 蒋梦麟：《杭州大学意旨书》，载《蒋梦麟教育论著选》，人民教育出版社 1995 年版，第 234 页。

朱自清曾就民国时期知识群体的嬗变过程有一段话："等到民国成立，理论上人民是主人，事实上是军阀争权。这时代的教员和学生意识着自己的主人身份，游离了统治的军阀。他们是在野，可是由于军阀政治的腐败，却渐渐获得了一种领导的地位。他们虽然还不能和民众打成一片，但是已经在渐渐地接近民众。五四运动划出了一个新时代。自由主义建筑在自由职业和社会分工的基础上。教员是自由职业者，不是官，也不是候补的官。学生也可以选择多元的职业，不是只有做官一路。他们于是从统治阶级独立，不再是'士'或所谓'读书人'，而变成了'知识分子'，集体的就是'知识阶级'。"①

身份的独立使高校教师更需要依靠高校这个平台。所以，高校教师共同体就是高校教师在共同生活和共同劳动过程中依据一定方式和规范结合而成的一个生活上相互关联的大集体。其成员依据高校发展的平台，逐步建构起一种具有共同的价值认同和生活方式、共同的利益和需求，以及强烈认同意识的生活群体，以从中获得身份、地位和权力，并承担共同体所应承载的社会责任来满足其精神需要，如获得社会认同和归属感等。

高校教师共同体的营建，首先是精神的认同。罗家伦在论述北京大学精神时提出："一个大学的精神，可以说是它的学风，也可以说是它在特殊的表现中所凝成的风格。这种风格的凝成不是突如其来的，更不是凭空想象的。它造就的因素，第一是它本身历史的演进，第二是它教职员学生组合的成分，第三是它教育理想的建立和实施。这三项各有不同，但互为因果，以致不能严格划分。"② 罗家伦此说，强调所谓大学精神，就是高校教师在认同群体身份之后的精神凝聚。

高校教师共同体的营建，又仰仗于学校组织人才的魅力。陶履恭在1916年发表文章，提出一个很有意义的观点："吾尝谓学校之组织固首赖财力，而其精神则全视谋事者之若何鼓舞。京、津高等以上之学校，经费夙豪，民国二年以后，减削至于极微，而学校之整饬、科目之设备，

---

① 朱自清：《论气节》，《朱自清选集》（上），人民文学出版社2004年版，第457页。
② 罗家伦：《蔡元培先生与北京大学》，载《过去的大学》，长江文艺出版社2005年版，第48页。

固今胜于昔也。故今日大学改善之问题，不全在财政，而尤在乎人才。盖二十世纪之新发见，厥为组织，苟得其人而善为组织，则事毕举。"①"厥为组织，苟得其人而善为组织，则事毕举"这话是说，高校教师共同体的营建关键在校长。校长的办学理念，校长的人格魅力，校长的组织能力，是成就一个教师共同体的关键。

高校教师共同体的营建，还寄望于所有成员的独立人格。民国初期，蔡元培就提出了"养成完全之人格"的命题。蔡元培强调，这一人格，不是畸型的，而是完全的；不是奴性的，而是自主的；不是自私的，而是国民的。"盖民国而无完全人格，欲国家之隆盛，非但不可得，且有衰亡之虑焉。"② 所以高校教师共同体成员之间的交往应重视个人价值。"个人有个人之价值，不可戕贼之。国家与社会者，所以保障个人之平等自由者也"；"使个人享自由平等之机会而不为政府、社会、家庭所抑制"③。更不能用专制强力"摧折个人的个性，压制个人自由独立的精神"④。

（二）民国高校教师共同体的历史使命

高校教师共同体的集结并非单纯的身份组合，而是为了承担更有意义的社会责任。高校教师肩负着为国家培养人才的重任，因而民国高校教师对群体身份认同的深含，即这个共同体所怀抱的文化理想。孟宪承所谓"大学的理想，实在就孕育着人们关于文化和社会的最高的理想"⑤，就强调了大学以它独特的文化存在和精神存在，体现着一个民族、社会、国家的希望所在。这个观点在民国时期得到高校教师的普遍认同，他们

---

① 陶履恭：《吾之大学教育观》，载《中国近代教育史资料汇编》，上海教育出版社2007年版，第837页。

② 蔡元培：《在爱国女学校之演说》，载《蔡元培教育论著选》，人民教育出版社1991年版，第75页。

③ 蒋梦麟：《个性主义与个人主义》，载《蒋梦麟教育论著选》，人民教育出版社1995年版，第5—76页。

④ 胡适：《易卜生主义》，载《胡适文集》（第2卷），北京大学出版社1998年版，第488页。

⑤ 孟宪承：《现代大学的理想和组织》，载杨东平编《大学精神》，辽海出版社2000年版，第113页。

从中感受到的是群体身份的优越性,是优于其他群体的精神满足。

私立厦门大学校长林文庆说:"中国无礼拜堂无寺院,所以全靠有相当的大学指导人格教育,养成全国的风气,使人人为士君子。"① 罗家伦指出:"创立民族文化的使命,大学若不能负起来,便根本失掉大学存在的意义;更无法可以领导一个民族在文化上的活动。"他以拿破仑战争以后普法战争以前的德意志民族为例,强调:"柏林大学却代表当时德意志民族的灵魂,使全德意志民族都在柏林大学所创造的一个民族文化之下潜移默化而形成一个有机体的整个的组织。一个民族如果没有这种有机体的民族文化,决不能确立一个中心而凝聚起来,所以我特别提出创造有机体的文化为本大学的使命而热烈诚恳的希望大家为民族生存前途而努力。"②

一个是从培养人才的角度,另一个是从创立民族文化的角度,将这两方面综合起来,就是守望文化理想。这就是民国高校教师共同体的历史使命。为了守望文化理想,民国教育家对高校办学定位进行了深入的探讨。蔡元培提出大学乃研究高深学问之所,竺可桢明确宣布浙江大学的使命就是为国家培养领袖人才。至于领袖人才的素质,郑晓沧用"士君子"给予了清晰的界定:"'君子'尤重行谊,而'士'则必学问上有相当之造诣者,方足当之。前者尤重人格上之修养,后者则重学问上之修养。"③ 这些观点顺应了时代的召唤,表达了民国高校教师共同体所承担的历史责任,彰显了民国高校教师共同体的社会担当。

守望文化理想的另一重目标,就是提升我国的学术实力。1931年,陈寅恪在清华二十周年纪念刊上发文《吾国学术之现状及清华之职责》,文章肯定中国学术在各方面有了大发展,但也列举了学术界在中国史学、中国文学史、中国思想史、中国艺术史等方面大大落后的现状:"夫吾国学术之现状如此,全国大学皆无有责焉?而清华为全国所最属望,以谓

---

① 张亚群:《自强不息,止于至善——厦门大学校长林文庆》,山东教育出版社2012年版,第146页。

② 罗家伦:《中央大学之使命》,载《南大百年实录》上卷,南京大学出版社2002年版,第297、298页。

③ 郑晓沧:《大学教育的两种理想》,载杨东平编《大学精神》,辽海出版社2000年版,第58页。

大可有为之大学，故其职责人尤独重。因于其二十周纪念时，直质不讳，拈出此公案，实系吾民族精神上生死一大事者。"①

（三）民国高校教师共同体的研究意义

民国高校教师的生活，就是由这样的历史使命和社会担当所主导。从教师群体的组合，到群体成员生活的价值导向、方式乃至相互依存的状态，民国高校教师都经历了与传统士大夫完全不同的生活体验。这些体验的结晶就是民国高校教师共同体的营建。

民国高校教师共同体的营建内容，是通过这个群体成员的构成，通过他们所享受的物质待遇，通过他们的教学生活、学术生活和日常生活而表现出来。而民国历史一个很突出的现象，那就是抗日战争对高校教师生活的影响。历尽各种曲折困难，民国高校教师共同体的营建走过了怎样的一条路，这就是我们所要关注的。

民国高校教师共同体的营建，最根本的是要促进全体成员对教师专业的认同。教师对专业认同指教师个体对自身职业的认识、情感、期望、意志、职业技能及价值观等的感知。教师的发展并不是每个个体孤立的成长过程，教师专业情意的培养需要以共同体为桥梁。教师在专业共同体中有利于发现问题、提出问题，并通过合作探寻解决问题的方法，在此过程中使其产生归属感，从而形成专业发展的情感基础。

对民国高校教师生活的研究，就是要将教师专业的发展置回鲜活的土壤，让他们的声音直接呈现，在教育的生活世界领悟教师发展的力量。人的生活需求包括三个层次，即生存、发展和享受。生存是基本需求，发展是生活的价值需求，享受则是生命的自由体验，是人生的理想追求。人们的生活最根本的体现在人们"体悟人生与领略自我、自我发展与自我完善、实现自由"的需要之中。民国高校教师的生活意义，就在于追求生命的价值。这就是我们力图从他们无穷无尽的意志、欲望和创造中所要追寻的东西。

研究民国高校教师生活史就应该这样全方位地把握他们的日常生活。它不仅要展现民国高校教师为满足浅层次需要所含有较多本能性、感性、

---

① 《国立清华大学二十周年纪念刊》（民国二十年），《民国大学校史资料汇编》第9册。

经验性、自发性的日常生活方式如衣食住行等，而且要揭示民国高校教师为满足内在深层次需要而追求如尊重与自由、发展、自我价值实现的活动。这些深层次的需要和高层次的生活活动，更能体现人的本质、人的理性和社会性、文化性，也能更深刻体现民国高校教师生活的历史性。

这样的历史定位，既有利于考察民国高校教师生活的历史转型，又有利于考察民国高校教师的生活价值观，可以比较全面地揭示民国高校教师生活的内在需求。

民国时期大学教师"跑街式生活"研究

李艳莉[*]

[摘 要] 民国时期大学教师为解决薪金积欠带来的经济紧张、希冀获得更优裕的生活等,过上"跑街式生活"的大有人在。政府对此为"特殊情形式"的有条件认可、大学则为"商请校长式"的许可,二者对大学教师"跑街式生活"呈现有条件禁止。总体而言,大学教师"跑街式生活"苦且累,常需要长途跋涉、多校奔波,但是按时支薪又使得大学教师可维持生活水准,且此项收入较之中小学教师收入高。就大学教师的"跑街式生活",可以利于不同大学教师学术交流,更新他校学生思维,其弊端则在于教学时间、教学效果等难以保障,大学教师教学和学术难以平衡等。基于此,国立教育考察团等提出必须从保障大学教师待遇、促进师资养成、培育大学教师责任感等方面努力。

[关键词] 民国时期;大学教师;跑街式生活

"跑街"一词的解释为,"旧中国商人雇佣的推销员"[①]。跑街有基本的月薪外加佣金,佣金的多少,全靠自己的本领。当时,为解决教育经费不足、薪金积欠带来的经济紧张,希图增加收入获得更优渥的生活等,"跑街式生活"不再是商店推销员、买办等的"专利",大学教师四处兼课、兼差的大有人在。大学教师"跑街"主要指本大学专任教师担任本

---

[*] 山西大学继续教育学院副教授
[①] 《辞海(试行本)》第 3 分册,中华书局辞海编辑所 1961 年版,第 191 页。

职工作之外在外兼差，主要包括到其他大学兼课，到其他机关兼事等。[1]大学教师"跑街"首先有赖于自己的本领、能力等，而兼职，尤其是兼课按钟点计算薪金，则使得大学教师能多兼多得。当然，大学教师"跑街式生活"因干扰本校教育教学、教师学术发展等，政府和大学明令限制大学教师兼职，但二者依然并行不悖地共存着。目前，已有研究者围绕民国时期大学教师兼课进行了相关研究，[2]但数量较少且主要集中政府法令的规范、对大学教师生活状况的影响等，本文拟从时人对大学教师兼课的戏谑为"跑街式生活"入手，主要再现政府、大学对这一行为的态度，并力图还原大学教师"跑街式生活"的原貌及在对比中凸显"跑街式生活"何以"禁而不止"。

一　政府和大学对大学教师"跑街"的态度

（一）政府层面："特殊情形式"的规范

1912年，民国政府教育部出台《大学令》，允许大学在必要时可以聘请兼职教师。由于民初大学师资不足等原因，大学专任教师和其他职业的人员均可列入备选，这也为大学专任教师兼课他校埋下了伏笔。1914年，北京政府教育部颁布《直辖专门以上学校职员薪俸暂行规定》，规定："凡直辖专门以上学校职员，除特别规定外，不得兼司他项职务。"[3]从此可见，民国政府成立之初，政府对大学教师校外兼职由模糊规范到逐步禁止，但是"特别规定外"一语为大学专任教师兼职留下余地。南

---

[1]　吴民祥对兼职教师和教师兼职进行了概念区分，指出兼职教师在校外所从事的职业是多元的，包括文化界、新闻界、法律界等。教师兼职主要指大学专任教师于教师本职工作外兼差，教师兼职对他校又成为兼职教师。见田正平、商丽浩《中国高等教育百年史论—制度变迁、财政运作与教师流动》，人民教育出版社2006年版，第520页。本处在提出"跑街"侧重大学教师四处兼课，依靠多兼获取更多收入，弥补积欠和维持生活水准。

[2]　已有研究有吴民祥：《流动与求索：中国近代大学教师流动》，浙江教育出版社2006年版；田正平、商丽浩：《中国高等教育百年史论：制度变迁、财政运作与教师流动》，人民教育出版社2006年版；梁晨：《民国国立大学教师兼课研究——以北京大学、清华大学为例》，《南京大学学报》（哲学·人文科学·社会科学）2011年第3期；陈育红：《民国大学教授兼课现象考察》，《民国档案》2013年第1期，等等。

[3]　《教育部直辖专门以上学校职员薪俸暂行规程》，《政府公报分类汇编》1915年第14期，第121页。

京政府教育部成立后，主要对大学教师兼课进行了规定。1929年南京政府教育部明确规定，"凡国立大学教授，不得兼任他校或同校其他学院功课。倘有特别情形，不能不兼任时，每周至多以6小时为限"①。紧随其后的《大学组织法》第十三条指出，大学兼任教师的人数为总数的1/3以内。南京政府教育部的"兼课"令主要针对国立大学而定，且并没有完全禁止大学专任教师兼课，特殊情形下仍可每周兼课6小时以内。可见，民国政府教育部层面出台的限制大学教师兼课，并没有完全禁止大学教师校外兼职，逐渐演化并认可为有条件的兼职。

（二）大学层面："商请校长式"的许可

对照民国政府教育部对"跑街式大学教师"采取"特殊情形式"的态度，大学当局同样没有完全禁绝此类教师的存在。1918年，北京大学教师聘任规则明确要求"教授不得兼他处职务"②。1922年2月11日，北京大学第五次评议会对教授兼职又重新规定，即本校教授兼校外非教育机关，改为讲师或以教授名义支讲师薪俸；本校教授在他校兼充讲师须经校长事先认可并规定授课时钟。对此，马寅初给蔡元培的信中提出异议，指出为公平专、兼职教师待遇起见，指出："凡有兼职者，无论在教育机关与非教育机关，一律改为讲师。"③ 此建议得到蔡元培采纳，兼职教师均为讲师。1922年10月11日，评议会进一步重申本大学教师在外兼课，每星期不得过六点钟的有关规定，如不得已而在外兼课者，请将教课及每星期钟点报告校长。1924年3月11日，评议会第四次会议议决："凡因兼差由教授改为讲师，其后欲恢复教授时，须于兼差去后在本校继续任讲师二年以上始得恢复。"④ 由于大学教师兼课与本职工作一致，北京大学对本校专任教师兼课还算认可，对于教学工作背离的兼非学校职务则严格禁止，以求维护本校的教育脱离政党、政治的牵绊，谋求学

---

① 《国立大学教授自十八年度上学期起应以专任为原则》，《教育部公报》1929年第1卷第7期，第39页。
② 《教员延聘施行细则》，《北京大学日刊》1918年5月30日，第1—2版。
③ 《马寅初致蔡元培的信》，载徐斌、马大成《马寅初年谱长编》，商务印书馆2012年版，第30页。
④ 《校长布告》，《北京大学日刊》1924年3月13日，第1版。

术、教育独立。

整体而言，大学教师有在校外兼课、兼事的通融空间，但是必须要经过校长同意才可以到他校兼课、兼事，如四川大学要求本校各级教师非商请并经过校长同意，否则"不得兼任他处之职务或四小时以上之课程"①。同济大学"教职员非经校长许可不得在外兼课，或其他职务兼任教员不在此例"②。较之四川、同济大学二校教师兼课时限定和校长商定，浙江大学、清华大学除此点之外则要求的更为详细。浙江大学对本校专任教员兼课的规范如下：

> 一、本校专任教员以不在校外兼课为原则，但遇绝对必要时，经校长同意，得酌量兼任；二、专任教员兼课地点，应以杭州市为限，每周兼课时间，不得过四小时；三、专任教员如有在外兼课之必要时，须由兼课之学校于事前商准校长，始得兼任。其兼课所得报酬，应由兼课之学校交付本大学会计课，再由校长商定数目，转奉兼课之教员；四、凡未依照上项规则办理，而在校外兼课之教员，概以兼任教员待遇。③

浙江大学并不提倡专任教师兼课，但是考虑到绝对必要时商请校长则可以兼任，但兼课只限于每周在杭州市兼课 4 小时，同时兼课所得由兼课学校转浙江大学会计课和校长商定后发放。比之浙江大学，1932 年清华大学规定，专任教员、助教不能在外兼课或兼事，只有教授才有此种资格。在校外兼课或兼事的教授，首先必须完成本校要求的最低教学钟点，其次"须先得本校许可，其所兼课或兼事机关，应先函商本校"，每周在北平地区界限之内兼课、兼事四小时以内，且兼课所授课程应和在清华大学所授课程一致，兼事则必须与所授课程性质相同。④ 追溯到1925 年大学部成立之初，清华大学对本校教授兼课限定更为严格，为防

---

① 《本大学延聘教员暂行规则》，《四川大学周刊》1932 年第 4 期。
② 同济大学：《同济大学大概览》，同济大学，1934 年，第 14 页。
③ 《浙江大学专任教员兼课规则》，《浙江大学校刊》1933 年第 142 期。
④ 清华大学：《清华大学一览》，清华大学，1932 年，第 272—273 页。

止教师远离清华兼课影响工作,严格限定只可在毗邻的燕京大学兼课,并形成合作互用章程。因之此规定,1926 年 7 月,梁启超邀请杨树达任教清华大学担任国文教员之初,信中明确指出:"兼课为本校所禁,然则非辞师大不可。"① 到 1932 年的教授兼课办法,清华大学对教师兼课逐步放松关口,教授可以在北平周遭兼课,可供兼课的学校选择性更大,但是又从兼课时间、区域,乃至兼课酬劳、兼课和兼事性质均给予完整规定,足见对本校教师兼职"网开一面"和"予以规范"双向进行。

二 大学教师"跑街式生活"的群像素描

民国时期政府和大学对大学教师兼职的"许可式"规范,使得大学教师"跑街式生活"成为可能。大学教师的"跑街式生活"因为奔波忙碌而身心俱疲,但付出总有回报,"跑街式生活"又能弥补薪金积欠,提高经济收入,利用多劳多得从事自己的"事业","跑街"忙中有累,但累中有所收获。

(一)"跑街式生活"的忙和累

时人曾对大学教师的"跑街式生活"进行了生动形象的描述,其中席珍对大学教师的"跑街式生活"描写道:

> 某教授教社会学,他编的一套《社会学及社会问题》的讲义,却接连用了六家。他自己也把这讲义称为"吃饭家伙"。据他说:"我每天夹了我的吃饭家伙至少要坐八次电车,四五次人力车,步行二三里,晚上回家洗了一次浴,换一套新衣服,于是我的自由时期到了,便尽向都会里跑,偶而睡三四个钟头,天又亮了,于是再带了一双蒙眬的眼睛去见'学生诸君的面'"。法科的教授,做推事,做律师,做教授,整天的从公馆里跑到事务所,从事务所跑进法院,从法院跑进学店,最后又从学店蹓回公馆。他每天都在说"我忙极

---

① 杨树达:《积微居友朋书札》,湖南教育出版社 1986 年版,第 18 页。

了",不错,他实在是忙极了。①

兼课的大学教师"跑街"首先要有一套讲义在手,因为"跑街"的繁忙,这套讲义是多所兼课学校的"样本"而难得更新,重复式、机械式、复述式的讲授更影响了教学效果,下课后急于奔赴另一所学校,师生感情难以增进。此外,各大学间距离很远,"比方复旦大学、持志大学、劳动大学和上海法学院都在江湾,沪江大学在杨树浦,法政学院在金神父路,暨南大学在真茹,暨南大学法律系又在上海劳神父路,中国公学在吴淞,交通大学在徐家汇,每校相距,恒在数十里之遥"。大学教师只能"整天的夹着皮包,跑来跑去,简直在汽车、电车、洋车上,过风尘生活,和上海各商店的跑街,在表面上看,并无不同"②。天有不测风云。有时汽车出了毛病,电车罢了工,迟到的大学教授赶到时,学生因等得不耐烦而各自散开,大学教师只得赶紧跑一家,以免再次误课。由于"跑街"的大多数光阴都消耗在路上,大学教师吃饭只能草草了事。胡朴安在持志大学授课时,午饭"就天通庵路局饭店,以小洋两角吃蛋炒饭一碗充饥,连一点儿火腿香肠都不顾加"③。不仅如此,从早到晚的"跑街"以及"跑街"后再做自己心属事宜,又影响了大学教师的睡眠。崔敬伯在《开始教学工作》中便写到了兼课的"苦"以及"以苦为安","台前执教鞭,自问已汗颜!赖以诚相与,交迸不知然。两校违离远,风寒跋涉难。沐雨餐风惯,反以苦为安"。④

当然,大学教师"跑街"不止穿梭于某一城市。何廉曾回忆:"有些不仅仅在一个学校任课,有的还在两个城市的学校中同时任教。这样一来北京大学的教授常常同时也在天津教书,上海一些大学的教授常在南京教课,反过来也是一样。"⑤"北京—天津""上海—南京"式的兼课路线还算较近的跨市兼课,有些还千里兼课。柳存仁就指出:"1935 年,北大千里迢迢的聘请了一位当代法学的'泰斗'T 君来专任每星期二小时

---

① 席珍:《跑街式教授》,《现代学校生活》1932 年创刊号,第 8—9 页。
② 汪翰章:《上海教员的生活》,《现代学生》1930 年第 2 期,第 40—41 页。
③ 邹韬奋:《希望胡先生勿忘蛋炒饭》,《生活周刊》1929 年第 17 期,第 257 页。
④ 慧定戒:《崔敬伯纪念文集》,自刊 2005 年版,第 99 页。
⑤ 何廉:《何廉回忆录》,中国文史出版社 1988 年版,第 51—52 页。

的中国法制史的课程。这都不用多提,最妙的是 T 君除在北大授课外,同时还兼任着另一个著名大学的专任教授。那是什么学校呢?清华?燕京?朝阳?中国大学?……都不是!……原来那是,那是上海昆山路旁的苏州东吴大学的法律学院!结果,他不得不在北大常常请假,并把大部分的授课时间花费在平沪通车的大餐间上面。"① 对此,有人批评道:"还有些大名鼎鼎的大学教授,那格外出风头了。专门跑码头,今天在上海教书,明天到南京授课",② 坐夜车兼课成为他们家常便饭。有些人对大学教师长途跋涉兼课则表示同情,吻云曾写道参观上海东亚同文书院后的归途中,遇到了一位兼课的中国大学教授:

他手夹皮包,仆仆风尘;看他那副憔悴的形容,禁不住我要问他。他说:"学校中欠了三个月薪,校长一年要换三次,都是革命党人,终年在他的衙门里,全不问学校事的。可笑我身兼四个大学的教授而不能谋一饱!终日在车轮子上寄附着我的身体,这车厢中便是我的研究室了!"③

对比同文书院舒适的教授生活,琳琅满目的书籍和独立的研究室,中国大学教授只能"以车厢为研究室","跑街式生活"抵消经济紧张之余,更折射了这位欠薪大学教师"跑街"的无奈和生活重担。

(二)"跑街式生活"累并收获着

凡事付出总有回报。大学教师"跑街式生活"累,但是于经济上则是收获着。当时,兼课教师按钟点支薪。1917 年北京政府教育部公布《国立大学职员任用及薪俸规定》,规定讲师每小时支薪 2—5 元,1927 年南京政府教育部公布《大学教员薪俸表》规定,各大学兼课教师的薪金同样按时计算,但是各大学支付兼课的薪酬额度有所差异。北平大学讲

---

① 柳存仁:《北大和北大人》,载牧洲、牧小《北大故事:名人眼中的老北大》,中国物价出版社 1998 年版,第 281 页。
② 李宗义:《现代中国大学教育之病态》,《江苏教育月刊》1932 年第 1 卷第 5 期。
③ 吻云:《车厢中一位教授》,《红叶周刊》1931 年第 2 册,第 49 页。

师薪俸每小时 3—5 元①；成都大学"授课本科的特约教授、讲师每小时 3—5 元，授课预科为 2—3 元"②；武汉大学"讲师薪俸除聘书上有特殊约定外，依钟点计算，本科每小时洋 5 元，通习课程及预科课程每小时 4 元"③；暨南大学"讲师月薪按钟点计算，每周授课一小时，月薪 14 元，但特约者不在此限"，照此计算，暨南大学讲师每小时薪金为 3.5 元④；浙江大学"兼任讲师按授课钟点支薪，每小时 4—5 元"⑤；同济大学"本校兼任教员之待遇以授课钟点酌定之，大学部每小时以 5—7 元"⑥。可以看出，各大学兼课教师每小时的平均薪金水平在 3—5 元。如果一个大学教师只按照 1929 年南京政府要求的每周兼课 6 小时以内，那么他一周可以有 18—30 元进账，一个月则有 72—120 元的收入，兼课教师全年领 10 个月代课费，则一年有 720—1200 元。

大学教师兼课所得的收入，自然不能和民国政府的官员、商人等相比，但是较之小学教师、工人、黄包车夫等收入而言，又有所超越。陶孟和 1926 年对北京小学教员生活状况的调查显示，每月薪俸为 40 元，但每周授课时数得达到 24 小时。⑦ 1924 年甘博对北京黄包车夫收入调查显示，每人每日拉车的平均款合大洋 4 角 7 分 4 厘，复旦大学社会学系对上海黄包车的调查显示，黄包车夫每日平均拉车 9 小时，每日收入为 8 角 5 分 4 厘，每月收入 22 元 6 角 2 分，⑧ 上海工人每日工作时间为 8—12 小时，每月工资在 8—50 元。⑨ 大学教师每月仅占用 24 小时，也即消耗一天时间，携带重复性课本进行讲授即可获得一二百元的收入，可谓投入少产值大，而小学教师、工人、黄包车每月则与之相反，须一二百个小

---

① 《国立北平大学本部教员待遇暂行章程》，北平《京报》1928 年 11 月 14 日。
② 《职教员俸薪规程》，成都大学：《成都大学一览》，成都大学，1929 年，第 108 页。
③ 武汉大学：《武汉大学一览》，武汉大学，1930 年，第 160 页。
④ 《教职员聘任规则》，暨南大学：《暨南大学法规集》，暨南大学，1933 年，第 11 页。
⑤ 《浙江大学教员待遇规则》，《浙江大学校刊》1933 年第 142 期，第 1491 页。
⑥ 《同济大学教职员待遇规则》，同济大学：《同济大学概览》，同济大学，1934 年，第 16 页。
⑦ 陶孟和：《北平生活费之分析》，商务印书馆 1933 年版，第 82 页。
⑧ 《上海黄包车夫收入调查目录》，《复旦大学社会学系半月刊》1930 年第 2 卷第 10 期，第 41 页。
⑨ 工商部：《全国工人生活及卫生生产调查统计报告书·工业工人人数工资及工时统计表》，工商部 1929 年版，第 4 页。

时才最多能拿大学教师兼课的 50%，因此大学教师兼课的收入还是可观、丰厚的，且维持一般家庭的日常开支还算轻松。1928 年天津工人平均每家每年支出为 212.76 元，1929—1930 年上海工人家庭生活费每年支出为 454.38 元，1926 年北京小学教员家庭每月几十元的薪金，能保证他们膳食中米面 20 种，菜蔬 43 种，调和类 22 种，且含有一定量的鱼肉食品以获取蛋白质等营养成分，每间屋子至多住 1 个人左右，生活得还算舒适。1931 年 1 月，教育部对 12 个 4 口以下的小学教员家庭生活费支出统计，其每月支出为 36.97 元，四口以上为 62.72 元。① 可见，即使物价随着年份有所提升，大学教师所拿到的兼课酬劳可能有贬值情况，但是每月一二百元的收入在月俸不保的时候也总能应付每月基本的生活支出，若加上月俸，甚至更能满足其养车、住洋房等高消费生活。被席珍冠以"跑街之王"的诗人、北大教授徐志摩授课北大、兼课他校最重要的原因就是每月开支太大，他写给陆小曼的信中提及，兼课女大教授每月有 280 元的收入，加上北大的 300 元月俸，每个月"总够过活"②。另外，兼课所得还能支持大学教师的买书、办期刊等事业，陶希圣通过每月兼课所得的 100 元顺利地办起了《食货》。因此，大学教师的"跑街"固然累，但是却能增加收入，保障生活水准，从事自己心仪的活动，可谓累并收获、快乐着。

三　大学教师"跑街式生活"之针砭

大学教师"跑街式生活"因为师资不足、欠薪而兴起，兼课教师对于当时大学师资补充、弥补欠薪带来的经济紧张有重要作用，且可以于教师交往、学生学识有益处。一些知名教师，如邓之诚、朱自清、俞平伯、吴宓、何基鸿等兼职他校，首先，有益于学生思想和学术的更新，程俊英在北京女高师求学时，李大钊、胡适等兼课教师对她影响很大，前者给予了她马克思主义的启蒙以及敢于斗争的信心，后者的《文学改

---

① 教育部：《二十年度全国初教概况》，上海《申报》1935 年 11 月 3 日。
② 傅光明：《轻轻的我走了　徐志摩书信集》，中国三峡出版社 2006 年版，第 67 页。

良刍议》所倡导的"八不主义"则影响了她的创作走向。① 其次，兼课还增强了不同学校间大学教师学术交流和彼此交往，钱穆就因张星烺周五兼课燕京大学而宿舍相邻而熟识，与孟森相熟缘于北大兼课时教师休息室的晤面。②

　　大学教师"跑街式生活"有利就有弊。对大学教师来说，兼课容易分散其时间、精力，难以一心一意地进行教学、学术研究；对学生而言，大学教师兼课很容易造成重复讲授，两校距离远等又导致大学教师难以按时上课，影响学生及时获取新知识；不仅如此，大学教师兼课发展到极端，"有所谓两主任、三教授、四十八小时的功课等骇人听闻的称呼"③。此种极端化兼课不仅使得大学教师难以考虑教学、学术等，仅注重利益和薪金，容易"整天在路上赶车换车，东奔西走的忙个不了，上课时把陈旧的讲稿敷衍学生，下了课早就不知去向"。此时大学更像一个市场，兼课教师更像从事一种知识兜售，"学生与教员不但没有感情上的联络，就连询问会见的机会都是很少"④。当然，四处奔跑兼课的大学教师还算尽职，有些则"有计划的在各校轮流辍课，还立了种种法制，保障他们自己的饭碗"。⑤ 此种情况出现与欠薪、师资不足固然相关，但是也足见一些大学教师为保障自己经济地位而"误入歧途"。

　　综上，改良大学教师"跑街忙"的弊病，处理好生计问题自然是尤为重要的一个问题。⑥ 复旦大学学生汲川指出："曾任本校教授的，都因后来或投身政界或转入他校谋得丰厚的收入而脱离本校了。这根本的原因是复旦实在太穷，对于教授的待遇比较相差太远了。"⑦ 因此，1929年北京大学提出中兴北大就要改善教授待遇，原因在于："一个教授，如果生活费不够用，那么，心神不能安定，因此对于教课，决不能忠心。一方生出兼课请假的弊端，另一方又无力购置参考书籍，这样的教授，决

---

① 朱杰人、戴从喜：《程俊英教授纪念文集》，华东师范大学出版社2004年版，第282页。
② 钱穆：《八十忆双亲　师友杂忆》，九州出版社2012年版，第138、154页。
③ 菊：《教授兼职》，《师大教育月刊》1931年第1期。
④ 顾仲彝：《大学教育的病象和诊断》，《华章》1932年第1卷第15期，第285—286页。
⑤ 胡适：《丁文江传》，东方出版社2009年版，第155页。
⑥ 永：《北京教育界的问题》（1），《努力周报》1922年第23期，第3—4版。
⑦ 汲川：《同学应注意教授的进退》，《复旦五日刊》1930年第52期，第1页。

无高深学识和进步的可能。"① 国联教育考察团持相同认识，进一步指出："大学教师之经济地位应极稳定，教师对于其责任，亦应有一较正确之认识。大学教师应成为一组有组织之专业，薪水按时付给，享有一种确实明白之地位，且具有一种专重团体之精神，不致降低其职业标准，损及教师全体之荣誉。"② 可见，在保障薪金、地位基础上，寻求大学教师自身修养和精神，避免兼课才能说得过去；此外，一所大学师资不足同样容易聘请兼课教师，如东吴大学法律系因我国法律专业师资缺乏而聘请律师等兼课，这提示必须重视师资养成；最后，大学必须处理好兼课和"跑街"的矛盾，适当的知名大学教师兼课裨益于学术、校际间交流，四处拉钟点以谋取经济收入则要严格禁绝，应成立如兼课稽查委员会等调查兼课情形，使兼课在合理范围和时间内进行。

---

① 北京大学：《北京大学三十一周年纪念刊》，北京大学，1929年，第43页。
② 国联教育考察团：《中国教育之改进》，国立编译馆1932年版，第171页。

回归人本：陈鹤琴、陶行知教育本土化办学探索的价值共识

黄书光[*]

[摘　要]　陈鹤琴、陶行知在长期办学实践中创构出各具特色的本土化教育理论——"活教育"与"生活教育"。虽然二者的理论侧重点不完全一致，但其秉持大爱精神与植根儿童命脉，注重教育本土化与现代化求索中的人本精神，提倡"中西融通"与凸显办学路向的文化自觉，均昭示其作为现代教育家的价值共识。

[关键词]　回归人本；教育本土化；教育家办学；价值共识

陈鹤琴与陶行知从美国留学归来后不久，以非凡的毅力在各自的教育实践领域开疆辟土，先后创办了令后人仰慕不已的南京鼓楼幼稚园、晓庄师范实验学校、重庆育才学校和江西幼稚实验师范学校，并在火热的办学实践过程中建构其特色鲜明的本土化教育理论——"活教育"与"生活教育"。虽然他们关注的领域路径与理论重心不完全一致，但更多的是志同道合，秉持大爱精神与植根儿童命脉，注重教育本土化与现代化求索中的人本精神，提倡"中西融通"与凸显办学路向的文化自觉，均昭示了其作为现代教育家的价值共识与卓越智慧。

---

[*]　华东师范大学教育学部教授

一 教育家办学的原动力：秉持大爱精神与植根儿童命脉

教育家办学取得成功的因素固然很多，但其中最重要的因素，无疑是教育家在其漫长的办学过程中所表现出来的无私大爱之精神气度和植根儿童命脉之本体追求。在这方面，陈鹤琴与陶行知堪称教育家办学之典范。

陈鹤琴办学之所以备受称赞，固然离不开特定的社会历史机遇和条件，但更重要的是他有一颗纯爱儿童的真心和诚心，有一种在任何艰难困苦环境下都首先挂念着儿童是否快乐和健康成长的教育家性格。他曾深情地说："我是喜欢儿童，儿童也是喜欢我的。我还是学教育，回去教他们好。"[1] 正是凭着对儿童出自内心的爱，陈鹤琴以常人难以承受的顽强毅力投身到充满挑战的儿童教育世界之中，他对长子陈一鸣及鼓楼幼稚园小朋友的一天又一天的观察、实验、琢磨、反思，从而写出了具有真情实感和真知灼见的《儿童心理之研究》和《家庭教育》，以至于陶行知惊叹老友陈鹤琴的著作，着实"以科学的头脑，母亲的心肠做成此书"，称该书是"中国做父母的必读之书"。[2] 陶行知曾应陈鹤琴的邀请为中华儿童教育社谱写《教师歌》，在这首教师歌中陶行知特别指出：你要到小孩子的队伍中来，才能真正地发现、了解和解放小孩，而更为重要的是要"信仰了你的小孩"，甚至把自己"变成了一个小孩"。事实上，陈鹤琴就常常把自己变成一个天真烂漫的小孩，深受学生爱戴。每次举办师生"同乐会"时，陈鹤琴总是乐于表演他的精彩绝活——"我是一个小兵丁"，"他以手杖为枪，举枪、瞄准、射击……动作天真活泼，稚气逗人，台下观众迸发出雷鸣般的鼓掌声"。[3]

早在就任上海工部局华人教育处处长之际，陈鹤琴就密切关注租界

---

[1]《陈鹤琴全集》（第6卷），江苏教育出版社1992年版，第583页。
[2]《家庭教育·陶行知序：愿与天下父母共读之》，载《陈鹤琴全集》（第2卷），江苏教育出版社1992年版，第673页。
[3] 邢舜田：《谦谦君子 白发童心》，载陈秀云编选《我所知道的陈鹤琴》，金城出版社2012年版，第138页。

区华人子弟的受教育权利问题，不遗余力地为华人学校争取办学的经费补助。1935年，他郑重地向社会发出"宏愿"，其中前两条的宏愿写道："（一）愿全国儿童从今日起，不论贫富，不论智愚，一律享受相当教育，达到身心两方面最充分的发展。（二）愿全国盲哑及其他残废儿童，都能够享受到特殊教育，尽量地发展他天赋的才能，成为社会上有用的分子，同时使他们本身能享受到人类应有的幸福。"① 特别是抗日战争爆发后，社会上难民儿童骤然增加，难民儿童教育问题很快成为社会的焦点问题之一。此时的陈鹤琴经常深入难民聚集地调研，与芦棚中的难民亲切交流，尽力解决难民的日常生活和教育问题。曾与陈先生一起从事难民教育的倪海曙回忆道：那时，陈鹤琴"经常出入难民收容所的芦席棚，和蔼可亲地和难胞讲话，有时还亲自教课。正是从先生身上，我懂得了什么叫教育家，看到了真正教育家的崇高形象。先生的纯朴，使人常有'大人者不失其赤子之心'的感觉"②。

当爱国进步学生遭到国民党政府的无端开除时，陈鹤琴更是不计个人安危，表现出"威武不能屈"的大丈夫气概。他说："这样的学生，我是要的。"③ 同样，当其心爱的实验学校遭遇危难时，陈鹤琴始终与学生们紧密团结在一起，要誓与学校共存亡。1944年，由于日军野蛮侵略的步步升级，其"活教育"实验基地——江西实验幼稚师范学校被迫开始了壮烈的南迁，从泰和文江到赣南梅林，再到广昌饶家堡，陈鹤琴和师生们饱尝艰辛，历尽磨难。作为一校之长，陈鹤琴运筹帷幄，指挥若定，常常是断后借粮，主动承担了流亡中最重要的决策和最困难的事务。与此同时，陈鹤琴十分注意沿路密切联系群众，努力开展战时状态的教育革新，随时播撒"活教育"种子，务使之在国难中进一步生根、发芽，以扩大其在民间社会的实际辐射和影响力。

抗战胜利后，江西实验幼稚师范学校本当与陈鹤琴一起回到上海，继续开展"活教育"的进一步实验。但由于国民党政府忙于内战，意见

---

① 《陈鹤琴全集》（第4卷），江苏教育出版社1991年版，第436页。
② 倪海曙：《热心普及教育和文字改革的老教育家陈鹤琴先生》，载北京市教育科学研究所编《怀念老教育家陈鹤琴》，四川教育出版社1986年版，第11页。
③ 孙爱月：《"活教育"在上海幼专的进步作用》，载北京市教育科学研究所编《怀念老教育家陈鹤琴》，四川教育出版社1986年版，第195页。

分歧，无暇顾及学校回迁。陈鹤琴一方面据理力争，另一方面则对幼师学生道出自己的内心告白："我是你们的校长，也是愿意驮着你们奔走于荒漠间的骆驼。尽我的力，原为你们找寻可以使你们休息、学习、工作、发展的绿洲。只要我存在一天，我对教育事业，对你们不会有一丝一毫的懈怠，我要斗争下去。"① 这是一种什么精神？这就是一种对学校、对学生乃至对社会高度负责的大爱无疆之气度，是一种视事业如生命的知识分子情怀，是"一切为了儿童"———一种以学生发展为本体的现代教育家办学精神。

与陈鹤琴一样，陶行知始终以"爱满天下"的博大情怀去善待每一个普通学生，善待每一个平民子弟，自觉抵御名利诱惑，坚守本土化与平民化的办学立场。在陶行知看来，教师的快乐与名利无关，其"无限之乐"就乐在其育人的过程本身。他说："现任教育者，无不视当教员为苦途，以其无名无利也；殊不知其在经济上固甚苦，而实有无限之乐含在其中。愚蒙者，我得而智慧之；幼小者，我得而长大之；目视后进骎骎日上，皆我所造就者，其乐为何何如耶！故办教育者之快乐，当在手续上，而不在其结果之代价。"② 既然学生成长就是教师快乐的源泉，教育者理应"以学生为中心"，全面关爱其忧戚苦乐的情绪变化和全人格的身心健康发展。陶行知说："教育者乃为教养学生而设，全以学生为中心，故开办学校、聘请老师无一非为学生也。若无学生，岂有学校？既无学校，岂无教师？然则教师与学生，岂可无同情？同情谓何？即以学生之乐为乐，以学生之忧而忧，学生之休戚即我之休戚，学生之苦恼即我之苦恼也。"③ 当陶行知感受到现实教育越来越功利化、越来越贵族化、越来越外国化时，他颇能坚定志向，极力维护其平民化和本土化的教育立场和办学方向。他说："我本来是一个中国的平民。无奈十几年的学校生活，渐渐的把我向外国的贵族的方向转移。……好在我的中国性、平民性是很丰富的，我的同事都说我是一个'最中国的'留学生。经过一

---

① 《陈鹤琴全集》（第6卷），江苏教育出版社1992年版，第392页。
② 《师范生应有之观念》，载董宝良主编《陶行知教育论著选》，人民教育出版社2011年版，第17页。
③ 《师范生应有之观念》，载董宝良主编《陶行知教育论著选》，人民教育出版社2011年版，第18页。

番觉悟,我就像黄河决了堤,向那中国的平民的路上奔流回来了。"①

陶行知留美回国之后即在南高师任教,他本可以在大学里继续过着其相对优越而丰裕的生活。但是,当发现"中国乡村教育走错了路"时,他忧心如焚,深知"乡村教育关系到三万万六千万人民之幸福!办得好,能叫农民上天堂;办得不好,能叫农民下地狱"。② 为此,他抱定"人生为一大事来,做一大事去"的志向,毅然离开大学,脱下西装革履,穿上和农民一样的布衣草鞋,来到南京郊外的乡村,创办晓庄实验师范学校,意图通过新型的乡村学校带动中国乡村教育建设和乡村社会改造,"为中国教育找条生路,为中华民国找条生路"③。经过陶行知及其同仁们的百般努力和不懈奋斗,晓庄学校在不太长的时间里即引起全国教育界的关注,甚至备受美国学者克伯屈教授的赞誉,他说:"我看这个学校,负有特殊的使命,就是要研究用哪种教育才合乎乡村需要,使能引导乡村适合现在的变动。……如果大家肯努力,过一百年以后,大家要回过头来,纪念晓庄,欣赏晓庄,这就是教育革命的策源地。"④ 而晓庄学校之所产生和之所以能够取得一些成绩,都源于教育者有一颗"捧着一个心来,不带半根草去"的真爱之心,它是教育家办学的内在动力。陶行知这样写道:"晓庄是从爱里产生出来的,没有爱便没有晓庄。因为他爱人类,所以他爱人类中最多数而最不幸之中华民族,所以他爱中华民族中最多数而最不幸之农人。……晓庄三年来的历史,就是这颗爱心之历史——这颗爱心要求实现之历史。有了爱便不得不去找路线,寻方法,造工具,使这爱可以流露出去完成他的使命。流露的时候,遇着阻力便不得不奋斗——与土豪劣绅奋斗,与外力压迫奋斗,与传统教育奋斗,与农人封建思想奋斗,与自己带来之伪智识奋斗。这奋斗的历史,也就

---

① 《创造一个四通八达的社会——致文溪的信》,载董宝良主编《陶行知教育论著选》,人民教育出版社2011年版,第122页。
② 《中国乡村教育之根本改造》,载董宝良主编《陶行知教育论著选》,人民教育出版社2011年版,第197页。
③ 《山穷水尽——致凌济东的信》,载董宝良主编《陶行知教育论著选》,人民教育出版社2011年版,第189页。
④ [美]克伯屈:《我对晓庄的感想》,载周洪宇主编《陶行知研究在海外》,人民教育出版社1991年版,第204页。

是这颗爱心之历史。"①

事实上，不只是南京晓庄学校，陶行知后来创办的重庆育才学校，同样源自其对普通学生、对国难中难童的一种发自内心的真爱。在长期的普及教育工作中，陶行知发现许多"穷苦孩子有特殊才能"者因为得不到适当的培养而枯萎，这种情况在国难期间显然更为严重。正是为了这些人才幼苗，使之能够同样享受真爱的雨露而得到适当的培养，他决定创办一所独具特色的试验学校——育才学校。然而，从学校创办伊始，便磨难不断，不只是有办学经费上的经济困扰，更有国民政府的种种政治压力；但陶行知并没有被困难所吓倒，而是怀着对"人才幼苗"的深切真挚之爱，以理性达观的态度和百折不挠的精神泰然处之。他在日记中写道："强盗可把学校抢掉，政府可把学校封掉，我自动把学校解散掉是不可思议。"② 与晓庄学校一样，育才学校的历史同样充满着奋斗的艰辛与坎坷，是陶行知及其同人们"爱心历史"的进一步扩展延伸，其对"人才幼苗"的真挚关切反映了其一贯主张的"以学生为中心"之儿童本体发展诉求。

二　教育本土化与现代化求索中的人本精神

陈鹤琴和陶行知有着十分相似的留美求学背景，回国之后他们都不同程度地投身于教育现代化与本土化的探索之中。虽然其实际探索领域的侧重点不同，但坚持改革实验和理论思考的"人本"旨趣，则是他们共同的致思方向和本体追求。

陈鹤琴1919年8月回国之际，正是五四运动高涨之时，他很自然地投身到五四新文化和新教育运动的洪流中，以其独特的方式致力于教育科学化和教育民主化的种种革新实践，包括引进西方的教育测验与教育统计学、对幼儿进行严密的科学观察与实验、编写《语体文运用字汇》等。但在教育实践过程中，陈鹤琴渐渐发现不少人热衷于科学知识教育

---

① 《晓庄三岁敬告同志书》，载董宝良主编《陶行知教育论著选》，人民教育出版社2011年版，第274页。
② 《陶行知全集》（第10卷），四川教育出版社1991年版，第1129页。

的追逐，却忘记了"做人"的根本，社会上出现了公开的"科学"与"玄学"之论战，这些反而促使他愈益专心地观察与研究儿童，发现"未达学龄的时期，从心理上看，是养成习惯的基本时期，也是树立人格的基础时期"①。因此，他极力主张"做人"的良好习惯与技能理应从小培养。经过其鼓楼幼稚园实验的反复验证，陈鹤琴提出了一份较为科学的《幼稚生应有的习惯和技能表》。其后，陈鹤琴继续在南京与上海的基础教育领域不断探索，与世界新教育潮流保持一致并同步发展，努力将科学与民主精神融入其本土教育的改革实践，在新教材编写、新课程推进和新管理探索等方面都表现出与时俱进的时代特征。需要指出的是，陈鹤琴在长期的办学过程中始终把"做人怎么做"，作为其教育探索的核心。他在《工部局小学校歌》中这样写道："我的学校，教我们做人怎么做？团结活泼，做事勇敢，清洁健康，生活快乐，遵守纪律，和气且恭敬，爱国爱人还要爱学问。"② 在这里，陈鹤琴对"做人"教育的丰富内涵作了深刻阐发，既汲取了尊重儿童天性和主体意识的生活教育精神，又融合了"和气且恭敬"的儒家教育智慧，从而将"爱国爱人"与"爱学问"有机汇通，实现核心价值观的创造性弘扬与传承。

随着本土化教育改革的推进，陈鹤琴来到江西泰和县文江村——创办江西幼稚实验学校时，他对"如何做人"这一教育核心问题又有了新的思考。特别是日本帝国主义的疯狂侵略和民族灾难的不断加深，陈鹤琴越来越注重将"做人"的问题与民族的独立、国家的命运联系在一起，提出不仅要"做人"，还要"做中国人，做现代中国人"。他说："中国还处在半封建半殖民地的境遇，人民生活的艰辛，有如水生火热，但亦正因为如此，每一个人都负荷了一个历史任务，那就是对外反对帝国主义干涉，争取民族独立；对内肃清封建残余，建树科学民主，这是中国人当前的生活内容与意向，而活教育就在要求做这样的中国人，现代中国人。"③ 而要做这样的"现代中国人"，就必须从基础教育阶段开始培养五个基本条件，这就是：健全的身体、建设的本领、创造的能力、合

---

① 《陈鹤琴全集》（第1卷），江苏教育出版社1987年版，第518页。
② 《陈鹤琴全集》（第5卷），江苏教育出版社1991年版，第556页。
③ 《陈鹤琴全集》（第5卷），江苏教育出版社1991年版，第63页。

作的精神和服务的态度。事实上,这"五个条件"实际上也是当代中国现代人所不可缺少的五大核心素养,特别是其中的"创造的能力"和"合作的精神",仍然是全球化时代当代中国教育改革与发展的核心理念,值得我们反复学习和体悟。

与陈鹤琴相契合,陶行知回国之后同样热衷于教育民主化与教育科学化的时代新潮,对五四新文化与新教育运动持肯定、赞赏和支持的态度。他不仅在大学里自觉传播和践行新教育理念,积极参与编写有助于普及教育的《平民千字课》,热心引进杜威生活教育理论,致力于中国教育的科学化和规范化建构;而且投身中国教育改进社的实际活动,以科学和民主精神引领中国教育领域的诸多变革。但几年实践下来,陶行知渐渐发现中国教育改革,特别是乡村教育改革的发展方向"错位了",他深感痛心。因为理想中的新式教育并没有造就出他所期望的新型本土人才,反而制造出许多不能适应农村生活的高等游民,为此他立定要通过晓庄实验学校,重建乡村教育秩序,以培养具有"农夫的身手、科学的头脑和社会改造的精神"的时代新人,并借此对中国以乡村为基础的社会进行根本改造。很显然,人的现代化是陶行知开展乡村办学实验的核心目标,也是其从事教育本土化与现代化改革的重心所在。

和陈鹤琴一样,陶行知特别关注教育现代化动变中的"做人"问题。他十分明确地指出其所提倡的"生活教育",乃是旗帜鲜明地反对"杀人的各种考试"和"吃人的教育";是"教人做人""教人生活","只教中国的民众起来做主人,做自己的主人,做政府的主人,做机器的主人。……说得更清楚些是:教大众以大众的工作养活大众的生命;以大众的科学明了大众的生命;以大众的团体的力量保护大众的生命"[①]。在陶行知看来,"做一个现代人""做一个长久的现代人",当然要与时俱进地掌握现代知识、技能与方法,并勇敢地参与现代生活、感受现代问题,进而开发现代文明,融入"川流不息的现代化"之社会变革,实现"长久的现代人"与"川流不息的现代化"社会之协调共进。他说:"做一个现代人必须取得现代的知识,学会现代的技能,感觉现代的问题,并以

---

① 《传统教育与生活教育有什么区别》,载董宝良主编《陶行知教育论著选》,人民教育出版社2011年版,第387页。

现代的方法发挥我们的力量。时代是继续不断的前进，我们必得参加在现代生活里面，与时代俱进，才能做一个长久的现代人。否则，再过几年又要成为时代落伍者了。因此，我们必须拿着现代文明的钥匙，才能继续不断的去开发现代文明的宝库，保证川流不息的现代化。"[①] 在这里，陶行知所说"做一个长久的现代人"及其所具备的条件，与陈鹤琴倡导的"现代中国人"及其五个条件，虽然论述的侧重点不同，但都充分关注到教育现代化与社会现代化，以及与人的现代化之间的深刻关联，其深层的价值意义至今仍不乏启迪之功。

三 提倡"中西融通"与凸显办学路向的文化自觉

陈鹤琴和陶行知都深受中国传统私塾教育的熏陶，也都在本土的新式学校和教会学校受过教育，同时他们又结伴留美求学，系统接受西方大学教育的严格训练，对中西方文化教育有着切身的感受和体悟。为此，他们较能理性地对待中西文化教育的优缺点，提倡中西文化教育的汇合融通和学术创新，并就此形成其教育探索的"文化自觉"，从而合理地定位自己的办学路向。

陈鹤琴并不隐讳其"活教育"理论受到杜威实用主义教育理论的相当影响，特别对杜威教育理论的反传统立场十分赞赏，对其"实验的精神"尤为关注。1926年，他这样写道："最近的教育思潮是注重实验，这是从美国实验主义派的哲学来的，杜威、弥勒等主张得最有力。……其实，从实验所得的结果来看，实验主义确实比来得适用。幼稚教育是各种教育中之一种，当然也应该依着实验的精神去研究。"[②] 事实上，其首创的南京鼓楼幼稚园，即是出自"实验"的初衷而创办；同时，也是基于"实验精神"而进行连续不断的由"散漫期""论理组织期"，再到"大单元中心制期"之三期探索，从而得出中国化幼稚教育探索的真知灼见："幼稚园的设施，总应当处处以适应本国国情为主体，至于那些具世

[①] 《攻破普及教育之难关》，载董宝良主编《陶行知教育论著选》，人民教育出版社2011年版，第406页。

[②] 《陈鹤琴全集》（第2卷），江苏教育出版社1989年版，第29页。

界性的教材和教法,也可以采用,总以不违反国情为唯一的条件。"① 其后,他在上海、江西办学期间,同样融入欧美新教育潮流,并再次以实验的精神和科学的态度,创办江西实验幼稚师范学校,进行集中且系统的"活教育"实验,凸显了其"做人,做中国人,做现代中国人"的本土文化自觉,实现了域外教育理论的中国化改造和创新,形成具有自己民族特色的新教育理论。

一方面,陈鹤琴也不隐瞒其对传统教育弊病的无情批判,其"活教育"在很大程度上即是针对传统唯书本至上、唯教师权威、唯课堂中心的"死教育"。另一方面,他并没有全盘否定传统教育的合理因素。以私塾教育为例,他认为是优缺点参半,指出其"因材施教""个别教学""行重于知",与正在流行的欧美新教育精神完全一致,"我们应当采用,并发扬光大之;但是它的弱点太多,它的组织,它的内容,太不适合于现代的情形了"②。又如:家庭教育,陈鹤琴对中国传统家庭教育的家长式专制作风有过严厉的批评,指出"父严子孝,法乎天地"的旧家教信条,"其实他们的观念是不对的。做父母子女畏敬,并不是以严厉而能够得到的,需要在行动上举动上处处能够使做子女的佩服你、尊敬你,那么做子女的就不约而同的会畏敬你了"③。他批评所谓"规矩很严"的家庭教育,要求子女要事事唯"父母意志"是从,结果常常将活泼的小孩子压制成"萎靡不振、具体而微的小成人"④。但同时,陈鹤琴十分肯定中国传统谚语"教儿婴孩"的先见之明,赞赏"孟母三迁"的明智选择,对《颜子家训》中所言的"父子之间不可以狎;骨肉之爱,不可以简。简则慈孝不接,狎则怠慢生焉",深为敬意和激赏,称:"颜先生这几句话说得真不错,我们做父亲的实在应该如此。"⑤ 很显然,陈鹤琴颇能比较互鉴中西教育的利弊得失,继而进行理性的文化审视,从而引领中国教育变革的正确方向。

与陈鹤琴默契,陶行知同样没有否认杜威教育理论对其"生活教育"

---

① 《陈鹤琴全集》(第2卷),江苏教育出版社1989年版,第111页。
② 《陈鹤琴全集》(第6卷),江苏教育出版社1992年版,第535页。
③ 《陈鹤琴全集》(第2卷),江苏教育出版社1989年版,第805页。
④ 《陈鹤琴全集》(第2卷),江苏教育出版社1989年版,第717页。
⑤ 《陈鹤琴全集》(第2卷),江苏教育出版社1989年版,第722页。

学说的实际影响，他也很看重杜威的教育实验精神，相继创建了南京"晓庄实验师范学校"、上海"山海工学团"、重庆"育才学校"，这些学校都是其生活教育理论的重要实验基地。他并不反对学习和借鉴外来文化，对外来的真知识持"竭诚欢迎"的态度。但陶行知又特别反对盲目地"仪型他国"，更反对全盘洋化或西化。他说："反洋化教育的用意并不是反对外来的知识。我们对于外洋输入的真知识是竭诚的欢迎。但是办学校一定要盖洋楼、说洋话、用洋书才算真正的学校，那可不敢赞同。"① 在他看来，对于西方教育经验，一定要保持理性博大的胸怀和自由达观的心态。他说："至于外国的经验，如有适用的，采取他；如有不适用的，就回避他。"② 而是否适用，还是要回到火热的生活教育现场与本土教育实践中进行必要的历练和检验。

同样，陶行知对于传统的"老八股教育""伪知识教育""升官教育""礼教吃人教育"不乏猛烈的批判；但他又明确表示："反传统教育也不是反对固有的优点。我们对于中国固有之美德是竭诚的拥护。"③ 强调对中国传统教育经验，同样也要以其是否"适用"为转移，他说："本国以前的经验，如有适用的，就保存他；不适用，就除掉他。去与取，只问适不适，不问新与旧。"④ 特别值得肯定的是，陶行知善于活化传统教育经验，并结合特定时期的当下生活教育实践，进行创造性的理论转化，使之获得与新时代精神相一致的学术蕴涵。如：他把儒家经典《大学》中的"大学之道，在明明德，在新民，在止于至善"，创造性地诠释为："大学之道，在明明德，在亲民，在止于人民的幸福。……人民是我们的亲人，我们是人民的亲人，是必须亲近，打成一片，并肩作战。'止'是表示瞄准的意思，一切所教所学所做所探讨，为的都是人民的幸福。人说育才好比是一个'小大学'，即使长成了……一个十

---

① 《告生活教育社同志书——为生活教育运动十二周年纪念而作》，载董宝良主编《陶行知教育论著选》，人民教育出版社2011年版，第499页。
② 《我们对于新学制草案应持之态度》，载董宝良主编《陶行知教育论著选》，人民教育出版社2011年版，第91页。
③ 《告生活教育社同志书——为生活教育运动十二周年纪念而作》，载董宝良主编《陶行知教育论著选》，人民教育出版社2011年版，第499页。
④ 《我们对于新学制草案应持之态度》，载董宝良主编《陶行知教育论著选》，人民教育出版社2011年版，第91页。

足的大学,也是一贯的要根据这个道理去办。"① 不难发现,陶行知"中西融通、古今汇合"之道饱含着理性的智慧创造,有着十分敏锐的文化自觉,从而保证了其"生活教育"理论的与时俱进和办学道路的正确发展方向。

---

① 《陶行知全集》(第 4 卷)四川教育出版社 1991 年版,第 548 页。

陈宝泉师范教育思想探析

刘立德[*]

[摘　要]　陈宝泉为近代杰出的教育改革家，在任职北京高师校长期间，充分借鉴蔡元培的北大改革经验，对师范教育进行全方位改革，强化教师队伍建设，重视专业及课程设置，强调学生自治和社会实践，使北京高师成为新文化运动中北大之外的又一重要阵地。

[关键词]　陈宝泉；师范教育；教育思想

陈宝泉（1874—1937）是我国近代杰出的教育家和师范教育的卓越先驱。他毕生献身教育，为中国师范教育制度的建立和师范教育事业发展做出了重要贡献。他不仅有多彩的教育活动，也有丰富的教育思想，尤其是其师范教育思想，给我们留下了宝贵的精神财富。继承陈宝泉的教育遗产，缅怀陈宝泉在我国师范教育史上的丰功伟绩，探讨陈宝泉献身教育的精神、事迹及其师范教育思想，对当前的教师教育改革实践和教师教育理论建设都有着十分重要的意义。1996年人民教育出版社出版的《陈宝泉教育论著选》，是研究其师范教育思想的主要参考资料。

一　陈宝泉的生平及教育活动

陈宝泉，字筱庄、小庄、肖庄，天津人。1896年在维新思潮影响下

---

[*]　人民教育出版社编审

参加康有为创办的强学会。1897年，考取京师同文馆算学预备生。1901年，担任天津开文书局编校工作。1902年，陈宝泉任天津民立第一小学堂教员。同年，又协助严修创办天津师范讲习所。1903年由严修保送到日本留学，专攻速成师范科。

1904年回国后，他历任天津地区各小学教务长，并创设单级小学堂，筹备天津教育博物馆。旋入直隶学校司，任职期间，拟订劝学所、宣讲所等章程，均付诸实施。1905年，任直隶学务公所图书课副课长，主编《直隶教育杂志》（此为中国近代最早的省级教育行政机关刊物），并与高步瀛合编《国民必读》《民教相安》，由北洋官报局公开印行10万册，在社会上产生了广泛的影响。另编著《国民镜》《家庭谈话》等教科类图书多种。这些书都采用白话文，所以在民间非常流行，成为新文化运动之先声。同年底，随严修到清廷学部任职，拟订学部开部之计划，改定中等以下学堂章程，主持图书局和编纂教科书的工作，又曾担任普通教育司师范科员外郎。1910年，擢升为学部实业司司长。1912年7月，陈宝泉被教育部任命为北京师范大学的前身——北京高等师范学校的校长，并应教育总长蔡元培之约，出席全国临时教育会议，参与民国初年教育改革。

1912—1920年，陈宝泉任北京高师校长期间，上书袁世凯论述发展师范教育之切要，主持制定《北京高师规程》《北京高师五年计划书》，将原京师优级师范学堂的英语、理化二部，扩充为国文、英文、史地、数理、理化、博物六部，增设附属中小学、教育研究科、职工养成科、体育专修科及东三省师范养成班；筹集经费，完成各科实验室、研究室、图书馆、体育馆、工业部之建设；倡设运动会、辩论会、游艺会、新剧团、雅乐团、讲演会、平民学校，引导学生全面发展，初步奠定了日后北京师范大学的规模。

五四运动时期，陈宝泉与蔡元培等积极营救被捕学生。他以校长身份亲自到校门口迎接"高师八勇士"（指陈宏勋、杨荃骏、初铭音、向大光、薛荣周、赵允则、唐英国、王德润）。为了他们的安全和毕业后的出路，陈宝泉又晓以利害，并征得他们本人同意，亲自为他们改名字（如陈宏勋改名为陈荩民，杨荃骏改名为杨明轩，初铭音改名为初大告），充分体现了一个敦厚师长对自己学生的爱护。这些学生毕业后，有的成了科学家，有的成了教育家，有的成了革命家，如杨明轩后来曾任全国人大常委会副委员长多年。多年后，他们谈起老校长对他们的保护和爱护，仍非常激动。

陈宝泉管理北高师采取校务公开原则。他不仅及时借鉴北大的改革经验，而且在推行学生自治和平民教育等方面成绩斐然，使北高师成为新文化运动中北大之外的又一重要阵地。陈宝泉办学有方，赢得了师生的深切爱戴。在任北京高师校长期间，积极参加各种学术集会和学术团体的领导工作，由他亲自创办并担任会长的重要教育社团有：北京通俗教育研究会、北京教育学会、天津县教育会、全国师范教育研究会。曾与张元济等发起师范讲习社，编辑出版《新体师范讲义》。1915年参与发起全国教育会联合会，以后历届年会均参与主持。1917年1月，与蔡元培、黄炎培等发起成立中华职业教育社。1918年4月，受教育部委托主持召开全国高等师范学校校长会议；9月向教育部提交关于设立道德教育研究部的呈文，获准施行。同年在北京高师主持召开中国教育史上首次国语教科书编辑会议，与黎锦熙、钱玄同等创编国语教科书。

陈宝泉办学有方，并支持学生爱国运动，保护进步学生，赢得了学生深切的爱戴和尊敬。1920年5月，陈宝泉辞去北京高师校长之职时，校内外群起挽留，不仅在校师生一致挽留，而且高师毕业生通函挽留者也多达六百余人，几乎相当于毕业生全部。正如一位北京高师毕业生所说："吾师（指陈宝泉）桃李满林，铎声一振，弟子来归。"[①] 这与当时社会上一些学校驱逐校长之风形成鲜明对照。

陈宝泉在"高师改大"的过程中也起了重要作用。早在1919年山西全国教育会联合会年会上，他就与邓萃英联名提出了《设置师范大学案》。1922年以后，他以教育部官员身份兼任北京师范大学筹备委员，与梁启超、张伯苓等九人担任北京师范大学董事会董事，又先后任北京师范大学教育系讲师、教授。除在教育部任职外，他在北师大讲授《中国近代学制变迁史》课程，从1925年起，他整理讲义，三易其稿，编著成书，于1927年正式出版。该书准确地绘制了各个时期学制系统图，为后来的中国教育史书所取法，成为教育史研究者必读之书。

---

① 《张崇玖致陈宝泉书》，载《五四运动与北京高师》，北京师范大学出版社1984年版。

综上所述，陈宝泉任北京高师校长达近 10 年之久，是中华人民共和国成立前北京师范大学历史上任职最长的校长之一。从校址的开辟、校舍的建筑，到教员的延聘、系科的设置，直至各种规章制度的订立，都是由他主办的，"卒蔚成此全国最大高等师范之基础"。（见《北京师大周刊》，1923 年 9 月 28 日）陈宝泉既是北京高师的主要创办人，又是北京师范大学的主要奠基人与创办人之一。为了表彰陈宝泉的光辉业绩，北京师大分别在不同时期建有筱庄楼和筱庄斋（筱庄是陈宝泉的字）。

1920 年冬，陈宝泉辞去北京高师校长职务，调任教育部普通教育司司长。入部之初，他即向教育总长范源濂条陈各项部务改革计划和建议，深得赞同，以后历任总长也都参酌执行。1921 年 4 月，北大、北高师等八校教职员因索薪罢课，教育总长、次长相继辞职，部中月余无长官，陈宝泉以普通教育司司长身份与专门教育司司长任鸿隽共同维持部务，任疏解之责。同年，武昌高师因经费无着，学生 200 人北上请愿，部中议论纷纷，莫衷一是，多不敢问津此事，陈宝泉出面多方调停，终使武昌高师得免停闭。本年夏，他参与组织实际教育调查社，邀集教育界人士与美国著名教育家孟禄召开大型教育讨论会，与陶行知、胡适合编《孟禄的中国教育讨论》。会议期间，实际教育调查社、新教育共进社、新教育杂志社欲合组为中华教育改进社，三社公推陈宝泉、陶行知、朱经农、马叙伦、李建勋为社章起草员。中华教育改进社成立后，陈任教育行政组审查委员。1922 年，他与蔡元培等组织召开全国学制会议，以全国教育会联合会的学制方案为蓝本，参与制定了"六三三"新学制，即"壬戌学制"。他同时兼任中华教育文化基金委员会委员。1923 年任教育部教育次长兼普通教育司司长。在普通教育司司长任内，他还组织了全国教育行政讲习会、小学成绩展览会等活动。1923 年 8 月，他参与发起中华平民教育促进总会，与陶行知等九人一起当选为执行董事。1924 年，被选为中华教育改进社九位董事之一，又任该社教育行政委员会副主任、义务教育委员会副主任。1925 年 3 月，与李大钊等受聘担任华北六大学中文辩论会评判员。

1928 年，陈宝泉离开教育部。1929 年起，他担任天津市政府参事、教育部名誉编审、天津贫民救济院院长，又在南开大学兼课。后任天津广智馆董事、青年会董事、铁路同人教育会副会长等职。1930 年底，任河北省政府委员兼教育厅厅长。1931年"九·一八"事变后，他打电报指责蒋介石的不抵抗政策，在教育界引起很大反响。1933年拟定《河北省教育三年计划》，整顿高等教育，开办义务教育实验区。1935年7月，蒋介石政府与日寇签订了丧权辱国的《何梅协定》，陈愤而辞去厅长职务。1937年七七事变后，他热情接受天津市教育局邀请，给中小学教师作报告，劝勉教育界同人发愤图强，共赴国难。当时天气炎热，他情绪过于激动，又患高血压症，从此卧床不起，医治无效，正于天津沦陷之日逝世，享年63岁。陈宝泉一生主要的教育作品收入《陈宝泉教育论著选》，1996年由人民教育出版社出版。

二　办学指导思想和师范教育改革思想

（一）办学指导思想

陈宝泉很重视学生在校期间品德的陶冶和意志的砥砺，他提出了"诚实、勤勉、勇敢、亲爱"八个字（简称"诚勤勇爱"）作为北京高师的校训。"诚勤勇爱"成为北师大学高为师、身正为范优良校风的嚆矢。

陈宝泉强调要正确处理继承民族文化传统和学习外国的关系。他曾在《国民镜》中鲜明地指出："不墨守唯我独尊的谬见，对于中外学问事功，其爱憎取舍，论其实不论其名。"他强调大胆学习外国，并引俗语："泰山不让土壤，故能成其高；河海不择细流，故能成其深。"说明国家若不取法各国，无以富强，对待外国文化正确的态度应该是："取人之长，补己之短，使本国为完全独立之国。"基于这种思想，陈宝泉在执掌北高师期间曾多次考察国内外教育。如1915年率北京高师附小（今北京第一实验小学）主任郑际唐、北京高师附中（今北京师大附中，俗称北师大一附中）主任韩诵裳参观江苏、浙江教育；1917年与黄炎培、郭秉文、蒋维乔等参观日本、菲律宾以及广东、香港教育；1919年与袁希涛等率领"中华民国欧美教育观察团"出访欧美，考察欧美教育。在美时，由著名教育家孟禄等陪同参观，并邀孟禄访华。在美国，陈宝泉还热情会见了张仲述（张伯苓胞弟，后曾于1923年主持北京师大与中华教育改进社合办的中学课程研究班）、李建勋（后曾任北京高师校长）等留学生代表，邀请他们回国任教。

他主张要重视师资队伍建设。在北高师校长任内，他聘请一批著名学者来高师长教，如王桐龄、邓萃英、许寿裳、马寅初、张耀翔、经亨颐、陈映璜、马叙伦、丁文江、翁文灏、何炳松、沈步洲、陶孟和、钱玄同、黎锦熙、毛邦伟等四十余人，尽一时之选。

陈宝泉十分重视国语的普及，并把国语普及和提高国民性结合起来。他认为："教育重要的一方面，第一在培植国民性；国民性的要素第一要有统一的语言。""一国之历史与其语言文字，实为其国民之所由结合，亦即为其国民特性之所由养成。"

（二）师范教育改革思想

陈宝泉是我国师范教育的卓越前驱，一贯重视师范教育，尤其在北京高师校长任内提出的改革师范教育的意见、建议，对中国师范教育的发展产生了深远影响。他说，小学教师为"国民教育之母"，中学以上教师为"人才教育之母"，所以要不断提高教师待遇；师范教育须独立设置，自成系统，招生人数与中小学数量"要互成比例"；教师是神圣的职业，须重视人格修养，要有信仰。不能偏重"智"，忽视"德"；教师必须真正做到诚勤勇爱、为人师表、以身作则。

陈宝泉校长向临时大总统袁世凯陈述了师范教育的重要价值，"所陈多切直之言"，恳请袁世凯对北京高师的发展予以特别关注。此后，陈宝泉又几次上书袁世凯，论述发展师范教育之切要及改革师范教育之要点：师范学校宜就注重之学校扩充，不宜多设；师范教育要有计划按比例发展；师范教育行政要提倡师范学校互相联络，共同研讨教学、管理、训练等，以适合国民教育需要；优待学校教员，尤其应敬重小学教员，因为"小学教员为国民教育之母"；鼓励人才为救国之根本，宜重实际而勿尚虚名等。

陈宝泉是我国师范教育的卓越前驱，一贯重视师范教育，尤其在高师校长任内提出的师范教育思想主张，产生了深远影响。1919 年 12 月，他乘着五四新文化运动和新教育运动的东风，在北京高师《教育丛刊》第一集发表了《改革师范教育之意见》，大胆地提出了在高师改为师范大学，开创教育研究科、本科和预科三级办学模式，建立"教育学士之学位"制度；师范本科实行学科分组制和学分制；在全国分区设置师范大学；允许私人开办师范教育，等等。他还认为，小学教师为国民教育之母，中学以上教师为人才教育之母，所以要不断提高教师待遇；师范教育须独立设置，自成系统，招生人数与中小学数量要互成比例；教师是神圣的职业，须重视人格修养，要有信仰，不能偏重智，忽视德；教师必须真正做到诚勤勇爱、为人师表、以身作则。

他主张资遣师范学校教职员到国外游学游历，加强教员培训，提高教员素养。他十分重视高师教师队伍建设，主张教师要汲取各地教育的长处，以丰富知识，增长才干，提高素质。他认为资遣师范学校职教员游学、游历有以下好处："一、经验与学问相调和，可以免偏重之弊；二、教育者有所希冀，则热心从事之人日增；三、资遣职教员游学，教学相长，较之遣派学生，事半功倍；四、游学、游历之人日多，则内外知识可以互相交换；五、促进师范教育之进行，则国民教育根本自固。"

他认为："促进师范教育之进行，则国民教育根本自固。"1913年6月，他在北京高师学生毕业式上指出："夫教育为国家命脉，师范为教育胚胎。故师范之责任直接以发达教育，即间接以巩冀国家。"他认为师范生应该加强责任心，明了"师范"二字之重要。他教导毕业生："持其贞固不渝之目的，奋其强毅不挠之精神，以教育事业为第二生命，以师范名誉为无上财产，默观世界文明之趋势，熟审吾国学术趋势之缺点，以挹注而匡补之。"在《北京高师毕业同学录·序》中，他指出："凡我同人，应以北京高师教育之发展为无上之目标，无论在职去职，在京在外，今日明日，共向所定之目标，加以无限之助力。"调人教育部后，他仍经常关心北师大的发展，希望师大同人明确北京师范大学在全国特殊的重要地位，使师大之校风可以转移全国教育之风气。北京师大对中国近现代教育的改革和发展发挥了十分重大的作用，这与陈宝泉的影响是分不开的。

三　师范教学思想和师德教育思想

（一）教学思想

他倡导学生自治，推行自学辅导实验，强调要发挥学生的主观能动性。他认为传统教育的教与学是分离的，现代新教育则倡导教与学合一。

1920年前后,陶行知和陈宝泉南北呼应,相继主张将"教授法"改为"教学法"。陈宝泉指出:"方法由宗旨而定,今日教学法之宗旨,应力斥教员中心主义,而实行儿童中心主义,故不曰教授法,而曰教学法。"把"教授法"改为"教学法",这是教学观念、教学思想领域的重大变革,是教学理论上的重要探索,它促进了中国现代的教学改革乃至整个新教育运动。

陈宝泉鼓励学生参加社会实践。他要求学生参加社会调查,"给各班学生调查表二份。一为关于学校之调查表,二为关于社会之调查表。俾学生各就其居住地或经行地之学校社会现状分别调查填注表内,既以练习学生作事之能力,并以供本校实际之研考"。在陈宝泉的支持下,北京高师的学生活动十分活跃,其中学生自发组织的平民教育社就受到陈的支持,得以延绵数年之久,被视为北高生活的灵魂。"最可注意者,有学生自办之平民学校(有成人班与童年班),学生自任编辑发行之杂志(如平民教育),以及各种中等补习班(如理化、英语各种补习班)等率皆为时愈长,形式与内容愈见进步。凡此皆历历可举之事实,以视一般学校之学生自动之事业,每欠缺继续性者不无可以自豪之处,此中所含孕之组织能力,即称之为北高生活之灵魂,亦无不可。"平民教育社开办平民学校,发行《平民教育》杂志,是五四时期重要的社团之一。陈宝泉曾要求北京高师学生在暑假期间,调查各地普通学校和师范学校,写出调查报告,刊登于北京高师《教育丛刊》上,使之成为高师教学的重要参考资料,并借此加强高师学生参与普通教育。陈宝泉大力支持北京高师学生开办平民学校。此外,还开办了暑期学校,招收北方的中小学教师加以培训,此举和南京高师南北呼应,在社会上引起了很大反响。

(二)道德教育思想

他教育学生严格自律,不仅要知识渊博、品德高尚、意志坚强,而且要有仪表整洁、作风优雅。他借鉴乡贤严修、张伯苓办理南开中学设立整容镜的做法,也在北高师校门口设立一面很大的整容镜,上书"整容貌"三字。要求学生在出入校门时,都要对着镜子整理衣服、鞋帽,做到:"面必净,发必理,衣必整,钮必结。头容正,肩容平,胸容宽,背容直。气象：勿傲，勿暴，勿怠。颜色：宜和，宜静，宜庄。"当时北高师的学生着统一的校服，出校时必穿，并佩戴校徽。北高师毕业生以作风稳健笃实、言行持重而深得社会各界赞誉。陈宝泉重视师范生的德育问题，他认为师范生德育的目的在于造就师范生的责任感，使师范生充分认识到自己肩负的责任之重要，认识到做教师的光荣。他在勉励北京高等师范学校毕业生时，曾讲："况师范生在修业时仅负成己之责任，至毕业后则兼负成人之责任。故鄙人所深冀于诸生者在具有责任心而已。而所以保持此责任心者在有高尚之思想与坚忍之志操。"就是说他认识到师范教育的特殊性，他认为师范生不仅要"成己"，还要"成人"，师范生道德素质的高低不仅影响师范生个人，更重要的是影响师范生的工作对象——广大的中小学生。因而他严格要求学生，采取多种方法加强师范生的道德修养。为了加强学生的道德修养，他制定了北京高师"以成己成物为励学及服务之方针"。他在北京高师采取的主要道德教育方法是：讲演、训话、自治会议、谈话法、名人演讲等。他尤其重视名人演讲。在他任北高校长期间，多次邀请梁启超、蔡元培、林纾等各界名人到校演讲。

陈宝泉认为，今天师范学校的受教育者就是社会上明天的教育者，他们的品德、学识、行为等都将影响青少年，他们应该成为中、小学生的表率；今天师范生的质量将影响国民教育的成败，甚至影响国家、民族的未来，深感作为高师校长责任重大。他常对学生说："你们将来出去做教师，要晓得做教师是不容易的，一举一动都要为人师表！"学子们在陈宝泉的教育思想和校训的教导下，一批批学有成就，毕业后报效国家。陈宝泉对学生的课业极为严格，要求学生在讲义之外还要多读参考书，从而扩大学生的知识面。由于要求的严格，使得很多学生乐意在高师读书，却害怕北京高师的考试。陈宝泉对学生课业要求之严格，由此可见一斑。与此同时，谦虚正直、勤谨笃学、诚实爱人等蔚然成风，成为师大百多年来的优良传统。

综上所述，陈宝泉是我国教育近代化进程中伟大的爱国者和拓荒者，从书刊编辑、小学教师到大学教授，从小学教务长到大学校长，从直隶学校司、清廷学部到中华民国教育部，再到河北省教育厅，他是能够与时俱进的教育家，服务于教育界近40年，对近代中国的教育改革和发展做出了突出贡献。担任北京高师校长时期是他人生最辉煌的时期之一，在北京高师近十年间，他殚精竭虑，在中国师范教育发展史上谱写了辉煌的篇章。他在北京高师的事迹和关于师范教育的真知灼见至今仍闪烁着智慧的光芒，具有重要的现实意义，值得我们进一步学习、总结、研究和借鉴。

大学生生活的主体叙事及其特质
（1977—1990）

刘训华[*]

[摘　要]　学生生活是教育研究的重要内容，它对从学生视角探讨业已存在的教育现象具有重要的价值。本文以 1977—1990 年大学生群体和个体的生活叙事文本作为研究对象，借助教育生活叙事的研究方法，探讨其主体叙事的内涵及生活特质。该时段学生的主体叙事来源于叙事者内在的叙事冲动。校园生活的多彩、理想世界的营造、情感生活的单纯、社会责任的担当、民族振兴的期盼等构成其生活叙事的基本内涵。自我存在感的凸显、内在自省性的增强、社会变迁的参与、文学世界的追求等是该时代学生生活的特质所在。泛八十年代是改革开放后教育精英化的起始阶段，关注该时段大学生生活，对于进一步完善高等教育综合改革，具有一定的现实借鉴作用。

[关键词]　学生生活；主体叙事；1977；八十年代

泛八十年代大学生（本文指在 1977—1990 年接受高等教育的学生）是中国社会发展的一个重要而特殊的群体，作为高等教育精英化的重要阶段，该时期内高考是千军万马过独木桥，大学生享有"天之骄子"普遍美誉。同时，这些毕业生现如今已经成长为中国各个领域的主力军，

---

[*]　宁波大学教师教育学院教授

在各个领域产生重要影响。一代大学生有一代大学生的特点，这是不同时代的使然。由于该时期相对于今天来说属于"新历史"，对此关注的学者并不是太多，刘海峰等学者曾经作有相关的研究。许多学者本身正是该时期的大学生，他们留下了许多感性的回忆，恰恰为相关研究提供了鲜活的叙事文本。本文在材料上，主要以该时段大学生的回忆录、日记及相关影视、报纸等史料作为叙事文本。由于叙事文本自身具有不可回避的主观性因素，因此在材料选取上，笔者尽可能从学生群体的共性角度选择材料，力求通过个体来体现整体，使得选材具有典型性。本文重点探讨该时段大学生的主体叙事内涵、特点与启示，并从一个个鲜活的个性中寻找时代特点。关注泛八十年代大学生的教育生活，既是怀旧又是忆新，并为当代高等教育改革提供历史借鉴。

一 主体叙事与泛八十年代叙事文本

叙事一词从人类活动的结绳记事开始，就已经在日常生活中运用，它的实质是一种组织调节。① 笔者认为，叙事即是讲述事件，反映人和自然的相处，并从中找到心灵的愉悦。叙事是人类语言表达的关怀方式。克尔凯戈尔曾在《致死的痼疾》中写道："写作便是最好的自我治疗方式：我只有在写作的时候感觉良好。我忘却所有生活的烦恼、所有生活的痛苦，我为思想层层包围，幸福无比。假如我停笔几天，我马上就会得病，手足无措，顿生烦恼，头重脚轻而不堪负担。"② 由此可知，叙事还是治疗人内心创伤和舒缓心理的重要方式，叙事式治疗是自传、回忆录、口述史等类型叙事文本的重要效果。

所谓主体叙事，是自己讲述自己的故事，是事件亲历者的主体性叙事。主体叙事来源于人自身的倾诉需要。大学生教育生活的主体叙事，主要是指其本人（有过大学生经历的人）以亲身经历的教育生活作为自己叙述内容，有结构、条理和章法的予以表现，形成亲身情感主体性的

---

① 邱茂泽:《中国叙事通义》，中山大学出版社2013年版，第2页。
② ［丹麦］克尔凯戈尔:《克尔凯戈尔日记选》，晏可佳等译，上海社会科学院出版社1996年版，第136—137页。

抒发。该时段大学生的叙事冲动首先来源于内心深处的巨大经历反差，泛八十年代大学生所具有的叙事冲动，与自身的不同经历有关；其次与时代差相关，基于时代的特性，大学生生活以各种表现形式来呈现。主体叙事中的主体，即是指叙事主体本身，大学生生活的主体叙事即是当时大学生以各种形式再现当年的大学生活。主体叙事者讲述自己的故事，会运用章法不一的叙事表现方式，这些方式又构成了不同的叙事空间，在这些空间内所有的效果呈现，又使得对于叙事效果的感知渐趋丰满。西方对于叙事的研究，多愿从细节乃至结构的角度予以分析。美国叙事学者查特曼把叙述者分为三类：缺席的叙述者、隐蔽的叙述者和公开的叙述者。当然，从文学角度出发的叙事，需要考察叙事的发生形态、内容和效果，而教育生活的叙事，笔者认为应更为侧重关注叙事的真实性、历史性和启发性，这里面更需借鉴中国传统史书的写法。

由于社会阅历的差异，从类型上来说，大学生生活叙事可以分为主流型和非主流型。主流型的主体叙事，通常以政商学的成功人士的叙事为主，如典型的知青叙事的延续，它从宏观层面出发，删减了许多阴暗面，让苦难岁月成为人生的磨炼，主流叙事的特点保存了阳光、正面的成分，缺少对教训的深刻反思。它是一种成功学、励志学的重要素材，但其唯一性与价值感却逐渐受到挑战；非主流型叙事则关注个人感同身受的另一面，并且这些叙事大都从个体内心出发，常常是在叙述主体者所经历的苦痛和思考，这些就成为苦难叙事的重要源泉。当然，主流和非主流本身也是一种相对关系。同时，更有一种叙事，则是超越主体自我的带有理性和中立性的叙事和总结。

泛八十年代的大学生生活的叙事文本，形式多样，有文字，也有音像，散见于各种著作、回忆录、报纸文章等，也包括以文学影视作品表现的大学生活。根据现有的生活叙事文本，主要可以分为以下四种类型：

一是对以1977年恢复高考之际的生活回忆。这些作品曾在2007年前后因恢复高考30年而形成怀旧高潮，如未名《永远的1977》（北京大学出版社2007年版）、王辉耀《那三届：77、78、79级大学生的中国记忆》（中国对外翻译出版有限公司2014年版）、《大学梦圆：我们的1977，1978》（宁夏人民出版社2005年版）等。这些作品的原点怀旧，大量释放出转局时期青年人的热情、思考与努力，体现了过来人的一种民族情绪。如一位大学生在回忆中写道:"1977年秋天,无数像我一样超龄的考生走进考场,在飘着油墨清香的考卷上,追寻那耽误了十多年的宝贵时光。上大学,对我来说就像做梦一样。我没让父亲送我去学校,他站在弄堂口向我挥手。我发现,白发苍苍的父亲,眼睛里闪烁着泪光。"① 这种直白的思考方式和感情表达形式,正是改革开放之初大学生普遍的一种情感体现,即使在他们后来的回忆当中,这种情感与语调也未曾变化。这种怀旧文本还散见于众多的回忆文章之中。

二是对八十年代的学生生活的整体怀旧。这些主体主要在各种出版物上加以体现。如查建英《八十年代访谈录》(生活·读书·新知三联书店2006年版),这类作品目前的呈现还不是太多,但是文化品位很高,是基于启蒙基础上的理性思考。1984年10月1日北京大学学生在国庆35周年群众游行时打出的自制标语"小平您好",几位当事学生郭庆滨、毛小洪等后来谈起当年的情景时说:"我们写这幅标语首先是出自真诚,一种对党和国家领导人,特别是对邓小平同志的由衷祝愿。我们都是中国的普通百姓,如果不是改革开放,我们是不可能跨入北大校门的。"② 他们的特点既是一种时代的表述,同时对于学生生活的理解总是从个体的叙事的角度予以呈现。马国川和赵学勤《高考年轮:高考恢复三十年的民间考察》(新华出版社2007年版)、鲁育宗《大学梦寻:1977—2009中国大学实录》(上海书店出版社2009年版),他们试图在整体性叙事中,寻找内在的逻辑性。1980年张枚同作词、谷建芬作曲的歌曲《年轻的朋友来相会》,典型地反映了八十年代青年特别是大学生的那种建设四化的激情和只争朝夕的英雄精神。"如果四个现代化不在八十年代做出决定性的成绩,那它就等于遭到了挫折。所以,对于我们的建设事业说来,八十年代是很重要的,是决定性的。"③ 邓小平的上述讲话,恰如其分地反映了国家对于八十年代的期望,而作为通过公平竞争上来的大学生,他们肩负四化的使命是责无旁贷的。

---

① 赵丽宏:《不老的大学》,载《大学梦圆:我们的1977,1978》,宁夏人民出版社2005年版,第1页。
② 林翰:《改革开放语录(1977—2012)》,中国友谊出版公司2012年版,第80页。
③ 邓小平:《目前的形势和任务》,1980年1月16日。

三是贯穿于这 13 年的来自普通大学生的个体叙事。这些叙事既零散于众多的报刊、著作中,更庞大的是以一种非出版物(这里指写于日记、书信等以及口口相传的记忆)形式形成持续叙事,在八十年代崇尚个人修养的年代里,这种叙事文本的体量是巨大的。范小青 1978 年进入大学后,曾在日记里写道:"几天来心情一直很激动,激动之中充满着焦急,看到新同学有许多做过多年老师,有许多在各个岗位上实践锻炼,经验丰富,一比之下,自己远远地被抛在后面了,因此心中焦急。为了赶上这些同学,我将准备花数倍的时间和工夫……"[1] 近年来不断有个人回忆大学时代或大学日记的出版,如张曼菱的《北大回忆》、葛明荣的《我的大学日记》等,岁月的流逝,以大学生主体出发的叙事及其思考,成为时代的价值思考。

四是以影视、文学作品等形式存在于社会的大学生活的主体叙事。如 1983 年电影《女大学生宿舍》,描写 20 世纪 80 年代初大学中文系 205 号女生宿舍,住进五个刚入校的姑娘,由此产生了校园生活故事,是八十年代大学生的烙印,单纯、理想和努力是电影给观众留下的深刻印象。2006 年的电影《颐和园》则是对八九十年代校园生活的复杂性的表达,它从一个幽黑深处体现了学生生活的紊乱性和真实性的复合体,2013 年的电影《致青春》,又属于一种青春偶像的阳光表达,它在平淡处掀起了毕业生的过往之事。总体而言,反映大学生生活的电影,总是和时代相联系的。

从整体上看,无论是学界还是社会各界,对于 1977—1990 年这 13 年历史的意义和作用,多从感性的叙事角度出发,形成了众多的叙事文本,而由文本提炼的理性思考及对于历史的价值,尚没有形成一种公认的判断。同时,叙事主体本身还是处于一种发展之中,随着教育综合改革的深入,访谈、口述也成为获取文本的一种重要方式,众多的文本成为来不及咀嚼的回味。

---

[1] 范小青:《77 级的日记》,载《大学梦圆:我们的 1977,1978》,宁夏人民出版社 2005 年版,第 28 页。

二　大学生主体叙事的内容

任何个体或者群体的生活，都离不开时代的影子。正如杨玉良所认为的："要讨论中国的大学，无论是讴歌还是贬抑，必须将其作用与贡献放在中国的历史进程中来加以审视，应该在这三十年中国社会的'宏大变化'乃至'细微变化'的事件中来考察其在一个特定的历史时期的社会、经济与文化发展中的作用与贡献。或许，在大大小小乃至极其微不足道的事件构成的一个综合背景下来审视大学更能反衬出大学的真实面貌。"① 基于时代出发的大学生生活的表现，有着历史的借鉴价值。

充分显现出改革初始阶段大学生生活时代感和使命感，同时又有一定的社会思考。但就总体而言，现有的叙事文本在挖掘人的内心活动、社会动态场景上还可进一步延伸，学术界对泛八十年代大学生生活的学理性研究还不够，造成此种情况的重要原因是学术研究者的主体队伍归属于研究对象本身。以"1977 级、1978 级、1979 级"大学生群体为代表的改革开放后第一代大学生的生活叙事，多关注于社会责任、历史使命、个人奋斗方面；1985 年后的大学生则更多侧重于多元。整体而言，对前三级学生关注过多，对其他年度大学生的关注不够。对于 13 年时期大学生的教育生活叙事，需将其纳入中国宏大的历史变革及个人感受双重视野之中。

校园生活的多彩。对于大学学习生活的追忆，如八十年代的北京大学，自由和理想彰显在生活的角落里，"有一个男生宿舍失火，贴了一张'求援'，放了一只塑料桶在那里，我们走过都扔点饭菜票进去，还有同学捐赠多余的被褥。几天后贴提出一张'谢谢！够了。'捐赠结束"②。捐赠的爱心和被捐赠者的坦然，互不熟悉的同学之情都彰显得如此可爱。知识成为社会阶层的重要分子。"中文系的老先生们，如吴祖缃、王力、林庚先生的课，那简直就像是节日一样，早早地就打听好了，届时如

---

① 杨玉良：《守望共同的精神家园》，载鲁育宗《大学梦寻：1977—2009 中国大学实录》，上海书店出版社 2009 年版，第 1 页。
② 张曼菱：《北大回忆》，生活·读书·新知三联书店 2014 年版，第 73 页。

'打仗'一样地抢位子。"① 这也是求知若渴的这几代人的学习生活写照。

理想世界的营造。诗歌和文学社团的崛起和飞速发展是整个22年历史时期的重要符号标志,如以舒婷、北岛、顾城为代表的"朦胧诗",成为众多大学生竞相追捧的标准,北岛《回答》里的"我—不—相—信"、顾城《一代人》的"黑夜给了我黑色的眼睛,我却用它来寻找光明"等诗句影响了几代大学生的精神世界。诗人成为那个时代明显的标志,比例众多的大学生加入诗人队伍,当时有句笑话,一个石头扔到人群里,就可以砸到三个诗人。"全民皆诗"说法有些夸张,但正是当时诗歌潮的标志。诗歌创作会、朗诵会等激昂了一代代大学生。大学诗歌的载体则是文学社团。恢复高考之后,文学社团在各地迅速成立,数量有几百家之多。如1981年成立的复旦诗社,创办诗刊《诗耕地》,陆续产生了许德民、孙晓刚、李彬勇等有影响的诗人,其中许德民在《诗刊》1982年第2期发表的《一个修理钟表的青年》是他的代表作,而第二任社长曾经担任过国家领导人秘书的卓松盛。

情感生活的单纯。一位在校大学生的日记里写道:"做人难,得到一个人的爱更难。为什么总有那么多曲折?为什么,这是为什么?为什么她总是不说?我总觉得她是在爱我,是在真心地爱我。我的感觉正确吗?我怎么能知道她是真心爱我呢?凭感觉行吗?她从未对我表达过,她为什么不表达呢?"② 这样的一种由于信息不对称所造成的两相猜的局面,普遍的存在许多大学生的曾经的心灵深处。"诚如所料,我的初恋从毕业工作就结束了。当时失恋对我打击很大,在工作后的一年中,我生活在没有阳光的日子里。当然也正是因为经历了初恋,我才能一步步走向成熟……"③ 单纯、理想而朴素是这个时期大学生精神世界的主基调,由于资讯的不发达,个人修炼式的相思,困扰着众多大学生的心境。

社会责任的担当。对于社会和政治的积极主动参与,是八十年代大学生最鲜明时代内容之一,他们对于社会的担当方式,常以办报、结社、研讨等方面进行,在这些领地里,他们进行着社会化的锻炼。如北大77

---

① 张曼菱:《北大回忆》,生活·读书·新知三联书店2014年版,第69页。
② 葛明荣:《我的大学日记》,吉林出版集团2010年版,第235—236页。
③ 葛明荣:《我的大学日记》,吉林出版集团2010年版,第273页。

级中文系学生的努力,"杨迎明他们新闻专业办了一张《实报》,取新闻报道要'实事求是'之意,出了5期,以新闻评论为主。第一版到最后一版,从报头到版花全是手写,全班同学的笔迹在上面都可以找到。主笔孙冰川被称为'辣椒主笔',国际国内的大事小情没有他和同学们不敢评论的"①。在关注政治和社会的同时,对于理想世界的建构一刻也没有放松,文学的主体意识常冲在最前面。1978年复旦大学学生卢新华写作小说《伤痕》,成为风靡一时的"伤痕文学"的代表作,而由此在大学生当中形成的示范效应,造就了1978年8月11日上海《文汇报》一时洛阳纸贵。其他政论式的文章,也以正式或者非正式刊物的形式予以呈现。

民族振兴的期盼。"团结起来,振兴中华"成为那个时代民族的最强音。处于民族强势的渴望,民族精神和凝聚力的集聚,在体育赛事中得以淋漓尽致的展现。"1981年3月20日深夜,广播里传出好消息:中国男子排球队在世界杯排球赛亚洲区预赛的关键一战中,先输两局,后奋起直追,连扳三局,终以3比2战胜当时的南朝鲜队,取得参加世界杯排球赛的资格。北大校园一片沸腾,学生们不约而同地涌出宿舍楼,人越聚越多,最后大家索性把扫帚点着当火把,跑到现在的中关村一带游行。当时大家都非常激动,都在喊'祖国万岁''中国万岁',忽然有人高喊了一句,'团结起来,振兴中华!'马上大伙就跟着一块儿喊起来,当时那样一句话特别能表达出我们的心情。喧腾中,大家没有留意是谁第一个喊出这句口号的。没曾想到,这句口号迅速传播开来,成为中国改革开放初期的最强音。多年之后,在《中国体育报》工作的杨迎明特地为它做了一番调查考证,最后确认首创者是北大中文系文学专业的刘志达。"② 这个口号所蕴含的意味,正是八十年代大学生为代表的中国青年的理解和追求,他们以一种主人翁的意识,期待国家的强盛。

泛八十年代大学生生活丰富,所经历的正是中国最具理想和改革精

---

① 徐梅:《北大中文系77级》,http://news.sina.com.cn/c/2007-06-01/181113132552.shtml,2007年6月1日。

② 徐梅:《北大中文系77级》,http://news.sina.com.cn/c/2007-06-01/181113132552.shtml,2007年6月1日。

神的历史时期。在今天社会各个阶层中,他们是中流砥柱。刘海峰对于早期的大学生群体,曾有过客观的论述,"他们年龄差异巨大、社会阅历丰富,求知欲望强烈、学习格外刻苦,心态积极向上、敢于拼搏进取,但知识不够完整、外语基础较差。他们是改革开放的受惠者、推动者和维护者,其命运与改革开放息息相关"①。这可看作局中人对于自身群体的定位。

三 大学生生活叙事的时代特质

与九十年代相比,朴素理想主义是八十年代大学生教育生活的一个特征,理性务实主义是九十年代大学生的趋向。一位1988年入学的22岁来自农民家庭的大二学生写道:"我是我们村的第一个大学生,考上大学那阵子,方圆几十里的人都来祝贺……想到过退学,然而当我一想起父母兄弟殷切的期望,又默然了,那是整整几代人的希望啊!我们生活的这个城市,物价一天天飞涨。可是,我没钱。平时还可以往教室跑,以减少一些不必要的开支。同学都说我学习刻苦,每天都往教室里跑,可是谁又知道我内心的辛酸呢?我往往坐在教室里发呆,什么也看不进去,脑子里老是父亲满是皱纹的脸。"② 在贫困中生活是大学生特别是农村大学生所需度过的重要时光。

大学生自我存在感的凸显。大学生的身份,是那个时代的一个特殊标示,作为"天之骄子"的象征,大学生能够引来较高的社会美誉。一些大学生的回忆中,对此有深刻的体验。这种体验不仅来自北大,"戴上校徽,人们射来的眼光不一样。那个年代是这样"③。"甭管谁出门,都别着校徽。北大的人戴校徽,其他学校的人也都戴,走在街上,人们看你

---

① 刘海峰:《时代与人物的互动:77、78级大学生群体扫描》,《教育研究》2013年第12期。

② 《贫困生的自述》,载鲁育宗《大学梦寻:1977—2009 中国大学实录》,上海书店出版社2009年版,第129—130页。

③ 张曼菱:《北大回忆》,生活·读书·新知三联书店2014年版,第41页。

的眼神都不一样。"① 其他地方高校的感觉也是如此。对于人生际遇逆转的感慨，人生的强烈转折感，都体现在这几代年轻的大学生身上。不过，人生际遇的逆转之感，每个时代的感受是不一样的。大体而言，八十年代是一种"漫卷诗书喜欲狂"，在中国社会普遍困境的情况下率先突出重围，成为因努力而改变的一代。因此，在他们的关于大学生活的表现中，许多是反映了物质暂时贫困下的精神高度充足的生活。而到了九十年代，随着中国经济社会的发展及更多的学生涌入高校，"天之骄子"的普遍社会认同在降低，大学生不得不面对现实的生活，各式在社会中存在的现象开始涌入校园。

内在的自省性是重要的特点。自我剖析式的反思，是那个时代学生对自己的严格要求。由于在经济和思想双重贫困基础上迎来的新的命运，这个时期大学生们能够普遍具有强烈的自省意识，个体的不断反思和总结是大学生青春期成长的重要因素。一位大一的学生在 1990 年 3 月 15 日的日记里写道："生活要向最艰苦的同学看齐，学习要向最刻苦的同学看齐，为人要向雷锋学习，工作要向保尔学习，此乃吾之事业成功的法宝。"② 同时，对人际交往等方面，也表现出严格的严于律己的特质。"做任何事情，对广大同学要一视同仁，莫有轻重亲疏。这既是经验，也是教训。与广大同学交往的时候，千万不要存有一点点的坏心眼，时时刻刻注意多为同学着想，千万不要伤害任何一位同学、顶撞任何一位同学。生活要乐观些，多多地交朋友。"③ 这种内在自省性较为普遍的存在这几代大学生的意识之中，并且在当时比较根深蒂固。如《我的大学日记》的内容，多为这种内省式文字的记载。

巨大变迁的社会生活与参与体验。有着强烈的主人翁意识。1984 年国庆游行期间，北大学生打出的"小平您好！"的标语，现在看了已经超越那个阶层，成为那个时代亲切的标志。"这个口号无与伦比的震撼力，是因为它源自学生的自发，出于人民的心声，体现平等的意识，闪烁着

---

① 徐梅：《北大中文系 77 级》，http://news.sina.com.cn/c/2007-06-01/181113132552.shtml，2007 年 6 月 1 日。
② 葛明荣：《我的大学日记》，吉林出版集团 2010 年版，第 34 页。
③ 葛明荣：《我的大学日记》，吉林出版集团 2010 年版，第 60 页。

北大的精神。'小平您好'也成了中华民族二十世纪八十年代最珍贵的回忆之一,是对邓小平时代最贴切温柔的概括。"① 既是在平时的学生生活中,社会意识的养成也成为大学生的重要实践标准,主动参与并融入社会,成为大学生自我的内在要求。"凡见陌生人,都要打招呼、问候。应该表现出大人物的气派,不必有任何紧张之态,培养自己健谈之品质。"②这些正是基于社会性的自我要求。

理想主义盛行,在精神荒芜之中努力重塑理想的精神世界。具有特殊的课外活动的丰富多彩性。张泽群回忆,"那时各大学兴起了辩论热。不用讲究场地,只要有两张长条桌子摆成八字,再在中间搁把椅子给主席就能辩上一番。班级之间、年级之间、各系之间辩得如火如荼。1986年、1987年也正是社会思潮活跃、文化热兴起之时。传统与现代的冲突,新旧思想的辨疑,对未来的期待和困惑都可融入辩题去明晰。在辩论中我们熟悉了尼采、萨特、黑格尔,在为辩论摘抄卡片中认识了老子、孔子、梁启超。在对语言的组织和驾驭上那时的操练更让我受益至今"③。理想成为泛八十年代最独立的标志,正如张曼菱所认为的那样,"人格独立,不依附,有尊严地生活"④。既是当时作为大学生的作者,也是今天人应该持有的基本价值取向。

学习知识以改变命运、崇尚文学以提高素养成为热潮。"读书改变命运"常以已经成为大学生的中小学阶段学习叙事作为励志教材,在社会的各个角落广为宣扬。在社会场域,表现在对于写书和读书的推崇,都曾显赫一时。曹明华是一名才华横溢的女大学生,1980 年考入上海交通大学,在大学期间主编过学生刊物《逆光》《新上院》等,她的文字如"她的感觉,你的目光,仿佛深沉了;你的心地,似乎宽容了……或许,因为有了秘密?"这是八十年代最风靡高校的散文集《一个女大学生的手记》,该书风靡一时,优美的文字、细腻的情感适时拨动了大学生青春期

---

① 《"小平您好"揭秘:用床单抒写北大学子的心声》,http://news.qq.com/a/20040810/000288.htm,2004 年 8 月 10 日。
② 葛明荣:《我的大学日记》,吉林出版集团 2010 年版,第 34 页。
③ 韩咏红:《马朝旭司长回忆最佳辩论员》,http://www.scio.gov.cn/ztk/xwfb/jjfyr/18/mt-bd/Document/549885/549885.htm,2010 年 2 月 21 日。
④ 张曼菱:《北大回忆》,生活·读书·新知三联书店 2014 年版,第 28 页。

的朦胧,一位读者回忆求购和阅读《手记》的情景:"当发行曹明华的《一个女大学生的手记》的时候,我出差在外,返厂后便风尘仆仆地赶到新华书店,那节熟悉的玻璃柜台,可是左右寻觅就是不见"手记"的芳影,早已售罄。于是到处打听寻觅,精诚所至,金石为开。不几天,怜悯我的打字员特地为我借了一本,并叮嘱早早归还。这是多么优美的散文呵,对于读惯了传统散文的人来说,真是别开生面,新风扑面。"①

现在,八十年代所产生的纷纷扰扰早已归于平静,而岁月而至的反思,则体现了一定的时代厚度。陈平原有一段分析五四和 1977 级、1978 级学生的话,笔者认为也适用于整个泛八十年代,他说:"'五四'一代和 77、78 级大学生不一样,前者的'光荣和梦想'是自己争来的;我们的'幸运',则很大程度是时代给予的。日后被提及,人家是历史的创造者,我们则是大转折时代的受益者。"② 总体来看,八十年代大学生活拥有的这些特质,常是今天大学生不具备的,这既与时代和环境相关,同时也有自身追求和社会倡导的因素。整体回顾八十年代的大学生生活,朴素的理想主义是八十年代大学生教育生活的一个特征,主要还是洋溢着对精神世界、心灵价值和人格独立的崇尚,这些正是值得今天大学生借鉴、学习的地方。

---

① 鲁育宗:《大学梦寻:1977—2009 中国大学实录》,上海书店出版社 2009 年版,第 2—3 页。
② 陈平原:《我们和我们的时代》,载王辉耀《那三届:77、78、79 级大学生的中国记忆》,中国对外翻译出版有限公司 2014 年版,第 48 页。

科举与教化

科举制的废止与科举学的兴起

刘海峰[*]

[摘 要] 科举制废止后，又以另一种形式进入学者的视野，促使科举学这一多学科的研究领域、一个正在形成和发展的专学、一个方兴未艾的新兴学科的兴起。它力图整合多学科的科举研究，总结科举制的千秋功过，探讨废科举的深远影响，为深刻认识中国社会的特性和传统文化的命运提供一种独特的视角，为现实考试制度改革提供历史借鉴。

[关键词] 科举；科举制；科举学

1905年废止科举是中国教育历史上最重大的事件之一，它是中国高等教育近代化的关键环节，同时关系到中国帝制的终结、科举政治的转换、传统文化的衰弱和儒家经学的断裂。科举制已经废止110年了，但作为一种考试制度和文化现象，它曾经影响中国知识分子那么普遍又那么长久，是历史的重大存在，很值得我们反思和研究。

科举被废，主要是因为它阻碍了新式学堂的兴办。经过1901年的改革调整，废止了八股文、试帖诗、武举等，科举考试的内容和文体可以说已经脱胎换骨了。从清末最后两科的乡试、会试、殿试的试题来看，20世纪初中国科举制已经向近代文官考试制度转型。但是，迫于当时急需兴办学堂培养人才的形势，主政者认为只有废止科举才能搬掉兴办学

---

[*] 浙江大学教育学院资深教授

堂的障碍。1904年1月，在张百熙、荣庆、张之洞《奏请递减科举注重学堂折》中，专门谈到当时兴办学堂的困难主要在于经费难筹，其原因是"由科举未停，天下士林谓朝廷之意并未专重学堂也。然则科举若不变通裁减，则人情不免观望，绅富孰肯筹捐？经费断不能筹，学堂断不能多。入学堂者恃有科举一途为退步，既不肯专心向学，且不肯恪守学规。"同时，他们还比较了科举与学堂的优劣利弊，认为"科举文字，每多剽窃；学堂功课，务在实修。科举止凭一日之长短，学堂必尽累年之研究；科举但取词章，其品谊无从考见，学堂兼重行检，其心术尤可灼知……凡科举之所讲习者，学堂无不优为；学堂之所兼通者，科举皆所未备"①。也就是说，科举根本不如学堂。

在当时的学堂科举之争中，除了极少数人外，舆论基本上是向学堂一边倒。在《奏定学堂章程·学务纲要》中，写明"学堂兼有科举所长，"断言"学堂所出之人才，必远胜于科举之所得无疑"。到了光绪三十一年八月（1905年9月），不仅认为科举一日不停，学堂就难以遍设，且"科举夙为外人诟病，学堂最为新政大端"，于是光绪帝下诏彻底废止科举。

废科举的动因在兴办学堂的教育方面，但废科举不仅仅是一场教育革命，而且是一场政治变革，并引起了广泛而深刻的社会和文化变迁。科举制废止之后，维系儒学的制度支撑不复存在，随之而来的礼崩乐坏、社会动荡、文化断裂，远远超出了提议废科举的估计和想象，因此张之洞在废科举后不久就感到不安和一定程度的懊恼，并力图建立和推广存古学堂以保存旧学。其实，在清末内忧外患的时代背景中，在西学东渐和外来势力强力介入的情况下，科举制的废止实际上是近代东西方文明冲突的结果，也是历史的必然。

1905年标志着1300年科举时代的终结。科举制废止后，古代为应考而兴盛的"科举之学"随着科举制的终结而衰亡。然而，在"后科举时代"，科举并没有完全作古，它还以不同的形态复活于现代社会。由于废科举时主要考虑的是为兴学堂开辟道路，但科举不仅具有教育考试性质，而是集政治、教育、文化、社会功能为一身的复杂的考试制度，科举废

---

① 《张之洞全集》卷61《奏议》，河北人民出版社1998年版，第1597页。

后，选官任职陷入无序，于是清政府在1910年便拟好《文官考试章程》并准备实施，后因辛亥革命爆发而未果。民国考试制度对科举制有多方面的传承，尤其是考试院的建置和考试程序，在一定意义上可以说是科举的复活。我国1952年建立的统一高考制度，在考试竞争的机制和影响等方面，也与科举具有某种形式的相似之处。

随着时间的推移和考试在社会生活中的利弊影响日益明显，人们逐渐认识到，科举虽已成为历史陈迹，但其仍有重大的研究价值，于是科举研究慢慢受到重视。特别是20世纪80年代以后，学术界逐渐反思科举制的功过和废科举的影响，科举研究日渐兴起，并于1992年开始提出建立科举学这一门专门学问①。

有位西方学者曾经说过："似乎重要的真知灼见等到时代精神准备接受它时，才能降临，否则它如果在时代精神前，来得过早，就将会为人所淡忘和抛弃，一直到了文化转过来，准备给它欢迎时，它才能重现于世"②。科举学的发展历程正是如此。自科举废后不久，就开始有人进行科举研究，当时主要是整理一些地区的科第名录，或者对科举考试进行回忆。到20世纪20年代末以后，因为建立考试院，科举研究出现一定程度的兴盛。但1949年以后，因为将科举视为落后腐朽的制度，科举研究被冷落，在当时的情况下，是不可能将科举作为一门专门学问来研究的。到改革开放以后，科举研究才逐步走向繁荣，风会所向，终于在1992年出现了科举学的概念。

科举学是在科举研究历史悠久、研究对象重要、研究人员众多、研究成果丰硕的情况下逐渐形成的一门专学。它以科举制及其运作的历史为研究对象，与中国1300年间大部分知名人物、大部分书籍和几乎所有地区皆有关系。科举学牵涉面很广，内容非常广博，在我看来，科举学所蕴含的一切，只能用"高深渊博"来形容。科举时代，经常有人用汗牛充栋、浩如烟海之类的成语来形容科举文献的繁多，如说"经策之学，浩如烟海，虽皓首未易穷其蕴也"③。清代学者钱大昕所修《元史艺文

---

① 刘海峰：《"科举学"刍议》，《厦门大学学报》（哲社版）1992年第4期。
② ［美］波林：《实验心理学史》，商务印书馆1981年版，第40页。
③ 墨庄氏：《字林精萃》，《艺林山房》，道光二十六年刻版。

志》,按经、史、子、集分类,在"集类"中,专立"科举类",所收《易义拟题》《书义断法》《春秋合题著说》《策学归宗》《科举天阶》等书21种①。1903年编辑的科举改革后在科场中采用的策问目录,确认采用32个类目,其中科举与治道、学术、内政、外交、时事、学校、官制等并列,说明当时科举已是世间所有事物和学问中一个独立的大类②。民国以来,中外各种涉及国学的书籍在处理学问类别的时候,都是将科举与学校并列为一类,或者将科举与教育并列为一类,与文学、法律、农业、工业、商业、军事等各种类别等量齐观,可见科举内涵之广,已成为有别于其他学问的一大类别。

20世纪70年代以前,中国大陆的科举研究成果寥寥可数,而海外的科举研究成果却层出不穷。20世纪80年代一度有所谓"敦煌在中国,敦煌学不在中国"这一具有讽刺意味的说法。中国学者若不重视研究科举,岂不也可能出现"科举产生于中国,科举学不在中国"的尴尬现象?正如杨学为研究员在《厦门大学学报》1999年第4期发表的《中国需要"科举学"》一文中所说的,首倡"科举学",是很有远见的创举,"全世界都在研究科举,它的故乡不应落后"。我认为中国学者有责任有使命深入全面地开展科举研究。而真正要达到全面和深入,就不能零敲碎打单兵作战,只有将各学科分散的科举研究统合起来,才可能使其形成合力,使科举研究出现突破和飞跃。这便是"科举学"形成的学术背景。

中国学术自近代从传统的经、史、子、集"四部之学"走到文、理、法、商、医、农、工"七科之学"后,学科划分越来越细,有些传统学问被分割到几个不同的学科中去。类似于国学的性质,科举学是一门综合性的学问,无法与现代学科一一对应。它提倡打破学科壁垒,突破学科边界,从宏观的视角,注重科举研究的一般理论,进行科举研究的顶层建设。虽然众多研究科举的学者分布于不同的学科,但他们在研究同一对象,使用共同的专业术语,有着共同的学术语言,因而逐渐形成一个学术共同体,研究科举学的专家可称之为"科举学家"。有一种说法,统合知识的能力胜于单一的天才。建立科举学,将从更高的层面上系统

---

① 钱大昕:《嘉定钱大昕全集》(第5册),江苏古籍出版社1997年版,第81—82页。
② 佚名:《中外时务策问类编大成·目录》,求是斋石印1903年版,第1—28页。

地研究科举制。善用整合知识的力量，汇聚和分享众人的智慧，将四面八方的科举研究统合到一块，自然会开辟新的局面、出现新的气象。

与一般科举研究论著有所不同，科举学不仅将科举当作一个专题来研究，而且将其当作一门学问来研究，力图做些整合与贯通的工作。废科举110年以来，众多中外学者从各个断代、各个学科研究科举，就像从不同的侧面观察或雕琢科举，而科举学提倡用"学"的眼光来审视科举，就有如从空中鸟瞰科举，视角与传统的科举研究大不一样，自然可以看到许多新的东西。科举是一个整体，本来是没有那么多界域和屏障的，现代研究人为地将其拆解开来是为了研究的专门与方便；同时，这种"拆解"也可能造成理解中的隔膜与偏差。科举学的提出，便是寻求跨学科的沟通，为突破学科畛域寻找出路。

除了跨学科、多学科的科举研究以外，科举学还提倡"跨界"研究，也就是越出学术界来研究科举。因为当今考试管理界、文博界、政府人事管理部门都与科举有关，对科举研究都有一定的兴趣，所以每年一届的"科举制与科举学国际学术研讨会"也吸纳一些考试管理实际部门、文博界或文物收藏界的人士来参加。第四届、第九届、第十一届科举学研讨会便是由考试管理部门主办，第二届、第十届则是由文博界主办的。

同时，科举学还是一门国际性的学问，科举研究也日益走向国际化。除中国以外，古代东亚世界还有日本实行过近两百年的科举制，并有韩国、越南两个相对独立的科举考试系统在长期运行。19世纪以后，英、法、美等西方国家借鉴科举建立了文官考试制度，进而对世界各国产生直接、间接的影响。关于科举的多种西方文字的记载和韩国、越南历史上的科举文献，十分丰富。因此，中国、日本、韩国、越南和美国等西方国家都有许多学者在研究科举。由于问题重要，且研究对象、研究文献、研究人员和研究成果具有国际性，决定了科举学将会日益国际化。

国际学术视野下的科举学研究，应树立一种"大科举观"，不仅考虑到中国的科举，而且将研究视野放宽到整个古代东亚世界，面对一种新的科举学视界，用"学"的眼光和意识来看待和思考科举。科举学的研究对象不局限于中国的科举，需要我们将韩国、越南历史上的科举视为一个整体，以系统的观点来看问题。探讨科举制度中的有些问题，只靠中国的资料无法圆满地解决问题，而以域外史料与中国史料相互补充，往往能互为印证，解释一些疑难问题。

科举学是从总体上对科举进行专门的综合研究的学问，是进行多学科、多层次、多角度、纵横交错的、比较的科举研究。研究科举学的目的是从科举中总结文化教育传播的社会机制，并从中提取规律性的认识，同时丰富我国的考试科学宝库。研究科举学还可以通过对考试历史的研究，总结人才选拔的科学方法，提高选拔的效度。

总之，科举学是一个多学科的研究领域，一个正在形成和发展的专学，一个方兴未艾的新兴学科。科举学力图整合多学科的科举研究，总结科举制的千秋功过，探讨废科举的深远影响，为深刻认识中国社会的特性和传统文化的命运提供一种独特的视角，为现实考试制度改革提供历史借鉴，因此具有远大的发展前景。

八股文的作用和意义

徐 梓[*]

[摘 要] 八股文作为明清时期科举考试的专用文体，一般认为除了用它来叩击科举的大门之外，别无其他意义。实际上，八股文的出现，是科举制度追求公正和公平的内在要求，是确保科举制度公平和公正的最后一道阀门。八股文的写作，需要大量、坚实的经典阅读，要有丰厚的人文素养做基础；而八股文的写作训练，可以培养一个人高度的概括能力、严整的思维能力和简洁的表达能力。

[关键词] 八股文；科举制度；古典教育

学术界自 20 世纪 80 年代开始的"为科举平反"，经过约 30 年的努力，基本上剔除了科举制度所背的种种恶谥，很大程度地改变了这一制度在人们心目中的形象。但是，作为明清时期科举考试主要文体或表现形式的八股文，作为科举制度重要的有机组成部分，迄今依然恶名昭著，还是陈词滥调、空洞无物的代称。不少人认为，正是八股文拖累了整个科举制度，它是这一制度中最为丑陋的部分。可以说，这给科举制度的平反留下了一条尾巴，或者说平反得不彻底。

八股文作为明清时期用于科举考试的一种特殊文体，"敲门砖"的诨名非常生动地诠释了它的特征。在明清科举考试中，除了在乡试、会试中使用之外，任何公私文书和各种体裁的论著中，都不会采用这种文体。

---

[*] 北京师范大学教育学部教授

它没有任何实用的价值，除了用于科举考试，再没有别的用武之地。就像《红楼梦》第七十三回中贾宝玉所说的那样："这原非圣贤之制撰，焉能阐发圣贤之奥，不过是后人饵名钓禄之阶。"明清两朝的读书人，耗费大量精力学习它、钻研它，日复一日地练习写作，只是为了用它来敲开科举的大门。一旦考中，就将它弃如敝屣，不再顾惜，所谓"得第则舍之"。（《制艺丛话》卷一）很多人在晚年编辑自己的著作时，也要剔除早年为应举而制作的八股文。就连清乾隆年间编纂《四库全书》的时候，也对于泛滥天下、汗牛充栋的各种时文选本"悉斥不录"，仅仅收录方苞奉敕选编的《钦定四书文》，作为"士林之标准"。（《四库全书总目》卷一百九十）与我们现在为了准备高考而发行的"同步练习"极其相似，它广泛流行于社会，泛滥于天下，但只对求取功名的人在特定的时期才有意义。一旦离开了这个环境，失去了这个前提，就毫无价值，甚至失去了立身之所。藏书家不取，目录学不收，大众不见重，士人不见爱，覆瓿烧薪，是其最终的命运。

我们的问题是，八股文为什么会出现，它的出现对于科举制度意味着什么，在科举制度的发展演变过程中，它扮演了怎样的角色，起了怎样的作用？为什么它能在历史上延续长达五百年之久，其间虽然屡遭抨击，备受责难，然而僵而不死，死而复生，它的生命力何在？

一　八股文是确保科举制度公平和公正的最后一道阀门

在《科举制度对公平的追求及其对自身的戕害》[①]一文中，作者提出这样一种观点，在历史上，科举制度所有的改革更张，都是围绕着公正和公平在做文章。它对公正和公平是那样的执着，在这条道路上走得太专注、太远了，或者说在追求公正和公平的道路上走过了头，以至于忘却了它选人的目的，忘记了它取士的根本，从而戕害了自己的功能，造成了对自身使命的斫丧。正如顾炎武所说："国家设科之意，本以求才；

[①] 徐梓：《现代史学意识与传统教育研究》，中国社会科学出版社2012年版，第227—243页。

今之立法，则专以防奸为主。"（《日知录集释》卷十七）

唐朝的科举制度，还一定程度地保留着察举制的特征，存在着以誉望取人的特点，允许有超出考场之外的行卷和温卷、公荐和通榜。一些超出考场外的因素，在最终录取考生、决定名次时起了很大的作用。特别是唐朝后期，投献请托、"公荐"徇私愈演愈烈。这不仅引起了平民士子和社会大众的愤慨，而且招致了一些正直或请托未遂官员的不满，更为与主考有嫌隙之人的攻诘提供了口实。

北宋时期，逐渐出台了糊名、誊录、别头试、双重定等第以及殿试等方法。这些措施，有效地杜绝了考场外的因素，保证了科举考试程序上的公平，使科举考试中人为的因素越来越少，考场外的作用越来越小。所有考生的及第与否，尺度相同，标准一致，考试成绩面前人人平等，保证了"一切以程文为去留"（《老学庵笔记》卷六）、"一切考诸试篇"（《宋史》卷一百五十五）、"一决于文字而已"（《隐居通议》卷三十一）的实现。这些措施，是保证科举制度客观性和公平性的关键因素和切实举措。

唐代的科举制度，取士内容广泛，科目繁多。除了常科之外，又有制举，其中名目的繁多及怪异，令人瞠目。唐代的制科，见于史书的就有80多种。制举的设置，有将那些"非常之人"举擢出来的合理性和积极意义。但科目的众多，也就意味着录取标准的不一致，在某种意义上，设立一个考试科目，就必须另立一个相应的录取标准。录取标准的不统一，各种考试科目之间没有可比性，具体操作时也就难免高下不一，是非紊乱，公平难以保证。到了宋代，考试科目经过一次又一次地归并，已经非常集中，主要科目是分为诗赋进士和经义进士的进士科。

在科举发展的历史上，元代有两大贡献：一是前代的诗赋和经义科目，这时归并为经义一科。以经义取士，除了能"化轻俊为敦厚"（《四友斋丛说》卷三）之外，更便于评阅试卷时辨别是非，评断好坏，有助于客观公正地取士。因为相对于经义的正误、对错而言，诗赋的优劣、高下更难以判定。这也就是说，把沿用甚久的诗赋文学排斥在科考的主要内容之外，也就使科举制度在客观公正之路上，又向前迈进了一大步。二是确定了以《四书》和《五经》为考试内容，并以宋代理学家特别是朱熹的注释为答题标准。这种做法，既便于士子的记诵，也便于考官的评阅。除了划定备考范围之外，也使得答题和评卷有标准可依，提供了一个标准的答案；无论是考生还是考官，都以朱熹的说法为依据，以朱子的是非为是非，避免了个人的主观随意性。

明清科举考试的重要特点，就是八股文文体的出现。可以说，八股文的出现，是科举制度在追求公平和公正过程中的内在逻辑或必然结果。当试卷之外的干扰因素已经被排除，对公平的最主要影响，仅仅来自考官个人的爱憎好恶；严定程式，客观衡文，公正评卷，从而使评卷规范化和客观化，最大限度地控制评卷过程中的误差，就是科举制度发展的内在要求。八股文的产生，正是受这一内在动力所驱使；八股文"僵化"的形式，正是为满足这一要求而催生。

八股文一个最大的特点，是它有相对固定的结构。八股文的得名，正是由于它的形式。任何一篇八股文，都由破题、承题、起讲、入手、起股、中股、后股、束股八部分组成。破题是将题目的意义破开或点破；承题是承接破题的意思，作进一步的说明。起讲是议论的开始，以圣贤的口气，继续阐明题意，并总括全题，照顾全局。"入手"又称入题、领题、落题，将文章引入正题。起股、中股、后股、束股才是正式议论，也是全篇的主干或核心。在这四段中，每段都有两股排比、对偶的文字，共有八股，八股文或八比文因此而得名。

在不同的历史时期，八股文的字数都有明确的规定。明朝万历年间，每篇限500字。进入清朝，逐渐有所增加。顺治时限550字，康熙时增为650字，乾隆时更增至700字。如果超过规定的字数，书吏不予誊录，考官不予评阅，录取更是无从谈起。除了结构和字数的限定之外，八股文还有章法、股法、句法、字法、浅深、虚实、开阖、衬贴、反正、关锁等众多的写作技巧。

正是有关结构、字数、写作技巧的种种规定，使得对一篇八股文进行客观评价成为可能。能否被取中，首先得看体式怎样，结构如何，也就是全文的八个部分以及进入正题后的八股逻辑是否严整，要素是否完备；要看字数是否合乎规定，要看写作技巧是否运用到家。根据这些具体要素进行考量，对试卷的评判，就有很强的可操作性和客观性。

可见，八股文的出现，是科举制度在追求公正和公平道路上的内在要求，它体现了考试的精神，遵从着考试的逻辑，服从于考试的原则，最大限度地遏制了考官的爱憎好恶，使得科举考试的客观性和可操作性越来越强，由此也付出了沉重的代价，这就是考试的内容越来越狭隘，考试的形式越来越僵化。

二 八股文的写作需要坚实的经典阅读和丰厚的人文素养做基础

杜林在讥讽马克思时，提出了"中国式的博学"这么一个概念；马克斯·韦伯也一再强调"中国文人的修养"。日本学者三石善吉将"中国式的博学"或"中国文人的修养"具体化为三个方面：一是背诵45万字的《四书》《五经》全文；二是通晓历史，擅长写作；三是填诗赋词。这三个方面的内容，正好与科举考试所需要的经义、策论、诗赋相对应。[①]

很多人简单地以现在的高等院校的招生考试，比附传统的选拔人才做官的科举考试，并由现今高考影响下的应试教育，得出了科举制度影响下的中国传统教育，也属于应试教育的结论。实际上，高考和科举是两种性质完全不同的考试，相同的不过是竞争性强、淘汰率高这种外在形式。此外，科举制度影响下的中国传统教育，是典型的古典教育，它不仅不是应试教育，而且是应试教育的对立物。

古典教育以研读经典为主要内容。通过和历史上那些最聪明的人交谈，和那些最智慧的头脑对话，通过分享人类积累下来的智慧和道德的财富，懂得我们人类是怎样一步步走到今天的。在前行的过程中，人类遭遇了怎样的挑战，遇到了怎样的困难，我们的先人又是凭借什么资源、依据什么原则、运用什么方法应对这样的挑战、化解这些困难的，取得了怎样的文明成果；从而知道我们来自哪里，又将走向何方，现在在哪里，当下该做什么以及如何做。这是一种专注于根本、为了根本的教育。它致力于一个人素质的优化，着眼于一个人高尚品格和高远视界的培养，涵养心性，变化气质。古典教育不致力于教授实用性的知识，不专注于提供工具化的技能，它的功用是隐性而不是显性的，是长期而不是立竿

[①] ［日］三石善吉：《传统中国的内发性发展》，余项科译，中央编译出版社1999年版，第22页。

见影的。它的目的，是要培养具有高度文化修养的统治精英。正像英国绅士中流传的那句名言所说的那样，学习希腊文、拉丁文对于管理印度殖民地毫无用处，但只有精通希腊文和拉丁文的人，才能够统治印度。同样，在我国科举时代，精通《四书》《五经》对于做知县、做知府，对于征收钱粮、理判案件毫无用处，但只有精通《四书》《五经》的人才能叩开科举的大门，才能出仕为宦。

八股文的写作，不仅题目要严格限定在《四书》《五经》的范围内，而且内容的阐释、经义的发挥，也必须以程朱理学家尤其是朱熹的著述为准。这里没有独立思考的空间，没有个人展现自身性格气质的舞台，只有亦步亦趋的准绳，到处是不可违越的规矩。这就意味着，要在科举的路途上斩关夺将，高奏凯歌，就要将《四书》《五经》背得滚瓜烂熟，倒背如流，对于经典中的任何一句话，甚至前后没有关联的两个字，都要记得起来，知道出处，否则，不知所自，不明题意，就根本无从着笔。要金榜题名，蟾宫折桂，还要对以朱熹为代表的理学家的相关著作全面掌握，透彻理解，如果背离朱注，自出机杼，擅生新义，即便写得妙笔生花，也无济于事。

"时艺所论，皆孔孟之绪言，精微之奥旨。"（《制艺丛话》卷一）为了养成"中国人式的博学"，为了写好八股文，读书人长期浸淫于《四书》《五经》之中，以"龙马的精神、骡子的体力，又要像土鳖虫那样麻木不仁和骆驼那样吃苦耐劳"[①]，经年累月，孜孜不倦地苦读这四十多万字的内容。通过长期的古典学习，他们受到儒家思想的熏陶，从而服膺儒家的学说，并潜移默化到了自己的灵魂深处。

为一旦中第之后巨大的政治和经济利益所折服，一些习惯走捷径的士子，不在《四书》《五经》这些原典上下功夫，而是抱着主考和房考官拟作的为应试人取法的程文不放，死啃取中士子的墨卷，一度造成了程文墨卷盈天下的局面。但是，八股文的写作，要达到炉火纯青、出神入化的地步，只读几部有限且流于表皮和肤浅的程文墨卷是无济于事的，而必须有深厚的古典积累。作文要有文气，其中包括气势和气韵。方苞

---

① ［英］莱芒·道逊：《中华帝国的文明》，金星男、朱宪伦译，上海古籍出版社1994年版，第43页。

在《钦定四书文》的凡例中说:"气也者,各称其资材而视所学之浅深以为充歉者也。欲理之明,必溯源六经而切究乎宋、元诸儒之说;欲辞之当,必贴合题义而取材于三代、两汉之书;欲气之昌,必以义理洒濯其心而沉潜反复于周、秦、盛汉、唐、宋大家之古文。兼是三者,然后能清真古雅。"(《望溪集外文》卷二)写就理明、辞当、气昌的八股文,写出清真古雅的好文章,就有必要沉潜到古文当中,把玩优雅、精致的语言及其内涵,感受其节奏和气势、气韵,体验古文世界中所展现的古人的思索,刺激自己的思考,丰富自己的想象,从而获得智慧和力量。有了这样的厚积深累,作文就会字字千钧,气势磅礴,笔下风雷,气韵生动。所谓"腹有诗书气自华",说的就是这个意思。

八股文的巨擘王鏊,就是这样一个典型。他"数典乡试,程文魁一代",有明近三百年间,八股文大家蝉联鹊起,云蒸霞蔚,"然称为斯文宗主,则首推王鏊"①。"此前风会未开,鏊无所不有;此后时流屡变,鏊无所不包。前人语句,多对而不对,参差洒落,虽颇近古,终不如鏊裁对严整,机调熟圆,为举业正法眼藏"②。王鏊在八股文上的地位,有人比拟为司马迁之于史学、韩愈之于古文、杜甫之于诗歌、王羲之之于书法。唐寅曾赠联予他,称之为"海内文章第一,山中宰相无双"。清朝的四库馆臣说:"鏊以制义名一代,虽乡塾童稚,才能诵读八比,即无有不知王守溪者。"(《四库全书总目》卷一百七十一)

王鏊之所以能达到这样的境界,取得如此成就,就在于他的古文根底湛深。他主张复古,但在方法上主张"师其意,不师其词";而要师其意,就需要博学精思,需要领悟体味。四库馆臣称他"时文工而古文亦工",我们也可以说,正因为他古文工,所以时文才工。王阳明说王鏊的文章,"规模昌黎,以及秦汉,纯而不流于弱,奇而不涉于怪,雄伟俊洁,体裁截然,振起一代之衰,得法于《孟子》,论辩多古人未发。"(《王文成公全书》卷二十五)正因为研索六经,泛览百氏,远绍秦汉,近法唐宋,才能写出当时读书人"争传录以为式"的时文。至于其他八股文大家如唐顺之、归有光、陈际泰、艾南英诸人,也无不古学深湛,

---

① 钱基博:《中国文学史》,中华书局1996年版,第928页。
② 钱基博:《中国文学史》,中华书局1996年版,第932页。

融裁古文，驾轻就熟，浑如己出。钱基博先生在总论明代八股文的特点时说："至八股文，则利禄之途，俗称时文者也。然唐顺之、归有光纵横轶荡，则以古文为时文，力求返虚入浑，积健为雄；虽与诗古文体气不同，而返本修古一也。"① 这也就是说，古文和时文虽然相对而言，但并不是截然对立的，而是有着内在、本质的一致。只有以坚实的经典阅读和丰厚的人文素养做基础，培植好了根底，从根本上解决了道、体、本的问题，才能写出义理显明、措辞恰切、气势丰盈和气韵流畅的好文章。

三 八股文写作可以培养一个人高度的概括能力、严整的思维能力和简洁的表达能力

八股文形式严苛，结构机械，最受时人的嘲讽和后人的诟病。陈登原在《国史旧闻》中，就给八股文总结出了七大罪状：一是沉溺滥套，未尝学问；二是渣滓细嚼，毫无滋味；三是依口胡说，重复沓叠；四是即使工巧，并非艺术；五是对于文学，反为阻碍；六是明知无用，聊以求官；七是即有法眼，准则无从②。这七大罪状，文字简约，可以说是八股文之罪的集中表述。

但我们的祖先玩了五百年的游戏，中国五百年间最智慧的头脑在生命最灿烂的年华、个人学识成长最快的时期所沉溺的八股文，只是单纯的敲门砖而一无是处吗？

本来，"文章无定格"。写作文章，贵在鲜活，创意造言，各不相师。"立一格而后为文"，而且是如此严苛的清规戒律，"其文不足言矣"。"晁、董、公孙之对，所以独出千古者，以其无程文格式也。欲振今日之文，在毋拘之以格式，而俊异之才出矣。"（《日知录集释》卷十六）从言为心声、文出胸臆的角度看，八股文的代圣贤立言，鹦鹉学舌，从根本上违背了写作的精神和规律。正是在这个意义上，人们往往说八股文陈腐俗套，说它形式死板、内容空洞。

实际上，在八股文中，体现了汉语语言的特质。比如，又称八比文

---

① 钱基博：《中国文学史》，中华书局1996年版，第845页。
② 陈登原：《国史旧闻》第3分册，中华书局2000年版，第220页。

的八股文，最大的特色是对仗。对仗，也称对偶，或者如俗说的对对子，这是中国古代文人必备的一项基本功。不仅做八股文，而且作诗作赋，作骈体文，都离不开它。所以，从启蒙教育阶段，学生就开始接受这样的训练。要工整地对仗，"不但名词要对名词，静词要对静词，动词要对动词；而且每一种词里面，又要取其品性相近的。例如，先生出一山字，是名词，就要用海字或水字来对他，因为都是地理的名词。又如，出桃红二字，就要用柳绿或薇紫等词来对他；第一字都用植物的名词，第二字都用颜色的静词。别的可以类推。这一种工课，不但是作文的开始，也是作诗的基础"[1]。对课不仅要了解词性和结构，还要懂得实字虚字、死活句眼、四声平仄、字音字义等。

　　进而言之，八股文写作，不只是要求前后两句话的对仗，不只是单字、词组的对仗，而且整个主体部分都要对仗，要全局严整。陈寅恪先生认为，对对子除了可以测验应试者，能否分别虚实字及其应用，能否分别平仄声，可以测验一个人读书之多少及语藏之贫富，还可以测验一个人的思想条理。他甚至说："凡能对上等对子者，其人之思想必通贯而有条理，决非仅知配拟字句者所能企及。故可借之以选拔高才之士也。"[2]邓云乡先生也称学习写作八股文的训练，"是一种单科独进的大运动量式的思维训练教育"[3]。具体地说，除了培养一个人高度的记忆力之外，还可以培养一个人高度的概括能力、准确思维的能力。"开笔学写破题，不是简单地学造句（造句是用对对子的方式进行训练的），而是训练思维的概括能力和准确能力。要求把各种抽象的，甚至是很狭窄、很怪癖的题目，想出意思，高度概括而又十分准确地用两句话先提纲挈领地说出来。思维的准确性要求把概念的内涵限制在最小范围之内。像打靶一样，不但一下子要把思维集中在靶上，而且要集中在靠近红心的几环上，最好能集中在红心上"。"如果说一开始写破题是训练思维的概括性、准确性，那么后面一股一股地写，就是训练思维的全面性、条理性、逻辑性、辩

---

[1] 蔡元培：《蔡元培全集》（第7卷），中华书局1989年版，第194页。
[2] 陈寅恪：《金明馆丛稿二编》，上海古籍出版社1982年版，第226—227页。
[3] 邓云乡：《水流云在丛稿》，中华书局2001年版，第336页。

证性"①。如此说来，八股文的写作及其训练，"不单纯是一个语言文字的训练，更主要的是思维方法的训练，思维能力的训练"。②

八股文的另一个特点就是篇幅简短，有严格的字数限制。从最初只有可怜的500字，到后来几经增加，也不过只有700字。能在严苛的限定之下，在如此促狭的范围内，写出理明、辞当、气昌的好文章，这无异于"舞霓裳于寸木，抽长绪于乱丝"。而要在给定的这样短小的篇幅内，写出结构完整、内容丰沛的文章，就势必字斟句酌，精耕细作，使得字字饱满，句句铿锵，文不空言，每个字、每句话都发挥最大的功效。而经过这样的严格训练之后，卸下镣铐，不受拘限，在更加开阔的空间中，援笔行文，就能天马行空，纵横驰骋，文章就能写的酣畅淋漓，荡气回肠。

正因为如此，无论是八股文下的古代文人，还是古文底蕴深厚的现代学者，都无不夸赞八股文对思维的正面影响。早在元代，王恽就说："作文字亦当从科举中来，不然，岂惟不中格律，而汗漫披猖，无首无尾，是出入不由户也。"(《秋涧先生大全文集》卷九十四) 以批判科举制度著称的《儒林外史》，在第十一回中说："八股文若做得好，随你做什么东西，要诗就诗，要赋就赋，都是一鞭一条痕，一掴一掌血。若是八股文章欠讲究，任你做出甚么来，都是野狐禅，邪魔外道。"清初的汪婉，虽然曾历数八股文之弊、继归有光之后总结出八股文七大罪状、而为陈登原揭示出，但当有人就写作问题请教时，他也依然说："时文虽无与诗古文，然不解八股，理路终不分明。"(《池北偶谈》卷十三) 写过《清代八股文》的邓云乡先生这样说："对客观事物用语言表现时，要有高度的概括性、高度的准确性。说得清楚不清楚，是分析能力、逻辑条理的表现，能否'约之则为一言、扩之则为千万言'，是概括能力和分析能力相结合的表现；能否'一鞭一条痕，一掴一掌血'，是认识问题能力尖锐性、敏锐性、深刻性的表现，总的就是高度的准确性。"③ 对于八股文在历史上究竟起过什么作用这一问题，邓先生的回答是："它的唯一的

---

① 邓云乡：《水流云在丛稿》，中华书局2001年版，第337页。
② 邓云乡：《水流云在丛稿》，中华书局2001年版，第338页。
③ 邓云乡：《水流云在丛稿》，中华书局2001年版，第334页。

作用，似乎就是起到了重要的严格训练思维能力的作用。"①

因此，我们说，八股文的写作训练，能够培养一个人严整的逻辑思维能力，高度的概括能力和简练干净的表达能力。

最后，为了避免误会，有必要特别强调指出，我并不否认八股文存在着众多人指陈的空洞、呆板、僵硬、烦琐、苛刻等种种弊端，也不否认长期浸淫其中，器识会为其所规矩，思想会为其所拘牵，文气会为其所牢笼，遣词造句，都会为其所宰制，养成虚浮、教条和矫情的"八股气"。时过境迁，社会结构和文化氛围已经有了根本性的变化，我也不赞同在今天恢复科举制度，更反对复兴八股文。我们这里揭示、指陈八股文的作用和意义，不过是出于一种探究的心性，基于一种理解的情怀，以窥它为什么会在弊端显露无遗，乃至恶名昭彰之时，依然能僵而不死，死而复生，它的生命力何在？它除了人们嘲讽讥刺、攻讦痛斥的罪状之外，是否也有一些符合当时的历史条件和科举制度内在发展逻辑的因素，说明这一基于丰厚人文素养的游戏，其实对于培养人们严整的逻辑思维能力、高度的概括能力和简练干净的表达能力，还是有一定意义的。

---

① 邓云乡：《水流云在丛稿》，中华书局2001年版，第335页。

卑微者的尊严：宋代伎艺人的
文艺教化活动

张建东[*]

[摘　要]　宋代商业繁荣，市民文化勃兴，以娱乐表演为谋生手段的伎艺人群体迅速壮大。其中以讲史和杂剧等文艺表演为支点、以失意文人为中坚的一批伎艺人，并不因社会的偏见而自轻自贱，他们忧国忧民，深察民情，将民众的呼声上达，将统治者倡导的伦理道德思想广泛渗透于社会基层和民众的日常生活，他们的文艺教化活动是宋代社会教育活动的重要组成部分。

[关键词]　宋代；伎艺人；文艺教化

文艺教化是中国古代社会教化的重要形式。学者黄书光指出，儒家思想之所以大行于中国古代社会，不仅因为它"契合小农封建社会和大一统政治需要"，更主要因为它"存在着一整套十分严密的以科举入仕为潜在目的、以化民成俗为显性目的的教化网络。它既包括通常所惯称的各级各类学校系统，又特指士大夫的谕俗乡约、村落的家规族法、民间的祭祀礼仪、文人的戏剧小说等非学校系统，二者所构成的动态交叉立体网络，共同推动着儒家教化思想对社会的全方位的渗透与辐射"[①]。其中"文人的戏剧小说"即指文艺教化。宋代是中国古代文艺娱乐表演的

---

[*] 河南大学教育科学学院副教授
[①] 黄书光：《中国社会教化的传统与变革》，山东教育出版社2005年版，第26页。

繁盛时期,"宋代经济繁荣,娱乐业随之而兴盛。当时称娱乐表演为伎艺,而从事伎艺表演者称为伎艺人"①。宋代伎艺人主要来源于农村过剩人口、城市平民以及失意读书人。② 与其他时代相较,宋代文化娱乐有不断商业化、市场化趋势,这一趋势"使得政府与民间实现了文化娱乐的资源共享,并在官府优先的条件下由市场配置"③,在这种时代场域里,伎艺人的表现十分活跃,如周密在《武林旧事》中列举临安瓦舍中的各种伎艺表演五十五类,著名伎艺人达五百一十五人。④ 由于统治阶级的默许和时代氛围的宽松,宋代伎艺人在表演时经常穿插道德说教、针砭时弊的内容,"渐渐出现了伦理道德教化的意味和趋向"⑤,其中具有显著教化特征的伎艺表演,当属讲史和杂剧两家。讲史大多取材于正史,以史实为基础加以虚构敷衍;杂剧的剧情多需细心构思,常寓深意于嬉笑之中。二者都要求伎艺表演者具备一定的文化修养。如讲史艺人中有乔万卷、许贡士、张解元、武书生、王贡元⑥等称谓,蜀地杂剧艺人"多能文,俳语率杂以经史"⑦等,都生动表明伎艺人群体里文化人参与的广泛性。伎艺人或立足于勾栏瓦舍,或游走于乡村间巷,在谋生和娱乐民众的同时,还自发甚至自觉地协助宋代统治者教化社会,化民成俗,其中"四方执艺之精者"则赢得了全社会的喝彩和尊敬,所到之处,人们"争以酒食钱帛遗之"⑧。鉴于此,本文以讲史、杂剧等伎艺表演为探讨对象,深度呈现宋代伎艺人利用文艺舞台教化社会的历史场景。

一 "满村听说":讲史人的道德说教

讲史在宋代也被称为"讲史书""演史",即用通俗生动的方式,讲

---

① 梁庚尧:《宋代伎艺人的社会地位》,载《宋代社会经济史论集》,台湾允晨文化实业股份有限公司1997年版,第100页。
② 朱瑞熙等:《宋辽西夏金社会生活史》,中国社会科学出版社1998年版,第257页。
③ 龙登高:《南宋临安的娱乐市场》,《历史研究》2002年第5期。
④ 周密:《武林旧事》,中华书局2007年版,第179—192页。
⑤ 葛兆光:《中国思想史》(第2卷),复旦大学出版社2001年版,第277页。
⑥ 周密:《武林旧事》,中华书局2007年版,第180页。
⑦ 岳珂:《桯史》卷13,中华书局1981年版,第156页。
⑧ 洪迈:《夷坚乙志》卷18,中华书局1981年版,第342页。

说历代兴废纷争之事,将历史知识、历史观念渗透普及于民众之中,其情节一般跌宕起伏,曲折动人,只说不唱,兼有议论。耐得翁在《都城纪胜》中称:"讲史书,讲说前代书史文传,兴废争战之事。"① 从业者则被称为"市优"或"市人",一个"市"字,体现出讲史浓郁的商业气息。讲史人的身影在宋初已经出现,如宋太祖时期,太尉党进不识文字,"……过市,见缚栏为戏者,驻马问:'汝所诵何言?'优者曰:'说韩信。'进大怒,曰:'汝对我说韩信,见韩信即当说我。此三面两头之人。'即命杖之。"② 党进因误解在闹市杖责说韩信的"缚栏为戏者",即是游走于民间的讲史人。

讲史人在作场之前,已经有意识制作广告宣传,以渲染讲说内容,招揽生意。如《夷坚志》记载:"乾道六年冬,吕德卿偕其友王季夷、魏子正、上官公禄往临安……四人同出嘉会门外茶肆中坐,见幅纸用绯贴,尾云:今晚讲说汉书。"③ 史料说明讲史人已非常重视广告效应,精致的大红招幌、诱人的讲说内容,吕德卿等四位士人流连忘返于此自然在情理之中。开场时,讲史人一般会擂一阵锣鼓,以营造氛围,聚拢人气。如《水浒传》里李逵和燕青为排解烦恼,相携前往汴京"桑家瓦子"听书,"来到瓦子前,听的勾栏内锣响,李逵定要入去,燕青只得和他挨在人丛里,听的上面说评话,正说《三国志》,说到关云长刮骨疗毒",说道精彩之处,"李逵在人丛中高叫道:'这个正是好男子!'众人失惊,都看李逵,燕青慌忙拦道:'勾栏瓦舍,如何使得大惊小怪这等叫!'李逵道:'说到这里,不由人不喝采!'"④ 桑家瓦子里的讲史人将关公刮骨疗毒的英雄事迹描绘得活灵活现、扣人心弦,连鲁莽无知的李逵都不禁大声喝彩。

据《武林旧事》等史料统计,北宋著名讲史人有孙宽、霍四究、尹常卖等八人,其中霍四究善说《三分》,尹常卖专讲《五代史》;南宋仅杭州一地有瓦舍二十多处,有两处是讲史的专门场所,著名的讲史者就

---

① 耐得翁:《都城纪胜》,中国商业出版社1982年版,第11页。
② 江少虞:《宋朝事实类苑》卷64,上海古籍出版社1981年版,第850页。
③ 洪迈:《夷坚支志丁集》卷3,中华书局1981年版,第991页。
④ 施耐庵:《水浒传》第90回,人民文学出版社2002年版,第1164页。

有乔万卷、许贡士、张解元、周八官人、武书生等二十三人。至于那些走街串巷、深入基层农村的民间艺人更是不可胜数。如苏轼在《东坡志林》中曾记述了一位走街串巷的讲史人，他的艺术水准足以让听者震撼，甚至"出涕"与"唱快"（叫好）："涂巷中小儿薄劣，为其家所厌苦，辄与钱，令聚坐听说古话。至说三国事，闻刘玄德败，颦蹙，有出涕者；闻曹操败，即喜，唱快。以是知君子小人之泽，百世不斩。"① 讲史人凭口舌之利，将三国故事、历史观念深入到民众甚至顽童的心灵深处。刘忠曹奸等正统历史观念在中国民间产生巨大的影响力，"讲史"的作用不容忽视。

南宋时期民族矛盾尖锐，讲史人常常以时代为背景，演绎出一批抵御外辱、精忠报国的英雄人物，以褒扬忠义，凝聚民心。如南宋的"王六大夫"曾是宫廷著名讲史人，他以说当代史闻名，北宋末教坊消亡后被迫流落江湖，"诸史俱通，于咸淳年间敷衍《复兴篇》及《中兴名将传》，听者纷纷。盖讲得字真不俗，记问渊源甚广耳"②。王六大夫不仅"诸史俱通"，还能敷衍话本，兼艺人与编导于一身，是讲史人中的佼佼者。在他的渲染下，岳飞、刘光世、韩世忠等抗金名将的故事被广为传颂，出现了"听者纷纷"的盛况。同时，讲史人对诸如后晋石敬瑭等不惜出卖民族利益者则大加痛斥，称其为"甘臣胡虏灭天常"，是"妖狐假虎威"③。欧阳修曾称赞讲史人，由于他们的传播，像杨业、杨延昭父子等忠勇人物，"天下之士，至于里儿野竖，皆能道之"④。

陆游在《小舟游进村，舍舟步归》诗中传神地记录了讲史人的高超技艺："斜阳古柳赵家庄，负鼓盲人正作场。死后是非谁管得，满村听说蔡中郎。"⑤ 宋代像这位"说蔡中郎"的"负鼓盲人"不可胜数，他们经年累月地将秦汉鼎革、三国纷争、五代更迭等历史故事反复传播，通俗史学的辐射范围也因此空前扩大，渗透到两宋社会的每个角落。

还需注意的是，宋代的另一种艺术种类"影戏"，可以称作讲史的变

---

① 苏轼：《东坡志林》卷1，中华书局1981年版，第7页。
② 吴自牧：《梦粱录》卷20，古代文学出版社1956年版，第306页。
③ 丁锡根点校：《宋元平话集》上册，上海古籍出版社1990年版，第140页。
④ 欧阳修：《欧阳修全集》卷29，中华书局2001年版，第444页。
⑤ 傅璇宗：《全宋诗》第40册，北京大学出版社1996年版，第24919页。

种或直观形式,其讲述之中加上一定的视觉冲击,十分吸引观众。影戏的渊源可追溯到汉武帝时期,宋仁宗时,"市人有能谈三国事者,或采其说,加缘饰作影人,始为魏、吴、蜀三分争战之像"①。耐得翁在《都城纪胜》中也记载:"影戏,……其话本与讲史书者颇同,大抵真假相半,公忠者雕以正貌,奸邪者与之丑貌,盖亦寓褒贬于市俗之眼戏也。"②影戏起源于三国故事,且话本与讲史"颇同",充分证明了其源自讲史。影戏艺人(也称"弄者")按人物忠奸用彩纸或羊皮塑造艺术形象,边讲述故事内容边摆放"公忠者"与"奸邪者",透过灯光折射,布幕上人物形象呼之欲出,致使"儿童喧呼,终夕不绝"。宋人对影戏弄者精湛的表演十分赞叹:"三尺生绡作戏台,全凭十指逞诙谐。有时明月灯窗下,一笑还从掌握来。"③影戏由于具有"寓褒贬于市俗之眼"的特征,其教化效果十分显著。如张耒在《明道杂志》中记载,汴京城里某位富家子弟痴迷影戏,不忍观看影戏中斩关羽的情节,常"为之泣下",弄者为骗取钱财,谎称关羽有灵,被斩时需大祭,富家子信以为真,"闻甚喜。弄者乃求酒肉之费,此子出银器数十。至日斩罢,大陈饮食如祭者"④。故事生动展示了影戏的艺术感染力以及对关羽等忠勇人物的宣扬。

以史实为基础敷衍而成的"讲史"、影戏两种伎艺表演,继承了中国史学的优良传统,以宣扬忠君、孝亲、仁爱、勤俭、护生爱物等儒家核心伦理观念为宗旨,它们所包含的"身临其境"的精神塑造机制与功能,在传播儒家学说与伦理思想方面,起到经书示范与士人宣讲所无法替代的作用,甚至胜过以教化为务的官学、书院等正规教育场所,"虽日诵《孝经》《论语》,其感人未必如是者之捷且深也。噫,不通俗而能之乎!"⑤

---

① 高承:《事物纪原》卷9《影戏》,中华书局1989年版,第495页。
② 耐得翁:《都城纪胜》,中国商业出版社1982年版,第11页。
③ 洪迈:《夷坚三志辛》卷3《普照明颠》,中华书局1981年版,第1406页。
④ 张耒:《明道杂志》,丛书集成初编本,1939年,第14—15页。
⑤ 冯梦龙:《喻世明言》序言,海南出版社1993年版,第1页。

二 "无过虫"：杂剧伶人的说唱教化

杂剧是宋代开始盛行的一种伎艺表演形式，深受社会各阶层喜闻乐见。它是在唐代参军戏基础上发展起来的滑稽短剧，但在角色、内容等方面都大有改进。如参军戏只有参军、苍头两个角色，而宋杂剧则有末泥（主角）、引戏（介绍剧情、人物，连贯情节）、副净（又称参军，通常逗哏扔包袱）、副末（也称苍头，通常捧哏凑趣）、装孤（扮演官员、皇帝等上层人物）五个角色。在内容方面，宋杂剧也较参军戏复杂得多，一般分为艳段、正杂剧、杂扮三部分，其中正杂剧是主体部分，杂剧艺人通过这部分的说唱、滑稽表演来娱乐观众，谋生度日。

何忠礼指出："杂剧已在南宋初期完全从过去的'散乐'或'百戏'中脱离出来，正式形成了一门独立的舞台艺术。"[1] 实际上从宋初起，杂剧艺术就已基本成熟，无论宫廷节日、衙府宴饮、文人唱和，还是民间婚丧嫁娶、节日欢庆，都频繁出现杂剧艺人的身影。如宋太祖就经常以杂剧为乐，在某次与群臣宴饮时，令教坊伶人雨中作杂剧，"宣劝满饮，尽欢而罢"[2]。宋代士大夫中也不乏杂剧的忠实拥趸。如李邦彦宴请宾客时，就经常"置酒，出家妓，作优戏以见待"[3]。和上层社会一样，普通百姓对杂剧也颇为喜爱，如布衣王亢因相貌酷似金人，在陪同枢密使路允迪前往太原与金人谈判途中，遭到某地村民的误解与捆缚，他急中生智，模仿杂剧艺人的口吻与村民对话，"村人皆笑曰：'此伶人也。'乃得释"[4]。

宋人耐得翁指出："杂剧大抵全以故事世务为滑稽，本是鉴戒，又隐为谏诤，故从便跣露，谓之无过虫。"[5] 即宋杂剧以娱乐观众为手段，以

---

[1] 何忠礼：《南宋史稿》，杭州大学出版社1999年版，第655页。
[2] 孔平仲：《孔氏谈苑》卷4，载《宋元笔记小说大观》，上海古籍出版社2007年版，第2264页。
[3] 蔡绦：《铁围山丛谈》卷4，中华书局1983年版，第73页。
[4] 徐度：《却扫编》卷下，载《宋元笔记小说大观》，上海古籍出版社2007年版，第4523页。
[5] 耐得翁：《都城纪胜》之《瓦舍众伎》，中国商业出版社1982年版，第11页。

"鉴戒""谏诤"为本色。从现存文献记载来看，宋杂剧讽谏内容广涉国计民生、社会生活诸多层面，成为上达民意、臧否时政、教化民众的一股重要社会力量。

讽谏时政、反映民间疾苦是宋杂剧较为常见的主题。如宋神宗熙宁九年，主管水利的官员侯叔监去世，由于其在位时滥兴水利，"以图恩赏，百姓苦之"，伶人丁仙现为表达百姓心声，趁"太皇生辰"时作杂剧，假借一僧人与阎王的对话，讥讽侯叔监在地狱仍不忘向阎王"献图，别开河道"，却被阎王严厉责罚，①意在提醒神宗在变法过程中注意减轻百姓徭役负担。伶人对时政的抨击往往很巧妙，常藏锋芒于戏谑之中。如宋徽宗时期，蔡京以"铸大钱"为幌中饱私囊，百姓却深受其害，"优人因内宴为卖浆者，或投一大钱饮一杯，而索偿其余，卖浆者对以'方出市，未有钱，可更饮浆'，乃连饮至于五六。其人鼓腹曰：'使相公改作折百钱，奈何？'"②杂剧演员扮作街头"卖浆者"，顾客因大钱不便，不得不饮浆至"鼓腹"，以替代找零。徽宗观后受到触动，这一破坏经济、违背民意的改制也在演员们的喧笑中废止。

由于辽、西夏、金、元等强敌环伺，宋代饱受边患困扰，在忠君、御辱复疆等思想的支配下，杂剧伶人对朝廷用兵、战和等军事话题也颇为关注。如南宋绍兴年间，"有伶人作杂戏，云：'若要胜金人，须是我国一件件相敌乃可。且如金国有粘罕，我国有韩少保；金国有柳叶枪，我国有凤凰弓；金国有凿子箭，我国有锁子甲；金国有敲棒，我国有天灵盖。'人皆笑之"③。这位游走于民间的杂剧艺人开始假装一本正经地为宋廷战胜金人献策，但最后话锋一转，用金人的"敲棒"对上宋人的"天灵盖"，以戏谑口吻将金人的残暴、宋廷的软弱以及生灵的涂炭揭露无遗，该艺人的表演激发出台下观众同仇敌忾的抗金热情，有利于鼓舞民众，归拢人心。

宋杂剧表演中也经常出现宣扬儒家伦理纲常的剧目。据《东京梦华

---

① 张师正：《倦游杂记》，载《宋元笔记小说大观》，上海古籍出版社2007年版，第755页。
② 曾敏行：《独醒杂志》卷9，上海古籍出版社1986年版，第86页。
③ 张知甫：《可书》，中华书局2002年版，第9页。

录》记载，北宋汴京的瓦子勾栏里，杂剧艺人"自过七夕，便般《目连救母》杂剧，直至十五日止，观者增倍"①。《目连救母》是一出佛陀弟子目连拯救亡母出地狱的剧目，主旨在于劝人向善，劝子行孝，更有"天下无不是者父母"的隐喻。杂剧艺人将其改编后搬上舞台，能连续上演七八天，而且观众场场爆满，趋之若鹜。儒家的仁爱、孝悌观念也在一场场精彩的演出中被广为传播。又据《武林旧事》列举了宋代官本杂剧二百八十余种，类似《目连救母》的伦常题材出现频繁，如《王宗道休妻》《李勉负心》《王魁三乡题》三剧通过书生负心的故事从反面强化了封建伦常。宋代科举极盛，为王宗道、李勉、王魁等寒士发迹提供了良好的条件，但这些精研儒家礼法的书生却在金榜题名后抛妻舍子，而且他们所负女子或恪守妇道、孝奉双亲，或有恩于自己，结果都遭到应得的报应。观众在义愤和叫好的同时，很自然地接受了统治者所宣扬的因果报应、夫妻伦常等道德观念。

总之，宋杂剧的社会教化功能丝毫不逊于讲史。如宋徽宗时，开封府尹范纯礼审理一起谋反案，享泽村某村民"入戏场观优"，在归途中"见匠者作桶，取而戴于首曰：'与刘先主如何？'"②木匠以"谋逆"为由将村民扭送至开封府，范纯礼查实村民为"村野无知"，只是"观优"后仍沉溺于剧情，作刘备状而已。可见杂剧艺人的表演是多么精湛，历史人物和正统史观也借此深植于民众心中。陆游在《春社》诗中云："太平处处是优场，社日儿童喜欲狂。且看参军唤苍鹘，京都新禁舞斋郎。"③生动说明南宋时杂剧表演已与百姓的日常生活融为一体，成为他们苦难中的欢乐点缀，也是他们文化知识和道德观念的重要来源。

三 宋代伎艺表演中教化功能彰显的原因

宋代伎艺人之所以能够拥有足够的活动空间与广阔的教化舞台，是与他们所处时代场域里的主客观条件密不可分的，它们主要体现在以下

---

① 孟元老：《东京梦华录》，中国商业出版社1982年版，第55页。
② 脱脱等：《宋史》卷314，中华书局1977年版，第10278页。
③ 陆游著，钱仲联校注：《剑南诗稿校注》，上海古籍出版社2005年版，第1884页。

三个方面。

（一）相对宽松的社会环境

和中国古代其他时期相比，宋代社会舆论相对自由，文网也较为宽松，统治者为更好地施政和考察民情，默许甚至鼓励优伶们讽喻时政，如杂剧演员被称为"无过虫"即是生动例证。正如程民生所言："宋代百姓和官员可以较为自由地议论朝政、批评官员以及皇帝，朝廷也鼓励各级官员直言极谏，演艺界更是胆大妄为，通常以讽刺官员为题材，在思想界则涌动着一股言论激进思潮。"[1] 据南宋学者袁文记载："内宴优伶打浑，惟御史大夫不预，盖始于唐李栖筠也，至今遂以为法。"[2] 后人也证实了上述说法："宋时大内中，许优伶以时事入科诨，作为戏笑，盖兼以广察舆情也。"[3] 宋廷用伶人作杂剧，百官中惟有御史大夫等言官不能出席，这种"遂以为法"的惯例为伎艺人营造了一个畅所欲言的时代氛围，统治者在娱乐之余还能一定程度上实现"广察舆情"的政治目的。正是在这样的社会温床里，才锻造出诸如讲史、杂剧等教化意味显著的伎艺表演形式。

（二）宋代伎艺人社会教化意识的增强

宋代是士人主体意识空前觉醒的时代，"宋代至真宗时期，王朝终于完成其政治上的选择（即崇文抑武），科举出身的文官遂成为统治的政治中坚力量，走向政治舞台的最前列，亦即以不同于以往的身心继承了士大夫的衣钵。从此士大夫的自信心日益增强，也勇于承担政治责任，自然也产生了强烈的国家认同感"[4]。文人士大夫这种强烈的自信与社会责任感也深刻地感染了伎艺人群体。诚然，不少伎艺人为了谋求商业利益，会在表演中掺杂大量野俗的、满足感官享受的情节，甚至出现过以"孔夫子为戏"的叛逆表演。这种公然蔑视礼法、以俗乐情色为卖点的演艺

---

[1] 程民生：《宋代社会自由度评估》，《史学月刊》2009年第12期。
[2] 袁文：《瓮牖闲评》卷8，上海古籍出版社1985年版，第78页。
[3] 梁绍壬：《两般秋雨庵随笔》，上海古籍出版社1982年版，第339页。
[4] 陈峰：《政治选择与宋代文官士大夫的政治角色——以宋朝治国方略及处理文武关系方面探究为中心》，《河南大学学报》（社会科学版）2007年第1期。

卑微者的尊严：宋代伎艺人的文艺教化活动 / 243

行为，使他们获得"售艺者"的贱称。即使掌管教坊诸部的教坊使也仅为名义上的官员，根本不被体制所接纳。如宋太宗时期，"教坊使郭守中求外任，止赐束帛"①。但是，以讲史、杂剧等伎艺表演为舞台、以失意文人为中坚的一批伎艺人，并不因上层社会的偏见而自轻自贱，也不因娱乐市场里的鱼龙混杂而随波逐流，他们忧国忧民，深察民情，在情感上与普通百姓息息相通，堪称他们的代言人。正因为如此，他们的创作和表演才会发人深省，并常常达到"巧发微中，有足称言者"②的社会教化效果。

最具有代表性的是北宋著名杂剧伶人、教坊大使丁仙现，时人在文献中多郑重记述其人其事，并赞誉有加。之所以出现这种情况，与丁仙现本人"位卑不忘忧国"的高尚节操有很大关系。丁仙现虽身在末流，却不妄自轻贱，日常生活中常"俨然以士大夫自居"，他秉承伶人道"别人不敢言者""以达下情"的优良传统，在戏谑之余不忘关注朝政，敢冒杀身之祸"嘲诨""诮难"王安石新政的失当，晚年仍以"无补朝廷"而自责不已。其言行令许多当朝士大夫自愧不如，也因此获得"台官不如伶官"③的美誉。其他如宋孝宗时期的杂剧伶人王喜，"其读书作文不减儒生，应制燕闲，未可轻视"④，也颇具忧国忧民的文人气质。

（三）宋代伎艺人继承和发扬了伶人"以言语尽规导"的优良传统

宋人张端义在《贵耳集》中总结道："伶者，自汉武时东方朔以谐谑进，其间以言语尽规导之意。"⑤宋代伎艺人不仅继承了以往伶人"以言语尽规导"的优良传统，还大胆创新，在表演过程中基本不避现实，且睥睨权贵，对不良流俗与时政失当之处能大胆揭露，道出百姓想说但不敢说出的愤懑与心声，以勇于担当的社会责任感赢得了人心。正因为此，宋人洪迈才说："俳优侏儒，周技之下且贱者；然亦能因戏语而箴讽时

---

① 脱脱等：《宋史》，中华书局1977年版，第3347页。
② 周密：《齐东野语》卷13，中华书局1983年版，第244页。
③ 蔡绦：《铁围山丛谈》卷3，中华书局1983年版，第58—59页。
④ 张端义：《贵耳集》卷下，宋元笔记小说大观，上海古籍出版社2007年版，第4304页。
⑤ 张端义：《贵耳集》卷下，宋元笔记小说大观，上海古籍出版社2007年版，第4319页。

政，有合于古蒙诵工谏之义，世目为杂剧者是已。"① 尽管"市优""无过虫"等称谓十分卑微，且有被上层社会戏谑的意味，但伎艺人"鉴戒""谏诤"的本色令统治者不能小视，所谓"小人中有冷眼，最不可欺"就是宋人对伎艺人以卑贱之身教化社会、冒杀身之祸谑语刺政的高度褒扬。

　　伎艺人群体所具备的独特社会教化功能，逐渐引起了两宋统治集团的重视。统治集团从一开始的轻贱排拒，到后来的欣赏品鉴，再到"破除旧缚，逾越职典，为杂剧的编演提供创意和幕后策划，而且不断撷拾戏典、摘引剧段、激赏论议"②，满怀热情地参与到他们的演艺过程中。一批名臣硕儒，如杨亿、范祖禹、欧阳修、苏轼、文天祥等，都曾直接或间接地参与过讲史话本、杂剧、俳优词的撰写。甚至肩负"移风俗、敛贤才"重任的州学教授在闲暇之余为贴补家用，不顾"副陛下责任师儒之意"，争相为伶人创作剧本，以至于宋徽宗不得不下令教授等"朝廷师儒之官"不许私自为伶人"撰俳优之文"③。欧阳修在《伶官传序》中甚至用"伶人事关乎兴废"来褒扬伎艺人的社会贡献。

　　总之，两宋一批以失意文人为中坚的伎艺人，怀揣匡时化民的儒家社会理想，以讲史、杂剧等伎艺表演为支点，以宫廷、州县衙府、勾栏瓦舍、街头巷尾为舞台，编排、导演了一幕幕精彩纷呈的说唱剧目，他们在谋生度日的同时，还将民众的呼声上达，将儒家伦理道德广泛渗透于社会基层，他们的文艺教化活动理应成为宋代社会教育活动的重要组成部分。

---

　　① 洪迈：《夷坚志支乙》卷4，中华书局1981年版，第822页。
　　② 丁淑梅：《宋代散乐杂剧演禁与文人关系探讨》，《南京师大学报》（社会科学版）2012年第7期。
　　③ 吴曾：《能改斋漫录》（卷13），上海古籍出版社1979年版，第386页。

"物有本末，事有终始"

——论科举考试的文化渊源

张亚群[*]

[摘　要]　科举制度虽然创立于隋朝，但有其深刻的文化根源，是先秦时期诸子百家的选贤任能、大一统、公平公正等政治、文化及社会理念在特定历史条件下的产物，反映出中国传统文化的基本价值取向。

[关键词]　科举；科举考试；选贤任能；大一统；公平公正

中国是考试的故乡，科举是古代考试之集大成者。作为自隋唐至明清所实行的一种全国性的人才选拔制度，科举考试具有文官考试和高等教育考试的双重性质。就其积极作用和世界影响而言，科举考试是中国对人类文明伟大的贡献之一。创立于隋唐的科举制，既有特定的社会政治经济根源，也有深刻的民族文化根源。从文化渊源来看，科举制是先秦以来贤能治国思想、"大一统"政治观念和公平公正社会理念在特定历史条件下演化的产物，也是儒家所倡导的"学而优则仕"社会本位教育价值观的制度化，反映了中国传统文化的基本价值取向。2015 年是科举停废的 110 周年，在科举考试的终结地河南开封追溯具有 1300 年之久的古代选官考试制度的文化渊源，别有一番意义。

---

[*]　厦门大学教育研究院教授

一　选贤任能的政治理念

从文化结构上来看，科举考试属于制度文化层面，它与物质文化、精神文化构成有机的文化整体，受观念文化的制约和影响。钱穆先生指出："制度多从观念产生，却未必能规定观念。"① 观念文化的产生需要深入到经济、政治结构和自然生态环境中去寻找依据。考察中国古代文化发展史，不难发现，科举考试制度的形成，经历了从思想观念的萌芽到考试制度的建设这一长期的历史演化过程，其中，尚贤思想对后世产生了深远影响。

春秋战国时期，在激烈的争霸中，人才的作用凸显，尚贤思想随之兴盛。作为先秦两大"显学"之一，儒家学派崇尚"举贤与能"。《礼记·大传》列举圣王治理天下所做五项举措，就包括"举贤""使能"两项。孔子在不同场合强调"选贤"的重要性。鲁哀公问政，孔子认为，"政在选贤"。（《韩非子·难三》）《论语·子路》记载，孔子回答仲弓问政说："先有司，赦小过，举贤才。"《泰伯》篇列举"舜有臣五人而天下治"的事例，说明先王治理国家需要依靠贤臣，而人才难得。《中庸》把"尊贤"列为治国安邦"九经"之第二位，仅次于"修身"。孟子提出实行"王政"，首要一项就是"尊贤使能，俊杰在位，则天下之士皆悦而愿立于其朝矣。"（《孟子·公孙丑上》）荀子认为，"尊圣者王，贵贤者霸，敬贤者存，慢贤者亡，古今一也。"（《荀子·君子》）

墨家学派同样注重任贤。《墨子·尚贤》篇从不同侧面论述"尚贤之为政本"的思想。墨子认为，"国有贤良之士众，则国家之治厚；贤良之士寡，则国家之治薄"。因此，为政之要务，"将在于众贤而已"。他列举尧举舜、禹举益、汤举伊尹、文王举闳夭、泰颠而天下平的历史经验，阐明"尚欲祖述尧舜禹汤之道，将不可以不尚贤"。（《墨子·尚贤上》）

法家学派虽"尚法不尚贤"，但也不反对任用贤能。慎到认为，"亡国之君，非一人之罪也；治国之君，非一人之力也。将治乱，在乎贤使任职。"（《慎子·民杂》）因此，要求臣尽智力以善其事。

---

① 钱穆：《中国文化史导论》，商务印书馆1994年版，第53页。

至于贤能的标准及选拔方式，各家学派观点不一。

管仲认为，国家长治久安在于任贤，而选贤的标准在于"试"以实际职位，观其成效。《管子·明法》篇提出："明主之择贤人也，言勇者试之以军，言智者试之以官，试于军而有功者则举之，试之官而事治者则用之。"

儒家的"贤才"是指具有"仁"的品德和为政能力的人。《中庸》强调："为政在人，取人以身，修身以道，修道以仁。"认为："修身则道立，尊贤则不惑。"仲弓问孔子："焉知贤才而举之?"答曰："举尔所知。"（《论语·子路》）荀子反对以血统作为"论罪""举贤"的标准，主张："论德而定次，是能而授官。皆使人载其事而各得其所宜。"（《荀子·君道》）

墨子推崇的贤良之士，乃是"厚乎德行，辩乎言谈，博乎道术"。他反对儒家"亲亲有术，尊贤有等"的看法，主张："不党父兄，不偏富贵，不嬖颜色"；"虽在农与工肆之人，有能则举之。高予之爵，重予之禄，任之以事，断予之令。"墨子还提出"众贤之术"："富之，贵之，敬之，誉之，然后国之良士，亦将可得而众也。"（《墨子·尚贤上》）这些主张反映了小生产者要求改变自己的政治、经济地位，参与政权的愿望，是对以血缘为基础的贵族等级制度的冲击。

商鞅认为，世俗所谓"贤者"，只不过是"听其言"，问其同党的评论，没有等到其有功就加以重用，没等到其犯罪就加以惩处，因而为"污吏""小人"所欺诈。（《商君书·慎法》）韩非所说的"贤"，乃特指"显耕战之士"。（《韩非子·和氏》）《韩非子·显学》篇提出，"试之官职，课其功伐，则庸人不疑于智愚"。

值得指出的是，诸家尚贤的对象不是一般的老百姓，而是具有某种品质和技能的特殊阶层"士"。从选拔路径来看，孔子、墨子所说的"举""选"并非由下而上的民主选举，而是由上而下的挑选。[①]《礼记·大传》所倡导的"举贤""使能"，都是"民不与焉"；君王所得与民变革者，包括"立权度量，考文章，改正朔，殊徽号，异器械，别衣服。"这里的"考文章"，是指考察、核查礼乐法度。

---

① 刘泽华：《先秦士人与社会》，天津人民出版社2004年版，第57页。

在尚贤政治思想的指导下，这一时期各诸侯国竞相延揽贤能之"士"。春秋时期，齐桓公任用管仲为卿，破除世袭制限制，采用"选""试"结合的办法，任用真才，成为春秋首霸。孔子称颂管仲的贡献："民到于今受其赐。"（《论语·宪问》）其后，赵烈侯重用荀欣、徐越，魏文侯重用李悝，韩昭侯任用申子，楚悼王聘吴起为令尹，秦孝公任用商鞅，推行改革。后人称赞："战国人才之盛，为历代之冠。"①

从先秦选官制度发展来看，总趋势倾向于德才兼备，而"试"士的方式和具体标准多种多样。如：文学游说"试"文学、韬略和口才，军功入仕"试"军事功劳，"农战"则检验农业收获。选拔方式包括由君主诏令，招聘贤士；由朝臣自下而上荐举，以及由士人自荐，君主甄别录用等。这些选士方式，成为汉代"察举"和隋唐"科举"制度之滥觞。

二 "大一统"的国家观与文化观

先秦时期，在华夏民族长期历史发展和文化融合过程中，逐渐形成"大一统"的政治文化观念。经过儒家学派的不断整理和归纳，形成一套系统的政治理论，赋予丰富的文化内涵。汉儒阐释说，"大"是"张大"之意；"一统者，万物之统皆归于一也。"（《汉书·董仲舒传》颜师古注）刘家和先生指出，"此'一'又非简单地合多为一，而是要从'头'、从始或从根就合多为一。只有看出这后一点意思，才确切地把握了《公羊传》的'一统'的本义。""中国人的'一统'观念，自有其历史的特色，是非常值得我们研究的。"② 作为中国古代政治的理论基础，"大一统"思想起源于三代，成型于汉代，为人才选拔制度提供了动力源泉和文化标准。

西周初年，通过分封制，建立以等级制为基础的统一的中央政权。《诗经·小雅·北山》所言，"普天之下，莫非王土；率土之滨，莫非王臣"，反映了这样的历史实际。儒家其他经典也有类似的记录。《礼记·曾子问》："天无二日，土无二王，尝禘郊社，尊无二上，未知其为礼

---

① 齐思和：《战国宰相表》，《史学年报》1938 年第 5 期。
② 刘家和：《论汉代春秋公羊学的大一统思想》，《史学理论研究》1995 年第 2 期。

也。"《礼记·坊记》子云:"天无二日,土无二王,家无二主,尊无二上,示民有君臣之别也。"这表明儒家的王权至上的理念。

春秋战国时期,诸侯并起,周王室式微,政治上出现大分裂。诸子百家围绕政治统一、华夷之辨等现实问题,展开激烈争辩,逐渐形成一些具有"大一统"观念的著作和学说。其中,以儒家学派最为典型。

孔子崇尚周代礼乐制度,作《春秋》以倡导尊王的"大一统"思想。《论语·季氏》记孔子曰:"天下有道,则礼乐征伐自天子出;天下无道,则礼乐征伐自诸侯出。"《周礼》主张建立起强大的统一王朝。《礼记·礼运》首倡"天下为公"的大同学说。《尚书·禹贡》篇,打破当时各国政治界限,依据山川自然分野划分为九州,又据各族居地远近与特点,定为"五服",是一种理想的天下一统的地理学说。《荀子·正论》提出:"天下一隆致顺而治。"这些著述从不同角度展示了儒家的"大一统"政治理想,而以《春秋公羊传》阐述最为完备。作为《春秋》三传之一,《公羊传》阐发孔子的"大一统"思想,尊周王为"正朔",强调"一统"的重要性。

此外,墨家法家也倡导"同一天下""壹"法度文教。墨子认为,天下之乱在于人各"异义",没有统一的政治思想。"唯能以尚同一义为政,然后可矣。"因此,需要"同一天下之义","选择贤者立为天子"。他指出,古者天子之立三公、诸侯、卿之宰、乡长、家君,非特富贵游佚而择之,将使助治乱刑政。"尚同为政之本而治要也。"因此,古之圣王之治天下,"千里之外有贤人焉,其乡里之人皆未之均闻见也,圣王得而赏之。"(《墨子·尚同下》)墨子强调,义政是顺应天意,由上治下。"天下有义则治,无义则乱","义者,善政也"。因此,"义不从愚且贱者出,必自贵且知者出"。(《墨子·天志中》)商鞅认为:"圣人之为国也,壹赏,壹刑,壹教。壹赏则兵无敌,壹刑则令行,壹教则下听上。""所谓壹赏者,利禄官爵抟出于兵,无有异施也。"(《商君书·赏刑》)就是说,利益、俸禄、官职、爵位都要专一,根据在战争中的功绩赐给,没有其他不同的恩惠。

战国末期,政治统一趋势加强,各家政治思想走向融合。《吕氏春秋》博采众家学说,加以改造和发展。该书以道家齐万物的思想为主导,吸收儒家维护君权的理念,强调中央集权:"王者执一,而为万物正。"

(《吕氏春秋·执一》)

为了实行现"大一统"的政治理想,各家均要求打破殷周以来的"世卿世禄"制度,"举贤才",唯德是任。《荀子·王霸》篇提出:"论德使能而官施之者,圣王之道也,儒之所谨守也。"《吕氏春秋·圜道》篇称赞尧、舜,"以贤者为后,不肯与其子孙";《爱类》篇强调:"贤人之不远海内之路,而时往来乎王公之朝,非以要利也,以民为务故也。人主有能以民为务者,则天下归之矣。"

秦汉时代是"大一统"观念和尚贤思想走向制度化建设的开端。秦朝在人才选拔方式上并无建树,但所创立的以皇权为核心的中央集权制度、郡县制度、博士制度以及文教统一政策,却对汉代选士制变革奠定了基础。汉景帝时,《春秋公羊传》开始著于竹帛。汉武帝时,"公羊学"大师董仲舒作《春秋繁露》,系统阐述大一统思想。至东汉末,何休作《春秋公羊经传解诂》,把"大一统"思想发展成一套具有历史哲学的特点的理论体系。这就为人才选拔提供了理论基础。

总之,选贤任能是实现"大一统"社会理想的先决条件和必要手段,维护"大一统"的君主政治统治是"选贤与能"的基本动力和最终目的,二者相辅相成,推动古代中国选官制度的发展,成为科举考试的观念先导。

三　公平公正的社会理念

追求公平公正是人类社会发展的共同趋向。在先秦思想文化中,公平公正思想占有突出地位。尽管诸子百家对于社会公平的含义、实现路径与方式有不同论说,但都坚持这一社会理念。公平公正的理念为人才选拔提供了价值准则和社会基础。

春秋时期,政治家管子将公平视为一项重要的政治原则。《管子·形势解》说:"风雨至公而无私,所行无常乡。""风雨无乡,而怨怒不及也。""言而语道德忠信孝弟者,此言无弃者。天公平而无私,故美恶莫不覆;地公平而无私,故小大莫不载。无弃之言,公平而无私,故贤不肖莫不用。故无弃之言者,参伍于天地之无私也。"管子认为,"行天道,出公理,则远者自亲。""中正者,治之本也。"(《管子·宙合》)他提出:"毋以私好恶害公正。"(《管子·桓公问》)儒家提出"天下为公"的思想。《礼记·礼运》篇描述"大同"社会的蓝图:"大道之行也,天下为公,选贤与能,讲信修睦。故人不独亲其亲,不独子其子;使老有所终,壮有所用,幼有所长,矜、寡、孤、独、废疾者皆有所养;男有分,女有归。货恶其弃于地也,不必藏于己;力恶其不出于身也,不必为己。是故谋闭而不兴,盗窃乱贼而不作,故外户而不闭。"在"小康"社会里,"以贤勇知","禹、汤、文、武、成王、周公,由此其选也"。

先秦各家的公平理念,其含义和实现途径存在一定的差异。

在孔子以"忠恕"为核心规范的仁学思想中,隐含着一种"人格平等"的精神。"我们甚至可以在某种意义上说,这种忠恕一贯、人格平等的精神在儒家那里是其所有社会政治主张的核准。"[1]《论语》诸篇反映的"公正"理念,重视以身作则。如《为政》篇提出:"为政以德,譬如北辰,居其所而众星共之。"《颜渊》篇说:"政者,正也。子帅以正,孰敢不正?"《子路》篇强调:"其身正,不令而行;其身不正,虽令不从。"孔子提倡"有教无类",要求为政者应提供受教育和入仕的平等机会。

荀子认为,公正是处理政事的准则;宽严适中,是处理政事的准绳。"公平者,听之衡也;中和者,听之绳也。其有法者以法行,无法者以类举,听之尽也。偏党而不经,听之辟也。"(《荀子·王制》)因此,有良好法制而产生动乱虽有过这种情况;但是,有德才兼备的君子而国家动乱的,从古到今未曾听说过。荀子指出,要想做到"贱而贵,愚而智,贫而富","其唯学乎。彼学者,行之,曰士也;敦慕焉,君子也;知之,圣人也。上为圣人,下为士、君子,孰禁我哉!"(《荀子·儒效》)在治国道路选择上,荀子赋予"公""贤""能"重要地位。他提出:"公察善思论不乱。"(《荀子·成相》)"尚贤使能则民知方,纂论公察则民不疑。"就是说,以"公"为出发点,考察事物,慎重思考,则伦理关系不混乱;任用贤能之士,则民众有规可循;集中众议而不凭私见,才能取信于民。因此,"上好礼义,尚贤使能,无贪利之心,则下亦将綦辞让、

---

[1] 何怀宏:《选举社会及其终结——秦汉至晚清历史的一种社会学阐释》,生活·读书·新知三联书店1998年版,第74页。

致忠信而谨于臣子矣。如是则虽在小民，不待合符节、别契券而信，不待探筹、投钩而公，不待衡石、称县而平，不待斗、斛、敦、概而啧"。"四海之民不待令而一，夫是之谓至平。"（《荀子·君道》）法家主张治理国家，重视公正执法："圣人以功授官予爵，故贤者不忧；圣人不宥过，不赦刑，故奸无起。圣人治国也，审壹而已矣。"（《商君书·赏刑》）法家在程序上更强调入仕的客观化和形式化："在入仕标准上更强调官能吏才和试用。""与其他政治制度类似，后世选举制度的发展也在一定程度上体现出儒、法两家合流的影响：在选择标准、内容上等主要方面更接近儒家；在选择程序、规则上却日近法家（尤其在科举时代）。"①

墨家的"人格平等"，表现为"兼爱"精神。道家主张近乎自然状态的"平等"："不尚贤，使民不争；不贵难得之货，使民不为盗；不见可欲，使民心不乱．是以圣人之治：虚其心，实其腹，弱其志，强其骨．常使民无知无欲，使夫智者不敢为也。为无为，则无不治。"（《道德经》第3章）

《吕氏春秋·贵公》篇主张："昔先圣王之治天下也，必先公，公则天下平矣。平得于公。""天下非一人之天下也，天下之天下也。""万民之主，不阿一人。"《去私》篇列举历史事例："尧有子十人，不与其子而授舜；舜有子九人，不与其子而授禹。至公也。"孔子称颂晋国大臣祁黄羊："外举不避仇，内举不避子。"《慎大》篇指出："汤立为天子，夏民大说，如得慈亲，朝不易位，农不去畴，商不变肆，亲郼如夏，此之谓至公，此之谓至安，此之谓至信。"在这里，将"公""安""信"相提并论，可见先秦时代，人们就意识到三者密切相关性。只有做到"至公"，才会有"至安""至信"，丧失了"公"，也就不会有"安""信"。

综上所述，先秦时期形成的尚贤思想、大一统政治文化观念和公平公正理念，相互关联，为人才选拔提供了重要的观念文化基础。这些观念对于汉代以后人才选拔制度的变革与发展产生深远的历史影响。

---

① 何怀宏：《选举社会及其终结——秦汉至晚清历史的一种社会学阐释》，生活·读书·新知三联书店1998年版，第78页。

四　余论

西汉统一中国后，实现察举制，通过基层组织推荐，选拔治国人才。察举选士体现了尚贤、公平的理念。但实践证明，察举方式容易为地方势力把持选才。经过南北朝分裂的历史教训，在隋王朝重新统一中国后，终于确立了考试选拔人才的制度。从中国选官制度发展来看，科举制度是古代尚贤思想、大一统观念与至公理念在特定社会历史条件下演化的产物。"大一统"价值取向和公平选才的文化精神构成了科举考试的本质特征。

近代中国，西学东渐，闭关自守的国门被迫打开。一方面，在外来文化教育的巨大冲击下，科举选士赖以生长的社会、政治基础发生了变化。政治危机、教育危机与民族危机不断加深，促使清王朝改革学校教育和人才选拔制度，科举考试走到了尽头。另一方面，也应看到，文化观念的作用则是长期的。历史上存在的考试文化传统，仍将对现实的考试制度产生潜在影响。

校非"围城":董渭川"学校社会化"思想的启示

胡金平[*]

[摘 要] 由民国时期教育家董渭川关于"学校社会化"的思想,深度思考基础教育定位、教师社会角色等问题。发挥学校作为社会文化中心的作用,是董渭川中小学教育改造的核心思想,也是从"大教育"视域看待基础教育改革的重要启示。学校不是孤悬于社会之外的"围城",应打破学校与社会之间的隔阂,使其成为促进和引领社会发展的重要力量;教师不仅是儿童之师,还应是社会之师。

[关键词] 民国教育;大教育观;董渭川;生活即教育;学校社会化;社会之师

几乎所有考察过海外大中小学校的学者们,无一不发现海外学校与国内学校在建筑方面最大的不同,是绝大多数的海外学校没有围墙。有人说"围墙"是中国人的"土围子"心理作祟,导致学校对社会影响的拒绝。在几乎所有的《教育学》著作中,教育、学校的社会功能均被视为教育、学校的主要功能之一。学校教育对社会发展既有直接也有间接的促进作用,既面向未来,亦照应当下。然而,目前在中国,无论是教育教学一线还是理论研究领域,"办学"都被窄化为办理学校围墙以内的

---

[*] 南京师范大学教育科学学院教授

事务，提升学校内部的办学质量尤其是考试成绩几乎成为学校管理者的唯一追求，学校、社区、家庭的三位一体教育体系，也是基于单向性的学校本位立场。

毫无疑问，中小学应以培养青少年儿童为主要目标，学校管理主要应是学校内部管理。然而，中小学真应是一座"围城"，不需对社会发生影响吗？学校对社会的引领、促进难道只能是大学的功能，或是寄希望于未来借助我们培养的学生去实现？近读民国时期教育家董渭川的著作，其中"学校社会化"的思想引起了笔者对于基础教育定位、教师社会角色等问题的深度思考。

一 学校改革重点重新思考：打破学校与社会之间的隔阂

自1905年清廷学部将本为一体化的教育划分为家庭教育、学校教育和社会教育三类教育后，不仅从根本上颠覆了中国社会几千年来形成的家庭、学校、社会三位一体的传统教育模式，而且在学校与社会之间树起了一堵有形和无形的高墙。恰是由于采取"围城造校"的模式，导致从国外移植来的"新式学堂"一直难以真正落地生根，中国化的努力始终"走在路上"。陶行知、董渭川提倡的"生活即教育""社会即学校"等教育改革主张，便是对与社会隔离的学校教育的批判。

中国中小学校百余年来存在的与社会隔离的痼疾，其危害早已为有识之士所抨击。董渭川（1901—1968），名淮，字渭川，中国近现代著名教育家，其一生主要从事民众教育、社会教育、中小学教育以及高等师范教育的理论研究和管理实践。他曾以亲身体验和研究，明确指出当时中国中等教育的一个重大问题就是"教育脱离社会需要，学生毕业即失业"。大部分中国青年在中学毕业后，除少数升入大学外，其他的因学了些"洋东西"变得脱离社会、脱离农村、盲目崇外。又如：中国课程是从外国整套移植来的，外国的课程是适应工业化社会的需要而产生的，随社会的进步而不断变革。由于工业革命的需要，近现代的课程分科越来越细，但其弊端是学生容易钻"牛角尖"，只见树木不见森林，所以又有些国家开始要求课程综合化了。

我们在引进课程和编写教材时，要考虑到我们的实际需要。首先，从生活出发，设置体现社会和学生需要的课程。从社会的角度来看，课程的设置要适应本国文化的需要和社会的需求，体现我们民族文化的特点和培养本国建设人才的要求。从适应中学生身心发展的角度来看，课程要能使中学生"担负得起"，科目应力求简单，在简单中发挥沟通综合的作用。因此，他提出新编课程在乡土化、偏重地方建设、适应生活需要、配合实践、兼顾升学需要上的五大特点。其次，实现教材本土化，灵活编制和运用教材。要想将"洋八股"改造成对我们有用的教材，董渭川总结了三种教材编制的方法：混合式、单元式、螺旋式。

　　董渭川关于课程设置、教材编写等思想虽然有着较为强烈的实用主义色彩，但其强调加强学校与社会之间的关联，拆除二者之间有形和无形的高墙，则既是学校服务社会的要求，也是促进学生更好发展的必然选择。

　　时至今日，虽然学校的建筑更加华丽，师资力量更加强大，教育的某些观念也与过去有了天壤之别，但学校与社会之间的隔阂非但没有发生根本性改变，而且越来越深，兹列举下列几项便可见问题之一斑。其一，从管理体制看，在全国许多地区，文化局、体育局、教育局三足鼎立。同时，中小学由教育局统管，但家庭教育和社区教育则由关工委、妇联等其他非教育部门主管。其二，从教育形式看，学校、教育管理者或出于安全计，或基于升学虑，教育活动形式几乎都限定于学校围墙之内，学生极少有机会走出校门参观、调查、学习，中国的各类升学资格考试中都没有了解社会、服务社会的具体要求。其三，从课程设置看，虽然新课改实行国家、地方、学校三级课程管理体制，但学校课程体系从性质看几乎为学术型课程一统天下，相对有着与社会联系的校本课程、乡土教材则不过是浮在面上的"特色"而已。其四，从农村教育实情看，农村学校只是地理空间概念而已，早已不姓"农"了。教师家访指导家庭教育只是一种奢望，更遑论对于社会教育的指导。

　　综上所述，加强学校与社会联系的路依然很长。"改变已往就教育言教育的孤立态度，使教育与政治、经济、军事联系为一，好像水向沟渠里流，每一种建设都有教育灌注进去沉浸进去。"（《董渭川教育文存》）这些话语，依然不失其警醒作用。

二 学校职能重新审视：学校应成为地方社会的文化中心

"学校社会化"是指真正沟通学校与社会之间的联系，不仅是学校对于社会其他要素的引入，还包括学校文化对社会的辐射、引领。在绝大多数的教育学教科书中，以及在普通人的眼中，学校教育的职能主要定位在培养年青一代上。在20世纪三四十年代，出于抗战救国等需要，董渭川明确提出应重新审视学校教育的职能，将学校作为传播新文化、新思想和新观念的光源，使其成为地方社会的文化中心的主张。这是他教育思想中最有价值的论点之一，也是其思想对今日拓展学校教育功能的重要启示之处。

所谓地方社会的文化中心，是指学校应成为"推进基层建设的中心、民众精神生活寄托的中心、改造社会的中心"（《董渭川教育文存》）。董渭川认为，学校成为推行建设事业的中心，是就基层政治、经济、军事三种建设而言。由于中国社会总体文化水平低、民众生活散漫，唯有"用教育态度以启发其兴趣，用教育方法以增进其认识，用教育功夫以诱导其合作，用教育力量以促使其前进"，（《董渭川教育文存》）即学校承担起社会教育的职能，用教育的力量唤起民众的自觉自发自动，以促进基层各项建设事业的发展。所谓学校成为"精神生活寄托的中心"，是针对当时我国文盲数量庞大的现实而言的。在董渭川的设计中，理想的"国民学校"既是教育的机构，也是公共活动的场所，"有了余暇去大家谈谈，听听新闻；有了困难去找人商量，求人解决；有了烦闷去散散心，玩耍玩耍，或者和人研究研究"（《董渭川教育文存》），学校真正成为公共的事业，成为当地的民众精神生活寄托的中心。如此，广大民众必然重视、信仰、爱护学校，那么无形中增强了民众的团结，提高他们的文化认知，烧香拜佛、求神问卦的人自然减少。学校成为"改造当地社会的中心"，是指打破以前"认定学校是以学生为对象，教育是教书本"的谬见，进一步扩大学校教育的任务，即"致力于教育当地的社会"，认为"学校要充分发挥其效能，非同时把家庭和社会都看做教育的对象不可，学校有开辟风气改变风气的力量"（《董渭川教育文存》）。

其实重新审视学校职能,发挥学校对社会的辐射影响作用,西方发达国家曾有过类似的研究和尝试。以法国为例,虽然在19世纪时赋予学校的职能主要是对未成年人的教化,但"二战"后,"学校被赋予的另一项任务是在整个社会体制中传播新技术和新的城市文明价值"。因为真实的学校置身于现实的地方空间,而"学校在地方空间和国家空间之间编织着某种联系"。时至今日,学校所担负的这种任务依然存在,尤其是在偏远的乡村。

中国传统的教育机构尤其是私塾和书院,其教育内容和方法等以今日眼光看固然保守、落后,但其之所以普遍受人欢迎,成为地方的主要"文化源",与其广接地气有着密切的关系。但新式学堂在创办之时便将自身包裹起来成为特异之物,不仅其设置不被欢迎,甚至捣毁学堂事件频频发生,而且导致农村地区文化荒漠化情形日显严重。熊十力、梁漱溟等人对新式学堂与农村文化建设相脱离的"非典型"性批评并非无实可稽。百余年后,此类情形依然如故,学校拒绝成为社会文化中心的重要显性标志——围墙依然高筑,"学校重地,闲人免进","我的地盘我做主"几乎成为所有"单位制"学校管理者的共识。一方面,社会上诸如图书馆、博物馆、艺术馆、纪念馆、体育馆、少年宫等具有教育意义的场所虽然不乏悬挂"爱国主义教育基地"的铜牌,但似乎并不为学校教育者特别关注和利用;另一方面,围墙之内从教室到图书馆、从室外球场到室内各种体育设施等教育资源拒绝向社会开放,尽管这些财产的经费均源自公民缴纳的税费。

将学校教育的职能局限于培养青少年,这种自娱自乐式的封闭式办学模式,不仅严重影响着学校效能的提升,也影响着学校教育培养人才作用的发挥,同时还造成了一些资源的浪费和人员的臃肿,影响着整个社会文化建设的推进。例如:城乡家庭教育、社会教育缺乏有经验的教师进行有针对性的指导;城市社区文化建设与学校教育脱节,社区与学校之间的资源难以共享;农村地区之前设立的属于成人教育性质的"农民夜校"名存实亡;农村地区文化建设缺乏,文化"空心化"的形势十分严峻,等等。

学校管理者坚定固守"围城"中的文化建设而不愿开放,固然有着安全、经济等因素的考虑,但更多的是其囿于观念态度、制度规章等惯习使然。要改变这种现状，尤其是在偏远、经济欠发达的农村地区，充分发挥学校在现代文化、文明传播中的核心作用，一如董渭川所言，需要教育者、管理者改变观念、端正态度、增强信念和陶铸热情。

三 教师角色重新定位：从儿童之师到社会之师

自新课改施行以来，人们对教师"传道、授业、解惑"的角色进行了诸多反思，赋予了教师诸如反思者、批判者、引领者等新型教育角色。然而，在赋予教师的社会角色丛中，绝大多数的言说都是基于围墙之内的教育者角色，教育的对象是学生。有研究者论及教师与知识分子的关联时，亦将中小学教师排除在外，视中小学教师为"匠人"式的知识传播者而已。

当我们承认中小学校亦具有文化传播功能，学校应成为地方（尤其是乡村地区）的文化中心时，教师角色的重新定位乃势所必然。董渭川认为，"中学教师需以可塑性最大、生命力最强的青年学生和大多数愚昧散漫的民众为教育对象"[1]。具体而言，一方面，教师要从教书转变为育人，让青年学生知道"怎样做人，如何服务"。教师要具有"在实践服务中教导青年，在配合学生与社会方面，谋求课内外学习生活一元化"[2] 的能力，尽量激发并加强学生自动自发自律的学习精神，指导学生充分运用集体学习的方式，将知识与生活切实结合起来，在教学中重视生产教育，矫正教育与生活脱节的弊端。另一方面，教师应成为推动教育民主化、社会民主化的重要力量。他赞赏在昔日的书院教育中，大师的言行影响当地社会、推动良好社会风气形成的风尚。他主张现代中小学教师亦应以全体民众为对象，以生活上的一切事物现象为教材，注重训练国民如何做人、办事。由此，教师也应"社会化"，教师的教育活动不仅是单纯的书本教育，也不仅是校内的各种实践活动，而且应特别注重为社会服务，综合运用各科知识在实践中教导广大的文盲民众，提高他们的生产生活能力，从而提高国民素质。教师应成为地方教育与地方建设联

---

[1] 董渭川：《中学教师之社会任务》，《广西教育研究》1941 年第 2 期。
[2] 董渭川：《中学教师之社会任务》，《广西教育研究》1941 年第 2 期。

结的"桥梁",使得整个建设以教育为脉络,达到国民中学真正成为地方文化中心的目的。简而言之,在董渭川看来,中小学教师的任务不仅是教书,还要教人,又更进一步由教人扩大为教社会。但所谓教社会的内涵,并非单纯以一己之学问、人格来影响社会,而是要"领导起学生来,运用集体的力量与方式,于改造社会、组训民众、推进建设中,做社会的导师"①。

董渭川赋予教师以"社会之师"的角色,主要是建立在将学校作为社会改造的动力源、思想传播的文化源认识的基础上。对教师"社会之师"角色的呼吁,彰显了他对教育社会功能的坚信,对教师应志存高远的期盼。现如今,教师似乎回到了董渭川极力反对的"教书匠"角色,教师普遍认为本职工作就是教好书、上好课;教师的教学成为日复一日的机械劳动,最终不能体验到教学的真正乐趣,从而产生职业倦怠,脱离了教师教书育人、培养社会建设者、提高民族素质的角色。教师天天进课堂,天天面对学生,却没能成为学生心灵的导师。教师应认识到自身担负的崇高使命,克服职业倦怠,拾回教师"教书育人"的真正乐趣,从思想观念上改变自己,重新定位自己的角色。

当下,中国基础教育根深蒂固的应试教育模式最为人诟病。究其原因,自 20 世纪初新教育制度移植中国之时,新学堂尤其是中小学堂仅被人们定义为培养升学人才的机构,与当时、当地的社会文化发展并无任何实质性勾连,则是一个不争的事实。这种情势似乎至今都没有得到根本性改变。简言之,恰是由于对学校功能的窄化理解,使得教育和教育管理者失去了更广的视界、更大的志向,而董渭川六七十年前的教育探索和思考至今仍能启迪我们的智慧。

---

① 董渭川:《中学教师之社会任务》,《广西教育研究》1941 年第 2 期。

课本抗战之山东《战时教科书》

石 鸥[*]

[**摘 要**] 抗战期间,我国出现了大量适应抗战需要的教科书,其中不少教科书直接以"战时"命名。这是一种直接服务于抗战的教科书,它是中国教科书发展史上极富时代特色的最为独特的教科书类型。在所有以"战时"命名的教科书中,1938年山东省国民政府组织编撰的《战时教科书》影响最大,最系统最完整。《战时教科书》精心选择素材,全方位服务抗战;巧妙设计活动,多维度探究抗战;采用多种形式,高效率宣传抗战。最大限度地发挥了调动一切力量为抗战服务的功能。和平毁了才是战争,战争才需要战时课本。战时课本是为了常态课本,战时状态是为了和平状态。今天我们重新翻读《战时教科书》,是要让这种非常态的教科书不再出现。

[**关键词**] 抗日战争;课本;山东;《战时教科书》

战争与其说是一种武器的较量,不如说是民心向背的较量。虽然现代战争离不开新式的杀伤武器,但事实一再表明,滋润民心的书本才是最难对付的武器。所以,希特勒会发起那么声势浩大的焚书运动;罗斯福会命令用更多的书武装"二战"前线的美军士兵;东条英机在占领我国东北、华北后要不惜血本全面编撰和使用他们自己的教科书;日寇飞

---

[*] 首都师范大学教授

机的轰炸声刚消失,稚嫩而誓言般的读书声就从齐鲁大地断壁残垣的教室里飘出……

"要为民族争自由,要为国家争光荣,不怕牺牲,抗战杀敌,做一个民族小英雄。"[1]

当时的人们手中不仅需要一把枪,心中也需要一个理念。教科书就在传播这一理念。手捧着抗战教科书的师生,和红高粱地里手持长枪大刀的山东好汉一样,也在抗战。他们手中的《战时教科书》,在抗战期间苦难的中国,不是子弹,胜似子弹。

一 抗战需要《战时教科书》

抗战全面爆发后,战争时期的教育显得异常紧迫。1938年4月,国民政府正式确定了抗战与建国双管齐下的战时教育方针,颁布《中国国民党抗战建国纲领》,关于战时教育的4项纲领之一就是:"改订教育制度及教材,推行战时教程,注重于国民道德之修养,提高科学的研究与扩充其设备。"[2] 据此,《战时各级教育实施方案》出台,包括9大方针和17项实施要点。对于学制、学校迁移与设置、师资训练、课程教程等,均作了具体规定。对于教材,要求"各级学校各科教材,应彻底加以整理,使之成为一贯之体系,而应抗战与建国之需要,尤其尽先编辑中小学公民、国文、史地等教科书及各地乡土教材,以坚定爱国爱乡之观念"。

1939年3月,在第三次全国教育会议上蒋介石发表讲话,就战时教育和常态教育的关系提出了要求,"平时要当战时看,战时要当平时看","现在时代无论个人或社会,若不是实行战时生活,就不能存在,就要被淘汰灭亡","但我们不能说因为战时,所有一切的学制、课程和教育法都可以搁在一边"。[3] 教育部长陈立夫对教育作了更为具体的部署:由于

---

[1] 山东省小学教材编审委员会编审:《战时国语读本》(初小第2册第48课),山东省政府1938年版,第48页。

[2] 《中国国民党抗战建国纲领(教育部门)》,《革命文献》第58辑,中国国民党中央委员会党史委员会编辑,台湾中央文物供应社出版,第25页。

[3] 转引熊贤君《论战时教育思潮与战时教育的发展》,《民国档案》2007年第3期。

日本帝国主义的入侵,"师资之亟宜造就,教材之必须充实,训育之有待改进,建教之应事统筹"①。在这次教育会议上,各省教育厅长对战时中小学教科书的编写与出版,进行了广泛的讨论。一时间战时教育、战时教科书都进入了实际操作阶段。

大敌当前,抗战已不再局限于战壕。还有一个思想文化领域。在这场战争中,教科书就是武器。战时的中国需要战时教科书,需要教科书来澄清抗战的正义性,来激发民众的抗战热情,来培养学生的抗战勇气,来启蒙人们的抗战常识,来坚信社会的抗战必胜的信念。文化人应该和制造枪炮及其使用它们的人一起共同承担保家卫国的重任,以确保胜利的可能和和平的到来。

战时教科书特别要求以下内容的充实与更新:"其一,变更原有学科的教学时数,抽出时间教授战时新教材,诸如军事常识、救护常识、防御常识、消防常识、国际关系、群众指挥法等;其二,加设特殊学科,诸如国民训练、民众教育、中国地理险要、日本侵略史、日本外交史、日本政治大纲、军事化学、生物学与国防、军事工程等;其三,改进每门课程本身的内容,小学要注意激发儿童抗战情绪,培养儿童社会知识,灌输儿童战争常识;中学在国文、地理、历史、美术、劳作等课程都要作适当改进。"②

实际上这已经对战时教科书的内容选材有了比较具体的可以直接操作的建议了。至于落实到特定学科,也有了更细致的考虑。如国语之"说话:时事讨论,救国演讲等。读书:救国运动的文电和诗歌,救国运动的戏剧和故事,民族英雄传记,少年爱国故事,民族英雄抗战史实等。作文:翻译重要之救国文电为通俗大众文,拟为救国运动告民众书,拟致各国儿童宣布中华民国解放运动的信件,拟募捐启事,拟救国讲演词,订救国运动标语,记救国运动的事实,记述抗战事实等。写字:写标语、宣言、图表、布告、壁报、民众课本等"。③ 而美术课程的战时内容则应

---

① 陈立夫:《抗战二年来之教育》,载秦孝仪主编《中华民国史料丛编·战时教育方针》,第38页。
② 转引熊贤君:《论战时教育思潮与战时教育的发展》,《民国档案》2007年第3期。
③ 吴鼎:《抗战时期小学课程及教材之研究》,载李定开《抗战时期重庆的教育》,重庆出版社1995年版,第12页。

包括："战时描写及剪贴忠勇战士的塑像、防空图、防毒图、救护图、后方工作图、战事经过的连续画等，都可以利用来配合美术的教学。"劳作课则可以在以下方面操作："战时模型、战壕模型、军械模型、障碍物的制造，简易防毒面具及口罩的制造，防毒药水的配制，地窖的建造，绷带的缚法，慰问品的调制，军用水瓶的制造等，都可用来配合的教学。"①

宏观上由于战时的独特需求，微观上有了可操作的具体建议，必要性与可能性兼具了。在抗战高于一切的精神指导下，各地迅速行动起来，编写了大量适应抗战需要的教科书，其中不少教科书直接以"战时"命名：战时国语、战时算术、战时历史等。这是一种直接服务于抗战的教科书，因为抗战是其起源，为了抗战是其目的，它是中国教科书发展史上极富时代特色的最为罕见的教科书类型。在所有以"战时"命名的教科书中，1938年山东省国民政府组织编撰的《战时教科书》（简称山东版《战时教科书》）影响最大，这是抗战时期最系统最完整的一套战时教科书。

二　山东版《战时教科书》概况

全面抗战掀起一年后的1938年8月，国民政府山东省小学教材编审委员会在弥漫的战火中神奇的编写了一套小学课本，命名为《战时教科书》。当时已编写完成了56册，因为"印刷所限，仅排印初级国语8册、常识8册、算术6册，高级国语4册、公民4册、历史4册、地理4册、自然4册、算术4册，共计46册"②。这套教科书大多数在封面上直接标注醒目的"战时"二字，且有"山东省政府审定""民国二十七年九月初版"字样，版权页署名"山东省小学教材编审委员会编审"，"编审主干芮麟"。封二或封三有"编审大意"，署名"山东省小学教材编审委员会识"。这个编审委员会由什么人组成，"编审主干"究竟在该教科书编

---

① 黄觉民：《战时课程的编制》，载李定开《抗战时期重庆的教育》，重庆出版社1995年版，第9—17页。
② 山东省小学教材编审委员会编审：《战时国语读本》（初小第8册），山东省政府出版1938年版，封3。

写中具体起什么作用,还有待考证。但可以认为,山东小学教材编审委员会应该由芮麟兼管,至少芮麟是负责人之一且直接执笔。

芮麟(1909—1965),字子玉,江苏无锡人。1929 年江苏省立教育学院毕业。1926 年发表处女作《香海雪影》,步入文坛,1930 年在沪以《新诗之变迁及其趋势》长篇诗论,饮誉海内。一生作诗无数。在 20 世纪 30 年代,有人认为他是与林语堂、赵景深等齐名的诗人、作家、文艺理论家。30 年代初期为中国社会教育社成员。曾任无锡县教育局社会教育科科长、无锡县立农民教育馆馆长、无锡县立民众教育馆馆长,江苏武进县教育局社会教育科长、河南省民众教育实验学校研究实验部主任。这个江浙的才子,于 1936 年春赴青岛市教育局任中小学课本编审主任。抗战期间,任山东省政府秘书、山东省保安司令部政训处上校秘书、主任,1938 年 8 月任山东省政府主席行辕教育处长,创办山东战时出版社,筹建山东省党政军政治干部学校,主编山东省政府机关刊物《大山东月刊》,兼任山东省立第一联合中学校长。《战时教科书》应该就是芮麟在这一人生鼎盛时期编撰完成的。[①]

这套教科书各科稿本自 1938 年 7 月 5 日开始编辑,26 日开始审查,8 月 1 日完全结束,时间之短暂、任务之艰巨简直不可思议。尤其是在战乱时期,昨天还在一个地方,今天就通知立即转移到另一个地方,每到一个新住处,编撰者们忙不迭地又开始了"无声的武器"之《战时教科书》的编撰。目前尚无法考证当时究竟动员了哪些编者夜以继日地赶编该套教科书。所见最早版本是 1938 年 8 月,大多为 1938 年 9 月出版的。此时,有两个重要因素值得关注,第一,秋季开学在即,《抗战教科书》能够进课堂成为当务之急。8 月和 9 月出版的教科书正好赶上开学。第二,山东省军政当局波动巨大,原山东省政府主席韩复榘因抗战不力被处极刑,沈鸿烈于 1938 年元月被任命为山东省政府主席,6 月,芮麟任政府秘书。芮麟及其所在的山东省政府,坚持在山东大地抗战。适应抗战形势需要,他们不断在山东大地转移,在国共统一抗战的大背景下,和共产党山东分局也保持较好关系,共同展开山东地方的抗战。1938 年 6

[①] 在此要特别感谢远在美国的芮麟先生的儿子芮少麟,他提供了关于芮麟先生及其编撰《战时教科书》的某些具体材料和线索。

月19日，山东省政府转移到聊城，设立省政府主席行辕，并稳定了难得的几个月时间。芮麟不但是省政府秘书，还兼省政府主席行辕教育处处长。应该说，就是利用这个空隙，以芮麟为主，和他的同事们在孔子的家乡，废寝忘食的编写了这套既能够解秋季入学燃眉之急的，又全面宣传抗战、鼓动抗战的《战时教科书》，和山东大地上浴血奋战的军民一道，为抗日战争做出了难能可贵的贡献，也在教科书史上谱写了辉煌的一页，展现了烽火岁月里知识分子"长存报国心"的感人一面。当《战时教科书》全部完成投入使用之际，芮麟29岁整，他作诗《三十初度述怀》："才入中年万感侵，茫茫天地独沉吟！羁迟空坠思亲泪，歌哭长存报国心。寇祸不随烽火灭，旅怀渐共岁时深。头颅留得班生在，谁道神州便陆沉。"① 把那段烽火岁月中的报国之心表达得淋漓尽致。

该套《战时教科书》版本多样，印刷质量参差不齐，但整体质量尚可。该书为了宣传抗战、指导抗战，出版后允许翻印，从实物看，山东济南、牟平、荣成、栖霞、昌乐、文登、寿光、莱阳、海阳等地都翻印发行了《战时教科书》，既有县政府教育科印的，也有民间印的，说明条件艰苦，但对策有方，故影响广泛。只是这种做法的结果是版本奇多，印刷机构和印刷时间奇多，几乎难以统计完整。每个地方翻印时，都有点自作主张，或增或减，或变封面图案，或于封底添加本印刷机构的名称，起到增加卖点的广告作用。《战时国语读本》（1941年再版）甚至在封二增加了著名的抗战歌曲"神枪手"（"游击队之歌"）。因为印刷上要抢时间和成本控制等原因，不少《战时教科书》少了版权页，少了编审大意，甚至也有的少了"战时"二字。

这套《战时教科书》改编成分较重。因为1938年，山东大地抗战形势紧迫而复杂，有日军占领区，有国民党政府的统治区域，也有共产党根据地，国民党前任省政府主席韩复榘刚被处决，新任主席沈鸿烈抗战的压力很大，以教育发动民众、统一思想、进行抗战宣传的任务迫在眉睫，急需编写适应抗战需求的课本。在时间紧、任务重、人手不够、经费不足的情况下，抢时间的最好策略是改编而不是完全创新，所以该套教科书基本上是在其他教科书基础上，稍加删节，增加部分抗战材料编

---

① 转引芮少麟《重吻大地——我的父亲芮麟》，上海远东出版社2011年版，第168页。

辑而成，以适应战时之特殊需要。① 此时，没有完全注意到如何适应山东地方实际也就在所难免并可以理解了。

三 《战时教科书》如何应对"战时"

因战争而产生、为战争而服务的《战时教科书》在如何应对"战时"方面做出了不懈的努力和探索。

（一）精心选择素材，全方位服务抗战

山东版《战时教科书》尽可能选择恰当的与战争、爱国、民族自强、维护国家主权相关的内容，让民众认识抗战意义，懂得如何抗战，自觉参与抗战行动。这些内容可以大致分为现实和历史的，以及人文和科技的。

首先，《战时教科书》国语、历史、政治等课本内容，多由现实和历史两类构成。现实的直接材料多来自抗战现场以及国民政府的抗战政策，如淞沪血战、东北义勇军、杨靖宇、七七、五卅、八一三、抗战第一个牺牲的军长、难民、汉奸，以及蒋介石、冯玉祥等的文章。历史的间接材料则来自我国历史上的爱国主义事迹和人物，如苏武牧羊、越王勾践、花木兰、戚继光、郑成功、岳飞等。

这些内容既注重激发大无畏的民族精神和爱国主义情感，又关注宣传抗战政策，号召人人抗战，渲染"总动员，总动员，有力出力，有钱出钱，有枪的对日作战"的抗战氛围。②

在"有力出力，有钱出钱"的抗战政策指导下，《战时教科书》注意教育学生懂得如何身体力行的参与抗战。抗战既可以是上前线冲锋陷阵去杀敌，也可以是在后方爱国货反洋货、抓紧生产来抗战。对于学生来讲，后者甚至是更常见的抗战形式。因此，《战时国语读本》第六册，连

---

① 山东省小学教材编审委员会编审：《战时国语读本》（初小第 8 册），山东省政府出版 1938 年版，封 3。
② 山东省小学教材编审委员会编审：《战时国语读本》（初小第 2 册），山东省政府出版 1938 年版，第 49 页。

续用四课篇幅提倡国货反对洋货。正面教育以爸爸的口吻说出："不是国货不要玩，玩要不忘爱国家"（第5课）。反面教育以洋货的口吻说出："我到中国来做什么呢？我是奉主人之命，来换你们的金钱。换得金钱回去，制造枪炮，制造战舰，制造飞机，制造炸弹。枪炮杀你们的人，攻你们城和关。战舰夺你们的港口，轰你们的海岸和江岸。飞机占你们天空，到处掷炸弹，把你们房屋炸毁，把你们的身体炸烂。你们买的是我吗？不然，不然，你们买的简直是枪弹、炮弹和炸弹！"（第3课）与此相呼应，《战时常识教科书》也设计了用国货、拒洋货的内容。

有些课文则直接把后方如何参与抗战的项目列了出来，让学生明了并付诸实践："这次抗战，是全民族的战争。谁都负着责任，我们虽然年岁小，能做的事情却很多，现在举出几项重要的事情来：宣传——我们可以向一般人宣传这次抗战的重要，叫大家明白。募捐——我们可以向一般人募捐，得些财物，捐给政府和军队。慰劳——我们可以到前线去，到医院去，唱歌、演剧、讲演，鼓励作战的士兵，安慰那些受伤的弟兄。情报——我们可以乘着敌人不注意小孩的时候，侦探他们的行动，向我们的军队报告。"①

其次，《战时教科书》之常识、地理、自然类课本，注重普及战争常识，了解与战争密切相关的武器、救护、资源、地理环境等，引导学生与民众科学抗战。这些课本比较密集的传播防毒气、防空袭、急救、常用枪弹，以及领土领海领空、交通工具、气候、工农业知识等内容。在《战时地理》教科书中，关于"全国抗战形势""抗战中打破封锁的三条出路"等就安排有四课内容，各两课。② 比较系统地介绍了抗战的全国形势。只要读了这些课文，对于抗日战争的形势、我国对外关系以及国际援助的路径，就基本上能够知晓大概。

为了凸显"战时"的色彩，编撰者也不忘把一些中国抗战的重要内容引入教材，如"不要忘记七月七""八一三是怎么回事""拥护抗日领

---

① 山东省小学教材编审委员会编审：《战时常识课本》（初小第6册），山东省政府出版1938年版，第40课，"抗战期间，我们要做些什么事情"。

② 山东省小学教材编审委员会编审：《战时地理教科书》高小第1册第19、20课，高小第3册19、20课，山东省政府出版1938年版。

袖和军队"等课文（《战时常识》初级第四册），旨在普及抗战常识，提高全民抗战的认识。

当然，这些国民政府主持下的教科书也不失时机地宣传蒋介石、国民党及其国民政府的抗战政策，选用蒋介石等人的讲话，歌颂蒋介石的抗战领导。如《战时常识》（初级第五册）从20课起，连续三课介绍"中国国民党""孙中山""蒋介石"。

有些课文标题很另类，如《日本鬼子死了会变成狗吗》（初小国语第八册第7课）。内容则是表现中国人如何智慧地躲开日本人的搜捕的。这种课文标题整体上比较反常。

课本随着年级的提高，抗战内容和分类大体上明显增加。如初小第二册国语读本，共50课，直接与抗战有关的共12课，间接与抗战有关的3课，占30%。但到了第六册，共44课，直接抗战内容占11课（如"淞沪的血战"连续两课，"杨靖宇"等），间接抗战（如木兰的故事、张良为国报仇、勾践雪耻等）占8课，有关抗战的内容一共占43%。当然，这也是与各学科、各分册的主题相关联的。

（二）巧妙设计活动，多维度探究抗战

《战时教科书》令人刮目相看的是形式多样的课前预习作业和课后活动的设计。用今天时髦的话来讲，其中许多是自主探究活动或主题探究作业，就是研究性学习，就是综合实践活动。比如《战时常识》教科书，每一课课前有问题，课后有作业。第6课《我国的首都》，课前设问题三个："我国的首都为什么设在南京？南京的形势和交通怎么样？南京在什么时候被日寇强占的？"课后设作业三："就地图研究南京的形状和交通状况；画南京略图；研究南京失守经过。"第8课《北平和天津》，课前问题二："北平有什么古迹？天津的地位怎么样？"课后作业二："画北平和天津的形势图；研究天津失守的经过。"[1]《战时常识》课本第38课《日本的侵略》，课前设综合性问题一个："九一八事变的起因为什么？一二八事变的情形怎么样？事变后的局势怎么样？我们怎样才能收复失

---

[1] 山东省小学教材编审委员会编审：《战时常识课本》（初小第7册），山东省政府出版1938年版。

地?"课后综合性作业一:"课外读九一八事变和一二八事变的故事;调查中日事作(原文如此,疑印刷有误)最近的情形"。第39课《抗战的开始》,课前问题二:"为什么我们必须抵抗日本的侵略?怎么样争取最后胜利?"课后作业二:"研究华北诸省的重要;研究争取最后胜利的方法。"第40课《抗战期间,我们要做些什么事》。课前问题二:"我们怎样参加抗战?暑假中我们能做些什么?"课后作业二:"拟定暑期工作计划;讨论暑期工作方法。"①

《战时国语》教科书则是课后设问题:第15课是《日本指挥汉奸的活动》,课后问题有三:1. 汉奸怎样活动?2. 汉奸都做些什么事?3. 我们要怎样铲除汉奸?②

《战时地理》教科书却是课前设问题:第20课《全国抗战形势(下)》,课前问题四:1. 北战场抗战的形势怎样?2. 台儿庄大胜利的效果怎样?3. 南战场抗战的形势怎样?4. 将来武汉大会战的前途怎样?③

这些问题多是思考性、开放性的,少有标准答案,非探究、非小组合作不足以很好完成,几乎很难靠死记硬背能够实现的,且问题多最终导向行动。除了思维上的、方法上的提升外,很显然,通过这类精心设计的作业或活动,可以加强巩固,很好的引导学生深层次的了解、认识抗战并采取适当的行动参与抗战,避免不必要的牺牲和损失。而且通过学生,可以对他们的家庭、对广大民众产生有效影响。

(三)采用多种形式,高效率宣传抗战

教科书功能实现的程度与满足朗朗上口、通俗易懂、本土色彩等条件的程度密切相关。④ 在这方面,《战时教科书》给予了高度重视。

首先,《战时教科书》注重歌诗表达,以朗朗上口的特色求得宣传抗

---

① 山东省小学教材编审委员会编审:《战时常识课本》(初小第6册),山东省政府出版1938年版。

② 山东省小学教材编审委员会编审:《战时国语读本》(初小第7册),山东省政府出版1940年版。

③ 山东省小学教材编审委员会编审:《战时地理教科书》(高小第1册),山东省政府出版1938年版。

④ 石鸥、廖巍:《"音韵、通俗、针对性:教科书特色三要素"》,《教育学术月刊》2015年第6期。

战的效果最大化。"使童子有耳顺之乐"的教科书才是最有效的教科书。①"耳顺之乐"就是悦耳,就是朗朗上口。《战时教科书》为了达到使读者兴趣盎然、易学易记、喜欢阅读从而使宣传作用最大化的目的,利用学生心身特点,在低年级大量选用了歌诗童谣韵言,尽可能押韵,便于诵读,极富感染力,我们以《战时国语》初级第二册为例,该册不少课文就是童谣和诗歌或韵语的形式:

> 早打铁,晚打铁,
> 打把铁长枪,
> 长枪长又亮,
> 好穿日本恶心肠。(第16课《打把铁长枪》)
> 姐姐缝军衣,
> 妹妹笑嘻嘻,
> 弟弟说,这是谁穿的
> 姐姐说,这是赠给前方战士的。(第17课《姐姐缝军衣》)
> 年纪小,志气高,
> 握起拳头背上刀,
> 快把横暴来打倒,
> 读书更把身体练,
> 中华全靠咱们保。(第46课《打倒横暴》)
> 我是小小兵,劝你莫看轻,
> 飞机我不睬,大炮我不惊,
> 我有热血,我会和敌人拼命。(第47课,我是小小兵)

艰难的抗战岁月,民众那种痛失国土的痛苦甚至迷茫,有时候可以从教科书中得到一丝慰藉。抗战的悲愤化作声声朗读,如黄河奔腾,源源不绝在耳畔响起,"我有热血,我会和敌人拼命!"源源不绝的读书声就是中华民族源源不绝的力量。

---

① 石鸥、廖巍:《"音韵、通俗、针对性:教科书特色三要素"》,《教育学术月刊》2015年第6期。

其次,《战时教科书》比较重视插图,努力增强视觉效果和强化感官冲击。抗战时期的山东大地,国民党的军队、共产党的军队和日伪军队各有占领区,日本对山东的扫荡非常频繁,山东省国民政府常常因大敌当前深夜转移,在一个地方停留的时间很短。跟随省政府不断转移的教科书编审委员会,只能利用非常短暂的时间编教材、印教材。所以,受抗战时期艰苦的条件限制,《战时教科书》插图是非常不易的,但编撰者们仍然没有忘记教科书的读者对象,没有忽略学生的身心特点,尽可能使用插图。尽管插图只集中在第一、第二年级课本,但为了强化抗战气氛,达到宣传效果,插图的抗战氛围浓厚,形象生动,不失质朴,视觉效果好。且等条件稍有好转后,《战时教科书》的印刷就增加了封面图案,一些封面图案设计极富战争特色。课本图文结合,适合学生和民众的视觉特点,能够引发阅读兴趣。

四 山东《战时教科书》留下的思考

《战时教科书》对我国抗日战争的贡献不可低估。就社会价值来说,《战时教科书》作为战斗的号角激励着广大青少年学生保家卫国上前线;作为写实的镜子,它反映出抗战时期山东社会生活与文化教育的基本状况,体现了爱国知识分子浓厚的爱国情怀;作为启蒙读本,它没有能力去消灭战争,但它在努力号召全社会去赢得这场正义战争的同时,力求去消灭愚昧。而消灭愚昧是确保胜利并永续和平的武器。

(一) 非常时期教科书具有非凡的功能

教科书强烈的教诲性特征,使得它可以甚至应该因特殊的国家需求而集中表达特定的内容,也使得它非常容易成为意识形态的最佳贯彻者,成为意识形态的最重要的载体(所以对于一个政府来讲,没有什么文本比教科书更值得关注的了)。抗战时期是一段非常时期,非常时期里的抗战不仅仅是若干个具体的战斗,也不仅仅是领导人的讲话,抗战是实在的生活形态,体现在上课下课的学堂生活中,体现在可感可读的课本中。且不要说国语了,仅仅《战时数学》教科书就让我们感受到了战争与杀戮:义勇军三人平分子弹306颗,每人得几颗?义勇军618人分成三队,每队几人？机关枪在三分钟内有309发，平均每分钟有几发？①

在救亡图存压倒一切的特殊时期，教科书中的民族主义和爱国主义被高度放大，并得到广大民众的积极认同和热烈回应。《战时教科书》要做的就是，让一篇篇小课文，成为一颗颗射向日寇的子弹；让一篇篇小课文，充分承载中华民族抗战的伟大精神；让一篇篇小课文，成为凝结大众、统一思想、激发行为的号角。《战时教科书》的抗战意识形态的强大整合力，辅以教科书的海量发行，具有学童一本书阅读一家人的神奇作用，能够把民族主义与大众宣传很好地结合在一起，获得了极大的宣传和传播效果，最大限度地发挥了调动一切力量为抗战服务的功能。

（二）教科书永远是教科之书

教科书的本质既有服务国家、服务民族、服务社会剧变的需要一面，也有启蒙人、聪慧人、成人的一面。这一对关系的处理至今考验着我们的智慧程度。

首先，对于《战时教科书》而言，"战时"是压倒一切的。此时的教科书隶属于"战争"是显而易见的，所以大幅度的内容与抗战有关，直接间接服务于抗战。但毕竟这是"教科书"，教科书有自己的本质功能。如果我们在为国家、民族的不受侵犯而战，我们就离不开武器。如果我们还要为人的心灵自由而战，为文明的永续而战，我们就离不开教科书。难能可贵的是，山东版《战时教科书》不忘启蒙重任，不忘科学普及，不忘文明传播，不忘现代公民的培养和国家的现代化建设。课文中不时会设计与这些追求密切相关的内容，而且一个单元一个单元的设计，一点都不显凌乱和仓促。如《战时常识》（初级第八册）第35—39课分别是："国民应享的权利""选举权和罢免权""创制权和复决权""国民应尽的义务"。《战时公民》（高级第四册）共16课，其中15课与现代社会建设和现代公民教育相关：产业革命、社会经济、劳动与生产、生产、消费、交易、分配、职业与社会、职业的种类、择业的方法、职业上必需的品性、失业问题、农村经济的衰败、贫乏的救济、怎样做一个完善的公民。至于《战时历史》课本，尊重历史学科，古代史、世界史的分

---

① 芮麟主编：《战时算术教科书》（初小第6册），山东省政府出版1938年版。

量也是很重的,并不一味只局限于抗战。第一册基本上是中国古代史,第三册世界史,基本上没有直接抗战内容,第二册中国近代史,则选择不少抗战内容。强意识形态灌输与科学知识传播的平衡、战时是为了和平的努力均可见一斑。

其次,和平毁了才是战争,战争才需要战时课本。战时课本是为了常态课本,战时状态是为了和平状态。今天我们重新研读《战时教科书》,是要让这种非常态的教科书不再出现。毕竟,战争的杀戮本质,它给人类带来的精神创伤,是任何人都难以承受的。从这个角度来看,《战时教科书》的终极目的就是让世界不再有战时教科书,就是要达到和谐安宁的和平社会。教科书的本质,是要消灭战争,阻止战争。我们的教育为这个梦想去奋斗。因此,爱国主义与国际视野、民族主义与多元文化、社会与个体、本土与世界、战争与和平,这是教科书必须思考和应对的长远问题,这一问题远没有解决。在《战时教科书》中,个体的被压抑,过于复仇意义的宣战姿态,甚至狭隘民族主义的观点,不时闪现在字里行间。这也意味着今天的教科书编撰者、使用者、研究者,以及一切相关者,肩上都有着沉甸甸的担当。

最后,战时是为了和平,但和平时绝不能遗忘战时。今天的我们和近80年前的战场,只隔着一本老课本。任何国家和个人对战时的扭曲甚至遗忘,都是历史所不能容忍的。在国家层面,日本当局对侵略中国的美化,对战争给亚洲人民的伤害的淡化,是在战争边缘玩火;在社会生活层面,我国媒体铺天盖地的炒作,娱乐无止无休的狂轰滥炸,抗战影视片的无厘头视觉形象等,已经让孩子们对战争、杀戮和人类灾难麻木了扭曲了,战场的厮杀和恐怖对学生们来说如同看韩剧一样庸常稀松。此时,也许我们需要一本老课本来敲打那不清晰的头脑。也许《战时教科书》能够让我们稍微清醒一些。它能够拉近我们与战争的距离,让我们回到近80年前的战场:原来,我们离战争和灾难并不遥远。

(三) 教科书是了解社会生活的重要窗口

教科书的重要性已得到连篇累牍的论证。《战时教科书》再次强化了教科书的重要。它是及时性的对抗战的记录,而不是今天很多文本那样是对过去的记忆,是隔空对话。通过《战时教科书》,对于了解教育历史甚至社会生活史具有重要价值。一定意义上，21世纪的我们和近80年前抗战时期的社会生活，通过一本老课本联通和穿越了。比如，《战时教科书》的不少内容对我们了解近80年前的山东风土人情和社会生活多有帮助。如《战时算术》教科书有如下内容：①

> 30个小学生，合买大皮球一个，共用去银元三元，（照市价合铜元810个），每人平均应出铜元几个？
>
> 铅笔每支14个铜元；卷笔刀每个24个铜元；一本书值铜元36个；国语每本铜元30个；算术每本铜元28个；字典每本铜元90个。

按理，教科书编撰者不会太离谱的编造商品价格，应大体合理。如果真的是这样，那么当时的物价，银元和铜元的价格比，都有所显示，应该比较清楚了。只是，果真如此的话，当时的书，特别是教科书，真的够廉价的了。两支铅笔就可以买一本算术课本。一个篮球，值9本字典。迷惑不已。

从《战时教科书》中，我们还可以了解当时山东人民的一些语言和情感表达习惯。如称日军为"小鬼"或"日本小鬼"，而不是今人习惯的"日本鬼子"。《杨靖宇》一课写道："他领着义勇军，杀了许多小鬼"，"他在东北，是第一个用游击战术打小鬼的人"。课后的问题是："1. 东北的地方现在完全被小鬼占领了吗？2. 现有什么人在东北和小鬼血战？"《三眼井民兵抗战》一课："我军奋勇齐冲锋，打败了，贼王英，日本小鬼也发惊"，"小鬼气不平"。②

从《战时教科书》还可以看到，当时党的抗日统一战线还是卓有成效的。教科书体现了国共合作、团结抗日的精神。教科书中尽管国民政府的素材为主，但只要能够很好地服务抗战，共产党的一些素材也被采用，如"平型关胜利"等。

抗战15年间，拥有最大多数读者的教科书，注定要成为这场浴血奋

---

① 芮麟主编：《战时算术教科书》（初小第6册），山东省政府出版1938年版。
② 山东省小学教材编审委员会编审：《战时国语读本》（初小第6册），山东省政府出版1938年版。

战的记录者、参与者和宣传者。《战时教科书》的魅力，首先在于它记录历史，我们对以芮麟为代表的教科书作者知之甚少，但通过课本却让我们一次次阅读到他们的心声，《战时教科书》是他们英勇抗战的红高粱地，在这里，他们以笔为刀枪，谱写了为国家的兴亡笑洒热血、壮怀激烈的一幕。这是中国知识分子最为宝贵的财富。《战时教科书》的魅力，其次在于它穿越历史，直面并警示着今天的人们。《战时教科书》作者，未必都可以写进历史，但教科书本身却蕴含着大量的历史。历史是不能被忘却的，尤其这段历史对一个民族而言如此惨痛，如此激烈，如此悲壮。《战时教科书》这份珍贵的历史记忆值得我们守护和珍惜。

　　战争可以扼杀生命，摧毁城市，但只要学校在、课本在，战争就扼杀不了正义，摧毁不了民心，真理就会不灭。是的，只要课本在，学校在，"谁道神州便陆沉"！（山东版《战时教科书》编审主干芮麟的诗句）

抗战时期日伪在山西实施的奴化基础教育

申国昌[*]

[摘　要]　为建立所谓的"大东亚共荣圈"及"东亚新秩序"，山西日伪占领区极力实施奴化教育，向学生灌输"复古尊孔"思想，组织青少年社团进行勤苦服务训练，以泯灭他们的中华民族意识，培养亲日反共的"新民"。

[关键词]　抗战时期；日伪；山西；奴化教育

2015年是中国抗日战争暨世界反法西斯战争胜利70周年，山西作为八路军在中国坚持抗战的中心，了解与认识当年日本侵略者在山西沦陷区实施的奴化教育实况与侵略罪行，有利于激发广大中国人民的爱国热情，有利于激发中国教育工作者奋发图强、振兴中国教育事业的信心与决心。抗战时期日伪在对华进行政治军事侵略的同时，辅之以文化教育侵略。为了建立所谓"大东亚共荣圈"和"东亚新秩序"，妄图长期侵占中国，将对青少年儿童进行奴化教育作为其侵华战略的重点之一。因此，在处心积虑地破坏原有教育体系和根据地教育系统的同时，在沦陷区竭力发展奴化基础教育，所开办的中小学均冠以"新民"二字，实质是奴化教育的代名词，旨在通过进行奴化教育磨灭中华民族意识，从而培育"亲日反共"的顺民。

---

[*]　华中师范大学教育学院教授

一　日伪在山西的奴化基础教育概况

经过清末和民国时期近30多年的努力，到抗战前山西的基础教育已走上了健康发展的轨道，中小学教育发展迅速，学校数量不断增加，学生入学率逐年提高，尤其是义务教育一直走在全国的前列。1937年抗战前山西全省共有各类小学26651所，入学儿童总数达952422人；1939年减少为22469所（含奴化小学、根据地小学和晋西小学），入学儿童数为681770人，[1] 分别减少了15.7%和28.4%。1937年抗战前，全省共有中学53所，到1945年仅有11所中学。[2]（见表1）

表1　1939—1942年日伪在山西沦陷区开办小学教育情况

年　度	小学校数（所）	在校生数（人）共计	初小	高小	教职员数	备　注
1939	3614	122310	119391	4339	55个市县	
1940	5718	202671	198352	7287	69个市县	
1941	6944	227649	221780	8340	64个市县	
1942	8376	346906		11388	59个市县	

资料来源：山西省史志研究院编：《山西通志·教育志》，中华书局1999年版，第84—85页。

其中1939年沦陷区奴化小学校有3614所，在校生为122310人，教职员共4339人。1939年沦陷区奴化小学仅占当年全省小学总数的16%，学生数占当年全省小学生总数的17.9%。可见，日伪奴化小学在全省所占比例并不高，但由于其所占区域均为城镇或平川地区，学校的规模比山区要大。以太原市为例，抗战前已有小学90多所，在校生万余人；抗

---

[1]　民国教育部编：《第二次中国教育年鉴》第3编·初等教育，上海商务印书馆1948年版，第57页。
[2]　民国教育部编：《第二次中国教育年鉴》第4编·中等教育，上海商务印书馆1948年版，第93页。

战前太原已有中学 22 所。① 1937 年 11 月 8 日，太原沦陷后，全市人民置于日本法西斯铁蹄之下，受尽欺辱与蹂躏，教育事业也遭到严重摧残，大部分中小学停办。1938 年 5 月，日伪太原市公署成立后，先后在原国师附小、西缉营小学、天平西巷小学、前所街小学、新城北街小学的校址开办了伪省立第一至第五新民小学，同年冬日伪华北交通株式会社开办了职工子弟学校——扶轮小学。1939 年日伪又在东缉营设立伪省立第六新民小学，在新道街设立省立第二新民小学；日伪市公署在大北门头道巷设立伪市立第一新民小学，在新道街设立市立第二新民小学，在西羊市街设立第三新民小学。1940 年 6 月，西山采煤所也设立新民小学，这是又一所职工子弟小学；7 月省立女子一师附小、省立一师附小复课。1942 年日伪太原公署又新开起凤街新民小学、首义关新民小学、营西街新民小学、南堰镇新民小学。在日伪统治太原期间共设立小学 20 所，入学人数共计 6423 人。具体各小学的校址、教职员数、班级数、学生数见表 2。② 有新民中学 2 所：省立一中、省立二中。

表 2　　　　　　　　1940 年太原市城区日伪小学校一览表

校　名	校　址	教职员数（人）	班级数（个）	学生数（人）
省立一师附小	国师街	15	8	440
省立第一新民小学	西校尉营	24	15	784
省立第二新民小学	西缉虎营	12	7	391
省立第三新民小学	天平西巷	12	7	360
省立第四新民小学	前所街	12	7	369
省立第五新民小学	新城东街	10	6	353
省立第六新民小学	东缉虎营	13	6	297
省立第七新民小学	北仓巷	10	5	244
市立第一新民小学	东头道巷	12	6	384

---

① 李丕常、郭存恒：《解放前太原教育发展概述》，载《太原文史资料》第 5 辑，太原市政协文史资料研究委员会 1985 年编印，第 39—40 页。
② 《太原教育志》，山西人民出版社 1991 年版，第 43—44 页。

续表

校　名	校　址	教职员数（人）	班级数（个）	学生数（人）
市立第二新民小学	新道街	12	6	341
市立第三新民小学	西羊市街	14	6	236
公立清真小学	大南门	5	3	202
扶轮小学	前所街	12	9	348
省立第一女师附小	上马街	15	8	522
明原小学	大北门	8	6	225
加辣女子小学	东三道巷	8	6	153
首义关新民小学	首义关	12	7	278
起凤街新民小学	起凤街	不详	不详	不详
南堰镇新民小学	南堰镇			
营西街新民小学	营西街			

资料来源：《太原教育志》，山西人民出版社1991年版，第44页。

　　1939年伪山西公署筹办的省立一中，共有5个班，在校生不足200人；1944年开办的省立二中，初高中加起来仅有4个班，在校生百余人。据1942年底统计，华北各省市共有日伪奴化小学41267所，学生2100498人，其中山西省有日伪奴化小学7951所，在校生298279人；山西有奴化中学8所，学生1977人。[1] 又据1945年伪山西省教育厅统计，全省（不含晋北13县）共有日伪奴化完全小学494所，奴化初级小学8149所；有奴化中学15所，分别设在太原、寿阳、五台、文水、离石、平遥等地。[2]

　　据不完全统计，到1941年日伪在晋西北在强占和破坏阎锡山时期建立的学校和晋西北抗日根据地学校之后，大量建立新民学校。据不完全统计，日伪仅在晋西北静乐、宁武等10个县就设有新民中学5所、新民高级小学19所、新民初级小学175所。详见表3：

---

[1] 长松：《华北敌伪奴化教育一瞥》，《中央日报》1944年9月18日。
[2] 《第五次教育行政会议山西省教育状况报告书》，中国第二历史档案馆藏"伪华北政务委员会教育总署档案"，编号：二○二一②/51。

表 3　　　　　　1941 年晋西北 11 县日伪设立新民学校情况

县名	静乐	宁武	岢岚	文水	朔县	偏关	阳曲	岚县	汾阳	静宁	方山	合计
初小	5	6	2	7	24	2	28	3	87	7	7	175
高小	5	1	2	1	2	1	9	3	2	7	7	19
中学		7		8	26	3	5		89			5
总计							42					199

资料来源：杜心源《民国二十九年度教育工作总结》，《行政导报》第 2 卷第 2、3 期合刊，1941 年 8 月。

由表 3 可知，日伪于 1941 年在晋西北已建立了近 200 所新民学校，仅据岢岚、文水、朔县、偏关、阳曲、汾阳 6 县统计，"敌伪强迫中国儿童到新民学校的情况是：岢岚有 40 人，文水 200 人，朔县 980 人，偏关 80 人，阳曲 2900 人，汾阳 3200 人，共 7400 余人，可见，敌伪对我儿童奴化教育的数字已是相当不少了"①。同时，在文化相对落后的晋东北地区，灵邱、广灵、繁峙、代县、山阴、应县、浑源、阳高、大同等县，共有新民小学 280 多所。以应县为例，1937 年 9 月日军占领该县，不久成立日伪应县政府，接着在城内设立了县立小学、农科实验小学、女子两级小学等，几所小学共有教职员 40 多人，学生千余人，学校的经费由县政府负担，教科书由大同伪晋北自治政府统一印发。后来，将全县村庄划分为 13 个联合村，成立村公所，管辖若干自然村，每个联合村所在地设立两级小学 1 所，较大的自然村都要设立初小 1 所，全县共计两级小学 5 所，初小 100 多所，全县乡村教职员共计 350 余人，这些教职员大都在晋北学院师范科参加过培训。日伪办学，宣传"中日提携""东亚共荣""王道乐土"等，附带讲孔孟之道，以此来达到奴化中国少年的目的。② 浑源县的小学教育，自从 1937 年 9 月入侵之后，开始实施奴化教育，一方面在其据点、岗楼及其能控制的较大的村庄均设立简易小学，另一方面对县城小学和教会小学进行整顿并接收。代表性的小学有浑源

---

① 杜心源：《民国二十九年度教育工作总结》，《行政导报》第 2 卷第 2、3 期合刊，1941 年 8 月。

② 应县教育史办公室：《应县抗日战争时期的教育状况》，载王用斌、刘茗、赵俊杰编《晋察冀边区教育资料选编》（续集），北京师范大学出版社 1991 年版，第 386 页。

实验小学，校址在县城内，六个年级共有9个班，在校生418人；浑源第一两级小学，六个年级共有在校生240人；女子完全小学，包括初小和高小两级，共有学生250人；县城内另有两级小学3所，还有教会小学几所，如由比利时人创办的圣心小学校、比利时神甫办的若瑟小学校及天主教小学等。[①] 天镇县，在抗战期间，日伪奴化小学校共有166所，教员228人，在校生7886人，另有日语学校1所。[②] 抗战时期忻县共有新民小学196所，教员297人，在校生共有10754人。[③] 1941年盂县共有新民小学200所，在校生9017人，教员249人，当年学龄儿童数15492人，入学仅有4098人，失学者11394人，入学率只占26.45%。[④]

可见，日伪奴化教育在山西各地建立的情况，因为晋西北、晋北一向以文化落后而著称，所以在文化相对落后的晋西北都建立了不少旨在实施奴化教育的中小学校，在平川地区如晋中、临汾、运城等地建立的奴化学校比山区县更多些。仅以晋南几县为例，1938年2月日伪军分三路侵占临汾县城，然后不断向东西山区侵扰，临汾大部分地区沦陷。日伪军沿铁路、公路干线挖堑壕、建炮楼，还在大村镇和要道隘口设据点。接着，在城内和某些村镇搞强化治安，建立若干初级小学，推行奴化教育。日伪除了在各村建立新民初级小学外，还在临汾县城内设立3所完全小学——扶轮小学、新民小学、临汾师范附小，这三校均设有6个教学班。其中扶轮小学，校长由日本人担任；新民小学和临师附小，校长由当地人担任。此外，还在刘村据点设有高级小学，设2个教学班。日伪小学开设的课程，除一般课程外，还加开日语、"新民主义课"，教材一律采用伪教育厅编印的"新民"版本。[⑤] 日伪小学教师工资均以日伪币支付，村办小学教师工资大部分由村里承担，伪政府只稍加补贴。再如洪洞县从1938年至1945年日伪在该县共设立西池初小、王村初小、左壁

[①] 浑源县志编纂委员会编：《浑源县志》，方志出版社1999年版，第528—529页。
[②] 天镇县志办公室：《天镇县志》，山西教育出版社1997年版，第753页。
[③] 杜满成、石元禄：《日伪统治时期忻县的中小学教育》，《山西文史资料》第56辑，山西省政协文史资料研究委员会1988年编印，第157页。
[④] 郑永才：《抗战时期盂县的教育略述》，《阳泉文史资料》第8辑，阳泉文史资料研究委员会1991年编印，第179页。
[⑤] 许司钧主编：《临汾市教育志》，临汾市档案馆1989年版，第21页。

初小、上桥初小、南营初小等新民初级小学73所，在校生共计2341人；还在县城设立2所新民高级小学，在校生127人。日伪赵城县①政府在全县设立新民初级小学46所，在校生954人，也在县城内设立2所新民完全小学和新民高级小学，在校生191人。②从中可看出，日本侵略者将奴化教育作为其侵华政策的重要组成部分。

此外，日本侵略者在山西各地开办了一批为日本籍少年儿童就学的日本学校，共有十几所，有资料可查的主要有以下14所，详见表4。开办这些日本学校，主要目的是吸引更多的日本人移民来中国，充当殖民统治者，为进一步实现其所谓"建立大东亚共荣圈""全面亡华"的美梦，在文化教育方面开辟道路。

表4　　抗战时期在山西沦陷区设立的日本学校

开办时间	学校名称	学校地址	学生数	备注
1938年4月	大同日本小学校	大同	662人（1943年4月）	兼收朝鲜学生
1938年4月	太原日本富士小学校	太原	1086人（1942年4月）	兼收朝鲜学生
1939年4月	太原日本大和小学校	太原	637人（1942年4月）	
1939年4月	阳泉日本小学校	阳泉	128人（1942年3月）	兼收朝鲜学生
1939年4月	临汾日本小学校	临汾	142人（1942年4月）	
1939年4月	榆次日本小学校	榆次	153人（1942年4月）	
1940年4月	运城日本小学校	运城	83人（1942年4月）	
1941年4月	太原日本高等女学校	太原	98人（1942年3月）	
1941年7月	太原日本青年学校	太原	不详	日本文部省批准
1942年4月	大同日本青年学校	大同	不详	隶属蒙疆政府
1942年5月	平旺日本国民学校	大同	不详	隶属蒙疆政府
1942年5月	太原日本中学校	太原	不详	日本文部省批准
1943年4月	大同日本高等女学校	阳泉	32人（1943年2月）	
1943年11月	岱岳日本国民学校	山阴岱岳	不详	大东亚大臣批准

资料来源：余子侠、宋恩荣《日本侵华教育全史》第2卷，人民教育出版社2005年版，第128—138页。

① 民国时期的赵城县，中华人民共和国成立后合并到洪洞县。
② 郭星明主编：《洪洞县教育志》，山西人民出版社1991年版，第19页。

日本侵略者为了从思想文化领域控制中国少年儿童，在中小学加紧推行奴化教育，妄图培养"健全新东亚之第二代"。在山西实施奴化教育的主要活动有：

（一）奴化教育目的：培育亲日反共的"新民"

日伪开办学校之目的，主要是对学生实施奴化教育，宣传所谓"中日亲善""东亚共荣""共谋东亚和平""共存共荣"等奴化思想，强迫学生读日语、唱日本国歌、呼喊"四大纲领"，给学生灌输"亲日""崇日"的毒素。[1] 日伪在实施奴化教育过程中，本着所谓的"教育界应负起思想战之全责"的宗旨，在其训育方针中规定"根绝容共思想，以亲仁善邻之旨，谋东亚及全世界之和平。"在乡村教育中要以"培养和平反共建国与中日亲善之思想"为目的。后来，又在新民会纲领中提出："发扬新民精神，显现王道，实行反共，复兴文化，确立和平，振兴实业，以善邻缔盟建立东亚新秩序。"[2] 1940年7月，日伪山西公署颁布由伪华北政务委员会制定的《专科以上及中小学各级学校实施训练八条》，鼓吹培养"亲仁、善邻"意识，要求各级各类学校遵照执行。日本人为日伪奴化教育确定的教育宗旨的核心是"亲日善邻""防止共产党""发扬固有文化"[3]。1941年12月，日伪山西省公署又发出《告山西省各级学校学生书》，强令各中小学举办恳亲会，即家长会，旨在向学生家长宣扬亲日反共思想。伪山西省公署先后举办过四次"强化治安运动"，宣扬所谓的"大东亚共荣""共存共荣""王道乐土""民族协作""防共反共""铲除共党""中日亲善""中日提携"等奴化教育思想，妄图将中国的少年儿童诱骗到"亲日反共"的歧途上。为了培养亲日意识，规定从小学三年级开始在中小学课程中增设了日语课，具体教学时数：三四年级每周1.5学时，五六年级每周2学时，初中每周3学时，高中每周3学时。1943年要求学生"肃正思想，革新生活"，无非是要师生"发扬东方道

---

[1] 民国教育部编：《第二次中国教育年鉴》第3编·初等教育，上海商务印书馆1948年版，第57页。
[2] 张磊：《华北敌寇奴化教育的破产》，《晋察冀日报》1942年2月12日。
[3] 瘿公、潘睿：《从抗日教育说到亲日教育》，《大阪每日》（华文版）第7卷第8期，1941年10月15日。

义精神，力谋中日文化交流，通力合作，俾完成创造新东方文化，以建设东亚新秩序为使命"①。

（二）奴化教育内容：灌输"复古尊孔"思想

美国著名哲学家、伦理学家约翰·罗尔斯强调，儿童的道德由许多准则构成，而某一集团的道德则是适合于个人在不同集团中角色的那些道德，这些道德包括常识的道德规则及其与个人的具体地位相适应的调整形式。它们是由拥有一定权力或权威的集团及其成员的赞许与非难而形成的。② 日伪为了培养忠于其统治的奴才，专门设计了奴化教育课程体系，尤其是将小学原有的公民、党义改为修身或国民道德，增加"防共读本"；对于女生，则专门教授家事、缝纫、手艺等课程。③ 日伪为了全方位的奴化教育，以培养亲日、顺从的"亡国奴"，编印了大批宣传奴化教育和奴化道德的课本。在日伪奴化小学，除了开设常规课程修身、国语、算术、常识、历史、地理、自然、美术、音乐、唱游、体育、日语、劳作等，还要求初小读《孝经》，高小读《孟子》；初高中除开设修身、国文、算学、日语、物理、化学、矿物、生物、历史、地理、英语、生理卫生、体育、劳作等，还要求初中学习《论语》《诗经》；高中读《礼记》《中庸》等。1938年日伪占领太原等城市后就下令，恢复春秋祭祀先圣先师的礼节。并将《孝经》《大学》《论语》《孟子》《中庸》《诗经》《礼记》以及《三字经》《百家姓》《千字文》等作为中小学基本读物，将封建社会的教材作为新民学校的教学用书。1943年伪教育部门建议各学校除朝会、周会时间校长进行精神讲话外，每周日上下午举行特别讲演，为高小、初中生讲四书、孝经、孔子世家，为高中生讲诗、书、礼、乐、易、春秋等内容。④ 对于课本缺乏的农村小学，如岢岚等县利用

---

① 《第三次教育行政会议纪要》，《教育时报》第13期，1943年7月。
② [美] 约翰·罗尔斯：《正义论》，何怀宏等译，中国社会科学出版社2003年版，第470页。
③ 温济泽：《抗战三年来敌我在教育战线上的斗争》，《边区教育》第2卷第19、20、21期合刊，1940年11月16日。
④ 《华北教育总署教育局关于利用星期日讲述孔孟道义及有关训育的提案》，中国第二历史档案馆藏"伪华北政务委员会总署档案"，编号：二〇二一②/36。

古代四书五经、千字文、百家姓、唐诗宋词等作为新民小学的课本，用封建落后思想教化儿童，灌输封建愚忠思想，以此来麻醉与腐蚀中国少年儿童。如万泉县和荣河县日伪奴化小学，让小学高年级学生阅读《论语指南》《论语精华》《幼学琼林》《古文嗜凤》，让小学低年级读《三字经》《百家姓》《千字文》等。① 日伪教育部门要求"学生须安心上课，镇定如常，不得听信谣言徒自惊扰"②。让学生埋头于这些无用的教育内容，少接触抗日言论，甘愿做奴才式的顺民。同时，大量编印"新民教科书"。讲到日本时，主要宣传日本怎样神圣、日本三岛怎样伟大、日本的军人怎样忠勇、日本的人民怎样仁义等；讲到中国时，主要宣传国民政府如何残虐可恨、中国共产党如何凶暴可畏、孔孟思想多么可贵等等。③ 仅汾阳县就印刷了5000多册课本，起初课本是出售，几分钱1册，尽管如此便宜还是没多少人买，后来又改为用物品换课本，如1个鸡蛋换1册，结果还是没多少愿意换。最后，只好按村强行派发。④

（三）奴化教育师资：派日本教员监控中国教员

日伪在刚开办奴化学校期间，采取了各种手段强迫、诱骗中国教师为其奴化教育服务，有的是指名捕捉，有的通过汉奸进行诱迫，有的是强迫各村教师到据点开会，有的强令各村镇填报知识分子调查表，然后由日伪指定。⑤ 1941年华北伪教育总署要求"各级学校教员既为学生之师表，且为一般民众之先驱，际此非常时期，允宜遇事与友邦人士紧密联络，平日服务更须勤勉"⑥。意思是要中国教员绝对服务日本人的监视与控制，并经常与其交流、对其服务。日伪还设立临时训练班、教员讲习所，各县必须选送小学教师参加培训，规定大县40人、小县30人，集中到太原，分班培训，以作为传播奴化教育的工具。如在方山、文水等

---

① 屈栋材主编：《万荣县志》，海潮出版社1995年版，第316页。
② 《教署告诫华北教育界精诚团结共济时艰》，《教育时报》第4期，1942年1月。
③ 于力：《敌占区儿童所受的奴化教育》，《教育阵地》第1卷第4期，1943年4月1日。
④ 杜心源：《民国二十九年度教育工作总结》，《行政导报》第2卷第2、3期合刊，1941年8月。
⑤ 《反扫荡中敌我在宣传教育路线的尖锐斗争》，载《晋察冀边区教育资料选编》（教育方针政策分册下），河北教育出版社1990年版，第22—23页。
⑥ 《教署告诫华北教育界精诚团结共济时艰》，《教育时报》第4期，1942年1月。

日伪成立了"青年清共团",在离石县设立"吉田馆"等,这些机构均是以训练班的形式,强迫据点十里以内的青年轮流分期到城内训练,并随时吸收当地的汉奸,作为实行奴化教育的基本对象,训练班开设的课程有"时事大纲""东亚新秩序""共同防共""反共倒蒋"等反动内容。小学教师训练期限一般为10天至6个月不等,训练结束时以成绩定去留。所谓"成绩",就是看亲日程度,"巴结敌寇愈力,地位愈巩固。"[①] 日伪的逻辑是,要想对中小学生进行奴化教育,必须先对中小学教师进行奴化训练。在推行奴化教育过程中,加强对教员的监控,每个规模较大的学校都要派一名日本教师,他们除了处理校务外,还负责监视中国教员的言行。因为日伪学校教师是由伪教育股委任和管理,教师的薪水及学校经费均由伪县公署拨给。每天早上必须早起,集体跑步后,须在水井旁逐个被浇一桶凉水,被称为"冷浴",可怜那些年老体弱的教师,几次"冷浴"后,不是伤寒病发,就是虐疾作祟。[②] 还派小汉奸到学校监视教师是否有抗日活动,中国教师处处受到监控,要求加入伪新民会,每到暑假要接受检定,若发现稍有反日嫌疑,便生命难保。[③] 有时也用小恩小惠来拉拢教师,如发放牙刷、纸烟、袜子等消费品,不过费用仍然来自农村老百姓。就教员的学历结构而言,大部分学历较高的是抗战前已进入教员队伍的,据伪山西省政府秘书处统计室统计,1942年太原市新民小学教员共有225人,其中大专以上学校毕业的有18人,师范学校毕业者125人,短期师范学校毕业8人,中学毕业67人,小学毕业2人,其他5人。[④] 1939年阳曲等50县共有小学教员1326人,其中师范大学或师范学院毕业者有7人,大学或专科毕业53人,师范学校毕业184人,短期师范学校272人,中学毕业265人,小学毕业352人,检定合格者39

---

① 于力:《敌占区儿童所受的奴化教育》,《教育阵地》第1卷第4期,1943年4月1日。
② 王用斌、刘茗、赵俊杰编:《晋察冀边区教育资料选编》(续集),北京师范大学出版社1991年版,第512页。
③ 温济泽:《抗战三年来敌我在教育战线上的斗争》,《边区教育》第2卷第19、20、21期合刊,1940年11月16日。
④ 《民国三十一年份山西省统计年鉴》,伪山西省政府秘书处统计室1944年编印,第454页。

人，充任教员三年以上者 22 人，其他 132 人。① 可见，日伪奴化小学教员学历结构普遍不高，而且不合理。

（四）奴化教学活动：教学方法单调机械

由于当时大部分教员是为了养家糊口而被迫在日伪新民学校从教，而且深知自身的艰难处境，因此，不少教师只好被动从事教学活动，只好照本宣科，机械讲述，不敢擅自发挥，更不敢比今论古，以物喻事，唯恐言行冒犯了日伪统治者而引来杀身之祸。这样中小学教师，尤其是中学教师难以充满激情地去作精彩讲授，也不愿全身心地投入教学，只是一味敷衍，以消磨时间为目的。再加上教学条件简陋，连基本的教育用品如仪器、挂图都没有，教师只好在课本上作空洞说教，教学方法单一，课堂教学枯燥。学生学习动力不足，兴趣不浓。学生写作业也是照书抄写，教师批改作业，特别是作文，也不能作只字修改，只写个"阅"字就算了事。之所以出现教师教学积极性的原因主要有：一是中国教员待遇不高，每月仅 20 多元伪币的薪水，如此低的月薪难以调动其工作积极性；二是中国教员经常遭到日籍教官的监视，有时还遭到其打骂，搞得大部分教师人心惶惶；三是教学条件简陋，只能采取单一的课堂讲述法来教学，因此，教学手段缺乏灵活性。此外，中学的日语和军训，一般由日本教员任教，往往满口日语，大部分学生因听不懂日本教员的提问而答非所问，常常遭到打骂。而日语成绩的好坏又是决定学生能否升级、毕业的重要标准，因此，不少学生被动学习日语，尽管没有好的效果，但只是为了应试而学习。

（五）奴化教育社团：成立新民青少年组织

日伪刚占领山西后，成立了"新中国童子军""新民少年团""新民儿童团""反共少年团"等组织，以拉拢中国青少年。1940 年 7 月，日伪山西省公署教育厅下令解散中国童子军、新民少年团等，开始招募新会员。于 1941 年 9 月颁布《伪山西新民青年团章则》《伪山西新民少年

---

① 《民国二十八年份山西省统计年编》，伪山西省政府秘书处统计室 1940 年编印，第 187 页。

团章则》，1943年又下令让中小学生开展"青少年团训练"，要求高小成立少年团，中学成立青年团，通过这些组织来约束学生的言行，"学生在校内一切行为，如学业之研究、德行之修养、体格之锻炼及竞技娱乐等，应于可能范围内作为青少年团之行事，俾各份子领会其应服任务"，目的是让学生"清除一切不良思想，涤荡旧染，完成心理建设"①。其本旨是为了防止学生接触共产党的抗日言论，真正成为服服帖帖的日伪统治下的顺民。1943年又制定《伪山西省各级学校新民青年团组织要领及训练大纲》，强令各大中学校必须成立"新民青年团"，令各小学校成立"新民少年团"；还经常派人到小学校去，发给学生糖果，找学生谈话，企图拉拢与腐蚀我国青少年儿童，使他们成为"未来真正亲日的主人"②。据伪山西省教育厅统计，1944年全省共有男女青年团1653个，男女团员156215人；男女少年团共有2446个，团员65986人（见表5）。日伪为了"训练青少年，发扬新中国意识"的目的，也召开运动会，让中小学生参加比赛。③ 对获胜的小学生给予物资奖励，通过这种活动，一方面，让学生将注意力放在学校，而不能关心和参与社会上的反日活动；另一方面，通过小恩小惠拉拢学生，让学生安心接受奴化教育。

表5　　　　　　山西省1944年度上学期青少年团统计

市县名	青年团 团体数（个）	青年团 团员数（人）	少年团 团体数（个）	少年团 团员数（人）	女青年团 团体数（个）	女青年团 团员数（人）	少女团 团体数（个）	少女团 团员数（人）
太原市	7	714	23	3053	3	181	16	914
阳曲等48县	1155	104577	1650	21622	488	50743	757	40397
总计	1162	105291	1673	24675	491	50924	773	41311

资料来源：《第五次教育行政会议山西省教育状况报告书》，中国第二历史档案馆藏档案"伪华北政务委员会教育总署档案"，编号：二〇二一②/51。

---

① 《三十二年度华北教育施策要纲》，中国第二历史档案馆藏"伪华北政务委员会教育总署档案"，编号：二〇二一/456。

② 温济泽：《抗战三年来敌我在教育战线上的斗争》，《边区教育》第2卷第19、20、21期合刊，1940年11月16日。

③ 李庆祥：《日军在阳泉的奴化教育》，《阳泉文史资料》第8辑，阳泉市政协文史资料研究委员会1991年编印，第145页。

（六）学生课余活动："协力食粮增产运动"和"勤劳服务训练"

由于日本的法西斯统治极大地挫伤了华北民众的生产积极性，再加战争不断，华北农村经济萧条，因此，难以承载日伪军巨大且奢侈的生活消费。为了解决其军粮不足的问题，1943年3月伪华北教育署提出实行所谓"协力食粮增产运动"，即在中学课程中增加农业课程，并在学校为学生开辟试验田，按人分地耕种，教员向学生讲授选择作物种类、农具使用、耕作时间、浇水施肥、收割成果等，同时要求各级学校学生"襄助父兄，协力家庭增产"①。之所以动员广大学生参加农业生产，并非让学生加强锻炼，增强劳动观念，而是为了让学生从小学会为日伪统治者勤劳耕作的本领，以让中国人世世代代去服侍这帮侵略者。同时，还开展所谓的"勤劳服务训练"，打着"以矫正以往学校偏重智育、漠视劳动之积习"②的旗号，驱使学生参加挖壕、凿井、筑堤、修路、架桥、搬运等苦力劳动，还将这些苦力劳动、服侍日伪的项目作为"正课"。仅1944年上半年全省学生参加"勤劳服务"达上万次（见表6）。③

表6　　　　山西省1944年各级学校学生勤劳服务状况统计

市县名	学校数	属于食粮增产事项			属于建设奉公事项		
		工作次数（次）	参加人数（人）	工作时数（次）	工作次数（次）	参加人数（人）	参加时数（次）
太原市	市内中小学26校	225	12758	293	308	25602	650
阳曲等53个县	县区村立等718所新民小学校	5334	122207	8110	4454	94368	5677
总计	744	5559	134965	8423	4762	119970	6327

资料来源：《第五次教育行政会议山西省教育状况报告书》，中国第二历史档案馆藏档案"伪华北政务委员会教育总署档案"，编号：二〇二一②/51。

---

① 《学生协力增产食粮计划》，《教育时报》第11期，1943年3月。
② 《三十二年度华北教育施策要纲》，中国第二历史档案馆藏"伪华北政务委员会教育总署档案"，编号：二〇二一/456。
③ 《第五次教育行政会议山西省教育状况报告书》，中国第二历史档案馆藏档案"伪华北政务委员会教育总署档案"，编号：二〇二一②/51。

（七）奴化教育督导：加强对各级奴化教育的监视

日伪统治者为了加强对中小学的控制，担心中小学中出现抗日言行，在加强对学校日常监视的同时，伪教育厅长和督学还要定期到各地中小学巡视和督导。1942年10月，在伪华北第五次治安强化运动期间，由伪山西省教育厅长裴洞泉带领教育厅的雷德厚、刘光汉，还有警备处曹瑞民、警备厅齐忠人、宣传处沈卜五、特务机关加藤中蔚，还有新民报记者王仲平，一同从太原出发到临汾、洪洞、襄陵、赵城、霍县等地巡视。各地小学为了应付其巡视，早做准备，大做表面文章，如沿途张贴欢迎标语口号、宣传漫画，渲染气氛。这种表面的热情态度和热烈气氛，让伪教育厅长及巡视组感到欣慰，因此，他们在巡视报告中写道"临汾县立新民小学校……推进情形尚属良好，就五次治运要旨加以训示。……临汾自展开治运后，大致尚属良好"[①]。视察洪洞县立新民小学时，全校300名学生列队在操场，合唱治运歌，"声韵齐整，治运之空气布遍全场"。巡视组看到这种场景，就认为洪洞新民小学教职员教学方法得当，学生学习成绩突出。巡视襄陵时，因该县教育部门未作表面的热情欢迎，故巡视组就评价为工作没做好。而到赵城县立第一新民小学，校址广阔，设备齐全，学生服装整洁，教职员热心教授。巡视组看到这种情形，便下结论：该校的办学质量高，教学效果好。

二 日伪实施奴化基础教育的特点

纵观日伪奴化基础教育发展情况，可以总结出以下特点：

第一，日伪采取强迫手段设立奴化教育机构。日伪强迫沦陷区所辖城乡设立各级奴化教育机构。正如晋绥边区教育处长杜心源于1941年所讲："敌伪建立学校的方法，多是强迫的。如朔县就是下令在据点十里地以内的村子和交通路旁的村子必须建立学校，因此，这些学校虽然有一

---

① 《山西省公署教育厅举办第五次治运事项纪要》，中国第二历史档案馆藏"伪华北政务委员会教育总署档案"，编号：二○二一②/35。

些，但都不健全。"① 如方山县糜家塔村有 80 多个儿童，自日军占领该村后，强迫成立伪新民小学，教日语、四书五经，实行打骂管理。日伪为了维持学校的运转，加紧搜刮民财，每年向百姓摊派大洋 400 元，老百姓说："儿童没有好好念过一天书。"② 日伪政权在河津县设立了 3 所高级小学——城关新民学校、通化新民学校、固镇新民学校，每所学校均配备 5 名教师，开设 3—6 个教学班，刚开办时，根本没人愿意去就读，日本人采用强迫和诱骗相结合的手段，迫使初小毕业生到他们的学校上学，起初每校仅有十几个学生，只好采用初小与高小并存复工教学的方式，直到 1944 年才增加到上百人。③ 日伪强迫各地少年儿童讲日语，穿"新民服"，看《新民报》，做"新民操"，唱"新民会歌"，目的是培养亲日崇日的顺民。

第二，大力推行日语教育。为了培养顺应日伪统治的亲日分子，强行普及学生的日语学习，1940 年伪省公署教育厅两次兴办日语作文大赛，还编印了《小学校日本语优秀作文集》；1941 年，还制定了"奖励日本语征集日语作文实施计划"和山西省第一、二届"奖励中小学学生日语作文计划实施办法"；1943 年，还制定了"日语学艺会实施要纲"。伪教育厅要求中小学必须开设日语，将日语作为各级各类奴化教育的重要科目，每学期均要将日语作为必考课程。并在日语课本中大肆宣传"工业日本，农业中国""日本至上""天皇至上"等谬论。④ 正如《中央日报》记者长松所写："中学教育有二特色：一是取消英语改修日语，二是学生须参加新民会的青少年团，中等教员诚恐其不能驯服，所以历年暑假，均设班讲习。"⑤ 为了促进中小学对日语的学习，还举办日语作文竞赛、日语讲演赛、日语歌咏比赛等，成立日语学艺会，在日常教育中，要求学生也讲日语，如上下课、集会时，必须使用日语喊口令或向教师问好，

---

① 杜心源：《民国二十九年度教育工作总结》，《行政导报》第 2 卷第 2、3 期合刊，1941 年 8 月。
② 《晋绥边区小学教育材料汇集》，载《晋绥革命根据地教育史资料选编》（一），山西省教育史晋绥边区编写组、内蒙古自治区教育史志办公室 1987 年编印，第 260 页。
③ 河津县教育局编：《河津教育志》，运城市印刷厂 1984 年印，第 52 页。
④ 张全盛、魏卜梅：《日本侵晋纪实》，山西人民出版社 1992 年版，第 119 页。
⑤ 长松：《华北敌伪奴化教育一瞥》，《中央日报》1944 年 9 月 18 日。

"旨在通过对中小学进行日语教育来奠定其企图同化中华民族的基础"①。而教学中，由于不少中学的日语是由日籍教员来教授，这些教员有的缺乏教学经验，又不懂汉语，教学中全部用日语，结果有不少学生根本听不懂。有时因日本教师提问学生因听不懂而答非所问，还招致一顿毒打。尽管这样，学生们也得忍气吞声地去被动学习日语，因为日伪教育部门规定日语考试不过关，不能升级、毕业。日语学得好的可以分配到日伪机关工作。日伪正是采取这种强迫和引诱相结合的方法，去迫使中小学生去学日语的。

第三，采取欺骗、利诱、强迫等手段招收学生。广大民众对日军的侵略行径看在眼里，狠在心里，广大儿童对奴化教育也抱有敌视和抵触情绪，因此，日伪为实施奴化教育所设立的"新民学校"在招生过程中，可谓想方设法、绞尽脑汁，用尽了各种各样的办法，如登记、欺骗、诱惑、劝告、强迫等。一方面，伪山西省教育厅颁布《义务教育实施方案》，调查儿童，划分学区，规定学额，规定每校至少招收学生2班，每班以50人为度；强迫沦陷区6—8岁儿童入普通小学，9—15岁儿童入短期小学或简易小学。② 另一方面，日伪采取利诱的方式去诱骗儿童入学。"敌人用糖果饵诱儿童，用发给零用钱来骗他们进学校，用冒充我国办的'儿童团'来吸收儿童，甚至用男女色相来吸引未成年的儿童少年。"③ 如在文水、汾阳的日伪为了诱骗中国儿童入新民学校，"在村里，敌伪曾挨门逐户地调查儿童。调查之后，就用糖、金钱去收买、利诱、强迫他们到学校里去。进了学校后，一天到晚都是上课，或做其他事情，很少能和社会接触"④。有的地方规定凡到日伪据点、岗楼小学上学的学生，一律发给制服，还负责吃饭，对考试成绩好的学生发给毛巾、袜子、书籍等。小学每月举行一次庆祝会、恳亲会或联欢会，每次集会时军宪机

---

① 张磊：《华北敌寇奴化教育的破产》，《晋察冀日报》1942年2月12日。
② 《山西省三十三年度义务教育实施方案》，山西省档案馆藏"伪山西省公署教育厅档案"，编号：L38。
③ 《日寇汉奸在沦陷区的奴化教育种种》，载延安时事问题研究会编《抗战中的中国文化教育》，上海人民出版社1961年版，第38页。
④ 杜心源：《民国二十九年度教育工作总结》，《行政导报》第2卷第2、3期合刊，1941年8月。

关都要向学生赠送"御果子"一类的点心和糖果,都要讲些口蜜腹剑的话,以此来引诱更多的儿童入学。① 但入学之后,便受到日伪的严密监视和控制,学生诚惶诚恐,学习生活很不开心。正像当时的学生所回忆:"终日惊慌不安,提心吊胆,处于能学一天算一天的心态。"② 尽管日伪采取了各种手段试图吸引儿童入学,但当时接受奴化教育的儿童数占学龄儿童总数的比例仍然不高,据伪山西省政府统计,1942 年阳曲等 59 个县受教育儿童共有 347206 人,占当年学龄儿童总数 603806 人的 57.5%,其中岚县为 25.02%,离石县为 32.11%,平定县为 29.22%,河津县为 33.12%,③ 而山西全省在 1923 年已经达到 72.2%。同时,1942 年阳曲等 59 个县失学儿童总数为 256600 人,占当年学龄儿童总数 603806 人比例为 42.5%,其中岚县高达 74.98%,离石县为 67.89%,昔阳县为 63.51%,河津县为 66.88%。④

第四,逼迫教员在经济待遇微薄的情况下为其工作。日伪实行奴化教育需要大批教员,但又不愿给予较好的经济待遇,只是一味地采用军事胁迫的手段来逼迫我国教师为其服务。1941 年伪山西省教育厅确定小学教职员的薪俸标准为:小学校长月薪 45 元,高小教员 35 元,初小教员 30 元。如 1941 年榆次县城内各新民小学教员的月薪仅为 30 元伪币,乡村小学教员更是待遇低下,每月只能领数十斤粮食。⑤ 而日伪晋北各县小学教员待遇更低,只有每月 20 元伪币的待遇。据 1943 年伪华北教育总署调查,伪华北七省市当中,小学教员待遇天津市最高,北京、青岛、河北次之,山东、山西、河南最差。⑥ 地处山区的娄烦县高小教员每月只能领到 45 斤小米,即使这样,教员还是愿意领粮食,因为领伪币他们心里

---

① 于力:《敌占区儿童所受的奴化教育》,《教育阵地》第 1 卷第 4 期,1943 年 4 月 1 日。
② 马培华:《简短的校情回忆》,《沱阳校史》,北岳文艺出版社 2000 年版,第 245 页。
③ 《民国三十一年份山西省统计年鉴》,伪山西省政府秘书处统计室 1944 年编印,第 516—520 页。
④ 《民国三十一年份山西省统计年鉴》,伪山西省政府秘书处统计室 1944 年编印,第 521—523 页。
⑤ 《榆次教育志》,榆次市教育局 1991 年编印,第 243 页。
⑥ 《教育总署三十一年度施政概况》,中国第二历史档案馆藏"伪华北政务委员会教育总署档案",编号:二〇二一/640。

不踏实，有人甚至将伪币称作冥币，形同废纸。① 中小学教员工资之所以低，主要是日伪拨付的教育经费少的缘故。

以太原市为例，日伪统治时期的1941年与抗日战争之前的1934年作一投入经费比较（见表7），1934年中小学教育经费总数为1941年仅为103.59万元，当时的学校总数为370所，校均经费为2799.73元；而1941年中小学教育经费总数为62.27万元，当时的学校总数为336所，校均经费为18553.27元，仅为1934年的66.19%。可见，日伪省公署投入的基础教育经费尚不如民国时期，再如忻县新民小学1941年教员俸薪总数为36690元伪币，而1942年又减少至17366元伪币。因而教员薪低成为必然。盂县日伪新民小学教员的薪俸甚至难以养家糊口，一等教员月薪不过29元伪币，二等25元，三等23元。他们不仅生活困难，而且动辄受到日伪教官的监视，有的人还被逮捕或受杀害。在1940年6月的所谓"治安强化运动"中，盂县县立新民小学大部分教员被捕受监禁2

表7　　　1942年与1934年太原市中小学教育经费比较

年度	学校性质	学校总数	经费数（万元）	小学校数	小学经费（万元）	中学数	中学经费（万元）
1934	省立	15	47.10	7		8	45.78
	县立	337	19.64	337	19.96		
	私立	18	36.85	8	1.66	10	36.19
	合计	370	103.59	354	21.62	18	81.97
1942	省立	14	47.55	8	8.01	6	39.54
	县立	320	14.56	320	14.56	6	
	私立	2	0.16	2	0.16		
	合计	336	62.27	330	22.73		39.54

资料来源：《第一次中国教育年鉴》（1934）丙编，台湾宗青图书出版公司1991年影印版，第503页；《民国三十一年份山西省统计年鉴》，伪山西省政府秘书处统计室1944年编印，第480页。

---

① 娄烦县教育志办公室编：《娄烦县教育志》，娄烦县教育局1990年编印，第26页。

个多月，受尽各种严刑拷打，其中教员张广容、于钧等被杀害。[①] 因此，大部分教师并不情愿为日伪教育服务，但在刀枪的逼迫之下，只好被动去教学。

第五，经过国共合作，共同抗击日伪反动统治，日伪奴化教育机构日益减少。得道多助，失道寡助。由于奴化教育是日伪对中国实施的文化教育侵略，是非正义之举，因此，从一开始就受到来自国内外的谴责与抗击。抗战期间，无论是共产党领导的抗日根据地教育，还是阎锡山统治下的晋西教育，均对日伪奴化教育进行了激烈的反抗，正是在中国人民的反抗与斗争中，日伪奴化教育机构不断减少（见表8）。

表8　　　　　　1940—1942年晋西北各县日伪奴化学校数、教员数、学生数变化

时间	新民小学校数（所）	学生数（人）	教员数（人）
1940年	176	2605	180
1941年	137	2079	144
1942年	127	1648	137

资料来源：《晋西北二年半的文化教育建设报告》，载《晋绥革命根据地教育史资料选编》，山西省教育史晋绥边区编写组、内蒙古自治区教育史志办公室1987年编印，第240页。

由表8可见，日伪奴化教育机构——新民小学，在中国人民的反抗与斗争中学校数、学生数和教员数逐年减少，1941年比1940年分别减少了39人、526人和36人，减少幅度分别为22.15%、20.19%和20%；1942年又比1941年分别减少了10人、431人和7人，减少幅度分别为7.3%、20.7%和4.9%。一方面，说明日伪奴化教育不得民心，逆历史潮流而动，必然招致走上穷途末路；另一方面，说明当时根据地教育与晋西教育与之交锋与博弈的成效。

第六，日本教官可以随时监视和虐待中国师生。日本派到各个学校的所谓教官，实质上并不懂教育，只是在监视和控制中国师生。他们高

[①] 李庆祥：《日军在阳泉的奴化教育》，《阳泉文史资料》第8辑，阳泉市政协文史资料研究委员会1991年编印，第181页。

高在上,有监视和欺压中国教师和学生的特权,中国师生一直在其控制之下,过着亡国奴的学校生活。如太原扶轮学校,名义上校长由中国人担任,实际上一切实权均被掌控在日本人手中。尽管大部分教师是中国人,少数是日本教员,而这少数的不能上课的日本教员,"对中国教师和学生进行明里压制,暗中监视,因而教师都是提心吊胆,小心翼翼"。如一次日本教官只因为事务员在抄写文稿时,写错了几个字,就打了这个中国事务员几个耳光;一次日本教官丢了一件军服,一口咬定是学校一位教师偷去了,于是将这位教师一顿毒打之后,将其送到了宪兵队。所以,当时师生中流传着:"人在家中坐,祸从天上来。"[①]

[①] 石镜明:《关于日伪时期扶轮学校的片段回忆》,《太原文史资料》第3辑,太原市政协文史资料研究委员会1985年编印,第117—118页。

教育史学研究

教育生活史：教育史学研究新领域

周洪宇[*]

[摘　要]　教育生活史是当前教育史研究中一个新的学术增长点，也是教育活动史研究的拓展和深化。它以跨界视角为基本特征，注重视野下移和多学科融合，教育叙事、情景再现与文学形式是其三种重要研究维度。教育生活史立足教育史研究的学术前沿，对教育史学学科建设、传统教育史学的继承与创新、马克思人的理论的继承，以及我国当前的教育教学改革等方面均具有重要意义。

[关键词]　教育生活史；研究新域；跨界视角

教育生活史是教育史学研究的一个新领域，是对教育活动史研究的深化与拓展，它由教育学、历史学、社会学、人类学等学科相互交叉而形成。作为一个更为面向普通民众"接地气式"的、记述普通教育参与者生活的研究领域，它在特定的社会历史的情境下，以教育参与者自身所经历的事件，通过它们的所见、所闻、所思，以"跨界视角"体现了个体的价值生命，呈现教育生活的鲜活内容。教育生活史研究对于深化人们有关历史事实和真相的认识，拓展学术研究的领域，加强教育史学学科的建设，乃至为改进完善当下普通民众尤其是教育工作者的教育生活，都是有意义的。

---

[*]　华中师范大学教育学院教授

一 教育生活史的基本内涵

教育生活史是教育学、历史学、社会学、人类学、心理学等学科内容相互交叉而形成的一个研究领域，在学术源头上属于教育活动史的范畴，从整体上看是教育史特别是教育活动史研究的延伸。教育生活史是教育史研究的一个新的发展方向，也是未来需要集中突破的重要研究领域。

什么是教育生活史？从广义上说，教育生活史就是一切与教育生活有关的历史，它既包括学校教育生活，也包括家庭教育生活、社会教育生活及其他各种教育生活等，都是它研究的范畴。就狭义而言，主要指教育者与受教育者的教育生活，范围主要集中在学生、教师、学校、校长之间的教育生活。对于广义与狭义的认识，既要看到两点论，兼顾广义和狭义，也要突出重点，即狭义的教育生活。教育生活史让教育史学的研究对象和视角更为丰富，它让亿万人走进教育史研究的视野，在给人耳目一新的同时，又给人以很好的启迪。广义的教育生活史也是非常重要，特别是在教育多元化的今天，各种类型的教育生活研究，能够让人们更好的以史为鉴，迎接未来社会教育的变革。同时也对各个类型的教师、学生又起到一定的启迪和示范作用。

教育生活史更多的是记述教师、学生以及教育工作者的日常生活。世界是由每一个充满灵性的个体组成，在传统史学中那种只见"结构"的政治、经济、社会、文化的研究，往往忽略了个体的感受，然而正是亿万个体的力量才能推动社会的发展，普通人个体的价值不容忽视。"个体"与"结构"之类的"庞然大物"相去甚远，相对于"结构"来说，家庭成员、邻里乡亲、同事伙伴等"个体"对于人的行为具有更为巨大和直接的影响。① 日常生活史研究领域宽泛，对其关注范围只能模糊约定为"日常行为"，包括工作行为和非工作行为两大类。"按照这种界定，衣食住行、人际交往、职业与劳动、生与死、爱与憎、焦虑与憧憬、灾

---

① Gregory, Brad S: "Is Small Beautiful? Microhistory and the History of Everyday Life", in History and Theory, Vol. 38, No. 1, 1999. 101, 104.

变与节庆，都属于日常生活史的研究内容。"①

教育生活史研究具有"跨界角度"，教育生活史研究不仅来源于教育史、教育学，更是历史学、人类学、社会学、心理学等诸多学科的活的资料来源，同时也是马克思主义关于人的发展的现实源泉的反映。教育生活史的研究视野，受到西方日常生活史研究者的影响，更多关注社会大众，特别是基层群体。

从历史学角度看，教育生活史研究是人的过去教育活动的一种生活呈现，它将与人相关内容以生活的方式加以表现，具有丰富的历史内涵。它的一大贡献在于，将历史的写法由帝王将相的历史、精英人物、重大事件的历史，逐步发展到普通人的历史，普通人的日常生活史。普通人日常小事情在以往无论如何也走不进历史研究的视野，然而正是这数以万亿计的普通人的生活点滴，才能汇聚成人类历史的浩瀚长河。包括教育生活史在内的普通人生活史研究的兴起，是中国传统史学研究的巨大变革，是中国传统政治中民本思想的具体体现，是当代中国社会"以人为本"学术研究的拓展。

从人类学角度看，教育生活史研究注重人的发展，研究对象紧扣人的事件、心理和发展轨迹，较好地展现出对于人的文化关怀。教育生活史集中体现了人类学的研究方法，田野调查、访谈、口述等形式，能够给予教育生活史以第一手鲜活的研究史料，也保证研究内容和效果的鲜活。教育生活史将研究视野投向那些处于各个层次的教师、学生时，它的研究能够始终处于感知研究对象的前沿。

从社会学角度看，通过对教育生活的历史呈现，可以从一个侧面清晰地看到当时所处的社会环境、社会结构，对于社会学和社会史的丰富发展，具有重要的裨益。社会学的研究，始终需要对社会各个阶层包括教育阶层的了解。有教育职业发散开去的社会网络是中国古代社会以来一直有着重要影响力的群体。到了近代以来，由于社会变革的加剧，教育也发生了重大变化，对于这些教师、学生的研究，是研究近代社会的一把钥匙。

从心理学角度看，处于历史发展阶段的普通人的心理，是构成时代

---

① 刘新成：《日常生活史：一个新的研究领域》，《光明日报》2006年2月14日第12版。

心理的重要因素。通过对教育生活中参与者校长、教师、学生等诸多人心理的记录,能够给读者展现出来教育变迁的轨迹,特别是历次教育变革中普通教师、学生的内在感悟。他们对于教育的具体的适应性和认同程度,都是值得研究者大力研究的内容。

教育生活史的研究内容可以按照教育者或者生活类型来分类。按照教育活动参与者分类,可以分为教师生活史、学生生活史、教育行政人员生活史等内容,也可以生活类别来划分,如校园生活史、日常生活史、学习生活史、课外生活史、家庭教育生活史、社会教育生活史等方面。教育生活史具有宏大的研究视野,它能够借助多学科的融合研究,形成自身独具特色的研究内容,给予学术界以学术启迪的同时,为今天的教育改革提供历史佐证。

教育生活史从研究范围和内容上来说,属于生活史的研究范畴。但是生活史本身是一个非常庞大的研究领域,人乃至其他生物不同类型的经历,都构成了生活史的研究领域。而从学术性来说,教育生活史的直接学术源头是教育活动史,它是教育活动的具体呈现方式与表达内容,是对教育活动史研究的拓展和延伸,并在一定的基础上,增添了教育活动史的研究内涵。

二 史料、方法和表现状态

教育生活史在研究的整体架构上,具有宏大的学术气象。它既体现多学科的融合,同时也具有自身独特的研究体系和方法。从史料来源来说,教育生活史注重口述史的叙述方式。史料上的大史料观,能够较为全面的把握研究对象所表现的历史内容。胡适认为,教育史料收集要不拘一格,博采众长,以"无意于伪造史料"为标准,不能够认为杂记与小说皆无意于造史料,故其言最有史料价值,远胜于官书。[1] 教育生活史史料体系庞大,各种放映教育生活的材料都可以为研究者所用。

在史料上,要树立大史料观。"拓宽史料的来源,树立地上史料与地下史料并重、正史史料与笔记小说史料并行、文字记录或文献史料与口

---

[1] 胡适:《与陈世棻书》,载《胡适文集》(4),北京大学出版社1998年版,第541页。

述史料并举的大史料观。"① 教育生活史研究必须充分借鉴人类数千年流传下来的丰富史料。"不管是已整理的还是未整理的、公家的还是私人的档案史料，不管是直接的还是间接的、中文的还是外文的各种文集、笔记、日记、家谱、族谱、年谱、方志、实录、纪事、报纸、杂志等书报记载史料，不管是回忆录、传说、歌谣等口碑史料还是各种文物、图片、绘画、教具、学具等实物史料"②，都需要收集、鉴别、考析、整理与吸收。教育生活史史料上的视野非常广阔，特别是散落民间的一些非正式出版物，由于其表现出的个人的记录色彩，往往真实感更为强烈。与此同时，教育生活史更要强调源于基层民众生活史料，强调史料的"原生性""原生态"，与研究对象的契合，接教育生活的"地气"，表现内容更为原汁原味，更能够反映最基层的教育生态。

在研究方法上，教育生活史研究具有明显的"跨界"色彩。借鉴历史学、社会学、人类学、政治学、经济学等社会科学乃至数学、统计学、生态学、系统论等自然科学的方法理论，在微观的、全面史学的教育生活史研究面前，打破学科壁垒，充分吸收各学科的优点和长处。关于教育史学研究的理论和方法，笔者在 2011 年提出了"三维系统方法论"，由研究方法的理论基础、一般研究方法、具体研究方法三方面构成。"研究方法的理论基础主要以马克思主义的宏观历史理论和中观史学理论的积极因素为基础，吸收其他理论流派的合理因素而形成；一般研究方法是指在研究社会历史现象中普遍使用的方法，主要包括历史分析法、阶级分析法、比较分析法、逻辑分析法、系统分析法、结构分析法等；具体研究方法是指带有较强技术性和专门性，用来处理和分析教育史料，进行基础研究的方法和技术，其功能为复原教育史实和基本线索，为深入研究打下坚实基础、创造条件。"③

传统的教育史学所用的研究方法中，以中观层面的一般研究方法居

---

① 周洪宇：《学术新域与范式转换——教育活动史研究引论》，华中科技大学出版社 2011 年版，第 9 页。

② 周洪宇：《学术新域与范式转换——教育活动史研究引论》，华中科技大学出版社 2011 年版，第 10 页。

③ 周洪宇：《学术新域与范式转换——教育活动史研究引论》，华中科技大学出版社 2011 年版，第 36 页。

多，这与研究对象和视野有关，教育思想史和教育制度史主要集中在宏观、中观的层面。教育生活史更明确地关注于微观和个体，因此对于具体研究方法的需求会更多。对于一般研究者来说，起着具体作用的是第三种研究方法。就教育生活史研究而言，它细分为两个方面：一是历史学科的一般方法，如历史考证法、文献分析法、历史模拟法、口述历史法等。二是跨学科方法，即借鉴其他学科的研究方法和技术，如田野调查法、个案分析法、心理分析法、计量分析法、类比研究法等。需要指出的是，方法不是也不必是越新越好、越多越好，方法只是工具和手段，它是为所研究的内容服务。内容才是根本，表现力是检验研究方法的重要参照。教育生活史如何具有创新性，笔者以为，学术价值和学术创新是核心生命力，同时应该具有活跃的学术表现力。学术表现力应该体现在以下几个方面：

注重教育叙事的表现手法。长期以来历史研究的语言多采用分析语言，其特点在于严谨，但是可读性不强。历史是以叙事散文话语为形式的语言结构，历史著作中都存在着理想的共同叙事结构。[1] 中国传统的史书，相当部分采用的是叙事语言的风格。叙事与分析不同，它将特定的事情按照逻辑顺序纳入被阅读者理解和接受的语言结构中，这样的叙事方式，等同于"讲故事"。"叙事既是一种推理模式，也是一种表达模式。人们可以通过叙事'理解'世界，也以叙事'讲述'世界"[2]。丁钢认为，叙事代替分析，是缓和了理论与事实之间的叙述紧张。[3] 叙事在进入教育史，特别能够体现在教育生活史研究领域，进一步丰富学术研究由宏大叙事向个体叙事、整体史学向微观史学的嬗变。

情境再现是教育生活史研究所追求的读者接受效果。情境再现是研究效果的主要表现，它展现给研究者的是恢宏社会历史画卷下生动、有效的教育生活场景，是一种学科自觉和学术自觉意识的体现，是对人最基本生存面——生活状态的情感守望。在形式上，教育生活史研究的视野下移，能够用微观、通俗的语言，展现研究对象的社会画卷。"让社会

---

[1] 丁钢：《声音与经验：教育叙事探究》，教育科学出版社2008年版，第24页。
[2] Richardson L. 1990. Narrative and Sociology, *Journal of Contemporary Ethnography*, 19：9.
[3] 丁钢：《声音与经验：教育叙事探究》，教育科学出版社2008年版，第3页。

上的各方面人自己去叙述,因为通过这样的方式可以接近我们的社会生活,真正地揭示我们社会生活的真相。"① 情境再现的效果,是历史真实和艺术效果的统一。历史真实和叙事真实本不是一个概念,生活叙事的语言,在理性与感性之间,应该突出感性,以个体的情感表现,表达同时期大多数人的生活特点,形式为内容服务。

文采性的文学语言是教育生活史研究的表现形式。之所以要强调教育生活史研究的文学形式,主要是针对学界目前的一种重客观表述、轻主观接受的现状提出的。学术研究应该借鉴传统文学的表现手法,增强学术作品的生动性、形象性,更好地达到著作和读者的有效互动。具体到教育生活史的研究中,需要史料多元化、细节文学化、注释学术化、考证注释化,大胆借鉴中国古代史学家写史的方法,通过历史上教育生活的叙述,来达到情境再现的效果,最终通过读者的阅读形成有效的互动。

无论是史料、研究方法还是学术作品的表现形式,都是教育生活史研究所必须要重视的因素。一部好的教育生活史学术作品,应该具有如下特征:一是文学的语言,生动活泼的方式,将史料和作者自身的分析融合其中;二是在个体与群体、不同层次人群以及不同区域特点的对象处理上,着眼于具体的细节方面,留下教育生活的日常情境;三是要放低学术研究者的姿态,善于向中国传统文学、中国传统史学学习。教育生活史研究需要有不断寻觅史料以成其信,不断创新研究方法以成其达,不断展现精准的表现力以成其活,走一条体现微言大义、形象生动和富有表现力的学术发展道路,不断推进学术研究新境界的步伐。

三 研究内容的文本借鉴

生活史研究在国内外学术界已有较好的研究。西方生活史研究着力于微观史学领域。金兹伯格《乳酪与蛆虫———一个16世纪磨坊主的精神世界》(1976)善于从民众日常生活的琐事中去发觉时代跳动的脉搏,该书已被奉为微观史学的经典之作。法国勒华拉杜里《蒙塔尤:1294—

---

① 丁钢:《教育研究的叙事转向》,《现代大学教育》2008年第1期。

1324年奥克西坦尼的一个山村》（商务印书馆2007年版）则具体细致地表现了微观史学的治学方法，蒙塔尤是法国南部一个小山村，1320年利用办案机会，将该村居民的日常生活、个人隐私、矛盾冲突等作了详细记录，600年后的勒华拉杜里充分利用了这批史料，以历史学、人类学和社会学的方法再现了600多年前该村居民的生活、思想、习俗以及14世纪法国的特点，从一个微观世界映照了宏观世界。国内学者如王笛的《茶馆：成都的公共生活和微观世界1900—1950》（社会科学文献出版社2010年版）一书以大量史料，从市民生活的角度表现了100多年前成都人们的公共生活世界，它的逼真的场景再现，对于教育生活史的细节表述，具有很好的启迪价值。通过中外生活史研究的比较发现，将自己的主体性放进史料中，通过活动场景进行深入分析，并力求以一种雅俗共赏的语言表现出生活的"现代性"与历史分析的深度，是国内外生活史研究的一大共性。

教育生活中所流淌的人生感悟，历来受到教育亲历者的重视。杨亮功的《五四早期三十年的教学生活》（黄山书社2008年版）虽系作者个人叙述，却反映出清末民初教育大转型时期那些站在时代潮头的教育者们所具备的灿烂智慧，他们对于教育生活的感知，是新旧教育嬗变非常珍贵的史料。教育生活的丰富多彩在近代大转型的社会里尤为明显，近代诸多学人纷纷有记述。蒋梦麟的《西潮与新潮》、陈鹤琴的《我的半生》，蒋廷黻的《蒋廷黻回忆录》等作品，他们略带沧桑而有饱含深情的笔触，对于变化中教育生活的认知，的确给人一种耳目一新的感觉。

在学术研究方面，近几年来教育生活史的研究逐渐受到学术界的重视。学校教育生活方面，司洪昌的《嵌入村庄的学校——仁村教育的历史人类学探究》（教育科学出版社2009年版）通过现实与历史的相互构镜，将研究者"我"自然的带入到研究过程中。教师生活史方面学术者关注较多。刘云杉《从启蒙者到专业人——中国现代化历程中教师角色演变》（北京师范大学出版社2006年版）站在历史人物立场，在对《退想斋日记》史料的把握，淋漓尽致地表现了一个读书人的教育生命实践。蒋纯焦的《一个阶层的消失：晚清以降塾师研究》（上海书店出版社2007年版）紧扣塾师这一研究对象，以纵向的历史段落表现不同时期塾师的生存面貌。学生生活史方面，孙崇文《学生生活图景：世俗内外的教育冲突》(教育科学出版社2008年版)、施扣柱《青春飞扬——近代上海学生生活》(上海辞书出版社2009年版)、刘训华《困厄的美丽——大转局中的近代学生生活(1901—1949)》(华中科技大学出版社2014年版)等较好的表现研究主题。

在教育生活史的实践应用层面上,刘良华的《教育自传》(高等教育出版社2010年版)开启了一种全新的教育尝试。它以"第一人称"的方式讲述了教育故事。启迪教育者,为什么有的教师被学生仰慕或厌恶?教师将以何种方式成为影响学生一辈子的"重要他人"?同时启迪受教育者:为什么说自学是有效的学习?为什么人的成长需要朋友?该书以问题为导向,通过对于"我"的教育生活自述,将自己对于教育的理念、主张渗透其中,是相较于一般学术研究更高的境界,是着眼于教育生活史对于现实教育的指导。

四 研究价值的多维阐释

教育生活史研究对于加强教育史学科建设特别是教育活动史研究,具有重要的意义。同时,从历史学角度看,对于深化历史学特别是生活史学研究,也具有重要的学术意义。生活史立足于民众特别是普通民众的日常生活,它是以人为中心的历史学研究,同时又能够从侧面表现时代的特点。特别是教育生活中的教育者心态问题,可以从更新的角度来观察。教育生活史研究能够形成较高的学术境界,它在研究的广度和深度上能够融合了众多学科的学术研究特点,在学术研究上可以形成自己的学术气象。

首先,研究教育生活史是加强教育史学科建设特别是教育活动史研究的需要。开展教育生活史研究有助于深化教育活动史研究,进而加强教育史学科建设。教育生活是教育活动中的重要内容,教育活动的主体——教师与学生的生活,自然成为教育活动中最为能动、最为鲜活、最为丰富、最为真实、最为具体的内容。教育生活史是教育活动史的重要部分,研究教育活动史不能不研究教育生活史。研究教育生活史有助于深化教育活动史,进而推动教育史学科建设。可以肯定,教育生活史研究将成为今后教育活动史研究的一个新领域,成为教育史学科建设新其次，研究教育生活史也是继承和发展老一辈教育史研究者学术观点的需要。早在20世纪二三十年代就有教育史研究者提出要将教育史与生活史结合起来研究，主张研究生活史，如曾经著有《新教育史》的方与严提出"要研究《教育史》，即当研究《生活史》，研究《生活史》，即是研究《教育史》。《生活史》的出路，即是《教育史》的出路"[1]。陈青之在他那本列入商务印书馆大学丛书的《中国教育史》中也写道："教育史之内容，包括实际与理论两方面，教育制度、教育实施状况及教育者生活等等，属于实际方面；政府的教育宗旨，学者的教育学说，及时代的教育思潮等等，属于理论方面。"[2] 雷通群在其《西洋教育通史》中更指出，教育事实"包有两种要素，其一为教育理论方面，其二为教育实际方面。前者是关于教育理想或方案等一种思想学说，此乃构成教育事实之奥柢者，后者是根据上述的思想或学说而使其具体化者，如实地教学、教材、设备、制度等均是。……此等理论或实际，若为某教育家所倡导或实施时，须将其人的生活、人格、事迹等，与教育事实一并考究"[3]。很明显，方与严、陈青之、雷通群等人上述所言的"生活史""教育者生活""人的生活、人格、事迹等"，都是教育生活史的内容。对其作历史的研究，正是教育生活史研究。

再次，研究教育生活史是对马克思人的理论的继承。教育生活史集中体现了"人本"思想，特别是普通人的生活成为研究者的研究对象，这在过去是比较少见的。同时，从大量教育生活的史料出发，可以还原历史上活生生的人对于教育活动的参与，他们的思想、心理和具体的表现，将作为符号化的历史行为具体化为一个个鲜活的个人，体现了对于个体人的尊重，也是对于马克思所提倡的人的自由而全面发展理论的继承与弘扬。

复次，研究教育生活史是对世界教育史学思潮的适应。日常生活史、微观史学和实践主义观点，都是这方面的体现。世界教育史学研究的趋

---

[1] 方与严：《新教育史》，儿童书局1934年版，第2页。
[2] 陈青之：《中国教育史》，商务印书馆1936年版，第1页。
[3] 雷通群：《西洋教育通史》，商务印书馆1934年版，第2页。

势是微观化、生活化，教育生活史正是对这几个方面进行了具体的阐述。中国的教育史研究，不仅能够在教育思想史、制度史的实践层面作出很好的学术贡献，同时更能够在其源头——活动史的层面上有精彩的内容。而且，生活史研究自身发展也需要有像教育生活史这样鲜活的学术领域的介入。生活史作为21世纪以来中国学术界日渐重视的研究领域，它对历史的了解和把握使得人们更愿意看到来自教育学思考。而教育生活史的出现，则在更大层面上满足了人们对于普通人关于教育的生活史的了解。教育领域的生活史的参与，极大丰富了生活史研究的视野、方法和效果。

最后，研究教育生活史是当代教育改革的需要。一切现实的学术研究，都有它的现实关照的内容，教育史学研究也不例外。现实的教育改革需要生动、丰富的历史资料，历史上的教育生活，能够给予今天教育改革的启迪。通过对教育生活史的研究，了解他们的需求和困难，研究教育生活史，能够提供丰富的教育改革的实践版本。可以说，教育生活史是现实教育可供参照的最为丰富多彩的历史素材，它的素材是来源于历史上的一个个鲜活的教育个体，他们对于教育参与的体验，可以为今天的教育改革提供非常好的历史借鉴。

教育生活史研究突出表现在它的"鲜活的微观世界"，它面对的是具体的个人，传统史学定性分析更多的是为生活现场所替代；视野下移是教育生活史研究的又一特点，从层次来看，不仅要关注大学教师、中学教师，也要关注小学教师特别是山区、边区等特殊地区的教师生活状态；第三个特点是对"全面史学"的一种丰富实践，教育者的衣食住行、人际关系、社会认知、心态变迁以及与时代相关的种种情感，都在生活史中予以传承；最后，"他者"立场所形成的"体验"史学，让读者可以愉悦地进入历史，站在历史当事人的位置上，设身处地地感觉和体会，[①] 有效实现历史人物、读者、作者的三方互动。历史发展是具体的个人或群体的行动结果，学术研究关注的重点不是整个社会的基本取向，而是每个人、每个群体的价值观以及这些人们公开或掩盖、实施或抑制其愿望

---

① Alf Ludtke, ed., *The History of Everyday Life*, translated by William Templer, Princedon University Press, New Jersey, 1995.24, 7.

的方式,最终意在说明社会的压力与刺激是怎样转化为人们的意图、需求、焦虑以及渴望,人们在改造世界的同时,又是如何接受和利用(appropriate)这个世界。① 相对应地,教育生活史的人文关怀,使得研究者能够站在一个较高的位置上,通过文献和个案,以生活叙事的形式,将教育参与者的生活环境、教与学的活动、家庭生活、人际关系、社会交往、内心世界、个人奋斗等内容丰富地联络起来。在一个"跨界"的视野上,去窥视教育生活中个体生命的"浪花",并借此揣测当时的教育乃至整个社会的"太阳"。

---

① Alf Ludtke, ed., *The History of Everyday Life*, translated by William Templer, Princedon University Press, New Jersey, 1995. 24, 7.

旧套路与新范式：
历史视野中的大学理念研究

陈洪捷[*]

[摘　要]　国内现有的大学思想史，特别是大学观念史研究，无论在叙述模式还是研究范式方面都存在不少问题，比如过分强调经典人物的倾向、条块分割的叙述模式等，这些都反映了学界对大学思想的狭隘认识。本文从思想史研究的角度，对大学思想史以及高等教育思想史的研究提出了一系列值得追问的问题，以期对大学思想史研究有所启发。

[关键词]　大学；思想史；大学理念；研究方法

大学（包括高等教育机构）作为高深知识整理和传承的权威机构，历来承担着重要的学术、文化和政治社会功能。如何界定大学的价值、目标、功能、任务，始终是大学建立和发展的基础性问题，每一位大学的建立者和管理者都必须对这些问题有所思考、有所主张。而这些思考和主张基本上构成了大学思想史的研究对象。所以，迄今关于大学思想史的研究其实基本上就是对大学观念历史的研究。

近20年来，国内出现了不少关于大学观、大学理念、大学精神的历史研究，显示出学界对大学思想史的重视。但就现有的研究成果看，特别是与相关领域的思想史研究相比，大学思想史研究在总体上还不够深

---

[*]　北京大学教育学院教授

入，鲜有突破性的进展。这在很大程度上与该领域的研究方法和路数有关。所谓方法与路数，看似只是方法问题，但是在学术研究中又不仅仅是方法问题，而直接关系到对研究对象的理解问题，关系到整个研究的范式问题。本文将主要基于国内的有关研究，考察现有大学思想史研究的套路以及其中存在的问题，并试图为拓宽大学思想史研究的视野提出一点看法和建议。

一 大学理念历史的叙事模式及其问题

纵观关于大学理念以及高等教育思想史的著作或教材，大致可以看到三种常见的大学理念史的叙述模式。

第一种是以人物为线索。比如在中国高等教育或大学思想史研究中，通常会以一系列著名人物为线索来说明中国的高等教育思想史进程，按时间顺序，从孔子、孟子开始，一直排到张之洞、蔡元培、梅贻琦、傅斯年等；论西方大学思想史，则会列举洪堡、纽曼、雅斯贝尔斯、埃利奥特、哈钦斯等。大学的发展，通常与办学人的观念和思想有很直接的关系，而且办学人通常也会对其办学的理念和方向有所说明，所以以人物为线索来叙述大学思想的发展进程有其便利和合理之处。

第二种是以国别为线索。在讲述西方大学思想史时，通常会列举法国、德国、美国、英国等国家，这几个国家通常被视为现代高等教育思想或模式的源头。

第三种是以大学为线索。即选择若干著名大学，分别论述其大学理念，比如牛津大学的理念、柏林大学的理念、哈佛大学的理念、芝加哥大学的理念、北京大学的理念、清华大学的理念等。

无论采取哪种叙述方式，都存在一个基本的问题，就是对大学思想史的条块分割式的简化处理。在这种叙述模式中，不同的经典思想家、国家或大学被并列在一起，以章节的形式构成一个个板块，分别进行介绍和评论。无论人物还是大学，基本是彼此独立的板块，互不关联。在条块分割的叙述模式中，对文本的解读和评论，基本忽视文本产生的语境或者说当时讨论或争论的背景。相关的背景说明，更多探讨大的社会历史背景，而具体的讨论背景则很少涉及。另外，在国别线索的叙述方式中，往往只从几个经典思想家或几所大学的案例出发，用以展示一个国家或一个时期的大学思想。其实一个国家的大学往往有不同的类型和传统，很难说有一种统一的大学理念。仅借助一两个人物或一两所大学很难完整呈现当时的大学思想与观念。另外，为什么选择这一个而不选那一个人物，选这所大学而不选那所大学，通常没有认真地讨论。

这种条块分割的叙事方式看似简明清晰、线索明了，其实更多是一种简单的情况介绍，是一种静态的、平面的信息呈现。缺乏真正的历史视野，缺乏对文本的历史语境的观照，缺乏对大学思想来龙去脉的分析，也就无法展示大学思想的丰富性以及变化的过程，无法说明大学思想与大学发展之间的关系。

这种教科书式的大学思想史，不仅存在叙述方式上的问题，同时也反映了研究者对大学思想史认识和理解上的不足。这些欠缺大致可以归纳为以下四个方面：

第一，过于关注精英人物及其思想。以若干精英人物为核心是大学思想史研究中的一个普遍倾向。由于精英人物所处的地位和他们特有的远见，其大学理念的确对大学的发展产生了重要的作用，为后世的大学发展提供了可借鉴的思想资源。但是如果完全根据这些精英人物的大学理念来认识和构建大学思想史，则显得不足。的确，精英人物由于独特的眼光和敏锐的思想，往往能够对大学的发展做出准确的判断，高屋建瓴地为大学的改革与发展指出新的方向。但是精英人物往往是在大学发展遇到危机时才出现的，往往对现状抱有批判的态度，对未来的设想往往具有一定的理想成分，未必代表了大学思想的真实状态。即使这些观念被特定的大学或大学群体接受了，成为一定时期的主流观念，现实中的大学思想状态也未必完全符合倡导者的本意。研究大学思想史，如果只关注这些精英人物的大学理念，就会忽视现实中常态的思想状况。其实大学作为一个有传统的学术机构，其间自然会有一些日用而不知的思想与观念，它们也许与精英人物的大学理念吻合，也许不尽一致，但的确在规范着学生和教师的行为，是一种真实的存在，或许还构成了精英人物大学观念的基础。由于这些日常的思想和观念没有被讨论和提升，因而被忽视，也得不到研究者的关注。

第二，对经典思想家理解模糊。论述大学思想的经典人物通常有两类：一类是大学的管理者，如教育部长或大学校长等；另一类是大学的研究者和观察者，如哲学家、大学者等。洪堡、费希特、施莱尔马赫、纽曼、蔡元培、梅贻琦、赫钦斯属于前者，雅斯贝尔斯、维布伦、利奥塔等属于后者。对于洪堡或蔡元培等，大学的理念不是学术的讨论，而是政策，是行动，是大学改革的组成部分；而对于雅斯贝尔斯或弗莱克斯纳，关于大学的思想是一种知识分子的主张或学术研究的结果，是一种观察和评论，未必会落实到实践之中。这两类人物的大学思想的性质不同，功用不同，也许都能影响到大学的发展，但影响的方式和范围则是完全不同的，不可放在同一个层面上来讨论。而现有的研究往往忽视二者的差别，将二者等量齐观。

第三，缺乏对经典大学思想的批判性分析。现有对大学经典理念的论述，通常是站在经典人物的立场上阐述其思想，注重其积极意义，而缺乏对这些思想的评判性讨论。比如当前学界对于蔡元培或梅贻琦的大学思想，或者对于洪堡或纽曼的大学理念，都缺少批判性的讨论。同时，经典的大学思想如同所有经典思想一样，通常有一个经典化的过程，甚至有一个被神化的过程。进行大学思想研究，有必要分析这种经典化的过程及其相关的历史背景，而现有的研究往往是简单接受这种经过经典化甚至神化之后的结论，不去关心经典在历史过程中的变化过程。某种大学观念在经典化或神化的过程中，会有所变化，甚至会被歪曲，但这种变化和歪曲都有其原因，这些都是经典思想的题中应有之义。如果忽视这一复杂的过程，就很难理解大学思想史。

第四，关于大学思想史的研究，虽然重视精英人物以及经典文献，但对经典文献本身的挖掘也有待深入。特别在西方大学思想的研究方面，或限于语言的障碍，或限于文献获取的难度，研究者所掌握的原始文献非常有限。对经典人物大学思想的研究，往往以数量有限的原始文献为基础，通常还是二手文献。国内西方大学思想史的研究水平之所以难以提高，一个很重要的原因就在于此。

二 我们需要怎样的大学思想史

大学作为一种与思想观念密切相关的机构，其思想维度的重要性远远高于其他类型的机构。可以说，认识大学的理念，在很大程度上就是认识大学本身。因此，大学思想史研究是大学史研究以及整个高等教育研究中的一个重要方面。无论是大学的制度、大学的结构，还是大学的传统、大学的行为，都建立在丰富的观念基础之上。没有大学理念这一坐标，我们很难理解大学的机构与活动以及历史进程。

因此人们有理由对大学思想史的研究提出更高的要求。学界希望看到更加丰富的、而不是简单化的大学思想史图景，需要嵌入历史过程中的、而不是脱离历史背景的大学思想史研究，需要一种能够与当下对话的、而不是作为标本的大学思想史研究。具体来说，本文对大学思想史研究可以提出如下问题或期待。

第一，我们会追问有关大学的经典思想的产生及其背景以及特殊的历史条件。①新的大学观念新在何处？与当时流行的大学观念相比，它们在多大程度上有了新突破？②大学思想方面精英人物的思想和观念是如何产生的？精英人物的思想与当时话语和时代的舆论之间有什么样的关系？③精英人物提出这些思想基于何种特殊的历史背景？其具体诉求和指向是什么？他们代表了哪些群体的利益？与他们对立的观点是什么？对立的观点为什么被"淘汰"？④这些思想和观念与传统呈现出什么样的关系？是对传统的否定，还是对传统的继承或改造？

第二，对于这些经典的大学理念，我们会追问其经典地位的产生过程。①这些思想在当时是否得到认可？在多大程度上和范围内得到认可？得到谁的认可？哪些其他的观念未能得到认可？②这些精英人物及其言论的经典地位是如何确立的？何时确立的？是否有被"神化"的现象？为何被奉为经典？为何被神化？③精英人物的思想与普通教师与学生的观念是否一致？两者有何关系？

第三，我们会追问这些经典大学观念的接受史和影响史。①这些思想和观念在被接受的过程中是否有所变化？实际发挥影响的观念与经典人物的思想有哪些差异？这些差异说明了什么？②这些思想和观念在多大程度上影响了当时大学发展的进程？是否推动了大学的变革与发展？为什么能够发挥实际的影响？③后人是如何解读这些思想和观念的？其中哪些思想被放大了？哪些被边缘化或被遗忘了？哪些变形了？

第四，我们会追问这些经典的大学思想与外来思想或异文化的相互关系。①精英人物的大学观念和思想受到了哪些外来思想的影响？②这些思想在不同的国家和文化传播过程中是如何被解读和接受的？是如何传播的？③对中国近代高等教育思想史来说，一个核心的问题是中西问题。西方的大学思想是如何进入中国的？这些思想观念与中国自己的传统有哪些冲突或契合关系？在引入中国时发生了哪些变异？

第五，我们会追问经典的大学思想与同时代的一般大学观念的关系。①是否还存在一种超越精英思想或更深层次的大学思想？这些思想与经典的大学思想有什么样的关系？②有一些关于大学的基本的观念，比如学术自治、学术自由、教授治校、通识教育等，这些概念是如何产生的？如何传播和传承的？

第六，我们会追问一定的大学理念与特定的知识领域之间的关系。①大学理念与特定的知识领域是否有特殊的关系？哲学、人文学科或自然科学是否倾向于支持特定的大学思想？②在不同的历史时期，不同知识分支的发展状况是否影响了特定时期的大学理念？

这些问题不能涵盖大学思想史研究的所有问题，却是值得关注的问题。其实已有不少研究者关注到这些问题，但从总体上看，这些问题对于大学思想史研究应该具有启发意义。

三 大学思想史研究方法的改进与视野的拓展

大学的思想和观念是大学发展的一个重要维度，其研究水平也决定着我们对于大学本身及其发展进程理解的水平。同时，大学作为一种举足轻重的学术和文化机构，作为与经济、社会以及政治密切相关的机构，作为历史悠久的教育机构，其影响力可辐射到社会的各个方面。所以大学思想史研究应该具有更为开阔的视野。近20年来，在思想史研究领域有不少关于方法论的讨论，形成了不同的流派，比如斯金纳的思想史剑桥学派、施密特派、概念史派或福柯的知识考古学派，这些新的学术路径无疑为思想史研究带来了活力，打开了新的视野。剑桥学派对思想观念的历史语境的关注，概念史对思想概念的历史语义分析，知识考古学对话语的分析等，对于大学思想史的研究都有很重要的借鉴意义。可惜关于大学思想史的研究方法问题，迄今尚未引起足够的重视，没有进行系统、专门的讨论。

　　从研究范围来看，大学思想史研究要突破传统的人物和文本研究范式，不能满足于阐释经典人物的大学思想，而应当从思想史的视角思考一些大学发展的基本问题，例如，大学与国家的关系，大学与宗教的关系，新自由主义等意识形态对大学发展的影响，全球化、国际化等政策话语的影响，等等，这些都应该被纳入分析的范围。当代大学思想史研究领域一些学者的新近成果也反映了这一趋势。当然，传统的人物和文本研究仍不失其有用性，思想史的宏观趋势仍然需要通过具体的人物和文本来展现，但大学思想史研究不能以此为核心内容。

　　特别还要强调大学思想史研究中的国际视野。大学思想史研究应当超越狭隘的院校视角和国家视角，反映全球化的变革趋势。这方面的研究已经成为国际大学思想史研究最近一些年的一个热点。欧洲主要国家之间的大学思想交流其实是各国大学理念与改革的重要环境因素，脱离了这一环境，则很难理解各国大学理念的产生与变化。

　　值得一提的是，大学思想史研究应该特别关注学科史的研究。学科是大学重要组成部分，也是大学的核心载体，离开学科，我们便无法理解大学组织。一旦我们将学科史作为大学思想史研究的一个重要分支，大学思想史研究的视野将能得到极大的拓展，并与科学史、知识社会学等相关学科建立知识上的关联。

　　总之，大学思想史研究有必要突破传统的研究范围，拓宽视野，并改变传统的以经典人物为中心的研究路数，在方法方面，应当借鉴史学研究的新范式和新路径，拿出更有分量、更有深度的大学思想史研究成果。

寻求支点与突破：对教育活动史研究的几点思考

赵国权[*]

[摘　要]　教育活动史研究不仅仅是为了满足课程设置和丰富教学内容，其价值是多元的，在于发掘、保存和传承教育活动传统，以及服务于进行中的教育改革和预测未来教育走向等。同时，基于库恩的科学革命理论，其发展历程可以分为教育活动资料原始积累阶段、常态关注性思考阶段、实质性研究突破阶段和新常态化研究阶段；基于郭熙透视山体的"三远法"，亟须构建多维立体研究视角；基于西方"微观史学"及"深度描述"理论，亦应将"形而下"的碎片化的史料，运用历史想象，建构一幅相对完整的、真实的、鲜活的教育活动场景。

[关键词]　教育活动史；多元价值；多维立体视角；形而下

正当教育史学研究遭遇瓶颈，以致"与其他历史学术研究水平之间也出现了差距"[①]，甚至是所研究的成果被"历史学界难以普遍认可"[②]之际，周洪宇等学者针对教育史研究的种种困惑，以历史及实践唯物主义理论为指导，率先提出新世纪教育史学研究将面临"三大转向"，即

---

[*] 河南大学教育科学学院教授
① 马立武：《20世纪的中国教育与教育史学》，《教育评论》1999年第4期。
② 周洪宇：《对教育史若干基本问题的看法》，《河北师范大学学报》（教育科学版）2009年第1期。

"转向加强自身学科理论建设,转向研究教育历史的日常问题,转向发掘本土的学术传统"①。其中对教育"日常问题"的研究,显然是指向对教育活动史的研究。2008年在保定召开的教育史年会上,周洪宇正式提出要实施以往被学术界忽略的教育活动史研究,从而与教育思想史、教育制度史成"三足鼎立"之态势,这在一定程度上为教育史学研究开了一副救治良方,甚至可以说是开辟了一个全新的学术研究领域。

依汤一介所言:"从历史上看,每门学科(学问)的建立,都是由于自觉地把所研究的对象作理论上的梳理,并形成一套理论和方法而实现的。"② 对此,周洪宇及其所带领的团队推出诸多论著,在教育活动史研究方法及方法论等问题上有诸多见地,但要构筑一套教育活动史研究的独特的话语体系,使其在史学领域真正能独树一帜,独领风骚,还需不断地就学科理论建设问题作深入探究。

一 多元价值追问:基于历史与人类生活和教育的联系

在马克思主义看来,所谓价值就是"表示物的对人的有用或使人愉快等属性"③。可见,价值是以满足主体需要为前提的,有无价值或价值的大小,均以满足主体需要的程度为判断尺度的,也就是说价值是一种主观判断,体现出主体与客体的高度统一。反观教育活动史研究,我们也应该有一个准确的价值判断,这是提升教育活动史研究水平的根基所在。以往对教育史学的研究,常常要恪守"古为今用"这一原则,虽然有些功利色彩,但不失为教育史学研究所要追求的一种价值取向,不过也不能仅仅停留在这一层次上,如果依据历史所固有的特质及人类社会生活的需要来判定教育史学研究的价值,那么教育活动史研究的价值不仅仅是为师范专业的课程设置或教师的专业发展,若将视野放大、放宽,

---

① 周洪宇、申国昌:《新世纪中国教育史学的发展趋势》,《华东师范大学学报》(教育科学版)2007年第3期。

② 汤一介:《瞩望新轴心时代——在新世纪的哲学思考》,中央编译出版社2014年版,第27页。

③ 《马克思恩格斯全集》(第19卷),人民出版社1965年版,第209页。

主要体现在如下几个方面。

第一，基于历史与人类生活的联系，教育活动史研究理应有保存及传承已往教育活动传统的价值。历史本身就具有极高的存在价值，这是因为"历史是依然活着的过去。历史与现在、与生活割舍不断的联系，使人们无法完全无视历史、摆脱历史或者取消历史……人们只要面对现实，就要面对历史，这是历史存在的坚实理由"①。假如没有历史，或者说人类失去了对历史的记忆，那么人类社会将会"退回到野蛮时代，从零开始"②。如果说历史有继续存在的理由，那么在历史长河中所形成的传统自然就是人类社会生活所必需的至关重要的财富，就更有继续存在下去的必要。诚如汤一介所言："传统是一个民族生存的根基，在长期历史中积累起来的种种美德有着深厚存在并延续下去的理由，我们不能轻易地把它丢掉，只能在继承中发展它，使它更加适应变化了的社会生活需要"③。

同样，教育活动传统也是人类社会教育生活所必需的珍贵财富，生活在这片沃土的先辈们，在长期的教育教学活动中，积累了极为丰富的经验，也为后世提供了诸多如读书、求学、治学、办学、教子、著述等方面活生生的范例，因而也具有同等重要的存在价值和极高的研究价值，很有必要加以系统梳理和整理，在使其得以继续存在下去的同时，也为丰富民众的教育及精神生活提供文化上的支撑，并借以强化民众的教育文化认同和自信，从而达到这么一种境界："让我们走自己的路……不管别人说我们的民族、我们的文字、我们的语言是好是坏，它们就是我们自己，这就足够了。"④

第二，基于历史与教育现实的联系，教育活动史研究理应为进行中的教育改革提供借鉴。历史是一面镜子，所谓"以史为鉴，可以知兴替"。司马光作《资治通鉴》的目的，就在于"鉴前世之兴衰，考当今之得失"，他所强调的是研究历史要能为社会现实或改革服务。列宁也曾说

---

① 王学典：《史学引论》，北京大学出版社2008年版，第109页。
② 王学典：《史学引论》，北京大学出版社2008年版，第161页。
③ 汤一介：《瞩望新轴心时代——在新世纪的哲学思考》，中央编译出版社2014年版，第4页。
④ 王学典：《史学引论》，北京大学出版社2008年版，第153页。

过:"不要忘记基本的历史联系,考察每个问题都要看某种现象在历史上怎样产生,在发展中经过了哪些主要阶段,并根据它的这种发展去考察这一事物现在是怎样的。"① 可见,考察历史的目的还在于能够发现现实中存在的种种问题,以便能更好地去解决问题。如果历史研究脱离了社会现实,为学术而学术,为研究而研究,那么就会由于自身对社会的疏远而招致社会对它的冷淡,且"注定要走向困境乃至衰落的"②。

那么,作为历史学的一门特殊分支学科—教育活动史来说,同样要为现实服务,即为正在进行中的教育改革服务。当然研究教育活动史,"就其本身而言,是不能解决目前的实际问题的,但它使我们更为聪明地解决目前的实际问题",至少"可以帮助我们看出目前的重要问题是什么,这些重要问题是怎样出现的,过去曾怎样解决的,过去的解决办法能否用来解决目前的问题"③。也诚如美国学者布里克曼所言:"并不是说仅仅历史知识就可以解决现实的教育问题,它能做的是为我们对当前考虑的问题获得更好的理解奠定基础。"④ 这就需要教育史学者把握好教育的时代脉搏,认清问题的存在,带着一种神圣的使命感去回顾教育的过去,通过对已往教育活动图景的发掘和描绘,为进行中的教育革新提供依据和借鉴,真正做到"古为今用"。

第三,基于历史与教育未来的联系,教育活动史研究理应为未来教育走向提供预测和咨询。时间的维度不仅有过去、现在,还有未来,三者之间分别是以"各自的光亮互相映照的"⑤。把握过去如何向现代转变,会有助于我们把握现在,甚至是"有可能理解未来的某些事情"⑥。如郭沫若所言,"认清楚过往的来程也正好决定我们未来的方向"⑦。历史之所以会对未来有一种预测的功能,依法国年鉴学派创始人布洛克(Marc

---

① 《列宁选集》(第4卷),人民出版社1972年版,第43页。
② 刘泽华:《历史研究应关注现实》,《人民日报》1998年6月6日。
③ 滕大春:《美国教育史》,人民教育出版社1994年版,第58页。
④ 许建美:《布里克曼教育史学观述评》,《教育史研究》2001年第1期。
⑤ [法]雅克·勒戈夫,皮埃尔·诺拉:《史学研究的新问题新方法新对象》,郝名玮译,社会科学文献出版社1998年版,第16页。
⑥ [英]埃里克·霍布斯鲍姆:《史学家:历史神话的终结者》,马俊亚译,上海人民出版社2002年版,第248页。
⑦ 郭沫若:《中国古代社会研究》,人民出版社1954年版,第1页。

Bloch）的看法，是因为在所有学科中，历史是"最适合激发想象力的学科"①。而依据美国历史学家尼文斯的看法，是因为历史实际上是"将过去与现在连接在一起的桥梁，并指出通往未来的道路"②。所以，历史能够使人对过去发生过的事情以及现在正在进行的事情做出合理的解释，并能对未来的事情也能做出合理的预测，这个时候，我们就会蓦然发现"自己就好像站在时间中的一点，惊奇地注视着过去和未来，过去我们看得愈清晰，未来发展的可能性就愈多"③。也正因为这样，著名学者章开沅主张，史学家"不仅应该积极参与现实生活，而且应该成为把现实与过去及未来连接起来的桥梁，用自己的研究成果丰富与影响现实生活，并且与人民一起追求光明的未来"④。这不仅是对史学研究者的谆谆教诲，也是对教育活动史研究者的殷切期望，那就是要把握未来教育的走向，并静下心来，深入进去，认认真真地做一番研究事业，用自己的德、识、学、才，尽情地发掘古人的教育智慧，使其为教育走向未来发挥出咨询或决策价值。

二 研究进程分期：基于库恩的科学革命模式

美国科学哲学家托马斯·库恩（Thomas Samuel Kuhn）在其《科学革命的结构》（1962）一书中，提出科学发展的科学革命模式，即前科学→常态科学→科学革命→新常态科学。在他看来，前科学是指没有系统理论而众说纷纭阶段，常态科学用以表征科学家在范式的指导下不断积累知识的过程，而当科学范式出现危机时就会引发科学革命，通过革命重新构建新的理论体系以及方法论后，便进入新的常态科学阶段。比照库恩的科学发展的模式，那么作为一个全新的史学研究领域——教育活动史研究来说，同样也可以建构一个历史模式，事实上也确实存在一个比

---

① Marc Bloch, *Apologie pour l'histoire au métier d'historien.*, 4th ed., Paris, Colin, 1961, p. 112.
② A. Nevins, *The Gateway to History*, New York: Anchor Books. Doubleday, 1962, pp. 13 – 14.
③ ［德］雅斯贝尔斯：《什么是教育》，邹进译，生活·读书·新知三联书店1991年版，第32页。
④ 章开沅：《鸿爪集》，上海古籍出版社2003年版，第6页。

较明显的阶段性特征。

第一，教育活动史料的积累阶段或前史阶段（有文字记载至1902年）。从有文字记载开始至1902年第一部教育史研究成果（教材）的颁行，其间的官方或民间士人，用不同的文字、不同的体裁、不同的方式，从不同的角度，将已发生或出现过的实景实情记录下来，诸如孔门弟子的《论语》，史学家笔下的《史记》《汉书》《宋史》等"二十五史"，吴敬梓的《儒林外史》、曹雪芹的《红楼梦》等名人的笔记小说和回忆录，名门贵族的族谱及家谱，地下考古文物，历代画家以教育为主题的绘画或风俗画等，都保存有大量的、珍贵的教育活动史料，当然都是基于历史的存在和记忆而作，故属于无意识的、散在的、感性的知识积累阶段，或称之为教育活动史研究的前史阶段。

第二，对教育活动史研究的常态关注性思考阶段（1902—2008年）。从1902年中国出现第一部教育史研究成果到2008年教育活动史研究的正式启动。这一阶段的主要特征是：在教育史学科诞生后，部分学者在整体把握和研究教育发展脉络的同时，开始有意或无意地介入思考，或关注性地以"教育活动作为研究的视角"来审视教育发展及演变的历程，但尚未涉足关于教育活动史研究的学科理论、方法及方法论问题，也没有研究团队及标志性成果的呈现。

中国最早出现的一部教育史研究成果是由日本学者狩野良知编著的《支那教学史略》（1902），当时是为配合中国新学制改革中的教育史课程设置而翻译过来的。书中谈到多个学者的教学活动事迹，诸如明朝的胡居仁，说他治学"莫大乎敬，故以敬名其斋"，平日"端庄凝立，对妻子如严宾"等，也可以说是对胡居仁治学、为人性格的一种解读。之后，接连出版了多部教育史书籍，比较有代表性的诸如黄绍箕、柳诒徵的《中国教育史》（1910），范寿康的《教育史》（1923），王凤喈的《中国教育史大纲》（1925），陈青之的《中国教育史》（1926），余家菊的《中国教育史要》（1929），雷通群的《西洋教育史》（1934），陈东原的《中国教育史》（1935），毛礼锐、沈灌群主编的《中国教育通史》（1989）等。

值得注意的是，自20世纪20年代中国教育史学界逐步确立了教育思想史、教育制度史的研究范式，或称之为"二分教育史观"，如王凤喈所言："教育史为记载教育活动之历史，但其所记载系限于狭义的教育活动，即是教育制度与教育思想。"① 但也可以看出王凤喈对"教育活动"这一话语体系的关注，且有倡导教育活动史研究的倾向。陈青之在所著《中国教育史》一书的"编前语"中说："教育史之内容，包括实际与理论两方面。教育制度、教育实施状况及教育者生活等，属于实际方面。政府的教育宗旨、学者的教育学说及时代的教育思潮等，属于理论方面。"这里所讲的"教育实施状况及教育者生活"，实际上正是教育活动史研究的主要内容。尤其是在行文过程中，他对西周的"教具"进行考察；讲到孔子、董仲舒、朱熹等大家时专门叙述其"生活小史"；谈到马融和郑玄时，还将其二人的"性格"进行比对；讲到胡瑗时，还专门讲述其"学生生活"和"教育生活"等。可以说，在一定程度上比较着重用活动的视角来探讨教育的微观世界，且有所见地。杨贤江在《教育史ABC》一书中运用历史唯物主义的方法论，主张从"实质的、行动的、未经组织的"或"教育实质行动存在"② 中来寻找教育思想与教育制度发生、变迁的依据，确有单独研究教育活动的意味。但直至 2008 年之前，所有的教育史类教科书或专著，都坚持在"二分教育史观"的前提下来或多或少地涉足教育活动研究的，或者说尚未明确地将教育活动从教育思想史、教育制度史中剥离出来，更谈不上教育活动史的理论体系建设问题。不过，也确为教育活动史研究领域的开拓提供诸多思路和思考的空间。

第三，教育活动史研究的实质性突破阶段（2008—2014 年）。这里所说的"突破"，实由教育史学科研究所面临的种种危机带来的，基于教育史学前辈百余年的辛勤耕耘，在教育通史、断代教育史、地方教育史、专题教育史、教育思想史、教育制度史等领域的研究均取得丰硕成果，可以说在基础研究方面呈现一个"高原现象"。与此同时，由于忽略学科理论体系建设，以致造成教育史学科研究的方法及方法论滞后、学术水平及学术成果不被史学界所认可等学术危机，也可以说是步入到一个"瓶颈区"。

---

① 王凤喈：《中国教育史》，湖南教育出版社 2008 年版，第 2 页。
② 杨贤江：《杨贤江教育文集》，教育科学出版社 1982 年版，第 326 页。

面对种种危机，教育史学界开始反思学科体系如何建设，尤其是开始探索如何突破"二分教育史观"以开辟新的学术研究领域。早在2005年武夷山教育史年会上，周洪宇就提出"将教育行为史研究与教育制度史和教育思想史的研究提到同等重要的地位，甚至是更重要的地位，才能客观地反映教育现象发展的历史"[①]。这是因为"教育行为是教育思想和制度的源泉，没有教育行为被作为前提，就不可能有教育思想和教育制度的产生"[②]。在这里，周洪宇只是提到"教育行为史"，没有明确提出"教育活动史"研究这一主题，但初现教育史研究的"三分论"思想倾向。在2008年保定教育史年会上，周洪宇以"空令岁月易蹉跎：我对教育史学若干问题的基本看法"为题做学术报告，正式提出以教育思想史、教育制度史、教育活动史三分教育史的主张，认为"教育活动史主要是以历史上感性的、实在的、具体的教育活动发展及演变历史为研究对象。重点研究人类历史上各种直接以促进人的有价值发展为目的的活动以及教育者和受教育者参与教育过程，进行互动的各种方式的发展、演变的历史"[③]。报告之后，在与会学者中产生强烈反响，可谓一石激起千层浪，教育史学研究犹如一台濒于死机的电脑又被激活了。继而，周洪宇等教育活动史研究团队纷纷发文，逐步确立了"教育活动史"的理论体系。2009年，周洪宇主持的国家"十一五"课题《中国教育活动史研究》获得立项，这是教育活动史研究价值取向得以确立的标志，之后阶段性研究成果《教育活动史研究与教育史学科建设》及《学术新域与范式转换——教育活动史研究引论》于2011年分别由山东教育出版社、华中科技大学出版社出版，标志着教育活动史研究理论体系的日渐成熟。更可喜的是，周洪宇总主编的《中国教育活动通史》八卷本已于2017年由山东教育出版社出版，这更意味着一个新的学科领域标志性研究成果的诞生，同时也意味着教育思想史、教育制度史、教育活动史"三分教育史观"的实质性确立。

第四，教育活动史研究的常态化阶段（自2015年以后）。"三分教

---

① 杨孔炽：《百年跨越：教育史学科的中国历程》，鹭江出版社2005年版，第30页。
② 杨孔炽：《百年跨越：教育史学科的中国历程》，鹭江出版社2005年版，第34页。
③ 贺国庆：《教育史研究：观念、视野与方法》，河北大学出版社2009年版，第34页。

史观"的确立可以说是教育史学科危难之际发生革命的结果,使得教育活动史研究从教育思想史、教育制度史中剥离出来,成为一个独立的学术研究领域,但与教育思想史和教育制度史又有着不可分割的内在联系,因为"在人类教育活动中,如果缺乏教育思想的引导,没有教育制度的规范,那么教育活动不可能朝着科学而有效的方向发展"①。正是由于周洪宇等教育活动史研究团队的不懈努力,使得教育活动史研究开始步入常态化研究阶段,期待着诸如官学教育活动史、私学教育活动史、书院教育活动史、家族教育活动史、女子教育活动史、科举活动史、游学活动史、教育著述活动史以及教师生活史、学生生活史、学生身体史等越来越多的创新成果陆续问世。

三 构筑多维立体视角：基于郭熙透视山体的"三远法"

已往教育史研究基本上是围绕着"士"以上的精英人物或贵族阶层来展开的,这无可厚非,因为他们的思想和行为,体现着国家的教育意志和对主流文化的传承,普通民众则因社会地位低下及生存危机,对政治又有较强的依附性,因而其自身原始的、本真的、世俗的教育行为往往不会被历史学家所关注,即便是史书中有所记载,也是"碎片化"的,甚至是不屑一顾的,因而普通民众是一个被史学家群体忽略的教育边缘或弱势群体。事实上,普通民众的教育行为又是社会现实的最真实的反映,从中也可以发现一些重大历史事件的诱发因素,甚至是非常重要的因素。

正因为这样,自20世纪中叶学术界就一反学术研究常态,初步呈现研究视野下移的动向,将研究的视角深入到既本真朴实又充满活力的下层社会生活,历史学科也便开始走下圣坛回归现实,诚如法国年鉴学派创始人马克·布洛克（Mare Bloch）所说："一个杰出的历史学家就像童

---

① 周洪宇：《重论教育史学的学科体系》,《中国教育科学》2013年第2期。

话中的巨人，他知道哪里有人肉的气味，哪里就是他的猎物所在。"① 受此影响，西方教育史界学者开始关注基层民众教育活动的研究。法国教育史学家安多旺·莱昂（A. Leon）曾说：对于某一教育问题的历史研究，恰恰又印证了年鉴派史学家费尔南·布罗代尔（Fernand Braudel）的断言，即"历史……是人类科学中最富有文学色彩的和有趣易读的学科，总之它最为大众化"②。

而在中国的教育史界，早在19世纪20年代就有学术研究下移的意向，如陈青之在《中国教育史》（1910）一书中，谈到宋朝的教育时，指出当时"施行教育的虽为政府，而感受教育的除少数贵族外，仍为一般民众"③。言外之意，就是提醒学者要关注"一般民众"的教育活动研究。当代教育史学者周洪宇等更是积极推动学术视野下移，主张教育史要"将研究的视线逐步向下移动和对外扩散，实现教育史研究从精英向民众、从高层向基层、从中心向边缘、从经典向世俗的过渡"④，从而打破以往教育史研究中的"高位化"现象。

那么在学术视野下移的背景下如何开展教育活动史研究，这是很值得深思的一个话题。视野下移主要是去"高位化"，而教育活动史研究又不能排除"高层"的教育活动；既然有"下移"，也不能拒绝"上移"和"平移"，因为看问题的视角不一，研究的结果也各不相同，其价值也各有所向。对此，不妨借鉴一下宋代画家郭熙透视山体的做法。他在《林泉高致·山川训》中说："山有三远。自山下而仰山巅，谓之高远；自山前而窥山后，谓之深远；自近山而望远山，谓之平远。高远之色清明，深远之色重晦，平远之色有明有晦。高远之势突兀，深远之意重叠，平远之意冲融而缥缥缈缈。其人物之在三远也，高远者明了，深远者细碎，平远者冲淡。"可见，透视者所站的角度不一样，所看到的山也不一样，其结果只能会让心中的山更丰富、更有层次、更有魅力。这种透视山体的"高远""平远"和"深远"的"三远法"，给我们最大的启示就

---

① 张广智、张广勇：《文化中的文化——文化视野中的西方史学》，浙江人民出版社1991年版，第403页。
② ［法］安多旺·莱昂：《当代教育史》，光明日报出版社1989年版，第52页。
③ 陈青之：《中国教育史》，东方出版社2008年版，第173页。
④ 周洪宇、申国昌：《教育活动史：视野下移的学术实践》，《教育研究》2010年第10期。

是看问题要有多维立体视角，只有这样，写出的教育活动史才真实、鲜活，才有流动感和整体感。

因此，建构多维立体视角应该注意把握五个维度，即上移、下移、前移、后移和平移，权且称之为"五移法"。所谓"上移"，即仍然要关注上层或强势群体的教育活动，诸如文教政策的制定过程、帝王的亲耕及视学敬老活动、地方官员的伦理及劝农桑教化活动、各级官学的办理及管理活动等，这种正统的教育活动对普通民众的教育有着极为重要的引领作用，理应是教育活动史研究的重要内容，不能一味地强调"下移"而淡化这一客观事实的存在。所谓"下移"，即着力提升对社会底层民众这一弱势群体教育活动的关注度和研究的力度，但由于正史记载所限，当充分发掘并利用野史、笔记、小说、绘画、地方志等相关材料加以考证，以还原本真的民间教育场景，这应是今后教育活动史研究的重心所在。所谓"前移""后移"，即在研究某一时间段的教育活动时，应与前后朝代或前后时间段的教育活动进行比对，看看对前朝的教育活动传统是否有所传承和进步，再看看对后世教育活动带来何种程度的影响。所谓"平移"，则有远近之分，在同一时间段内，近则将地域之间、家族或家庭之间、民族之间、学校之间、人物或事件之间的教育活动加以比对；远则将视野进一步放大，将根植于本土的教育活动同周边国家之间进行比对，或者说站在亚洲看中国教育，站在世界看中国教育。这样，通过上下比对、前后比对和远近比对，很容易看出某一特定时间段内教育活动的特异之处。

四 研究对象的"形而下"取向：基于"微观史学"及"深度描述"理论

如果说"形而上者谓之道，形而下者谓之器"，那么教育制度、教育思想都是在实践活动中提炼出来的带有宏观总结性的、指导性的、抽象性的及相对稳定性的等"形而上"的规范、规律、特点或观念、思想等，自然是制度史、思想史研究的主要对象。而教育活动则是原生态的，是什么就是什么，不加刻意修饰和掩饰的，是教育制度和教育思想赖以存在的基础,"没有教育活动,就不可能有教育思想和教育制度的产生"①,因而教育活动可以说是带有微观感性的、实在的、具体的及相对流动的等"形而下"的举止行为。如果借用梁启超的观点,那么教育活动与教育制度、教育思想之间就是"学"与"术"的关系,他在《学与术》(1910)一文中称:"学也者,观察事物而发明其真理者也;术也者,取所发明之真理而致诸用者也"②。看来,教育活动史所要研究的就是教育这一特殊社会现象中微观层面的种种要素。

而在西方,20世纪70年代意大利史学家卡洛·金兹伯格(Carlo Ginzburg)等率先提出"微观史学"这一概念,开始关注对微观的、具体的、易于观察的事物或人的日常生活行为的研究,力求克服宏观研究的抽象性、概括性和枯燥性。与此同时,英国文化人类学家克利福德·格尔兹(Clifford Geertz)在其《文化的解释》(1973)一书中又提出"深度描述"理论,认为"研究者在占有大量调查材料的前提下,通过现代人的历史想象,为某一特定区域的文化构筑一幅解释性的图景,并力图从细小但结构密集的事实中引出重大结论"③。中国教育史学研究者将这一理论引入到教育活动史研究,提出"若将教育发展史上丰富多彩的、处于流动中的教育活动,生动、鲜活地呈现在读者面前,就必须多深度描述研究,尽量避免浅度描述研究,只有这样,才能改变传统教育史学'目中无人'的弊端,才不会导致历史记忆的'缺失'"④。

那么,如何用"微观史学"理论对教育现象进行"形而下"研究,并通过"深度描述"来构建历史上各个层面、各个领域鲜活的教育图景呢?这自然要涉及内容的选取问题,在这里,不妨将所要研究的教育活动要素分为狭义和广义两个层次,狭义的要素包括国家层面教育政策的生成过程、教育革新与实验活动,学校层面的各级各类办学活动、教学管理活动、师生的日常生活、校园文化建构等,亦即要"将研究的重心

---

① 周洪宇:《重论教育史学的学科体系》,《中国教育科学》2013年第2期。
② 梁启超:《梁启超全集》(第8卷),北京出版社1999年版,第2351页。
③ [美]克利福德·格尔茨:《文化的解释》,韩莉译,北京译林出版社1999年版,第7—8页。
④ 李浩泉、周洪宇:《教育活动史研究四要》,《教育科学研究》2010年第9期。

转向教育、教学的具体问题、微观问题和日常问题"①。广义的要素还应该包括社会层面的诸如帝王亲耕、尊孔祭孔、敬老礼制、刊行经典、树立标杆、宗教礼仪、民风民俗、乡规民约以及少数民族教育、中外教育交流活动等；家庭层面的包括居住环境、家族及家世、家学传承、家训及家规、家庭人员构成、家庭经济状况及生活习惯等；个人层面的包括个性特征、语言风格、待人接物、起居习惯、穿着打扮、兴趣爱好、散工助学、婚姻状况以及作业、作品、书信或日记等著述活动。如果将这一系列的要素通过"历史的想象"，并运用叙事的方式整合在一起，做到"碎"而不"片"，"断"而有"续"，静中有动，动中有画，画中有常人的喜怒哀乐、生老病死，有学者的挑灯夜战、少儿的嬉戏打闹和琅琅的读书声，如此给世人呈现的将是一部鲜活的、回归本真的教育活动场景。

总之，教育活动史研究是一个全新的领域，其价值不仅仅限于师范院校的课程设置，更重要的是要发掘、保存和传承教育活动传统，以及服务于进行中的教育改革和预测未来教育走向等，因而无须为课程、课时乃至学分被压缩而苦恼、而自卑，研究者应有一种基本的学术自信。虽然教育活动史研究价值多元，但又像一个刚刚出生的孩子，它需要呵护，需要一个健康的学术环境，需要一个敬业的研究团队。幸在中国正处于风生水起之时，相信教育活动史研究会有更大的突破和超越，犹如"日出江花红胜火"一般。

---

① 周洪宇、申国昌：《新世纪中国教育史学的发展趋势》，《华东师范大学学报》（教育科学版）2007年第9期。

人的重新发现与教育关系的尝试性重构

——以晚清教育活动变迁为例

李 忠[*]

[摘 要] 在东西方文化的冲突与对比中,晚清时期的中国人对人有了新的认识:人不仅是德性的存在,还是理性与实践性的存在;即便德性,也不再限于以"三纲五常"为核心的伦理道德,而是以自由、平等、权利为核心的新道德;人的这些特性需要实践加以实现,人的身体体能开始受到重视。教育是开发人的德性、理性、实践性与增强人的体能的重要方式,是促使国家富强的主要途径,教育的功能被充分拓展。以新途径、新内容和新方式培养新民,重新构建教育关系应对面临的社会危机,成为一种教育选择。

[关键词] 晚清时期;人;德性;理性;身体;教育关系

人是历史的主体,人类历史就是人类活动的历史。"'历史'并不是把人当作达到自己目的的工具来利用的某种特殊的人格,历史不过是追求着自己目的的人的活动而已"①。马克思做此陈述时,强调的是人的历史主体地位,批判的是把人当作活动手段而非活动目的以及社会对"人"的压制。作为创造人以及人类历史的教育,首先需要关注人。"教育首先

---

[*] 陕西师范大学教育科学学院教授
① 《马克思恩格斯全集》(第2卷),人民出版社1972年版,第118—119页。

需要弄清楚人是什么、人的本质及其本质上所包含的价值尺度是什么"[1]。因此，对人的认识与重视程度，决定了对教育的理解与尊重程度，进而决定着教育的功能定位以及教育关系的建构。这种判断主要不是基于理论推导，而是基于历史经验。"轴心时代"的东西方教育，都以对"人"认识与重视为前提：无论是东方的"德性人"，还是西方的"理性人"，都是教育立论与教育实践的前提条件，并由此形成两种不同类型的教育。后"轴心"时代，东西方都曾长期陷入压抑人性的中世纪。但是，与经历文艺复兴、启蒙运动、工业革命、宗教改革之后西方文化强化对人的认识与重视相比，中国文化对人的认识与重视要晚得多，而且被裹挟在救亡图存的社会背景之中。甚至中国第一所新式学堂的建立，也不是出于对人的认识与尊重，而是迫于外交和军事的现实压力。但是，在"自强""求富"的洋务运动中，通过交流与比较，中国人不断拓展对人的理解与对教育功能的认识，并尝试建构新的教育关系，由此开启了以人的现代化为主要特征的教育现代化历程。

一 从德性人到新德性与理性、身体综合的人

在东西方文化交流之前，中国文化主要将人视为德性的存在，忽视人的理性，尤其是以自然科学知识为核心的理性。同时，古典文化虽然重视人的身体，却在以"斯文"为特征的文化熏陶下，身体孱弱。在东西方文化冲突与对比中，中国人重新思考"人"并对"人"有了新的定位：人有德性，但人的德性不限于仁义礼智等为内容的等级性道德，而是包含天赋的自由、平等等为内容的新道德；人有理性，尤其是以知识、智力与理智为核心的理性；人的体能开始受到重视，并将身体强健作为人的体能的重要特性。由此，形成晚清时期对人的重新认识。人的理性、德性、身体不仅可以强人，而且可以强国。

首先，从仁、义、礼、智的德性到平等、自由的德性转变。中国古典文化认为人是德性的存在，并认为等级性是德性的特点。孟子认为人

---

[1] ［法］雅克·马利坦：《教育在十字路口》，高旭平译，首都师范大学出版社2010年版，第7页。

生而具有仁、义、理、智四个"善端",将人与动物区分开;教育的作用在于保存并扩充人与生俱来的"善端",因此有"饱食暖衣而无教,则近于禽兽"之说;"善端"的保存与扩充程度还构成了人与人之间的差异,即小人去之、君子存而扩充之。孔子虽然没有明言人性善恶,却认为君君臣臣、父父子子的等级性伦理关系是德性的特点,这种关系被孟子发展成为"人伦",教育的作用就是"明人伦"。这种以等级性为特点的德性观,被汉儒改造为"三纲五常"后,为专制主义提供了人性基础,对后世中国文化产生了深远影响,一直保留西方列强来到中国之后。伴随西方列强的到来,中国人在东西方文化比较之中,开始重新认识人的德性并重新对人进行定位。

  对人的德性的新识首先出现在留学生中。1877赴英学习驾驶的严复,通过专门学习、实地考察与分析比较之后发现:自由、平等是英国人及英国强盛的根本。由此反观中国人与中国之所以贫弱,就在于缺乏自由平等:官民之间不平等,满汉之间也不平等,虽然人口众多,却离心离德。[①] 赴法留学的马建忠在1878年给李鸿章的信中说:他初到欧洲,以为坚船利炮是西方国家富强之本;学习西方政治法律等"文事"后,发现政治制度才是富强之本,所谓制造、军旅、水师等事,"皆其末焉";入法国政治学院研究后,发现能够让人成为人的价值观念——平等、自由——才是富强根源。这种认识经过酝酿发酵,到维新运动时期,自由、平等开始成为人的德性内涵受到重视。严复说:"惟天生民,各具赋畀,得自由者乃为全受。……侵人自由者,斯为逆天理,贼人道。……故侵人自由,虽国君不能"[②]。维新思想家从天赋人权的立场阐述自由、平等为人的德性。由于这种自由来自天赋,也就成为人的权利,"吾未见其民之不自由者,其国可以自由也。其民之无权者,其国之可以由权也。……民权者,不可悔者也。必欲毁之,其权将横用而为祸甚烈者也。毁民权者,天下之至愚也"[③]。梁启超也将自由与权利联系起来指出:"自由者,权利之表征也。凡人所以为人者有二大要件:一曰生命,二曰权

---

① [法]孟德斯鸠:《法意》,严复译,商务印书馆1981年版,第224页。
② 严复:《严复集》第1册,商务印书馆1986年版,第2—3页。
③ 严复:《严复集》第4册,商务印书馆1986年版,第918页。

利，二者缺一，实乃非人"①。他们将自由、平等、权利当作人之为人的德性。这种认识在提出者的言论中出现反复并对立于主流文化对德性的认识，不受主流文化认同，甚至被统治者视为"异端"。但无论如何，对德性的新认识开始出现。

其次，人有"聪明睿智"，即人有以知识、智力与理智为核心的理性。早在孔孟时代，时人就发现人有不学而能、不虑而知的"良知良能"。但是，这种"良知良能"偏向于仁义礼智等人的德性而非以知识、智力与理智为核心的理性。近代以来，中国人对人的理性认识出现在与列强的军事对垒中。正如一位西方学者所言：是战争使中国人认识到，他们的国家必须进行一些革新，否则，就不再是一个伟大的帝国②。对人的理性的认识，就是"革新"的一个方面。左宗棠指出："均是人也，聪明睿智相近者性，而所习不能无殊。"在左宗棠看来，东方人与西方人有"相近"的"聪明睿智"之性，差异在于"所习之殊"：表现为"中国之睿智远于虚，外国之聪明寄于实"，原因在于"中国以义理为本，艺事为末；外国以艺事为重，义理为轻"③。左宗棠不自觉地发现：以"艺事"为核心的理性差异，主要由后天开发的内容（以"义理"而非以"艺事"为核心）与方式（"远于虚"而非"寄于实"）造成的。这种认识隐含着以"艺事"为核心的"聪明睿智"，只要内容合适、方法得当，是可以开发的。在当时的中国人看来，中国人弱于西方人，主要体现在以"艺事"（随后逐渐被格致、科学所替代）为核心的理性比较弱。因此，比肩乃至超越西方人的方式就在于开发人的理性。1902年8月15日，管学大臣张百熙称："值智力并争之世，为富强政治之规，朝廷以更新之故而求之人才，以求才之故而本之学校，则不能不节取欧、美、日本诸邦之成法，以佐我中国两千余年旧制，固时势使然"④。人拥有能够致"富

---

① 梁启超：《梁启超全集》第1册，北京出版社1999年版，第429页。
② ［美］M. G. 马森：《西方的中国及中国人观念1840—1876》，杨德山译，中华书局2006年版，第92页。
③ 陈元晖：《中国近代教育史资料汇编·洋务运动教育》，上海教育出版社2007年版，第294页。
④ 陈元晖：《近代中国教育史资料汇编·学制演变》，上海教育出版社第2007年版，第241页。

强"的知识、智力、理智为核心的理性，成为晚清时人对人的新发现。可以说，从洋务运动时期到清末新政期间的教育改革，始终贯穿着培养人的理性的教育诉求。

最后，对身体的重新认识。身体是生命的载体，所谓"身体发肤，受之父母，不敢毁伤，孝至始也。立身行道，扬名于后世，以显父母，孝之终也"。传统文化对身体相当重视。但是，传统文化重视身体是出于尽"孝"考虑，关注身体的保养而非体能的开发。"文质彬彬"是对"文弱书生"的具体要求，甚至限制有损斯文的游戏活动。福建船政学堂学生与西方学生智力水平不相上下，在勤奋与专心方面远超西方学生。但是，由于缺乏运动，在许多方面不如西方学生，"他们是虚弱屡小的角色，一点精神或雄心也没有，在某种程度上有些巾帼气味"。这与传统文化与教育方式有因果关联，"下完课，他们只是各处走走发呆，或是做他们的功课，从来不运动，而且不懂得娱乐"。以至于有人怀疑"这些年轻绅士是否真正可以成为良好的水手"①。同时，盛行于清代的女子缠足，造成女足伤残的同时，限制了妇女的行动。

对身体的重新认识与重视同样首先出现在留学生中。1872年，留长辫、穿长袍的留美幼童踏入美国时引起轰动。但是，由于缺少运动，这些13岁的中国男孩比11岁美国的女孩还矮小。"中国孩子的体育活动是很少的，很难说有什么能使肌肉发达，体态优雅，生动活泼的所谓运动。中国男孩长到16岁时就显得严肃、沉稳，一如美国的老祖父"②。留学英国的严复发现："西洋筋骨皆强，华人不能。一日，其教习令在学数十人同习筑垒，皆短衣以从。……至一点钟而教师之垒先成，余皆及半；惟中国学生工程最少，而精力已衰竭极矣。此由西洋操练筋骨，自少已习成故也"③。但是，这不是说中国孩子不善运动。事实上，留美幼童的运动能力不比他的美国同学弱。幼童的同学、后来任耶鲁大学教授的李洪·菲尔伯斯回忆说："留学生有卓越的风度，是运动健将，机警、好学；我们所玩的各种游戏，他们都感到新颖，但是他们都是排球、足球、

---

① 中国史学会：《洋务运动》(8)，上海人民出版社1961年版，第386—391页。
② [美]李恩富：《我的中国童年》，唐绍明译，珠海出版社2006年版，第17页。
③ 郭嵩焘：《郭嵩焘日记》(第3卷)，湖南人民出版社1982年版，第407页。

冰上曲棍球的好手，尤其是溜冰，他们的技艺已达到巅峰"①。留日学生不仅重视身体，而且组建军国民教育会，通过军事训练，使人人具有尚武精神和强健体魄，并将身体强健作为个人自强、国家自强的根本，发出"人人自强""雄飞于世界"的呼声②。

对人的理性、德性与身体的重新认识与重视，构成晚清"人学"方面的重要成就。尽管这种成就处在专制制度的压制之下，并被裹挟在"救亡图存"的社会背景中。维新运动期间，严复从进化论的角度指出，德、智、体构成人与人之间的强弱差别，也构成国与国之间的强弱差别。他说："国之强弱、贫富、治乱者，其民力、民智、民德三者之征验也。"中国之贫弱就在于"民力已苶，民智已卑，民德已薄"，改变这种状况的方式就在于鼓民力、开民智、新民德。鼓民力就是要开发人之体力，使国民有强健身体。当然，首先要禁止吸食鸦片、女子缠足。开民智就是培养人的理性，借助西学全面提高国民文化知识水平。新民德就是要改变传统道德教育内容，用西方的自由、平等、民主取代专制社会的伦理道德，开发国民自爱、爱国道德情感。新民德首先要从改变国民的奴隶地位开始，这一点尤为重要却最难做到。鼓民力、开民智、新民德虽然与救亡图存的时代要求联系在一起，但其前提假设是民有力才能鼓、民有智方可开、民有德才可新，而且，无论是"鼓""开"还是"新"，都需要通过实践活动才能实现，因此，实践性也就成为人之为人的基本特性。经过近半个世纪的努力，中国人对人的认识由德性拓展为德性、理性、实践性与身体的存在，尽管还不够明朗，却不能不说是一个进步。

二 从"教化"的教育到育人、强国的教育

具有"尊师重道"传统的中国，从来都不否认教育的重要作用。

---

① 陈元晖：《中国近代教育史资料汇编·留学教育》，上海教育出版社2007年版，第134—135页。

② 杨天石、王学庄：《中华民国史资料丛稿 拒俄运动1901—1905》，中国社会科学出版社1979年版，第133页。

从先秦时期"建国君民,教学为先"、"化民成俗,其必由学"到清代"教化者为治之本"、"朕惟至治之世,不专以法令为事,而以教化为先。……盖法令禁于一时,而教化维于可久"①。教育始终是中国传统文化尤其是政治文化坚持的一条主线。但是,"教化"的教育带有明显规训人而非解放人的特征。在功名利禄的诱惑之下,规训人的"教化"教育得到进一步强化。无论是宋真宗"书中自有黄金屋"的物质诱惑,还是康熙皇帝"光宗耀祖"的精神激励,都在强调"教化"的重要性,并沉浸在"教化"迷思之中。这种情况随着列强的到来被打破。马克思指出:"清王朝的声威一遇到不列颠的枪炮就扫地以尽,天朝帝国万世长存的迷信受到了致命的打击,野蛮的、闭关自守的、与文明世界隔绝的状态被打破了,开始建立起联系"②。就是在这种情况下,教化的教育开始向育人、强国的教育转变。正如教育家舒新城所言:"倘若中国在八十年前没有一场鸦片战争,就是和外国人通商,我想最多也不过是在国际上做些公平交易而已。中国底社会现象绝不会像现在,更说不到新式教育;又若中国在鸦片战争而后,国势振兴起来而为世界强国之一,中日之战不被日本打败,或义和团真能把'洋人'杀退,我想现在的中国教育制度一定还是遵行千余年流传下来的科举制和书院制,也许世界上的某国慕中国教育制度之优良而依然采用之"③。历史无法假设。虽然不愿,中国还是被强行纳入世界体系,不得不对教育做出调整。

列强到来之前,中国的教育相当完备。不仅有启蒙阶段的塾学,有中等程度的府州县学,有高等程度的中央官学,还有培养学术人才的书院。但是,由于将人仅仅视为等级性的德性存在,教育致力于人的德性培养与治术训练,并形成显著特点:视教育为教化以适应政治需要,视程朱理学为知识来源以确立统一的思想和行为规范,以科举制度作为教育发展的制度保障,以功名利禄作为调动士子求学的激励因素,以文字

---

① 陈元晖:《中国近代教育史资料汇编·洋务运动教育》,上海教育出版社2007年版,第123页。
② 《马克思恩格斯全集》第2卷,人民出版社1972年版,第3页。
③ 舒新城:《近代中国教育思想史》,福建教育出版社2007年版,第8页。

狱实现对士人的彻底控制，教育成为统治者实施统治的工具、管理者获得利益的手段和求学者获得功名利禄的跳板①。由于固执地认为人仅仅是等级性的德性的存在，教育被视为教化。教化教育没有开发人的理性、德性和身体，反而歧视人、奴役人。梁启超在《中国积弱溯源论》中指出："数千年之民贼，既攘国家为己之产业，縶国民为己之奴隶，……遂使一国之民，不得不转而自居于奴隶，性奴隶之性，行奴隶之行。"在这种制度安排下，州县长官视百姓为奴隶，视督抚则以奴隶自居；督抚则视州县长官为奴隶，视帝后则又自居奴隶。于是，"举国之大，竟无一人不被人视为奴隶者，亦无一人不自居奴隶者。"奴隶观念已深入人心，"虽日日为奴，而不觉其苦，反觉其乐，不觉其辱，反觉其荣焉。"奴性被内化为民众的道德意识与处事方式，"其自居奴隶时所受之耻辱苦孽，还以取偿于彼所奴隶视之人"②。没有人愿意被奴役。因此，奴役必借助愚弄人的方式加以实现，"愚民之术，莫若令不学，而惟在上者之操纵，不学而愚之术，莫若使不通物理，不通掌故，不通古今，不知时务，聚百万瞽者跛者而鞭笞指挥之"③。奴役人的教育必然始于愚弄人，使人丧失德性和理性，严复曾指出："自由一言，真中国历代古圣贤之所深畏，而从未尝立以为教者也"④。不讲"自由"的教育以专制的面目出现，缺乏自由的教育不仅不会尊重人反而会鄙视人、奴役人。

因此，教育从来都不会无用，只是其作用有正面和负面之分。由于教育正面作用的出现需要诸多条件以及条件之间关系的匹配，教育负作用的出现几乎不需要条件。因此，在多数情况下，教育都在发挥负作用。加之，统治者以功名利禄加以诱惑，使得教育的负功能得以充分体现。陈天华指出："你看中国的人，有本领有知识的有几个？就是号称读书的人，除了'且夫''若夫'几个字外，还晓得什么？那欧美各国以及日本，……他的极下等人，其学问胜过我翰林进士。所以他们造一个轮船，我只能当他的粗工；他们安坐得大利，我们劳动而难糊口。此时，尚不

---

① 王筱宁、李忠：《清代官学教育的特点》，《教育理论与实践》2012年第10期。
② 梁启超：《梁启超文选》上集，中国广播电视出版社1992年版，第69、72页。
③ 陈元晖：《近代中国教育史资料汇编·戊戌运动时期教育》，上海教育出版社2007年版，第33页。
④ 严复：《严复集》第1册，商务印书馆1986年版，第3页。

送子弟讲求切实的学问,等洋人瓜分了中国,一定是不要我们学他的,恐怕是求为牛马都不可得。"① 严复指出:中国"学术之归,视乎科举,科举之制,董以八股,八股之义,出于《集注》,《集注》之作,实唯宋儒,宋儒之名,美以道学。"中国学术成为"道学",学术研究成为道学诠释,道学成了知识的来源和主宰;这种学术辅以八股取士,使其成为"锢智慧""坏心术"和"滋游手"的重要方式;在这种制度支配下的教育,只能培养出一些"生为能言之牛马,死作后人之僵石"的工具或废物。② 甚至统治阶层内部也坦陈教化教育的恶果,"以中国民众数万万,其为士者十数万,而人才乏绝,至于如是。非天之不生才也,教之之道未尽也。"以至于"举国之内却找不出一位奇才异能之士"③。

教育的作用不可谓不大。但是,"教化"教育主要开发以等级性为特点的人的"德性",忽视人的理性与身体开发。结果出现严复所谓的愚、贫、弱和梁启超所谓的奴性、愚昧、为我、好伪、怯懦、无动等特性。一人如此,一国亦如此。教育既然能够使人愚、贫、弱,也就能够让人智、富、强;能够让人奴性、愚昧、为我、好伪、怯懦、无动,也能够让人自主、智慧、为他、真实、勇敢、主动。正是基于这种认识,晚清时期的教育作用不断被拓展,功能不断被放大。洋务技术学堂的建立,说明人具有理性,能够作用于客观事物,能够吸收科学技术知识,能够发明创造,开发人的理性成为教育的重要职能。维新运动之后,以自由、平等、权利为内容的德性开始受到重视,通过体育运动开发人的体力被认为是培植国家实力的内容受到关注。由于理性开发、德性培育、体力培养不是自然而然的,必须通过有意识的实践活动来实现,人的实践性受到高度重视。

基于上述认识,教育的功能被充分放大。所谓"人无教育,就不能自立;国无教育,就不能自强。今日我们的祖国,内忧外患,相侵相迫,全无教育,中国尚有一线希望,全在教育"④。时人认为,国强体现于人

---

① 刘晴波、彭国兴:《陈天华集》,湖南人民出版社2011年版,第33页。
② 严复:《道学外传》,《国闻报》1898年6月15日(光绪二十四年四月十七日)。
③ 陈元晖:《近代中国教育史资料汇编·戊戌运动时期教育》,上海教育出版社2007年版,第219页。
④ 黄海锋郎:《论今日最重要的两种教育》,《杭州白话报》1903年9月。

强，人强体现于人的理性强、德性强、实践性强和身体强，人的理性、德性、实践性和身体之强源自教育强。教育成为救弊起衰的基本途径。早在洋务运动时期，郑观应就指出："学校者人才所由出，人才者国势所由强"、"学校者，造就人才之地，治天下之大本也"①。强调教育的重要性。但是，他所谓的教育是以科学技术知识为内容、以培养人的理性为主的教育。维新运动期间，学者将教育视为拯救中国的根本、挽回利权的关键和国家富强的基石。他们畅言："国家的富强全在教育的兴废，天下世界，从来没有教育废了国家会强的，教育兴了国家会弱的"②。变法图强之道千万条，教育是最为根本的一条。"欲任天下之事，开中国之新世界，莫亟于教育"③。"亡而存之，废而举之，愚而智之，弱而强之，条理万端，皆本于学校"④。连清廷的封疆大吏也认为，"学务一事，实为今日自强要图，必须全国一律举行，方有大效"⑤。教育的功能被充分放大，甚至被编成"学堂乐歌"流行于民间："天地泰，日月广，听我唱歌赞学堂。圣天子，图富强，除却兴学别无方"⑥。

教育功能被充分拓展，时人对教育充满期待。梁启超在其脍炙人口的《少年中国说》中指出："少年智则国智，少年富则国富；少年强则国强，少年独立则国独立；少年自由则国自由；少年进步则国进步；少年胜于欧洲，则国胜于欧洲；少年雄于地球，则国雄于地球。"梁启超所言重心显然还在于国富、国强，但前提是少年而非国。少年的智、强、独立、自由、进步，必须通过教育来开发，也成构成教育的基本职责。教育功效如此，占据人口半数却一向被忽略的妇女，开始受到重视。她们声称："女学之关系于国之存亡实大矣。……我侪所受之责任，应与男子相同，皆享国民之责任。国有难则皆肩之，国安乐则皆享之。"觉醒的妇女将自己视为国民，不满足于无知无识的被奴役地位，要求承担与男子

---

① 郑观应：《郑观应集》上册，上海人民出版社1982年版，第267页。
② 子欣：《救中国的衰弱必以教育为急务》，《白话》1904年8月15日。
③ 中国史学会：《戊戌变法文献汇编》第4分册，上海人民出版社1957年版，第9页。
④ 梁启超：《学校通议》，《时务报》（2）1896年9月27日。
⑤ 舒新城：《近代中国教育史料》第1册，中华书局1933年版，第121页。
⑥ 商友敬：《过去的教师》，教育科学出版社2007年版，第16页。

同等的责任,并享有与男子同等的教育权利,"既同为人,即当同受教育"①。她们畅言:"我二万万之女同胞……弃其依赖之性质,养其独立之精神,与男子并存于东亚大陆,养出生龙活虎之大活剧于二十世纪之舞台,巾帼未必让须眉,以不愧于女子之天职"②。

三 从维持社会稳定的教育到应对社会变革的教育

精神资源与精神结构构成一个人的精神状态,也构成一国国民的精神状态。知识、智力、理智是最基本的精神资源,理性、德性与身体、实践性是基本的精神结构,不同的精神资源构成形态差异的精神结构,不同的精神结构形成形式迥异的精神状态。对人的新识与教育功能的拓展,要求建立新的教育关系,以形成人的新的精神状态。与古典教育侧重人的德性开发以维持社会稳定的教育定位不同,晚清教育开始从维持型教育向应对社会变革的教育转变,开始重建教育体系与教育关系,尽管维持社会秩序依然是教育的重要职责。设立语言学堂的目的在于应对外交危机,设立水师武备学堂时为了应对军事危机,设立技术学堂为了应对经济危机。随后,为了探究富强的本源开始派遣留学生,为了提高国民智识开始设立普通学堂(包括改书院为学堂),为了普及新式教育颁布了新学制并废除了科举考试制度,为了规范教育活动设立学部、厘定教育宗旨。各级各类学堂的建成以及学堂教育内容的大幅拓展,使得学生的德性、理性、实践性与身体得到培养,为应对社会变革提供了可能条件。

教育体系的重建仅仅是教育发展的表征,基于人的新识基础上的教育内容与教育方法的变革,才是教育关系的实质体现。由于以知识、智力和理智为内容的理性与应对危机、求得富强联系在一起,首先受到重视。左宗棠在区分东西方文化及其文化中的人时即指出,中国人将聪明睿智运用于虚化之义理,西方人则将聪明睿智运用于实际之艺事,认为

---

① 陈彦安:《劝女子留学说》,《江苏》1903 年第 3 期。
② 胡彬夏:《祝共爱会之前途》,《江苏》1903 年第 6 期。

这是导致中国人与西方人差异的原因所在。这种思想蕴含如下意思：知识具有不同种类，不同种类的知识具有不同的作用，获取的途径也不相同。随后，冯焌光、郑藻如在《开办学馆事宜章程十六条》中明确指出："学习本有两途。从读书学问来者，贵明体以达用；从操作练习得者，贵由浅以入深。"但是，就理性开发而言，在缺乏科学传统的中国，"凭虚思索，均不如课诸实用，精益求精"①。因此，以科学的内容、实践的方式培养人的理性，成为教育的重心所在。"欲其于凡谙算学，洞见源流，于是授以几何、代数、平弧三角八线；欲其于轮机炮火备谙理法，于是授以级数重学；欲其于大洋驾舟、测日候星、积算铅刻以知方向道里，于是授以天文、推步、地图、测量；其于驾驶谙学，庶乎明体达用矣。然犹虑其或失文弱也，授以捡悴齐步伐，树之桅悴习升降，蛹其技艺，即以练其筋力"②。在军事技术学堂中，不仅有传授科学原理的堂课，更有实际训练的厂（船）课。新教育致力于人的理性开发，让学生应对社会变革的能力得以提高。

尽管清政府将人作为等级性的德性存在，固守"纲常名教"。但是，时人已经发现，这是对德性的一种曲解。这种德性以奴性的方式呈现出来，不仅不符合人性，而且难以化解当时中国面临的危机。从1895年2月4日（《马关条约》尚未签订）开始，严复在《直报》刊发系列文章，分析了东西方文化教育的差别及其结果。严复指出：中国最重三纲，西人首明平等；中国亲亲，西人尚贤；中国以孝治天下，西人以公治天下；中国尊主，西人隆民，等等，形成臣民与国民的区别。所谓"国也者，积民而成。国之有民，犹身之有四肢、五脏、筋脉、血轮也。"国强体现于民强，民强不仅体现在人的"黜伪而崇真"科学理性上，而且体现在人的"曲私以为公"民主德性上。国民不仅要有新理性，更要有新德性，即自由、自尊、自治、私德、平等、公德、合群等，具备新思想、新精神与新观念，如国家观念、权利思想、冒险精神、尚武精神、革新精神

---

① 陈元晖：《中国近代教育史资料汇编·洋务运动教育》，上海教育出版社2007年版，第193、194页。

② 朱有瓛：《中国近代学制史料》第1辑上册，华东师范大学出版社1993年版，第505页。

等。这种具有新理性与新德性的国民被称为"新民"。按照梁启超的观点,"新之义有二:一曰淬厉其所本有而新之,二曰采补其所本无而新之。二者缺一,时乃无功"。因为人具有这种德性,教育的作用就在于开发这种德性,"濯之,拭之,发其光晶;锻之,炼之,成其体段;培之,濬之,原其本原。继长增高,日征月迈,国民之精神于是乎保存,于是乎发达"①。由于传统文化将民众视为臣民,导致民众公德缺乏、智能不开。因此,亟须以新知识新道德予以维新。《新民丛报》的发刊词称:"采合中西道德以为德育之方针,广罗政学理论,以为智育之原本。"虽然清政府严厉杜绝学堂学生接触《新民丛报》,但该报却在年轻学子中广为流传。时在浙江高等学堂读书的蒋梦麟说:梁启超的文笔简明、有力、流畅,学生们读来裨益匪浅,我就是千千万万受其影响的学生之一。我认为这位伟大的学者,在介绍现代知识给青年一代的工作,其贡献较同时代的任何人为大。他的《新民丛报》是当时每一位渴望新知识的青年的智慧源泉②。新德性的形成,使得青年学子产生新的价值追求,从被动适应社会需要尤其是政治需要,开始参与社会变革并尝试引领社会变革。

  人的德性、理性与实践性需要身体承载并加以实现,通过体育开发人的体能受到时人高度关注。戊戌运动时期,"鼓民力"以培植国民体力的思想得到广泛传播,趋新者大力提倡,守旧者也能接受。时人将体操作为开发体能的主要方式,认为体操训练可以带来体能开发额外的效果:第一,体操能够促进血脉流动使气血调达,能振作精神、预防疾病,化解子弟终日伏案、心瘁力疲之弊;第二,体操能够舒畅人的情绪,舒缓内心积郁,化解子弟被学馆束缚、劳苦厌倦之弊;第三,体操寓武备于文教之中,化气质于形骸之表,解决子弟群居杂处、良楛不齐之弊;第四,体操中执戎器、衣戎服,使人心思有所拘、手足有所寄,有助于形成良好的行为举止;第五,体操号令严明,使人耳目思虑专

---

① 梁启超:《自由心影录》,四川文艺出版社1998年版,第106页。
② 蒋梦麟:《西潮新潮》,岳麓书社2000年版,第58页。

注、心平气和，养成礼仪规范，解决纪律问题①。在时人看来，体操成为开发学生体能、振作学生精神、融洽师生关系、转化学生气质、规范学堂管理、传承礼仪法则的有效方式。1903年上海南洋公学附属小学传出学堂乐歌《男儿第一志气高》称："男儿第一志气高，年纪不妨小，哥哥弟弟手相招，来做兵队操。兵官拿着指挥刀，小兵放枪炮。龙旗一面飘飘，铜鼓咚咚咚敲。一操再操日日操，操到身体好。将来打仗立功劳，男儿志气高"②。事实上，体操一经进入学校，就受到学生欢迎。丰子恺在塾中学堂学完《男儿第一志气高》之后，开始学习体操。他说："我们都很高兴。"体操老师要其做一面龙旗作为体操课的国旗，在姐姐帮助下，"龙旗画成了，就被高高地张在竹竿上，引导学生通过市镇，到野外去体操"③。尚未入学的冯友兰看到学生身穿制服，很是羡慕，让母亲为自己订做一套穿在身上，过一把瘾。风气如此，作为全国最高学府的京师大学堂也不例外。据京师大学堂师范馆毕业生俞同奎记载："那时候对于兵式体操，很感兴趣。虽然每人仍拖一条猪尾巴，不过短衣窄袖，自愿亦以为有'纠纠武夫'气概，大可自豪"④。新教育对学生体能的开发，不仅有助于学生体质增强，而且为学生的理性与德性的展示创造了条件。

经过近半个世纪的努力，建立在对人的新识基础上的教育关系得以建立。新式教育不仅关注以知识、智力、理智为核心的人的理性培养，而且重视对人的体能开发，学生的实践能力以及应对社会变革的能力得以提高。自然科学技术知识成为重要的教育内容，范围不断拓展，教育途径与方法开始发生变化。由于知识来源已不限于书本，还来自实践，教学途径不仅有课堂教学，还有实践教学，教育方式也由念背打的灌输式教育向以启发实践的合作式教育转变。但是，就人的德性而言，在政府与民间形成了两种截然对立的理解。清政府固守"纲常名教"的等

---

① 朱有瓛：《中国近代学制史料》第1辑上册，华东师范大学出版社1983年版，第620—621页。
② 商友敬：《过去的教师》，教育科学出版社2017年版，第17页。
③ 丰子恺：《丰子恺散文选集》，百花文艺出版社1991年版，第63页。
④ 王世儒、闻笛：《我与北大——"老北大"话北大》，北京大学出版社1998年版，第11页。

级伦理作为德性的主要构成，民间则出现将自由、平等、民主是德性构成的认识。由于后者更有利于人的成长与完善，因而受到青年学生的认可与接受。具有新德性、理性和实践性的青年学子逐渐摆脱专制制度的控制，努力开拓一个自己认可的新世界。虽然这些认识与做法还显粗糙与肤浅，但是，以人的现代化为特征的教育现代化的大幕由此拉开。

实践—生存哲学中的"身体"：
构建教育历史的另类视角

周　娜[*]

[摘　要]　在强调实践品性的历史研究思维下，教育历史的实践活动在教育史研究中逐渐恢复其应居的位置。对教育历史实践活动的研究可以从诸多的角度展开，其中身体视角不容忽视。以为何及如何构建身体视角的教育史研究为研究的问题导向，文章论证了以实践—生存哲学身体论为基础身体视角的教育史研究。

[关键词]　教育史研究；身体视角；实践—生存哲学身体论

教育历史是过往发生的教育事实，教育史研究是对教育历史事实的发现和陈述。长期以来，在认识论主导下的教育史研究范式中，"人们对教育历史认识活动的研究优先于对教育历史实践活动的研究"[①]，教育活动的历史事实一直处于"失语"境地。在强调实践品性的教育史研究理论思维下，教育活动的历史事实方为研究者所重视，并恢复了其应居位置。对此，B. 费伊曾指出："简单地说，事实根植于概念框架之中"[②]。也就是说，历史事实并不是赤裸裸摆在那只待发现和陈述，而是隐匿在

---

[*] 华中师范大学博士后
[①] 刘来兵、周洪宇：《视域融合与历史构境：实践活动取向的教育历史研究》，《教育研究》2011 年第 2 期。
[②] [美]约翰·塞尔：《心灵、语言和社会》，李步楼译，上海译文出版社 2001 年版，第 21 页。

历史资料的记载中，只能借助一定的理论视角方得以显现。

随着身体问题及其论域的不断拓展，"身体"为国际史学界所关注，身体视角的历史研究成果斐然。国际教育历史研究界也着力构建身体视角的教育史研究。国际教育史协会（ISCHE）于2015年6月在土耳其伊斯坦布尔召开的第37届世界教育史年会上把"接触的身体"（the touching body）列为四个常设工作组（SWG）之一，而且，将于2016年8月在美国芝加哥大学召开的第38届年会的主题即为"身体与教育"。这些都表明了国际教育历史研究的新趋向：身体视角的教育史研究。那么，我国教育史的研究又该如何构建身体视角？构建什么类型的身体视角呢？此研究是以上述问题为导向而展开的。

一 "身体"之扬：哲学生存转向之果

进行身体视角的教育史研究，首先应该了解"身体"为何此时受到众多人文学科的热捧？什么造成了身体在历史上的长期失语？此时的"身体"之扬是什么原因促成？论者以为，对这些问题的明了是进入身体视角教育历史研究的基本前提。

"身体"在中西方学术和思想视野中是长期缺席的。"身体"能进入众多研究者的视野究其原因是现代思想界对理性主义在现代社会日益膨胀的深刻反思。100年前尼采哲学开启的身体转向，意味着哲学愈益强调身体对生存的支配，意味着当代文化中"生存感越来越体现为身体意识及其自觉，体现为身体的解放及其焦虑"[1]，这同历史形成了鲜明对比。作为西方哲学的基础核心"存在论"在两千多年的演变过程中被认识论所绑架，一味单向度地发展而成为实体主义存在论，致使另一个关于生成的存在则遭遇源头式舍弃，导致海德格尔所谓的存在"在者化"，理性、思维备受推崇，身体被蔑视和压制。

实体主义存在论的端倪可以追溯到古希腊爱利亚派（存在哲学）的代表人物巴门尼德。巴门尼德把"存在"规定为一个超验的概念，视其与思维同一，并进而在"逻辑上否定了感觉世界"，致使"存在"彻底抽

---

[1] 邹诗鹏：《转化之路——生存论续探》，中国社会科学出版社2013年版，第189页。

离了身体，完全看不到身体的影子。巴门尼德建立的存在论体系标志着存在论向实体主义存在论的转变，预示着"生成的存在"开始式微。在去身体化的过程中，巴门尼德分裂了身体，把人类的认知官能置于对立之境，进而也规定了苏格拉底、柏拉图以及后来西方所谓的身心二分。自巴门尼德以后希腊哲学致力于认识论方面的工作，努力"区分感性的领域和理性的领域、意见的领域和真理的领域"[1]，柏拉图接过这样的思考路径，继续追寻"是什么"的问题，并提出"理念论"作为回答。在柏拉图看来，"理念"只为灵魂所认识，是单一、永恒、不动的绝对存在，与暂时、复合、变动不居的可感事物之间有着不可逾越的鸿沟。根据他的"灵魂轮回说"，柏拉图提出肉体遮蔽了灵魂，使得人忘记了理念，认识不了自己，灵魂只有从肉体中解脱出来，才可以摒弃附在其上的恶，才能获得永生。在发展认识论的过程中，柏拉图狠心地把身体定性为消极的、恶的，提出"肉体在所有的地方设置了障碍，扰乱了我们的心，使我们混乱，其结果是肉体使我们看不到事物的本真。如果想纯粹地看事物，必须离开肉体，根据灵魂，关照事物"[2]。

到笛卡尔时期，笛卡尔认为哲学家首要任务就是怀疑一切可怀疑的，清除自身偏见，从而把哲学的首要位置给了认识论。到笛卡尔这儿，"存在论"完全走向认识论化，"我思"决定着"我的存在"，人是思想的实体，人的本质在意识。在这种认识的基础上，笛卡尔构建了影响至今的"身心二元论"哲学体系，把历经文艺复兴而站立的身体再次抛弃。作为德国古典哲学最后也是最伟大的代表，黑格尔把心灵直接抽象为绝对精神，规定"绝对精神"为唯一的实在，抛弃了意识的实体性，以"意识自身之内的二元化"代替了笛卡尔的身心二分，从而构建了一座无身的理念世界大厦。在黑格尔哲学里，身体不只是隐匿的，根本是被无视的。被恩格斯批判为"无人身的理性"的黑格尔哲学把实体主义存在论推向了极致，"存在"走向绝对的抽象，终成为一个对象化和超验的实体，身体从被蔑视和贬抑走向被抛弃。尼采首开对实体主义存在论理性主义的批判，开启了哲学的生存转向，也恢复了身体的"失语"。在尼采看来，

---

[1] 邓晓：《古希腊罗马哲学讲演录》，世界图书出版公司2007年版，第92页。
[2] ［古希腊］柏拉图：《斐多篇》，杨绛译，辽宁人民出版社2000年版，第15—17页。

权力意志是"重估一切价值的尝试",而"生命就是权力意志"①,这样一来,身体不仅在尼采这里得到了正名,而且超越理性成为价值重估的标准。高喊着"我完完全全是身体,此外无有,灵魂只不过是身体上的某物的称呼"②,尼采试图打破理性对身体的贬抑,倡导释放身体的自然性,倡导对身体的崇拜和对人生存的关注。以权利意志为基础的尼采哲学,对柏拉图建立的、并统治整个西方哲学史的理念与现象的关系进行了颠覆,使现象重新获得存在的权利,打破了长期以来哲学界对现象的偏见,引起了后继者们对生活世界的关注。哲学出现生存转向端倪,实体主义存在论在20世纪更是遭到以海德格尔、维特根斯坦等为代表的生存哲学的决定性批判。存在的"在者化"被要求走向"此在",人们认识到"此在总是从它的生存来领会自己本身"③,人的感觉、欲望等生存体验受到关注。

通过梳理可以发现,西方实体主义存在论的发展演变史就是一部身体的"失语史"。以恢复"身体"为着力点,生存哲学展开了对实体主义存在论的批判。在此过程中,身体实现了对"心"的造反,摆脱了压制和蔑视的厄运。"身体"的上扬,乃是哲学生存转向之果。随着西方生存哲学对"此在"的关注,存在的"在者化"趋于消解,其他社会科学也逐步关涉人的生存的研究,表现之一就是对"身体"的持续关注。因此,身体视角的历史研究,实乃是要求在历史研究中树立"人"的意识,以身体为视角发现和陈述历史中的身体或者身体的表达,对历史进行以生存为取向的审视和理解。论者以为,这方是"身体视角"历史研究的本真之义。

二 本真的身体:实践—生存哲学的理解

身体成为历史学的关注焦点是一个新兴不久的研究领域。法国哲学

---

① [德]尼采:《权力意志》,孙周兴译,商务印书馆2009年版,第189页。
② [德]尼采:《苏鲁支语录》,徐梵澄译,商务印书馆1997年版,第109页。
③ [德]海德格尔:《存在与时间》,陈嘉应、王庆节译,生活·读书·新知三联书店1987年版,第16页。

家福柯可谓是身体史研究的开辟者。他以自己的身体社会理论为基础,通过"揭示医学、心理学、精神病学、犯罪的惩罚等与身体相关的身体机制"[①],深度构建了一个遭受围绕其周围的话语体系与政治权力惩罚的"身体"。20世纪70年代以来,基于对"身体是历史文化的载体"这一属性的认识,身体满足了新文化史强调"以寻找人类借以传达自己的价值和真理的密码、线索、暗示、手势、姿态"[②],为通往人类心智的需求,使得作为新文化史一支的身体史发展呈现繁荣态势。也就是说,历史研究中身体视角的运用,前提是对"身体视角"构建,而"身体视角"构建之基则在于对"身体"属性的界定。不同的身体理论对身体的属性的展现存有很大差异,造成虽然都谓之以"身体"为视角,但研究差异甚大。因此,在身体视角的教育史研究开展之初,有必要对"身体"的属性及其丰富性做出理性认知。

在当下的世界哲学舞台上,身体哲学以令人目眩之势发展着。无论是梅洛—庞蒂的身体现象学、福柯的身体社会理论、德勒兹的欲望理论,或者是维特根斯坦的去心灵化身体,考察起来大都以"尼采的身体观与弗洛伊德的精神分析及以身体为中心的无意识理论"[③]为理论资源。他们或者有"身体的唯灵化"倾向,或者存"物化身体"的嫌疑,均无法深刻理解身体的属性及其丰富性。通过"回到马克思",实践—生存哲学洞悉到了马克思哲学里蕴涵的身体论对身体的属性及其丰富性做了符合唯物史观的界定。马克思哲学在批判黑格尔的绝对理性和扬弃费尔巴哈的机械唯物主义过程中,把前者的辩证法运用到后者的唯物主义哲学中,提出"生活决定意识",有力批判了抽象哲学的形而上学,终止了"从思维上建立起关于世界的终极的解释图式"[④]的西方哲学传统,也就否定了这一哲学传统先在设立的"经验与超验的对立",随之而来的是,依据这一先在的设立而衍变出来的一系列的二元对立,如物质与精神、身体与灵魂、主体与客体等的对立随之自然崩塌。在马克思哲学里,身体不再

---

① 梁景和:《社会生活探索:以性别文化等为中心》,首都师范大学出版社2012年版,第245页。

② 周兵:《新文化史与历史的"文化转向"》,《江海学刊》2007年第4期。

③ 邹诗鹏:《转化之路——生存论续探》,中国社会科学出版社2013年版,第200页。

④ 邹诗鹏:《生存论研究》,上海人民出版社2005年版,第337页。

是贬抑的、被动的,而是肯定"人直接地是自然存在物"①,但也并未被置于绝对崇拜之地。原因在于,马克思哲学在批判抽象哲学的形而上学之时,并未走向反"形而上学"的另一个极端——感性崇拜。在马克思看来,饮食男女纵然也是真正的人类技能,但不能把它们同其他人类活动割裂,使其成为最后的和唯一的终极目的,那样人只有动物的性质,人的属人的"存在"就无法被理解。马克思拒绝尼采式的对感觉、欲望、肉体的绝对崇拜,也就避免了物化身体的危险。

基于对"人的现实生活本身不是抽象的实体,而是感性又超感性的活动"②的深刻认识,马克思超越了实体主义存在论的思维方式,提出"人的感性对象性活动"是通过人的生活世界的钥匙。马克思认为,"人的生存之所以不同于动物的自在生存而可以名之为属人的'生活',之所以不能归结为外在的客观性物质性存在或内在的观念性精神性存在,就在于人的生存是人自觉地感性对象性活动"③。对人的感性对象性活动的强调,使得马克思确立了其哲学的生存论维度,同时赋予身体更多的属性与丰富性。马克思对于"身体"的实践唯物主义理解,是蕴含在人的历史的和实践的主体之生成中,凸显了身体的本体乃至主体意义。作为西方生存哲学与马克思哲学对话的现代产物—实践—生存哲学在反思西方生存哲学的基础上,强调应该重视身体的感觉、欲望,但只有在"社会化的感觉中",主体的丰富性才被生产出来。重视身体的实践性,因为认为人之存在就在于人的生存与生活,人是感性地和实践性地确证和阐释自身的存在过程的,身体是人实施感性对象性活动的载体,在感性对象性活动中,身体发生了经验,表达了自己,身体意识不仅仅是以身体为对象的意识,更多的是身体自己的感性及感知活动。肯定身体的历史性,人的感性对象性活动构成了人的历史,也是身体的历史,实践使人成为了历史的主体,作为实践的载体,也体现了身体的主体性。身体的秘密就在于身体的历史性,"历史不过是追求着自己的目的的人的活动而

---

① 马克思:《1844年经济学哲学手稿》,人民出版社1979年版,第120页。
② 张曙光:《生存哲学——走向本真的存在》,云南人民出版社2002年版,第103页。
③ 张曙光:《生存哲学——走向本真的存在》,云南人民出版社2002年版,第104页。

已"①，另外，历史乃是身体表达自己、生发自己的全部场景与结果，"全部历史都是为了使'人'成为感性意识的对象和使'作为人的人'的需要成为'自然的、感性的'需要所做的准备"②。在以身体为载体的感性对象性活动展开而形成的历史中，身体表达了自己、发展了自己、解放了自己。

唯物史观下的身体，是本真的身体，是物质性、历史性和实践性同时得以展现的身体。以此"身体"为着眼点所构建的历史研究的"身体视角"，将不再把身体局限为通往人类心智之路径这一平面的视角，而是以身体之眼、围绕身体、身体的表达等立体之维展开历史研究。

三 身体视角：构境教育历史之维

实践品性下的教育史研究不满足于认识教育历史，强调"从总体上还原人的活动史，建构教育历史实践的世界"③，实现历史研究的理解与应用之需。

在探讨如何构建身体视角的教育史研究之前，论者以为应对身体视角的教育史研究"何以可能"之问从理论上做出回应。我们知道，身体史是学科交叉的产物。生于斯，长于斯。身体史研究的拓展必然需要与其他学科领域和研究方法的持续交叉与融合。正如费侠丽所言："我认为我们应该认识到个别的'身体史'片段必须根植于特定的文化领域——例如：性别史、政治史、劳工史、技术史、艺术史、医学史、科学史或宗教史，这些变化多端的人类经验的几种可能性。单独研究狭隘意义的'身体'犯了重蹈最初身体史的计划是要批判学术界将身体孤立看待的覆辙"④。虽然，费侠丽没有明确提到教育历史研究与身体史结合的，毕竟指明了身体史的多学科融合的发展取向。我国身体史研究的先行者侯杰

---

① 《马克思恩格斯全集》（第2卷），人民出版社1957年版，第118页。
② 马克思：《1844年经济学哲学手稿》，人民出版社1979年版，第82页。
③ 刘来兵、周洪宇：《视域融合与历史构境：实践活动取向的教育历史研究》，《教育研究》2011年第2期。
④ ［美］费侠丽：《再现与感知：身体史研究的两种取向》，蒋竹山译，《史学》（台北）1999年第4期。

则直接指出："在传统的教育史研究之中，仍有身体史可能切入的层面"①。所以，身体视角的教育史研究是身体史发展之需。再者，实践品性教育史研究的开展需要构建身体视角。

长期以来我国教育史研究强调对教育思想和制度的研究，把寻求教育规律视为唯一目的，重视教育史研究的工具性目的，忽略了教育史研究满足"人类自我认识的需要"②。究其原因，在于认识论取向下的教育历史研究把"现实的人的教育历史实践作为教育历史认识诠释的注脚"③，忽视了教育历史中人的实践活动，未曾着力构建教育历史实践的世界，未能发挥历史研究的理解之用，失去了教育史研究的价值意义。身体视角的教育历史研究以身体为着眼点发现和挖掘关注人在教育中的实践活动，或者发现和挖掘身体通过教育实践活动而进行的自我表达，关注身体的发展和生成，从而体现了教育史研究的理解之用，体现了其对人存在的终极关怀。最后，身体视角的教育历史研究是对教育生存转向的积极回应。实体主义存在论及其衍生的"工具理性"的影响，近代以来的教育着重彰显教育的"工具性价值"。身心二元对立的身体观影响着教育实践和理论研究。教育实践就是一味地以理性体系对肉身化身体进行规训，期待着肉身的顺从、驯服，帮助"心"的发展，教育的主动性与艺术性丧失殆尽。教育理论研究则是围绕着寻找更高效、迅捷的方法对身体进行规训而展开的，很难谈到对身体的关照和关怀，即使存在，也犹如工匠关心自己的工具一般。生存论哲学视域下的教育，对人而言不再是可有可无的工具，而"是人之生存展开的一种方式"④，教育的本体与价值是与"人的生存和人生存的实现"相联系的。在教育场域中，人通过身体、运用身体、身体的表达、身体的发展而展开生存。教育理论研究必将摒弃先前专注于对教育工具性价值的探究，转而注重人在教育中的生成、生存。虽然，教育历史研究是历史学的分支学科，无可否认的是，教育史研究仍当属教育理论研究之列，也因此，应该摒弃先前认识

---

① 侯杰、姜海龙：《身体史研究刍议》，《文史哲》2005 年第 2 期。
② 张斌贤：《教育史研究的功用》，《河北师范大学学报》（教育科学版）2013 年第 9 期。
③ 刘来兵、周洪宇：《视域融合与历史构境——实践活动取向的教育史研究》，《教育研究》2011 年第 2 期。
④ 唐小俊：《哲学生存论转向的教育学意蕴》，《教育理论与实践》2013 年第 22 期。

论取向的研究方式，关注教育历史中的人的存在、身体的存在。

身体视角的教育史研究，不但是理解当时教育、教育与社会、文化、历史的关系的新视角，也是认识理解当下教育中人的存在的起点。因为，"其实，现在，也就是诱使我们将自己的注意力局限在它身上的那个现在，单独说来什么也不是。现在无非是过去的进一步推演，一旦与过去割裂开，就将丧失大部分的意义"①，所以，"理解身体主体，也就必须从了解其生活其中的社会人文、自然境况、历史文化开始；而要理解社会、文化、历史，则必须经由身体主体"② 开始。

在对身体视角的教育史研究"何以可能"的问题作出肯定回应后，随之而来的问题是，如何展开身体视角的教育历史研究。秉持身体的"物质性、实践性、历史性"，同时，肯定教育史研究的实践—生存转向，怀揣这样的理念，论者对身体视角的教育史研究的开展做了以下三种不同导向的思考。

其一，以身体为视角切入教育史研究中，理解社会、文化、历史与教育的关系。人的感性对象性活动的展开是以身体为载体，以身体为媒介，人进行着对象性活动，在接触、理解和认识世界，可以说，是身体在接触，是身体在理解，是身体在认识。身体的接触、理解和认识活动综合而成就了社会的生产、政治、教育等活动，身体是人与人之间感性对象性活动的接触点，承载着综合性的活动，具有极丰富的特点。2015年世界教育史年会上，墨西哥学者伊尼思（Ines Dussel）从学校洗浴间设计的演变中对学生身体在学校公共场所和隐蔽场所的接触和非接触进行了探讨，以一种身体和空间融合的视角进入教育，研究教育场域中人的存在状态。我国有学者提出，对近代中国新式学堂的研究，可以从学生日常作息时间的安排、课桌高矮适中的尺寸、课程的具体规定以及上下课的言行举止等着手③。以身体为视角，审视教育历史，突破传统的从教育与生产、与经济、与环境的关系解读教育的窠臼，尝试以人的生成为角度认识教育、理解教育、审视教育。

---

① ［法］涂尔干：《教育思想的演进》，李康译，上海人民出版社 2006 年版，第 20 页。
② 邱昆树、阎亚军：《教育中的身体与身体教育》，《教育学术月刊》2010 年第 11 期。
③ 侯杰、姜海龙：《身体史研究刍议》，《文史哲》2005 年第 2 期。

其二，以理解、关怀教育中的身体为导向；从正视身体在教育中的意义、教育中身体的感受以及教育对身体的建构和其中的权力运作等议题的探讨起步，探讨教育与文化的互动、教育历史上"身体"的表现。2015 年 6 月在土耳其举办的第 37 届世界教育史年会的常设会议组之一"身体接触"（the touching body），就是重点讨论教育历史中学生与学生之间、学生与教师之间的身体接触，从而揭示身体在教育中的形塑和教育如何被身体所抗拒和挑战。在参会论文中，德国洪堡大学的马塞洛·卡罗索（Marcelo Caruso）教授和他的学生以福柯身体理论中的"身体"为视角关注了 19 世纪日本、德国、英格兰地区学校教育中对学生身体要求同一化的问题。智利学者布兰科（Pablo Toro Blanco）以"表达国家情绪的身体"（Body expressing national emotions）为题，对 19 世纪末期国家话语体系对智利中学生身体的影响，分析了身体的历史性。对教育中身体关怀导向的研究，还可以从身体史、性别史与教育史的交叉着手，研究女（男）学生、女（男）教师等在学校日常生活经验，从而反映他们的身体在教育中的生成及存在情况。

其三，以教育中的身体、服饰为研究对象。身体是物质性的，但更是历史性的，是历史性的身体规定了属人的存在。所以，人的身体是由具体的器官组成的，就如同身体是蕴含着丰富的社会文化历史意义一般，身体的器官也并不仅仅是解剖学意义的器官，而是在历史文化的浸染下，成为了历史文化的符号，譬如头脚等身体器官都是凝结着人的历史存在。论者在参加 37 届世界教育史年会提交的论文中，曾以"去华服的身体"为角度透视晚清学堂女子身体的变化。而且，在我国传统文化中，衣冠发式本就有一定的文化意味。我国身体史研究就是以对身体器官的研究为肇始的。冯尔康[1]、陈生玺[2]等对与男子发式与中国近代社会变迁的关系进行了关注。近年来，随着身体史研究与女性研究的交叉融合，关于女子缠足、天乳问题的研究渐成研究者们关注的热点。对身体器官及服饰的研究，不仅探寻其所承载的文化历史，更是以其为新视角审视社会

---

[1] 冯尔康：《近年大陆中国社会史的研究趋势——以明清时期的研究为例》，《明代研究通讯》2002 年第 5 期。

[2] 陈生玺：《明清易代史独见》，中州古籍出版社 1991 年版。

文化历史。因此，当然，也可以身体、服饰为视角审视教育历史。

实践—生存哲学对"身体"的理解，启示着教育史研究须相应地从认识论向实践—生存取向转换，构建身体理论视角下的教育史研究，以实践—生存哲学下的身体之维发现和陈述教育史事实，构境实践—生存取向的教育历史。这既符合世界教育史研究潮流，也是教育生存转向的必然回应。当然，还应该认识到身体视角的有限性，因为"历史的丰富性不是抽象的理论框架所能涵盖的"，某一个或几个理论视角不可能发现和挖掘所有的历史事实，身体视角也是如此。正如台湾学者黄金麟曾说："不是所有的社会建制都以身体作为发生条件和对象，也不是所有权力都以身体作为行使对象。"[1] 教育活动、教育思想、教育制度的发生和发展当然也是如此。身体视角的教育史研究可以帮助我们看到之前被忽略的教育历史事实，加深对历史丰富性的认识，但它只是作为构建教育历史实践世界的一种视角而存在，并不能取代其他的历史理论视角。

---

[1] 转引自刘宗灵《身体史与近代中国研究——兼评黄金麟的身体史论著》，《史学月刊》2000年第3期。

后　　记

　　由中国教育学会教育史分会主办、河南大学教育科学学院承办、河南大学聚协昌科举文化研究院协办的中国教育学会教育史分会第十六届学术年会，于2015年10月10—11日在位于八朝古都开封市的百年学府河南大学顺利召开。近400位全国教育史学界的专家学者及博硕研究生们，紧紧围绕着"教师与学生史"这一年会主题，提交学术论文270余篇，其中教师提交论文170余篇，博硕研究生提交的论文近100篇。大会安排主会场报告6场，并设立7个分会场，安排小组学术报告共计100余人次。就参会人数、提交论文数、设立会场及报告人次等均超过以往年会，会议规模创历史新高，可以说是一次盛大的学术交流大会。

　　为能充分展示此次会议的学术研究成果，会前曾编印论文摘要及借助优盘存储所有的电子版论文，以便会议期间研讨及交流所用。在此基础上，我们将会议论文分为《中国教师与学生史》和《外国教师与学生史》两本书出版。其中《中国教师与学生史》一书，是从中教史论文中筛选出的27篇论文汇编而成。在诸位专家学者的鼎力支持下，经过多年的努力，编辑工作大致告一段落，在即将付梓之际，有几点情况需要给大家说明一下：一是就整个框架来说，根据研究的内容，大致分为教师与学生史、科举与教化、教育史学研究三个部分。根据提交论文的数量，分别收入17篇、6篇和4篇，基本上能反映出此次开封年会的学术交流面貌和倾向；二是所入选的论文，几乎都保持着提交时的原貌，只是在格式上大致进行了统一的调整，即便是有微乎其微的改动，也没有触及其文风文意；三是所收入的论文，有部分在会前、会后发表在不同的期刊上，或被个别会议文集所收录，在此文集中均未逐一标明；四是被收录的部分论文作者，近年来工作单位有所变动，以最新所在工作单位为准；五是参会论文多，本书篇幅有限，但无论论文是否被收录，我们都万分感谢您的热情参与，因为没有您的参与，就不会成就此次学术盛会！

年会论文集的出版，得到了中国教育学会教育史分会、河南大学教育科学学院的大力支持，中国社会科学出版社赵丽编辑为此也付出艰辛的劳动，在此一并致以衷心的感谢！诚然，在编辑过程中肯定会遗留诸多问题，也诚恳各位专家学者多多包涵，并提出批评意见！

编者谨识
2020 年 9 月 4 日